KB125847

맨발의
학자들

전제성
김형준
홍석준
황인원
채수홍
이상국

맨발의 학자들

동남아 전문가 6인의 도전과 열정의 현지조사

눌민

머리말

이 책은 여섯 명의 동남아시아 지역연구자들이 박사 학위 논문을 위해 수행한 현지조사 fieldwork의 경험을 진술하고 방법론적으로 성찰한 결과물이다. 돌이켜보면 박사 과정의 현지조사는 지역연구 area studies에 입문하기 위한 결정적 도전이었고, 열정 없이는 완수될 수 없는 과정이었다. 낯선 환경에서 봉착한 각종 난관을 나름의 지혜를 발휘해 돌파하려 각고의 노력을 기울인 순간들의 연속이었다. 이런 과정을 거쳐 지역연구자로 거듭날 수 있었으니 현지조사는 일종의 세례와 같은 관문이었다. 따라서 현지조사는 지역연구 방법론에서 중심적 지위를 차지해야 하고, 지역연구의 발전을 위해 세세한 부분까지 공개되고 공유될 필요가 있다는 점에 우리는 공감하고 이 책을 함께 집필하게 됐다.

필진으로 정치학자와 인류학자가 참여했는데, 조사 지역으로 보자면 인도네시아, 말레이시아, 베트남 연구자와 태국-미얀마 접경 지역 연구자가, 조사 대상으로 보자면 정치인, 산업노동자, 농촌 주민, 난민 및 사회단체 활동가 등이 포함됐다. 필자 전원은 생활이나 학업이 현지의 "밖에서" 이루어지다가 논문 작성을 위해 현지 "속으로" 들어갔다. 대부분의 지역연구자가 이런 경우에 속할 것이므로 우리의 입문기가 표준적인 선례를 제공할 수 있다고 봤다. 또한 필자들이 모두 동남아 지역연구의 "제3세대"에 속한다. 제3세대는 비전공자의 부수적인 연구가 주종이었던 제1세대나 전공자라 하더라도 문헌 연구 방법에 근거했던 제2세대와 달리 현지어를 습득하고 현지조사를 거쳐 동남아에 관한 박사 학위 논문을 작성한 세대를 가리킨다. 그러므로 독자들은 필진들의 이야기를 통하여 우리 나라에서 본격적인 동남아 연구진이 생성되는 과정을 살펴볼 수 있을 것이다.

우리는 저마다의 글 속에 다음과 같은 질문을 던지고 답하고자 노력했다. 현지조사는 어떻게 계획되었는가? 조사 자금은 어디서 마련했는가? 현지어는 어떻게 학습했는가? 어느 곳에 자리를 잡고 조사에 착수했는가? 현지의 누구로부터 도움을 받았는가? 어떻게 핵심적인 사례를 발굴하고 접근해갔는가? 현지인들과 어떻게 친구가 되었는가? 어떻게 자민족중심주의ethnocentrism를 극복하고 현지적 관점native point of view을 파악하기 위하여 노력했는가? 한국인이라는 국적의 장점과 단점은 무엇이었나? 실제 조사 경험은 현지조사에 관한 애초의 생각이나 학습된 방법론과 어떻게 달랐으며, 이런 간극을 나름대로 어찌 해결하였는가? 아쉽고 안타까운 점은 무엇인가? 이런 공통 질문을 풀어가면서도 저마다의 독자성을 발휘할 수 있게 하였다. 각자의 조사가 지닌 특성이 적극적으로 피력될 수 있도록.

우리는 이 책이 흥미로운 이야기로 읽혀지기를 바란다. 1990년대부터 2000년대에 걸치는 상이한 시간에, 동남아의 도서부에서 대륙부에 달하는 상이한 공간에서, 권력자에서 촌부에 이르기까지 상이한 인물들을 만나온 이야기들이다. 독자들이 우리의 진술을 통하여 동남아 현지의 다양한 풍경을 그려보고 그곳 사람들의 다채로운 삶을 들여다보는 여유를 갖길 바란다. 또한 우리는 박진감 넘치는 모험과 성장의 드라마처럼 이 책이 읽혀지길 바란다. 우리가 얻은 결실이 학문적 장고와 현지의 저류 앞에서 부족해 보여서 늘 겸손할 수밖에 없지만, 우리는 현지조사에 도전하였고 결국에는 현지적 관점을 대자적對自的으로 다루는 지역연구자로 거듭나게 되었기 때문이다.

우리는 "맨발의 학자들"이었다. 맨발이라는 표현은 현지의 후텁지근한 기후 환경 그리고 실내는 물론이고 거리에서도 양말을 신지 않는 현지의 보통 사람들을 떠올리게 한다. 우리가 맨발이었다는 것은 동남아 현지로 들어가 현지인들과 친구가 되고자 희망했고 그렇게 희망하는 것을 규범으로 여기는 지역연구자들이었다는 뜻이다. 그러나 지극히 "소박한" 방법론을 사용했다는 측면에서도 우리는 맨발이었다. 현지의 맥락과 관점을 파악하기 위해 현지에서 접하는 모든 현상을 관찰하고 기록해야 한다는, 단순하면서도 확고한 "맨발의 방법론"에 입각했기 때문이다.

우리는 이 책이 지역연구자들이 직접 집필한 지역연구 입문서로 활용되기를 바란다. 독자들은 우리의 경험담을 가볍고 부담 없이 읽어가면서 지역연구가 어떤 것인지 느낄 수 있을 것이다. 앞으로 지역연구를 지망하는 학도들은 실수와 회한을 숨기지 않는 우리의 이야기를 발판 삼아 우리보다 더 준비된 창의적인 현지조사를 계획하고 추진할 수 있을 것이다. 그러므로 이 책은 지역연구 후속세대를 위한 회고와 고백인 것이다.

강자와 국익에 좌우되었다는 선발국 지역연구사에 대한 비판적 인식이 반드시 필요하지만, 거기서 입문교육이 멈춘다면 학도들에게 지역연구에 대한 열정보다는 환멸을 불러일으킬 수도 있다. 우리는 지역연구자로서 학생들을 지역연구로 이끄는데 관심이 있다. 지역연구를 시도하면서 지역연구를 성찰하게 하자는 것이다. 그러기 위해서는 지역연구자에 의한 지역연구 안내서가 필요하고, 그 입문서는 팔짱을 끼고 갸웃거리는 것이 아니라 영혼과 심장, 온몸의 열망이 담긴 실체적인 것이어야 한다.

이 책의 집필과정에서 우리는 두근거리는 설렘을 안고 현지를 밟았던 초심의 추억에 젖어들었다. 우리 인생의 청년기이자 열정의 시대 그 한 복판으로 돌아갔다. 이 아련한 '시간 여행' 계획을 받아들이고 후원해준 서강대학교 동아연구소 HK Humanities Korea, 인문한국 동남아연구사업단의 신윤환 단장님께 감사를 드린다. 책의 제목에 관한 고민과 논란이 많던 중에 "맨발의 학자들"이라는 이름을 지어준 서강대 동아연구소 서지원 교수에게 감사한다. 원고를 수거하여 교정하고 독자의 입장에서 논평해준 전북대 대학원 정치학과의 석사 과정생 김현경 양에게도 감사한다. 이 책을 첫 작품으로 결정하고 공들여 만들어준 정성원 대표와 심민규 실장을 비롯한 도서출판 눌민의 관계자들께도 감사의 마음을 전한다.

필진을 대표하여,

2014년 2월

편저자 전제성

차례

타이완

동남아시아 전도

● 수도
○ 조사지역

필리핀

파푸아
뉴기니

동티모르

오스트레일리아

일러두기

1. 단행본, 총서, 저널 등은 겹낫표(「 」)로, 그의 하위 항목이나 논문 등은 홑낫표(「 」)로 묶어 표시했으며, 신문, 영화, 티비 드라마 등은 쌍꺾쇠(《 》)로, 그의 하위 항목은 홑꺾쇠(〈 〉)로 묶어 표시했다. 또 대화, 강조, 인용 등은 큰따옴표를 사용 하여 표시했다.

2. 인명, 지명, 저널, 신문 등의 발음 표기는 각 원어의 실제 발음에 가깝게 하려 노력했다.

3. 간략한 설명 및 첨언은 본문 속에 괄호로 묶어 표시했다.

계급 투쟁에서 종교 갈등으로

인도네시아 자바 농촌에서 연구하기

1

김형준

들어가며[1]

지역연구, 한국 학계에서는 1990년대 중후반부터 유행하기 시작한 말로 보통 해외 지역을 대상으로 한 연구를 일컫는다. 지역연구에 관한 관심은 곧이어 지역연구 방법론에 관한 관심으로 이어졌다. 그러나 서구 학계에서 하나의 독립된 분과 학문으로 정립되지 않았다는 사실은 지역연구가 다른 학문과 구분되는 독자적인 인식론과 방법론을 가지고 있지 못하다는 점을 시사한다. 따라서 특정 지역을 대상으로 한 여러 학문의 느슨한 연합 연구를 지칭하는 지역연구에서 방법론은 각각의 분과 학문에 의존할 수밖에 없다.

현지에서 직접 자료를 수집하는 연구 전통을 가장 오랫동안 발전시킨 학문은 문화인류학이다. 연구 대상자와 장기간 같이 거주하면서 자료를 수집하는 전통을 말리노프스키Malinowski가 확립한 뒤 90여 년의 기간 동안 거의 대부분의 문화인류학자들은 현지조사fieldwork라 불리는 말리노프스키식 연구를 진행해왔다.

오랜 전통이 세워졌다고 해서 문화인류학자들이 매우 구체적인 수준에서 또는 "매뉴얼"이라 불릴 만한 형식으로 연구 방법론을 세련되게 다듬어온 것은 아니다. 어떤 의미에서 이런 매뉴얼식 연구 방법론은 문화인류학의 속성상 만들어질 수 없다. 매우 다양한 현장에서 매

---

1 이 글의 내용을 요약하여 정리한 논문이 『동남아시아연구』 23권 2호(2013년 6월, pp. 181~213)에 「인도네시아 자바 농촌에서의 현지조사: 지역연구 과정에 대한 자전적 서술」이라는 제목으로 게재되었음.

우 다양한 삶의 영역을 연구하는 문화인류학자들에게 구체적으로 정해진 연구 절차가 없다는 점은 오히려 현지조사 방법론의 핵심이라고 할 수도 있다.

구체적인 연구 절차가 정립되지 않았다고 해서 문화인류학자들이 아무런 가이드라인 없이 지역연구를 행하는 것은 아니다. 다양한 조건에서 조사한 다른 학자들의 경험을 통해 문화인류학자들은 어떻게 현지조사를 해야 하는지에 관한 나름의 관점을 형성한다. 이런 의미에서 인도네시아 자바Java에서 한 현지조사 경험은 문화인류학뿐만 아니라 다른 학문 분야에서 지역연구를 어떻게 할지 고민하는 사람에게 하나의 준거점을 제공해줄 수 있으리라 기대한다.

나는 1992년 8월부터 1994년 6월까지 23개월 동안 인도네시아에 체류하며 현지조사를 했다. 조사지는 중부 자바의 족자까르따Yogyakarta에 위치한 농촌 마을이었으며, 주요 연구 주제는 이슬람이었다. 이슬람의 영향력이 확대되면서 일어난 변화를 전통 종교와 무슬림-기독교도 관계를 중심으로 파악하려 했다. 다른 문화인류학자나 지역연구자와 비교할 때 내 지역연구 경험은 상당히 차별된 모습을 취했다. 지역연구를 시작한 동기부터 실제 현지조사 과정까지 체계적으로 계획된 부분이 많지 않았기 때문이다.

글을 쓰면서 정리한 내용을 보면, 나는 매우 우연한 계기를 통해 지역연구 대상국가인 인도네시아와 연구 지역인 족자까르따를 선정했으며, 조사지를 선택할 때도 특정 기준보다는 운에 더 의존했다. 또한 현지의 언어인 인도네시아어를 배우지 않은 채 조사를 시작했고, 조사 주제 역시 원래 계획한 주제와 달랐다. 이런 내 상황은 뚜렷한 관심과 확고한 신념에 기반해 연구 대상국가와 조사지를 선정하고, 장기간에 걸쳐 조사 주제와 관련된 사전 연구를 행하고, 철저한 조사 계획을 세운 뒤 그 계획에 부합하는 방법을 모색해 조사에 적용하고, 수집된 자료를 정리하고 분석하며 조사의 진행 상황을 지속적으로 모니터링하면서 조사하는 식의 지역연구와는 뚜렷한 차이를 보인다. 어떻게 보면 지역연구자로서의 내 입문 과정은 "개념 없고" 한심하게 비춰질 수 있다. 그러나 이런 비체계적이고 무계획적이며 우연적인 방식으로 지역연구를 수행하는 것 역시 반대 방식이 그런 것처럼 지역연구에 다가가고 지역연구자로 성장하는 하나의 길이 될 수 있다고 확신한다.

필연보다는 우연적 요인에 의존하여 지역연구를 시작하고 수행했기 때문인지는 몰라도 내게 지역연구의 가장 중요한 요소는 "재미"이다. 조사지의 삶에서, 조사 대상에서, 연구 주제에서 재미를 느낄 수 있다면 더 쉽게 그리고 더 잘 지역연구를 행할 수 있으리라 생각한다.

이 글의 내용은 일관된 주제가 아닌 시기별 상황을 중심으로 내 연구 과정을 서술한 것이다. 논의상의 필요에 따라 일부 자료의 앞뒤가 뒤바뀐 경우도 있지만 전체적으로 지역연구로 입문, 현지조사 준비, 현지조사 수행이라는 흐름에 맞춰 상황을 재구성했다. 글의 구성상 현지조사를 시작하기 이전 과정에 관한 이야기가 많이 제시돼 있는데, 내 지역연구 입문 과정의 독특성을 드러내려는 의도 때문이다.

우연과 필연—인도네시아와 나의 첫 대면

가물가물한 20여 년 전의 기억을 반추해보면 대략 아래와 같다. 때는 1989년 봄, 장소는 서울대학교 인류학과 대학원 연구실. 호출을 받아 전경수 선생님을 만나고 돌아온 친구가 특별한 "명"을 전달했다. 국비 유학생 선발 분야에 해외 지역연구가 처음으로 포함됐으니 지원하라는 것이었다. 이야기를 들은 학생들의 반응은 시큰둥했고 "아랫것들"의 반항으로 명은 제대로 서보지도 못하고 폐기될 위기에 처했다. 그런데 며칠 뒤 반전이 일어났다. 브라질로 유학을 계획하던 학부 동기생 한 명이 지원을 결정했고, 그 친구의 권유로 몇몇 대학원생의 마음이 움직인 것이다.

유학생 선발 분야가 네 지역이었기에 네 명의 학생이 모였다. 선점된 브라질을 제외한 세 나라의 배분이 시작됐는데, 한 명이 선뜻 멕시코를 지목했다. 남은 두 학생은 선택권을 서로 양보하는 미덕을 보였고, 그중 한 명인 내가 별생각 없이 인도네시아를 선택함으로써 실랑이가 종결됐다. 마지막 학생에게는 말레이시아가 배분됐다. "땅따먹기"가 끝나자 우리는 지원서를 작성해 만나기로 굳게 약속했지만 기일 안에 지원한 사람은 브라질을 연구하기로 한 친구와 나뿐이었다. 시험 운이 좋아서인지 우리는 모두 선발됐고, 나와 인도네시아의 우연적 만남은 빼도 박도 못하는 현실로 굳어졌다.

인도네시아, 도통 감이 오지 않는 나라였다. 대학원 수업에서 읽은 클리퍼드 기어츠Clifford Geertz의 『농업의 내향적 정교화Agricultural Involution』와 조엘 칸Joel Kahn의 『미낭까바우 사회구성체Minangkabau

Social Formations』 말고는 인도네시아와 관련된 자료나 이론적 논쟁을 접할 기회가 없었다. 국비 유학 시험 준비를 하면서 국내 문헌을 찾아봤지만, 소개 글 수준을 제외하고는 자료가 거의 존재하지 않았다. 열대 지방에 위치하고, 독재자 수하르또Suharto(1921~2008. 1967년에 수까르노를 축출하고 1998년까지 장기 집권한 인도네시아 대통령)가 통치하며, 농업을 주로 하는 개발도상국 정도가 인도네시아에 관한 당시의 주요한 인상이었다. 유학 준비를 하면서 관련된 학술 자료를 읽어보고 미래의 조사지에 관한 이해를 높이려던 계획은 그 뒤 유학 국가를 둘러싼 문제 때문에 제대로 실현되지 못했고, 나는 이런 인상만 간직한 채 유학길에 오르게 됐다.

당시 국비 유학 규정에 따르면 인도네시아 지역연구 분야에 선발된 나는 인도네시아에 소재한 대학의 대학원 과정을 이수해야 했다. 미국 유학만 알던 나는 이 규정이 가져올 여파가 얼마나 클지 인식하지 못한 채 미국 유학 준비하듯 사전 절차를 시작했다. 첫 단계로 인도네시아대학교Universitas Indonesia와 가자마다대학교Universitas Gadjah Mada를 유학 대상 학교로 선택했고, 두 대학 인류학과에 편지를 보냈다.

인도네시아에 관한 엄청난 무지가 아니었다면 이런 식의 유학 준비는 상상조차 할 수 없는 방식이었다. 그러나 이 나라에 관해 아는 것이 없던 나로서는 이 방법 말고는 별다른 대안이 없었다. 인도네시아로 보낸 첫 편지의 답신은 서너 달 뒤에 도착했는데 내용은 암담했다. 가자마다대학교에는 인류학과 대학원 과정 자체가 개설돼 있지 않았다. 인도네시아대학교에서는 대학원 시험을 인도네시아에 와서 봐야

한다는 규정만을 제시했을 뿐이다. 편지 내용에 화들짝 놀란 나는 한
상복 선생님과 이 문제를 상의했고, 한 선생님의 소개로 인도네시아
대학교 인류학과의 니코 칼랑이Nico Kalangie 교수에게 인도네시아에 가
서 대학원 시험을 직접 볼 수 없는 내 처지를 호소하는 편지를 보냈다.
개인적 친분 때문이었는지 답장은 두 달이라는 상대적으로 빠른 기
간안에 도착했고, 니코 선생의 긍정적인 답변을 얻을 수 있었다.

국비 유학의 또 다른 규정에 따르면 선발된 학생은 1년이 조금 넘는
정해진 기간 안에 입학 허가서를 제출해야 했고, 그러지 못할 경우 선
발 자체가 취소됐다. 니코 선생이 긍정적 신호를 준 때는 이미 이 기간
중 절반이 흘러간 시점이었기에 매우 서둘러 필요한 서류를 인도네시
아대학교에 보냈다.

기다리는 시간이 길어질수록 초조함은 커져만갔다. 6~7개월 안에
입학 허가를 받아야 하지만 이것이 가능할지 회의감은 점점 더 깊어
졌다. 이때 심리적 위안거리로 시작한 일이 오스트레일리아의 대학교
로 유학을 갈 준비를 하는 것이었다. 당시 오명석 선배가 오스트레일
리아 모나쉬대학교Monash University의 박사 과정에 있었기 때문에 더 쉽
게 떠올릴 수 있던 선택지였다. 물론 입학 허가를 받아봤자 유학 대상
국가를 변경할 수 없다면 소용없는 일이었지만, 아무 일도 하지 않은
채 기다리기보다는 무언가 하고 있다는 느낌을 가져다 줄 일이 필요
했다.

관련 서류를 오스트레일리아의 대학교에 보내고 두어 달이 지나자
몇 개 대학교에서 입학 허가서가 도착했다. 이렇게 빨리 입학 허가를

받은 데는 내가 대학교에 장학금을 신청하지 않는 자비 유학생이라는 점이 주요하게 작용한 듯하다. 흥미로운 점은 같은 서류를 보냈는데도 입학 허가 조건이 극단적으로 차이 났다는 사실이다. 대학원 디플로마diploma 과정의 입학 허가를 준 곳, 1년의 유예 기간 뒤 석사 과정 진입을 검토하겠다는 곳도 있던 반면, 일정 정도의 유예 기간 뒤 박사 과정 입학을 허용하겠다는 곳도 있었다. 가장 좋은 조건을 제시한 대학은 오스트레일리아국립대학교ANU: Australian National University였고 나는 인도네시아의 입학 허가를 기다리면서 이 대학교로의 유학을 꿈꿨다.

아이러니컬하게도 나를 오스트레일리아로 유학 보낸 장본인은 나를 한껏 괴롭히던 인도네시아대학교였다. 물어물어 알게 된 한국 사람을 통해 인도네시아대학교와 직접 접촉을 시도하기까지 했지만 신통한 결과를 얻지 못한 채 유학 신청의 데드라인이 점차 다가오던 6월의 어느 날이었다. 한상복 선생님의 자제에게서 한 통의 편지를 전달받았다. 출장 간 한 선생님을 대신해 편지를 검토하던 중 이상한 내용을 찾았다는 것이다. 편지의 내용은 상상을 초월했다. 인도네시아대학교 인류학과 학과장이 보낸 편지에는 한상복에게 입학을 허가하며, 관련 서류가 대사관을 통해 곧 전달될 것이라는 내용이 적혀 있었다. 인도네시아대학교가 한 건 한 셈이었다. 추천서를 써준 지도 교수에게 입학 허가서를 보내다니!

서둘러 보낸 내 편지의 답신은 이전과 달리 제법 빠른 한 달여 만에 도착했지만, 그 내용 역시 황당하기 이를 데 없었다. 학교가 곧 개강을 하기 때문에 이름을 정정한 입학 허가서를 다음 학기에나 보내줄 수 있다는 것이다. 이제 내게 남은 선택은 유학 대상 국가의 변경을 요청하는 방법뿐이었다.

지금 생각해봐도 유학 대상국의 변경을 허가받은 이유를 쉽게 설명할 수 없다. 지역연구 유학생 선발이 처음이었기에 제도를 좀더 유연하게 운용할 여지가 있었을 수도 있다. 변경을 요청하는 인류학과 은사님들의 탄원 형식의 글이 관련 공무원의 마음을 움직였을 수도 있다. 그것도 아니면, 인도네시아대학교에서 온 서신의 황당함에 공감했을 수도 있다. 어떤 이유에서든 나는 변경 허가를 받을 수 있었고, 동시에 유학지는 순식간에 오스트레일리아로 전환됐다.

입학 준비 절차가 가져온 스트레스, 초조함 때문에 나는 유학 준비 중 가장 중요한 부분을 실행할 수 없었다. 이 기간 동안 인도네시아와 관련된 연구 자료를 제대로 검토하지도 못했고, 인도네시아어를 배우려는 시도 역시 제대로 진행하지 못했다. 그렇지만 이런 상황이 가져온 긍정적인 면 또한 있었는데, 나와 인도네시아의 관계에 관한 인식 변화다. 매우 우연히 다가온 연구 대상으로서 인도네시아에 이전까지 어떤 친밀감을 느끼지 못했다면, 우여곡절의 과정을 거치면서 점차 나와 인도네시아 사이에 어떤 필연적 관계가 내재하는 것이 아닐까 하는 생각을 갖게 됐다. 그 결과 오스트레일리아로 떠날 즈음 나는 지극히 우연적인 사건에 필연이라는 외관을 어느 정도 입힐 수 있었다. 이런 정서적 유대가 몇 권의 책을 통해 얻는 지식보다 더욱 중요한 요소로 지역연구자에게 영향을 미칠 수 있다는 것을 이후의 경험에서 알게 됐는데, 이런 태도를 일부나마 얻은 채 지역연구를 시작할 수 있었다는 점은 내게 행운이었다.

사족을 덧붙이자면, 입학 허가와 관련된 "황당 스토리"는 여기에서 끝나지 않고 오스트레일리아에서 공부하고 있을 때 그 정점에 도달했다. 한국에서 급한 연락을 받았는데 주한 인도네시아 대사관에서 입학 허가서를 받아 가라고 요구했다는 것이다. 인도네시아로 학교를 옮겨야 하는 것이 아닌지 걱정하는 어머니의 이야기를 들으면서 마음속에서는 웃음꽃이 피어올랐다. 어찌됐건, 인도네시아대학교가 나를 배신하지는 않은 것이다.

지역연구 전통과 만나다—소는 언제 목욕시키나?

오스트레일리아국립대학교에서 공부를 시작하고 몇 개월이 흐른 뒤 주변 사정을 어느 정도 알게 되자 이 대학교가 매우 독특한, 이전까지 쉽게 상상할 수 없던 제도를 가진 곳이라 생각하게 됐다. 대학의 구성, 교수-학생 관계, 연구 풍토에서 이런 특성을 이야기할 수 있다.

구조 조정을 거치며 지금은 대학교의 조직 역시 많이 변했지만, 내가 공부하던 90년대 초반 대학교에는 두 개의 인류학과가 독립적으로 존재했다. 복수의 학과는 인류학과에만 적용되지 않았다. 사회학, 철학, 언어학도 둘 또는 그 이상의 학과가 있었으며, 정치학, 역사학, 경제학의 경우 학과 수가 더 많았다. 각기 독립적으로 운영되던 고등 학문 연구소와 학부 중심의 대학교가 통합돼 형성된 학교의 역사를 고려해 보면 이런 이원적 체계를 이해할 수도 있지만, 통합되고 수십 년이 흐른 뒤에도 각각의 전통이 고수될 수 있다는 사실은 믿기 어려웠다.

인류학과의 이원적 체계를 예로 들면, 하나의 과는 아시아태평양연구소Research School of Pacific and Asian Studies 산하에 있었고 다른 하나는 학부 대학Faculties에 속해 있었다. 내가 수학한 연구소 산하 인류학과의 경우 학생은 박사 과정생으로 제한됐고, 교수에게는 학부생이나 대학원생을 대상으로 강의할 의무가 부과되지 않았다. 반면 학부 대학의 인류학과는 박사와 석사, 학사 과정으로 나뉘어 있었고, 교수에게는 강의와 논문 지도라는 의무가 모두 주어졌다.

이원적 체계 때문에 동일한 박사 과정 학생이라도 어느 인류학과에 속해 있는지에 따라 차별적인 대우를 받았다. 상대적으로 재정이 넉넉한 연구소 학과의 경우 학생에게 혼자 혹은 두 명이 사용하는 연구실을 배정했고, 학생은 우편과 통신, 복사 비용이 무료였다. 반면 학부 소속 박사 과정생의 경우 공동으로 사용하는 연구실에 책상이 주어질 뿐이며 다른 혜택 역시 제공되지 않았다. 이런 체계를 전혀 알지 못하고 지원한 나는 연구소 인류학과에 소속된 사실이 신기할 뿐이었고, 한동안 이것을 우편배달부가 가져다준 행운이라 여겼다. 처음 이 학교에 편지를 보낼 때 이용한 주소는 인류학과였는데, 배달부가 내 편지를 학부가 아닌 연구소 학과에 배달해서 더 좋은 환경에서 공부할 수 있게 됐다는 식이다.

두 인류학과의 연구 경향 역시 뚜렷한 차이를 보였는데, 연구소 인류학과는 지역연구 전통을, 학부 인류학과는 이론 중심적 전통을 가졌다. 이 차이를 전적으로 이원 체계 탓으로 돌릴 수는 없지만 최소한 그것이 그 유지에 일조했음은 확실하다. 아래에서 좀더 자세히 말하겠지만 이런 차이 때문에 두 학과 박사 과정생의 학문적 지향과 관심 역시 대조를 보였다. 그 대조는 연구 계획서를 공동으로 발표하는 세미나에서 잘 드러났는데, 연구소 학생은 조사지와 관련된 사실에, 학부 대학 학생은 이론적 논의에 집중하는 모습을 볼 수 있었다. 흥미로운 점은 이런 차이를 쉽게 인식할 수 있는데도 여기에 관해 아무도 심각하게 이야기하지 않았다는 점이다. 두 방식 모두 각각의 존재 이유를 가진 것으로 취급된다는 인상을 받았다.

이곳 인류학과의 두번째 놀라움은 수평적인 교수–학생 관계였다. 한국하고는 다른 모습이 전개되리라 생각하지 않은 것은 아니지만, 이곳의 교수–학생 관계는 내 상상을 초월했다. 지도 교수와 맺는 관계에서는 일부 차이점이 나타나기도 했지만, 전체적으로 교수가 학생에게 무엇인가를 가르치려는 경향이 약했고 학생을 동료 학자로 대우하면서 조언해주거나 조언받는 경향이 강했다. 학과 학생이 박사 과정생으로 국한돼 있다는 점, 이 학생들도 학교의 직원staff으로 인정되고 그 위치에 부합하는 대접을 받았다는 점,[2] 지역연구 전통이 강했다는 점, 오스트레일리아의 교육 전통이 덜 권위주의적이었다는 점 등이 이런 모습을 가능하게 한 요인이라 생각된다.

학과의 세번째 놀라움은 연구 경향, 앞서 지적한 지역연구 전통이

---

[2] 내가 유학을 떠나기 직전에야 자비 유학 개념이 오스트레일리아 대학교에 도입됐기 때문에 나는 학과에서 첫 자비 유학생이라는 특이한 신분을 가졌다. 나와 같은 신분의 유학생이 이후 학과에 입학했지만 보수를 지급하며 박사 과정생을 데려와야 한다는 생각은 상당 기간동안 유지됐다.

다. 내가 찾아낸 특성을 지역연구 전통이라 명명할 근거나 비교 자료는 없지만, 당시 학과에서 주도적으로 나타나던 학문적 경향은 한국의 대학원이나 학부 대학 인류학과와 뚜렷한 차이를 보였다. 그런 경향을 보여줄 좋은 사건이 학과 교수가 주관하는 세미나에서 발생했다. 현지조사 수행 여부와 관계없이 모든 학생이 참여할 수 있기에 나 같은 신참부터 논문 작성을 거의 완료한 학생까지 참석해 하나의 책을 가지고 토론하는 자리였다.

세미나의 토론 대상은 파푸아뉴기니에 관한 민족지ethnography였다. 책을 반드시 읽고 와야 하는 자리가 아니라서 나는 서론과 결론 정도만 읽었고, 다른 학생 역시 비슷한 수준이었다. 파푸아뉴기니 출신으로 논문을 쓰고 있는 학생이 발제를 했고, 이후 이런저런 이야기가 두서없이 이어지고 있었다. 그때 어느 학생이 민족지에 기록된 소와 관련된 이야기를 꺼냈고, 이 화두는 나른한 오후의 분위기를 급격하게 전환시켰다. 누군가 자기 조사지에서 소를 지칭하는 어휘를 말했고, 여기저기에서 비슷한 이야기가 터져 나왔다. 그 뒤 대화의 소재는 소 목욕시키는 방식, 소 먹이, 소를 "소작"하는 방식 등으로 이어졌고 너도나도 경쟁적으로 말하려는 상황이 됐다. 이 대화에는 이론적 요소가 포함돼 있지 않았는데, 단순화해서 이야기하면 "너희 동네와 달리 우리 동네에서는 소를 이렇게 부른다."는 식으로 논의가 진행됐다. 참가자들은 소와 관련된 정보를 제공하고 다른 지역의 이야기를 들으면서 매우 즐거워했다. "너희 동네는 소를 아침에 개울가에서 목욕시킨다고 하는데 우리 동네는 저녁에 우물가에서 목욕시킨다."라는 식의

이야기가 이 사람들을 열광하게 한 것이다.

소와 관련된 이야기가 끊임없이 이어질 수 있던 이유는 세미나에 참석한 15명가량의 학생 중 과반 정도가 파푸아뉴기니와 가까운 인도네시아 지역, 곧 모두 기억할 수는 없지만, 서티모르, 티모르 남부의 로띠Roti 섬, 플로레스Flores 섬, 플로레스 북부의 빨루에Palue 섬, 숨바와Sumbawa 섬, 말루꾸Maluku의 스람Seram 섬 등 동부의 도서 지역에서 연구한 경험이 있기 때문이다. 또한 현지조사를 앞둔 학생 중 상당수도 인도네시아와 관련된 사전 지식을 가지고 있었기 때문에 대화에 끼어들 수 있었다. 따라서 소 이야기에 관한 열광은 인도네시아, 나아가 인도네시아의 특정 지역을 연구하는 학생이 집단적으로 모여 있기에 가능한 일이었다.

참가자 중 소 이야기에 낄 수 없는 학생은 극소수였고 여기에는 당연히 내가 포함됐다. 학과에서 매우 빈번하게 벌어지는 이런 식의 대화에서 나는 완전한 국외자였는데, 인도네시아에 관한 지식이 일천하던 당시의 처지를 생각해보면 너무나도 당연했다. 그러나 나는 단순한 이방인이 아니어서 국외자인 동시에 냉소자였다. 세미나 참석자 모두가 박사 과정생이며 또한 상당수가 논문을 작성하는 단계에 있다는 점을 고려해보면 이런 대화는 참석자들의 낮은 학문적, 지적 수준과 성취도를 보여주는 것처럼 보였다. 이론적 논의가 아닌 지엽적인 문제에 관한 열광, 사실에 관한 잡다한 대화만으로 세미나를 끝내고도 만족해하는 태도 등은 낯설고 우습기까지 한 모습이었다. 내가 이런 식의 태도를 취한 데는 한국에서 받은 교육이 중요한 구실을 했다.

서울대학교 대학원의 교육에서도 지역연구는 중요한 부분을 차지했다. 주제별로 진행된 수업에서 교재 중 대다수는 외국을 대상으로 한 연구였기에, 아프리카, 아메리카, 아시아, 오세아니아에 관한 글을 읽고 토론하는 것이 일반적이었다. 그러나 교재가 지역연구의 결과물이라고 해서 이 교재를 읽는 일이 지역연구라고 하기에는 무리가 있었다. 우선 일반적인 지역연구와 달리 특정 지역을 집중적으로 검토하는 식으로 연구가 진행되지 않았으며, 세계 모든 지역이 유사한 비중으로 취급됐다. 더 중요한 점은 지역연구와 관련된 글을 읽으면서도 학생들의 관심이 이론적 논의에 집중됐다는 것이다. 극단적으로 표현한다면, 지역연구 관련 글을 읽으면서 책의 서론과 결론만 중시했고, 본문에 제시된 풍부한 사실이나 사실에 관한 분석을 경시했다.

같이 공부하던 대학원생을 연결해줄 지역연구 대상이 없던 것은 아닌데, 우리 모두 논문 작성을 위해 현지조사를 수행할 장소인 한국이었다. 그러나 당시 우리는 한국 연구를 지역연구로 뚜렷하게 인식하지 못했다. "우리 나라"라는 이유 말고도 이론 중심적 경향이 또 다른 원인이었다. 곧 한국과 관련된 조사를 하고 논문을 쓸지라도 이론적 의미에만 공통된 관심이 놓여 있었고, 학위 논문에 포함된 풍부한 민족지적 자료는 이론적으로 관련되는 한 의미를 가질 뿐이었다.

이론 중심적 경향에 노출된 내가 유학을 오면서 기대한 것은 미셸 푸코Foucault를 중심으로 한 탈식민주의와 포스트모더니즘 논의, 피에르 부르디외Bourdieu가 제기한 아비투스habitus 논의 정도였다. 그러나 학과 세미나에서 교재로 선택된 글에는 "최신"의 학문적 논쟁이 포함되지 않았다. 여기에서 주로 읽은 것은 에밀 뒤르켐과 막스 베버의 저술, 철학자의 저술 그리고 인류학자의 민족지였다. 저자뿐만 아니라 교재로 선정된 저술 역시 내 기대와 어긋났다. 뒤르켐의 저서는 한국에서 쉽게 접하던 저술이 아니라 오스트레일리아 원주민과 관련된 내용을 담은 책이었고, 베버의 경우도 『경제와 사회』가 아니라 힌두교와 유교에 관한 글이었다. 인류학자의 민족지조차 차이를 보였는데, 이름도 들어보지 못한 저자의 저술이 다수 포함돼 있었다.

지역연구에 관한 강조가 자동적으로 이론적 논의에 관한 경시를 의미하지는 않는다. 학과 학생들 역시 민족지적 기술만으로 논문을 작성하지는 않았으며, 이론적 논의를 논문에 포함했다. 그러나 학생들이 관심 가진 이론적 논의는 거대 이론, 일반 이론이 아니라 특정 지역을 대상으로 한 연구에서 형성된 중범위 또는 소범위 수준의 "지역 밀착형" 이론이었다. 인도네시아처럼 독립된 전통을 보유한 수많은 섬으로 구성된 지역을 연구할 경우, 이것은 인접 지역이나 유사한 주제

를 연구하지 않는 한 학생들이 이론적으로 연결될 가능성이 높지 않
다는 것을 의미한다. 다른 식으로 말하면, 자바를 연구하면서 읽는 이
론적 논의와 말루꾸를 연구하면서 읽는 논의는 서로 차이를 보일 수
밖에 없다. 따라서 학생들을 더 쉽게 묶어줄 끈은 "사실"이었으며, 소
에 관한 이야기에 학생들의 관심이 집중될 수 있는 것도 그래서였다.

지역연구 중심의 연구 경향에 냉소적이었지만 새로운 자극을 받은
것 역시 사실이었다. 나도 다른 학생처럼 나만의 조사지, 나만의 자료
를 가지고 싶다는 욕구가 강해졌고, 이런 욕구는 현지조사에 관한 기
대를 키워줬다. 또한 지역 중심의 연구 경향은 학과 내 교수－학생 간
수평적 관계를 유지시킨 이유 중의 하나였다. 현지조사를 끝낸 학생
은 그 지역에 관한 한 교수보다도 전문가였기 때문에 교수가 학생에게
서 도움받는 일 역시 이상하게 여겨지지 않았다. 이런 상황을 보면서
빨리 조사를 끝내고 돌아와 나도 전문가로 대우받고 싶은 욕구가 생
겼고, 이런 욕구는 연구에 긍정적인 영향을 미쳤다.

조사지 선택― 족자까르따와 나의 우연적 만남

지도 교수인 제임스 폭스James Fox 씨와 두번째로 대면하는 자리였다.
앞으로 진행될 수업과 행정적 문제, 학위 논문 주제에 관한 이야기가
오갔다. 그러던 중 지도 교수가 조사지에 관해 물어왔다. 인도네시아
말고는 별다른 생각을 하고 있지 않던 내게는 당황스러운 질문이었고,
이런 내 모습에 지도 교수도 당혹스러운 태도를 보였다. 두어 차례 질
문을 받은 뒤 나는 그나마 지역적 범위를 좁혀 자바를 언급할 수 있었

다. 농촌 사회 연구를 계획했기에 수도작水稻作 지역이 많은 자바가 적합하리라고 생각한 적이 있기 때문이다. 그러나 이 답변 역시 지도 교수를 만족시키지 못했다. 결국 자바의 농촌 지역이라면 어디라도 괜찮다는 말을 들은 지도 교수는 족자Yogya라는 이름을 거론했다. 지도 교수의 설명에 따르면 "멋진lovely 장소"인 족자와 나의 인연은 이렇게 시작됐다.3

지도 교수가 매우 서둘러 내 조사지를 정하려 한 이유를 쉽게 이해할 수 없었다. 이후 튜터식 수업을 할 때도 족자와 관련된 연구에 강조점이 놓이지 않았기 때문에 이 의문은 한동안 지속됐는데, 학과 분위기를 어느 정도 파악한 뒤에야 궁금증이 해소됐다. 앞서 말한 대로 지역연구 전통이 강한 학과에서 학생의 전공 지역은 인도네시아 같은 큰 범주가 아닌 매우 세부적인 수준에서 정해졌다. 나와 같이 입학한 인도네시아 전공 학생이 연구 대상을 플로레스 섬이 아닌 응아다Ngada, 말루꾸가 아닌 할마헤라Halmahera나 스람, 자바가 아닌 찌르본Cirebon 이나 좀방Jombang으로 설정한 상황에서 "자바 연구자"라는 범주는 존재하기 힘들었다. 따라서 지도 교수는 더 구체적인 연구지를 부여해서 분류상의 애매모호함이 가져올 혼란을 피하려 한 것 같다. 이런 의도를 알 수 없던 나로서는 너무 성급하게 조사지를 결정한 일이 불안하고 불만족스러웠지만, 엎질러진 물을 주워 담을 수는 없었다.

---

3 족자는 중부 자바에 위치한 도시와 주변 지역을 일컫는 지명이다. 원래 명칭은 "응아욕야까르따 하디닝랏(Ngayogyakarta Hadiningrat)"이지만, 인도네시아 독립 뒤 구철자법에 따라 "Jogjakarta", 신철자법에 따라 "Yogyakarta"로 표기되는 과정에서 "욕야까르따"라고도, "족자까르따"라고도 불린다. 일반인들은 보통 축약형을 사용하는데, "족자", "욕조", "욕야", "욕요" 등으로 부른다.

족자와 맺은 느슨한 관계는 약 세 달 뒤 다른 성격으로 전환됐다. 인도네시아 조사를 위해 연구 비자를 신청해야 했고, 연구지로 족자를 명시했기 때문이다. 지역연구 과정에서 가장 중요한 절차 중의 하나라 할 수 있는 연구 지역 선정은 결국 상황에 좌우돼 결정됐다. 인도네시아를 지역연구 대상으로, 그리고 족자를 연구지로 정한 일 모두 고민 끝에 얻어진 결과가 아닌 우연적 과정의 산물이라는 사실은 그리 일반적인 모습이 아니다. 그렇지만 우연이 필연으로 전환될 수도 있었다. 연구지와 맺은 우연적이고 느슨한 관계는 이후 관련 연구를 진행하면서 조금씩 밀접한 관계로 나아갔다. 오스트레일리아에 도착하고 인도네시아로 떠나게 된 1년 6개월여의 기간 동안 내 상태는 인도네시아 연구를 하지 않아도 잃을 것이 전혀 없는 상태에서, 손해 볼 것이 조금은 있는 상태로 전환됐다.

조사 준비―분산과 집중, 그리고 선택 후 집중

오스트레일리아에 도착하고 처음 네다섯 달 동안 지도 교수와 매주 튜터식 수업을 했다. 한 권의 책을 읽고 두세 페이지의 서평을 작성한 뒤 그것을 중심으로 토론하는 것이 주요한 방식이었는데, 지도 교수의 훌륭한 성품 덕에 수업은 큰 긴장 없이 느긋하게 진행됐다. 수업 시간에 읽을 책은 지도 교수가 선정했는데, 지도 교수는 체계적인 커리큘럼에 의존하지 않았고, 토의 과정에서 떠오른 글을 다음 시간 교재로 선택했다. 상당히 무계획적으로 수업이 진행됐지만, 그렇다고 지도 교수가 학생 지도와 관련한 커다란 그림을 가지지 않은 것은 아니었고,

이 점을 나중에야 눈치챌 수 있었다.

내가 인도네시아와 관련해 읽은 것도 없고 아는 것도 없는 학생이라는 사실은 유학을 시작한 뒤 곧바로 탄로나버렸다. 이미 입학을 한 나로서야 문제될 점이 아니었지만 지도 교수 역시 그것을 그리 심각하게 받아들인 것 같지는 않다. 내 상태를 파악하고도 나무라지 않는 분위기가 그런 의중을 반증한다고 나는 아전인수 격으로 해석해버렸다. 대신 지도 교수는 이런 나를 대상으로 다른 학생하고는 차별되는 전략을 사용했는데, 분산과 집중이 바로 그것이었다. 지도 교수는 연구 주제와 관련해 내 관심을 분산시키려 했고, 자바라는 지역으로 내 관심을 집중시키려 했다.

지도 교수의 전략은 교재를 통해 알아볼 수 있었다. 수업의 주제는 중구난방이었는데, 전통 예술과 관련된 책을 읽고 나서 농민의 저항과 관련된 책을, 식민지 경제와 관련된 책을 읽은 뒤 독립 전쟁과 관련된 글을 읽는 식이었다. 내 관심을 분산시키려 한 이유를 설명하기는 쉽지 않다. 당시의 생각으로는 지도 교수가 내 연구 주제를 별로 탐탁치 않아 한 것 같았다. 내 연구 주제는 제임스 스콧James Scott의 『약자의 무기』를 읽으며 형성됐는데, 농촌에서 계급 갈등이 진행되는 양상과 이 과정에서 약자와 강자 둘 다 공유하는 세계관이 작동하는 방식이 그것이었다. 나는 이런 "최신 유행"의 이론이 지도 교수의 취향에 부합하지 않는다고 추정했다.

내가 읽은 책의 대다수가 자바를 대상으로 쓰인 것이고, 인도네시아 전체와 관련될 경우에도 자바를 중심으로 서술됐다는 점, 다른 학생들이 인도네시아라는 범위를 넘어서는 글을 자주 읽었다는 점에 근거해 집중의 전략을 생각해볼 수 있었다. 자바에 관해 사전 지식도, 읽은 책도 없는 나 같은 학생을 단시일 안에 조사에 투입하는 데 적절한 전략이라 느껴졌다.

튜터식 수업이 몇 달 진행된 뒤 수업 방식은 좀더 느슨한 형태로, 곧 특정 주제를 대상으로 짧은 보고서를 쓰는 식으로 전환됐다. 간섭이 약해지자 나는 곧바로 전략을 바꿨다. "분산과 집중" 중 분산을 포기하고 그 대신 선택을 집어넣었다. 특정 주제를 정한 뒤 그 주제와 관련된 책만 읽는 방식인데, 논문 주제와 긴밀하게 연관된 농업과 세계관 관련 연구가 선택된 주제였다.

선택 후 집중 전략의 장점은 특정 지역이나 주제와 관련된 기존 연구를 단기간에 섭렵할 수 있다는 점으로, 자바에 관한 지식이 일천한 나 같은 입문자에게 유용했다. 이런 전략을 통해 특정 주제에 관해서는 자바를 연구하는 다른 박사 과정생에 견줄 만한 독서 수준을 짧은 기간에 성취할 수 있었다.

이 전략의 장점은 그대로 단점으로 이어졌다. 제한된 주제와 지역으로 연구를 한정하면서 연구 지역과 관련된 기초적 상식이 부족한 상태가 지속됐을 뿐 아니라 타 지역에 관한 무관심 때문에 연구의 지평을 확장하기가 힘들었다. 또한 글 읽기의 초점이 이론적 논의에 집중되면서 사실에 관한 관심이나 이해도는 낮은 상태에 머물 수밖에 없었다. 따라서 현지조사를 떠나기 전까지 1년 반 정도 본격적으로 지역연구를 행했지만, 특정 주제와 관련된 학문적 논의를 제외하면 자바와 인도네시아의 타 지역에 관한 이해는 귀동냥을 통해 들은 것 말고는 거의 심화되지 않았다.

이런 문제점에도 불구하고 당시 상황에서 선택 후 집중은 매우 적절한 전략이었다. 이 과정을 거치면서 최소한 자바 농업과 전통 세계관의 문제와 관련해서는 다른 박사 과정생과 같이 토론하는 일이 가능해졌으며, 이것은 강한 성취감을 가져다줬다. 물론 기초적 상식의 부족이 만성적인 문제가 되면서 지역연구자의 위상을 실추당하는 당혹스러움을 계속 느껴야 했다. 예를 들면, 자바 이슬람에 관한 학자들의 견해에 관해서는 토론을 벌일 수 있었지만, 초등학생도 알 수 있을 자깟zakat(이슬람 종교세)이라는 어휘를 몰라 좌절하는 등의 상황이 계속됐다.

선택 후 집중 전략은 지역연구자의 가장 중요한 무기 중의 하나인 언어에도 적용됐다. 조사지를 정하자 내게 다가온 언어는 세 가지였는데, 인도네시아의 공식어인 바하사 인도네시아Bahasa Indonesia, 조사할 지역의 지역어인 자바어, 그리고 인도네시아 식민 통치국의 언어인 네덜란드어가 그것이다. 언어와 관련해 과도한 스트레스를 받은 이유는 인도네시아에서 조사한 학생들 모두 이 세 언어를 구사했기 때문이다. 물론 지역어의 경우 자바어가 아닌 자기 조사 지역의 언어였지만. 이것은 이 학생들의 연구지인 인도네시아 동부 지역에 관한 자료의 대다수가 식민 시기에 쓰인 것이기 때문이었다. 조사를 준비하는 학생의 경우 사정은 달랐지만 다들 나하고는 비교되지 않을 좋은 조건을 가지고 있었다. 인도네시아 학생의 경우 인도네시아어와 지역어가 모국어였다. 비인도네시아 학생은 대부분 네덜란드어를 구사할 수 있었고, 학부나 대학원 시절 인도네시아어를 배운 경험이 있었다.

이런 분위기가 아니었다면, 내가 세 언어를 한꺼번에 공부하겠다는 황당한 계획을 세우기는 쉽지 않았을 것이다. 그러나 주변의 학생들 모두 언어적 무기를 가지고 있는 상황에서 나만 무장해제된 채 있을 수는 없었다. 또한 이때는 그만큼 호기가 있었고 그 필요성도 절실해 보였다. 아직까지 이해할 수 없는 점은 이런 나를 지도 교수가 그대로 놔뒀다는 것이다. 시험을 해보려는 의도였는지, 그 이유는 모르겠지만, 나는 누구의 반대도 받지 않은 채 세 언어를 동시에 배우는 야심만만한 프로젝트를 단행했다.

결과는 처참한 실패였다. 네덜란드어는 3주, 인도네시아어는 한 달 반, 자바어는 세 달 동안 수업에 참가했을 뿐이다. 프로젝트 실패의 여파로 언어 배우기가 지긋지긋해지자 나는 선택 후 집중 전략을 적용하기로 결심했다. 여기에서 선택은 세 언어 중 하나여야 했지만, 내가 고려한 옵션은 언어와 책읽기였다. 결국 나는 언어를 배우지 않고 나머지 시간을 전부 책읽기에 투자하기로 했다. 선택의 결과는 자명했다. 인도네시아로 떠나게 됐을 때 머릿속에 남아 있는 말은 지극히 기초적인 표현뿐이었고, 나는 거의 완전히 백지 상태에서 현지조사를 시작해야 했다.

언어를 배우지 않고 그 시간에 책을 읽겠다는 막무가내식 선택을 할 수 있던 데에는 학과의 지역연구 학풍이 중요한 구실을 했다. 현지조사를 강조하는 분위기 때문에 박사 과정생의 조사 기간은 상당히 길었는데, 불문율처럼 언급되던 내규에 따르면 현지 학생, 곧 인도네시아 학생이 인도네시아를 연구할 경우 최소 12개월, 외국인의 경우 최소 18개월이었다. 보통 12개월 정도가 문화인류학 교과서에서 거론되는 조사 기간이라는 점을 고려하면 반년 이상 길었다. 그러나 18개월의 기간 앞에 "최소"라는 표현이 첨부돼 있듯이 학생들의 조사 기간은 18개월보다 긴 경우가 많아서 3년 넘게 조사했다는 식의 이야기가 놀라움 없이 거론됐다.

이런 분위기 때문이었는지 나 역시 조사 기간을 짧게 하려고 마음먹지 않았다. 2년 정도가 적절하다고 생각했는데, 그래서 언어를 배우지 않겠다는 결정을 쉽게 내릴 수 있었다. 2년이나 조사하게 될 텐데, 언어는 현지에서 천천히 배우고 현지에서 할 수 없는 연구를 먼저 진행하자는 게 당시의 판단이었다.

지금 생각해보면 선택 후 집중 전략, 특히 언어 문제에 이 전략을 적용한 점은 학과 생활을 하면서 내가 조금씩 지역연구 전통을 내재화하고 있었다는 사실을 보여준다. 이 전통에 방관적이고 냉소적인 태도를 가졌지만 알게 모르게 이런 식의 분위기에 젖어들고 있었던 것이다.

비자 취득과 현지조사 준비

인도네시아에서 연구하려는 외국인 학자는 연구 비자를 받아야 한다. 정확하게 말하면 연구 허가다. 이 허가를 얻어야 합법적 체류 비자를 받을 수 있기 때문에 통상 연구 비자라 불리는데, 수하르또 시기의 산물임이 거의 확실하다. 체제를 비판하거나 사회의 치부를 드러내려는 "사악한" 의도를 가진 외국인의 유입을 가로막으려고 만들어진 듯하다.

수하르또 시절, 연구 비자는 인도네시아를 연구하는 학자, 특히 학생에게 악몽, 무덤과 같은 존재였다. 인도네시아에서 장기간의 조사를 해야 할 경우 비자를 받지 못한다는 것은 조사를 할 수 없음을, 나아가 학위 과정을 끝낼 수 없음을 의미했다. 주변에서는 비자와 관련된 흉흉한 소문이 돌아다녔고, 피해사례 역시 직접 접할 수 있었다. 오명석 선배의 경우 연구 비자를 거절당해 조사지를 말레이시아로 변경해야 했다. 내 지도 교수 중 한 명인 기네스^{Patrick Guinness} 선생은[4] 연구 결과가 문제시돼 인도네시아에 출입하지 못하는 처지에 놓여 있었다. 우리 과의 박사후 연구원은 허가 내용과 실제 조사 내용 사이의 차이가 발각돼 발리에서 조사하던 중 추방당하는 수모를 겪어야 했다.

이런 이유 탓에 연구 비자 신청에는 엄청난 신중함이 뒤따랐다. 수업을 시작하고 대략 세 달이 지난 뒤 지도 교수는 비자 신청 서류를 준비하라고 요청했다. 연구 계획서 발표가 7~8개월 뒤로 결정돼 있는 상황에서 상당히 빠른 행보였지만, 비자 취득의 어려움을 알던 우리로서는 지도 교수의 결정에 따를 수밖에 없었다.

신청을 하고 반년이 흐른 뒤 네 명의 학생 중 한 명에게 비자가 발

---

4 인류학과의 경우 한 명의 박사 과정생에게 세 명의 지도 교수가 배정되는데 그중 한 명은 학생의 상황 모두를 책임지는 'supervisor'라 불리는 지도 교수이며, 나머지 둘은 주로 학업을 도와주는 'adviser'라 불리는 지도 교수이다.

급됐으며 지도 교수는 다른 학생에게도 좋은 소식이 있으리라 단언했다. 연구 계획서 작성을 갓 시작한 나로서는 시일이 너무 촉박해지고 있다고 느꼈지만, 예상보다 빠른 발급에 다른 학생들은 한껏 기쁨을 표현했다.

두어 달이 지난 뒤 나는 공식 세미나에서 연구 계획서를 발표했다. 입학하고 1년여의 시간이 흐른 뒤였다. 이 기간 사이에 나머지 두 명에게도 비자가 발급됐기 때문에 나 역시 즐거운 마음으로 발표를 하고, 부푼 마음으로 비자를 기다렸다. 발표는 별 문제 없이 끝났지만 비자는 발급되지 않았다. 한 달이 지나도 비자 소식을 듣지 못하자 인도네시아에 연락을 한 지도 교수가 비관적인 소식을 전해줬다. 어떤 이유에서인지 내 비자만 계속 유예 판정을 받고 있다는 것이다. 거부가 아니라 유예라는 점을 강조했지만 내 절망감을 없애기에는 역부족이었다. 인도네시아에서 현지조사를 할 수 없다면? 생각하기도 싫고, 답하기도 싫은 질문이었지만 뇌리를 떠나지 않고 남아 있었다.

결과부터 이야기하면 약 5개월 뒤에 비자가 발급됐고 한 달 뒤 나는 현지조사 길에 오를 수 있었다. 해피엔딩이었지만, 이 기간 동안의 마음고생은 이루 말할 수 없었고, 인도네시아 대학으로 입학 준비를 하면서 겪은 악몽이 나를 사로잡았다. 그렇다고 이 기간이 부정적인 면만 가진 것은 아니었다. 괴로움을 잊고 싶어서였는지 나는 인도네시아 이슬람과 관련된 글을 열심히 읽었고, 60여 쪽에 이르는 정리 글을 완성할 수 있었다. 이 작업은 현지에서 생긴 문제를 극복하는 데, 그리고 이후 연구 과정에 결정적인 도움을 줬다.

연구 비자를 받았다는 소식을 들은 뒤 본격적인 조사 준비를 시작했다. 연구비는 이미 오래전에 신청해서 6000오스트레일리아달러 정도를 받을 예정이었다. 실제 경비에는 훨씬 못 미치는 금액이지만, 한 달에 500오스트레일리아달러, 1년의 조사 기간이 재정 지원의 대상이었기 때문에 이 정도에 만족해야 했다.

준비 과정에서 가장 복잡했던 문제는 건강과 관련돼 있었다. 내가 입학하기 몇 년 전 일본인 학생이 숨바Sumba 섬에서 조사하던 중 말라리아에 걸려 사망했기 때문에 이 문제에 관한 경각심이 하늘을 찔렀다. 그 뒤로 인도네시아에서 조사하는 학생은 응급 처치 훈련을 받고 열대병 전공의와 면담을 해야 했다.

의사와의 면담은 공포 분위기로 시작해서 공포 분위기로 끝났다. 무슨 병이 그리도 많고 처방 역시 뭐가 그리 복잡한지. 인도네시아에서는 할 수 있는 행동도, 먹을거리도 많지 않은 듯했다. 물, 음식물, 채소, 모기, 뱀, 개, 고양이, 개미, 파충류 등의 리스트가 한없이 이어졌고, 주의하고 준비해야 할 목록 역시 길어져만 갔다. 그렇지만 나 역시 상당히 긴장하고 있었기 때문에 의사가 요구한 물품을 하나씩 준비했다. 태어나서 구입한 양보다 훨씬 많은 양의 의약품을 사는 데 거금을 투자했다. 가장 큰 문제인 말라리아의 경우, 초기에 개발된 치료제에 내성이 생긴 모기가 있기 때문에, 세 가지 종류의 약과 탈수 방지약을 2년어치 구입해야 했다. 그밖에도 예방 주사를 십여 차례 맞았다.

두번째 면담에서 의사는 주사 놓는 법을 가르치려고 했다. 초등학교에서 예방 주사를 맞을 때 수십 명의 학생이 하나의 바늘을 공유한 경험을 가진 나로서는 인도네시아의 상황을 쉽게 상상할 수 있었지만, 내 몸에 바늘을 꽂는 실습을 할 수는 없었고 주사기와 바늘을 가져가는 선에서 타협을 했다. 손에 한 움큼의 주사기를 가지고 돌아오는 날 왠지 오싹한 느낌과 함께 헛된 상상이 떠올랐다. 조사 갔다가 죽으면 어떻게 될까? 부모님 얼굴이 떠올랐고, 결혼하지 못한 것이 후회됐으며 누가 나를 기억해줄지 의문스러웠다.

한 뭉텅이의 의약품, 두 대의 카메라와 두 대의 녹음기, 두꺼운 여행 안내서와 몇 권의 소설책, 몇 벌의 여름옷이 내가 가져가야 할 전부였다. 가방을 꾸리던 날 미지의 세계를 향한 설렘으로 가슴이 벅찼다. 그렇지만 내가 조사할 곳이 어디이며 어떤 사람을 만나고 어떤 삶을 살지 생각하면 할수록 막막하고 두려울 뿐이었다.

"보통 마을"을 찾아서

자까르따Jakarta에 도착하자마자 연구 비자를 받으려고 며칠을 분주히 보낸 뒤 족자에 당도했다. 관광객이 많이 묵는 구역의 게스트하우스에 거처를 마련하자 어느 정도 안정감을 찾을 수 있었다. 기쁨, 흥분, 설렘, 신기함, 낯섦, 당황스러움, 후회, 놀라움, 막막함 등 여러 감정이 매우 짧은 기간 동안 나타났다 사라졌다. 그렇지만 어느 정도 생활이 안정되자 막막함과 두려움이 커졌다. 조사지를 찾아야 하는데 딱히 떠오르는 복안이 없기 때문이었다. 어떤 경로를 통해 조사지를 선정할지에 관해 별다른 대책을 세우지 않고 있었다. 비자를 받고 족자에 올 때까지 기간이 너무 짧았기 때문에 현지조사의 구체적 절차를 고민할 여유가 많지 않았던 점이 단기적인 이유였다. 장기적 수준의 이유는 조사지 선정에 관한 내 생각이 매우 애매하고 추상적이어서 이것을 구체화하기 쉽지 않다는 점이었다.

내가 연구 주제로 설정한 세계관, 전통 믿음 체계, 이슬람과 관련된 연구를 진행하면서 발견한 특징은 기존 학자들이 "모 아니면 도"식의 입장을 취하고 있다는 것이다. 일부는 이슬람의 영향력이 강해졌다고, 일부는 전통 믿음 체계의 영향력이 강하게 남아 있다고 주장했다. 이 학자들의 글을 읽으며 두 주장 모두 나름의 설득력을 가지고 있다고 생각했는데, 서로 완전히 다른 주장에서 설득력을 발견했다는 사실은 이 주장에 무언가 석연치 않은 점이 있다는 것을 의미했다.

비정상적인 상황이 가능한 이유는 조사 대상 때문이었다. 학자들이 자신의 주장을 뒷받침할 만한 최적의 대상을 선택한 뒤 조사를 해서 원하는 결론을 쉽게 얻어낼 수 있었다는 인상을 받았다.[5] 이런 식의 조사 대상 선택에는 당연히 불만을 가졌다. 따라서 연구자의 의도가 개입하지 않은 상태에서 중립적인 대상을 선정하는 작업이, 그리고 조사 대상에 관한 균형적이고 맥락적인 연구가 필요하다고 생각했다. 그러기 위한 방안으로 떠올린 개념이 "보통 마을"이었다. 특별하지 않은 보통의 마을을 조사지로 정하면 다른 학자와 달리 연구자의 시각이 개입되지 않은 중립적인 연구가 가능할 수 있다는 생각이었다. 보통 마을을 모색하던 중 떠오른 좀더 구체적인 방법은 명확한 기준

---

5   이런 연구 경향에 관해서는 김형준(1998, 10~17)을 참조할 것.

을 갖지 않은 채 조사지를 선정하는 방식이었다. 그러나 생각은 여기에서 멈췄고, 이 생각을 구체적으로 어떻게 적용할지의 문제까지 나아가지 못했다. 무엇보다 내게 현장은 너무나 멀리 존재했기 때문이다.

족자에 도착하자 눈앞에 현장이 펼쳐졌고, 보통 마을을 찾는 방법, 곧 어떤 기준도 적용하지 않고 조사지를 택하겠다는 생각은 이제 구체적으로 적용돼야 했다. 그러나 그리 만만한 작업이 아니었다. 전체 자바와 비교할 때 족자는 매우 좁은 지역이지만, 이곳에도 수천 개의 농촌 마을이 존재했다. 어떻게 특정한 기준 없이 보통 마을을 찾아낼 수 있을까?

뚜렷한 기준 없이 조사지를 찾다 보면 보통 마을을 접하리라는 생각이 얼마나 터무니없는 것인지는 그 문제로 심각하게 고민하자 곧 명백해졌다. 보통 마을, 곧 보통의 인구 구조, 성별 구조, 가족 구조, 친족 구조, 직업 구조, 농지 소유 구조, 교육 수준 등을 가진 마을을 찾으려면 오히려 보통을 규정할 명확한 기준이 필요했고, 그것을 뒷받침해줄 자료가 있어야 했다.

보통 마을과 특정한 기준 사이에서 고민하던 나는 결국 후자에 집중하기로 했다. 물론 이것은 특정한 기준을 이용하지 않는 방식을 의미했는데, 이 방식을 조사지 찾기에 적용하려고 채택한 전략은 우습게도 우연이었다. 어차피 있다 보면 어떤 경로를 통해서든 농촌 마을을 접하게 될 것이며, 그중 아무 곳에서나 조사를 하면 된다는 식이었다. 매우 대책 없는 전략이지만 나름의 고민이 투영된 방책이었다.

연구 비자를 받으려면 현지 대학의 교수를 스폰서로 지정해야 했는데, 가자마다대학교 인류학과의 샤프리 사이린Syafri Sairin 선생이 내 스폰서였다. 족자에 도착하고 얼마 지나지 않아 샤프리 선생을 만났고 우리 이야기는 자연스럽게 앞으로의 연구와 조사지로 이어졌다. 아무 농촌 마을이나 괜찮다는 내 주장에 황당해하던 샤프리 선생은 족자 농촌에서 조사를 하고 있다는 밤방Bambang 선생을 소개해줬다.

밤방 선생과 함께 두 차례에 걸쳐 농촌 "관광"을 다녀왔다. 밤방 선생과 함께 방문한 농촌 마을은 모두 비슷해 보여서 그중 하나를 선뜻 선택하기란 처음 생각과 달리 쉬워 보이지 않았다. 그래서 조사지 찾기의 원칙인 우연에 약간의 의도성을 첨가하기로 했다. 조사지 찾기의 어려움을 토로하며 농촌을 잘 아는 사람을 알려 달라는 요청에 샤프리 선생은 특이하게도 갓 인류학 박사 학위를 받고 귀국한 신부를 소개시켜줬다. 그 신부가 곧바로 밍기르Minggir라는 족자 서부 지역에 위치한 성당의 주임신부를 소개해주면서 조사지 찾기는 본격적인 궤도에 올랐다. 이런 방식이 우연인지는 논란의 여지가 있지만, 나는 농촌 말고 어떤 다른 기준도 거론한 적이 없다는 점을 강조하며 이 방식이 우연의 원칙에 부합한다고 합리화했다.

이때쯤 해서 수로노Surono라는 자바인이 내 삶에 끼어들게 됐다. 수로노를 만난 곳은 게스트하우스였다. 수로노는 그곳에 투숙하지도, 그곳에서 일하지도 않았지만 영어를 배운다는 구실로 "출근"해서 외국인 만나는 일을 낙으로 삼고 있었다. 처음에는 한심한 놈팡이로 보였기에 관심을 두지 않았지만, 이후 급박한 상황에서 수로노가 나를 성심성의껏 도와주면서 우리는 급속히 가까워졌다. 아침나절에만 잠

담배를 피우고 있는 닭장수 수로노.

시 일하는 닭장수이기에 수로노는 일을 마친 뒤 곧바로 게스트하우스로 와서 나와 같이 시간을 보냈다.

수로노와 함께 밍기르의 성당을 방문했다. 영어를 구사할 수 있는 후덕하게 생긴 신부님은 이야기를 들은 뒤 농촌에 거주하는 교사를 소개하기로 약속했다. 이후 5명의 교사를 만나 그 사람들의 마을을 차례로 방문했고, 그중 한 곳인 숨버르가몰^{Sumbergamol}을 조사지로 결정했다.

큰 망설임 없이 조사지를 선정한 데는 우연을 통해 보통 마을을 찾을 수 있으리라는 생각이 중요한 계기가 됐다. 곧 전적으로 우연에 기초하지는 않았지만 특별한 기준을 이용하지 않기로 하면서 마을을 쉽게 선택할 수 있었다. 조사 예정지로 방문한 5개 마을 중 숨버르가몰을 선택한 데는 두 가지 이유가 있었다. 하나는 조사지로 나를 인도한 교사였다. 그 사람은 영어 교사라서 의사소통 문제를 일부 해결해줄 수 있으리라 기대됐을 뿐만 아니라 특이하게도 달랑^{dalang}이라는 경력을 가졌다. 자바인의 세계관에 핵심적인 영향을 미친 그림자극^{wayang}을 공연하는 사람이 달랑이라는 사실을 알고 있던 나로서는 그 교사의 경력이 앞으로 할 조사에 큰 도움을 주리라 기대할 수 있었다. 연구지 선정에 영향을 미친 또 다른 요소는 마을의 지형이었다. 다른 방문지와 달리 숨버르가몰은 평지에 위치하고 있었다. 마을을 방문하고 나오는 길에 본 평평한 논에는 알 수 없는 매력이 있었고, 나는 이 매력에 빠지기로 선뜻 결정했다. 족자에 온 지 2주 만에 내린 결정이었다.

숨버르가룰의 호젓한 전경.

조사지 결정 뒤 관련 행정 절차를 마무리 짓고 이사 준비를 하는데 2주 정도의 기간이 걸렸다. 이사할 시점이 가까워오면서 해결하지 못한 문제에 관한 고민 역시 깊어져갔는데, 바로 조사 보조원을 구하는 문제였다.

　현지어를 구사하지 못하는 상황을 극복하려고 생각해낸 전략은 조사 보조원 고용이었고, 그래서 가자마다대학교 인류학과 학생 몇 명을 만나봤다. 당연히 이 학생들 중 한 명을 보조원으로 선택해야 했지만 내 곁에는 수로노가 있었다. 한동안 나를 도와주는 과정에서 정이 들었다. 또한 수로노의 탁월한 인내심, 말하기 좋아하는 성품, 부드러운 성격, 나에 관한 관심 덕분에 수로노와 같이 있으면서 인도네시아어 실력이 부쩍 늘고 있다는 것을 느꼈다. 대학물을 먹어보지 못했고 인류학이라는 학문을 전혀 알지 못한다는 점을 제외하면 수로노가 가장 훌륭한 파트너라는 사실에는 의문의 여지가 없었다.

　대학생과 닭장수 사이에서 고민하던 나는 결국 수로노를 택했다. 조사와 생활 중 후자에 더 많은 강조점을 두고 내린 결정이었는데, 조사 초기라는 상황을 고려해보면 적절한 선택이었다. 그렇지만 이 결정의 적절성은 조사 초반부에만 적용됐고, 조사가 진행되면서 수로노를 향한 불만 역시 높아져갔다.

　구입한 물건을 트럭에 싣고 수로노와 나는 숨버르가몰의 하숙집인 영어 교사의 집으로 이사했다. 인도네시아 지역연구를 하기로 결정된 뒤 대략 3년 반, 오스트레일리아에서 유학을 시작하고 대략 21개월, 족자에 도착하고 한 달여가 흐른 1992년 9월이었다.

언어 습득과 인간관계 형성

현지에서는 현지인이 사는 대로 살아야 한다는 문화인류학적 조사의 원칙을 전적으로 따르려 한 까닭에 조사지에서 초기 적응은 커다란 문제없이 진행됐다. 먹는 것과 "싸는 것"이 그나마 문제였는데, 뚜렷한 대안이 없었기 때문에 현지인의 방식대로 먹고 싸기로 결심함으로써 해결할 수 있었다.

현지에서 지내는 삶이 시작되자 가장 큰 문제로 대두된 요소는 언어였다. 족자의 도시에서 한 달 생활하는 동안 어느 정도 진전이 있었지만 여전히 조사지 사람과 소통하기는 불가능했다. 그렇지만 조사 기간에 충분한 여유가 있다고 생각했기 때문에 느긋하게 언어적 능력의 향상을 기다릴 수 있었다.

언어 배우기와 관련해 나는 당시 매우 좋은 조건에 놓여 있었다. 먼저 삶과 연구를 위해 언어를 배워야 할 뚜렷한 목적 의식과 동기가 존재했다. 또한 한국어를 쓸 기회가 극도로 제한됐기 때문에 하루 종일, 한 달 내내 인도네시아어에 노출됐다.

언어를 배우기 좋은 조건의 형성에는 마을 사람 역시 중요한 구실을 했다. 내가 만난 사람들은 모두 말 못하는 나를 지극히 당연하게 받아들이고 자신들의 말을 배우려는 나를 자랑스럽게 여겨서 재미와 열의를 가지고 언어를 가르쳐주려 했다.

이런 좋은 환경 덕분인지 조사를 시작하고 얼마 되지 않아 언어 능력의 향상을 감지할 수 있었다. 조사지에 정착하고 4~5개월이 지나자 주민들이 내게 하는 말이 무엇인지 대충 파악할 수 있었다. 그리고

2~3개월이 더 지나자 내 의사를 부드럽게 표현하는 일이 얼추 가능해지는 것을 느꼈다. 그 뒤 인터뷰를 시작해야겠다는 의지가 생겼고, 어느 시점인지 정확하게 기억할 수는 없지만 실행에 옮겼다. 내 언어 감각이 뛰어났더라면 훨씬 더 빨리 인터뷰를 시작할 수 있었을 테지만, 나는 그런 부류에 속하지 않았고 상당히 천천히 언어 능력을 갖추게 됐다. 물론 도시나 학교에서 배우는 경우하고는 비교할 수 없을 정도로 빨랐다. 어쨌든 느긋하게 기다린 보람이 있어 조사를 시작하고 8~9개월이 되자 언어 문제에서 일정 정도 해방됐다는 것을 느꼈다.[6]

언어 습득 과정은 커다란 스트레스 없이 진행됐지만 문제가 전혀 없던 것은 아니다. 지금까지 기억하는 문제는 두 가지, 하나는 물리적인 것이고 다른 하나는 정신적인 것이다. 첫번째는 조사 중 잠시 귀국했을 때 알게 돼 뚜렷하게 기억하고 있다. 내 눈 밑에 깊이 파인 주름이 었다. 말 못하는 상태에서 사람들과 대화하다 보니 웃음 짓는 일이 일상이 됐고, 그 여파가 얼굴에 남은 것이다. 장가도 못 간 아들의 얼굴에 파인 주름살은 부모님을 경악하게 했지만 내게는 현지조사의 훈장처럼 느껴졌다. 두번째는 정신적 공허함이었다. 당시 내 언어 능력은 갓 언어를 배우기 시작한 아이 수준에 불과했다. 내가 말할 수 있던 문장은 기껏해야 두세 단어로 구성됐고, 그 내용 역시 지극히 단순했다. 반면 내 정신세계는 여전히 성인의 것이었다. 이런 불일치는 엄

---

6   당시 언어 문제가 완전히 해결된 것은 아니었는데, 인도네시아어를 어느 정도 구사할 수 있게 되자 자바어를 배워야 할 필요가 대두됐기 때문이다. 그렇지만 여러 가지 상황적 이유 때문에 자바어를 본격적으로 습득하지는 않았으며, 듣기 위주로 자바어 능력을 향상시켰다.

청난 스트레스를 가져왔다. 하루 종일 어눌하고 단순한 말만 쓰다 돌아오면, 미묘한 표현과 품격 있는 내용을 유창하게 말하고 싶다는 느낌이 간절했다. 그래서 때로 아무도 없는 곳에 가서 하고 싶은 말을 마음껏 떠들고 싶다는 생각을 했지만, 제대로 실천하지는 못했다.

언어 습득만큼이나 인간관계 역시 큰 문제없이 자연스럽게 형성됐다. 여기에는 농촌이라는 지역적 특성뿐만 아니라 자바 문화가 중요한 구실을 했다. 감정 표현을 절제하고, 일정 정도의 거리감을 갖는 인간관계를 선호하며, 불만을 겉으로 드러내기를 꺼리는 자바 사람의 특성을 고려해보면 표피적 수준의 인간관계를 형성하는 데 농촌 사회는 매우 좋은 조건을 제공한다.[7] 이런 이유 때문인지, 사람들과 매우 빨리 가까워질 수 있다는 느낌을 받았다.

조사 초기의 인간관계는 하숙집 주변의 사람과 먼저 형성했고, 이후 조금씩 그 범위를 넓혀 마을 사람 전체, 나아가 이웃 마을 사람을 포괄했다. 초기 관계 형성에서 흥미로운 사실은 문화인류학 교과서에서 언급되는 상황이 내게도 그대로 적용됐다는 것인데, 외부에서 온 연구자에게 처음 접근하는 현지인이 그 사회에서 주변적인 존재일 가능성이 높다는 점이다.

이사하고 몇 달 뒤에야 알게 되었지만, 학력과 직업으로 볼 때 마을 안에서 높은 지위를 누려야 했던 영어 교사는 이런저런 이유로 매우 주변적인 위치에 놓여 있었다. 영어 교사가 마을 토박이가 아니었다

---

7 이것에 관련해서는 김형준(2008)을 참조할 것.

는 사실보다 더욱 중요한 점은 일반인과 차이 나는 성격이었는데, 잘난 척을 많이 했고 마을 사람을 깔봤으며 공동의 마을 일에 비협조적이었다. 그 행적을 보면 나를 마을로 소개한 데에도 자신의 위상을 높이려는 의도가 깔려 있었다. 외국인, 특히 박사 과정생이라는 신분은 농촌 마을에서 상당히 높은 가치재의 성격을 띠는데, 이런 나를 통해 자신의 위신을 높이려고 한 것 같다.

조사 초기 나와 긴밀한 관계를 맺은 또 다른 주민 역시 상황이 비슷했다. 하숙집 뒤에 살고 있던 그 주민은 마을 유지 집안 출신이며 마을의 최대 지주였다. 그렇지만 젊을 때부터 시작한 사업이 실패를 거듭하면서 농민이라는 지위에 만족할 수밖에 없었으며, 과시적 소비를 계속하는 탓에 마을 안에서 좋은 평판을 얻지 못했다. 조사지로 이사온 직후 내게 접근한 그 주민은 몇 달 동안 내가 가장 자주 만난 사람에 속했는데, 나중에 그 주민의 상황을 알게 되면서 씁쓸함을 느끼지 않을 수 없었다.

지도자급 주민의 행보는 상대적으로 신중했고, 내 정체성과 활동이 완전히 노출되고 나서야 접근하는 모습을 보였다. 이 사람들이 접근했다는 표현은 적합하지 않은데, 조사가 진행되면서 마을 안 지도자의 존재가 뚜렷해지자 내가 이 사람들과 적극적으로 만나려 했다는 표현이 적절할 듯하다. 이후 이 사람들과 맺은 관계 역시 큰 어려움 없이 유지될 수 있었다.

22개월에 걸친 현지조사 기간 동안 마을 주민과 내 관계에서는 큰 갈등이나 긴장이 존재하지 않았다. 이 점을 보여줄 좋은 예가 인터뷰인데, 조사 마을뿐만 아니라 인근 지역을 통틀어 인터뷰 요청을 거절한 사람은 한 명도 없었으며, 인터뷰 역시 화기애애한 분위기에서 진행됐다.[8]

이렇게 우호적인 관계가 유지된 비결은 조사 대상자의 이야기를 거의 무조건적으로 들어야 하며 이 사람들에게 최대한의 예의를 갖춰야 한다는 생각 덕분이었다. 조사가 진행되면서 마음에 들지 않는 사람도 생겼지만, 이 원칙을 고수함으로써 사람들과 껄끄러운 관계에 놓이지 않게 됐다. 이것을 가능하게 한 또 다른 요인은 자바인의 성향이다. 앞서 이야기한 것처럼 감정 표현의 억제를 지고한 목표로 삼고 있는 조사지 주민이 내게 불만을 토로하거나 나를 문전박대하는 것과 같은 행동을 취할 가능성은 거의 없었다. 외국인이며 박사 과정생이라는 내 지위 역시 중요한 구실을 했다. 나는 상대적으로 높은 "지위"를 유지했고 내 실수나 잘못 역시 쉽게 용서될 수 있었다.

인간관계에 큰 어려움이 없고 언어 문제가 어느 정도 해결되자 연구는 빠른 속도로 진행됐다. 전체적으로 보면 인터뷰를 시작한 뒤 1년여의 기간 동안 학위 논문에 쓸 핵심적 자료를 거의 모두 얻은 것 같다. 그러나 이처럼 연구를 무난하게 진행하기 전 커다란 파도를 넘어야 했다. 연구 주제의 변화였다.

---

8   현지조사 기간 전체를 통해 내가 경험한 예외적인 경우는 마을에서 상당히 떨어진 도시 외곽의 이슬람 기숙학교에서 발생했다. 학생들과 함께 나를 맞이한 기숙학교의 지도자, 끼야이(kiyai)가 인터뷰를 하던 중 카피르(kafir, 이교도)라고 나를 지칭한 것이다. 이슬람에 관한 조사가 상당 부분 진행된 뒤에 일어난 일이라 이런 호칭이 얼마나 무례하며 일탈적인지를 즉각적으로 알 수 있었지만, 학생 앞에서 '개폼' 잡으려는 끼야이의 호기로 치부해버려 그 이상의 긴장이 유발되지는 않았다.

계급 투쟁에서 이슬람으로

조사지 선정을 위해 이용한 기준은 한 가지, 곧 농촌 마을이었으며 숨버르가몰은 이 기준을 충족하는 듯했다. 마을은 논으로 둘러싸여 있고 하숙집 주변의 이웃 대다수는 농민이었다. 말이 통하지 않는 상황에서 제일 쉽게 할 수 있는 조사가 논에서 하는 작업 관찰이라 조사 초기 수로노와 함께 거의 매일 논을 방문했다. 당시 마을의 서쪽에 위치한 논에서는 사탕수수 수확이 시작됐다. 사탕수수가 식민지 농업에서 차지하던 위상을 알던 내게 이것은 경작 방식을 이해할 좋은 기회를 제공해줬다. 또한 사탕수수 껍질을 벗기고 대를 빨아먹을 때 나오는 달콤한 설탕 원액은 더할 수 없이 고마운 청량제이기도 했다.

사탕수수 밭에서 쏠쏠한 재미를 느끼고 있던 어느 날 밤이었다. 하숙집 주인이 돌아와 호들갑스럽게 전해주는 말이 사탕수수 밭에 화재가 났다는 것이다. 현지조사를 하면서 경험한 가장 극적인 사건의 시작이었다. 수로노와 함께 부리나케 밖으로 나오자 서쪽 하늘에서 하얀 광채를 볼 수 있었다. 오토바이를 타고 달려가자 밭 근처의 길은 사람들로 가득 차 있었고 사탕수수 밭은 활활 타오르고 있었다. 굉장한 광경이었다.

친하게 지내던 뒷집 아저씨가 사탕수수 밭의 관리인이었기에 아저씨를 찾았고, 한참 지나서야 밭 중간에서 황망한 모습으로 돌아다니는 뒷집 아저씨를 발견했다. 아저씨의 말을 완전히 이해할 수는 없었지만, 1시간 전에 불이 시작됐고 소방서에 연락을 했지만 소방차가 오지 않고 있다는 것이 당시의 상황이었다. 한참 뒤에 소방차가 왔지만,

달콤한 설탕 원액을 먹던 사탕수수 밭에서

오랜 건기를 거치며 사탕수수가 바싹 말라 있었고 매우 촘촘히 심겨 있던 탓에 쉽게 불길을 잡지 못했다. 그래서 소방차는 불길이 직접 닿지 않는 곳에 물을 뿌리기 시작했는데, 다행히 이 전략이 적중해 불길이 더는 확산되지 않았다. 소방차는 곧바로 돌아갔고 그 뒤 불길이 사그라지자 구경꾼 역시 줄어들었다. 12시가 넘어 구경꾼이 거의 없어지자 나도 집으로 돌아왔다.

사탕수수 화재를 구경하며 내 관심을 끈 모습은 불 자체가 아니라 마을 사람들이었다. 한국에서 이런 상황이 발생한다면 많은 사람들이 불을 끄려고 노력할 것이다. 그러나 그날 마을 사람들은 거의 모두 이런 모습을 보이지 않았다. 마을 사람들은 화재를 보며 매우 즐거워했고, 사탕수수가 타며 내는 커다란 소리에 환호성을 내질렀다. 이 사람들과 비교할 때 뒷집 아저씨를 쫓아다닌 내가 오히려 가장 바삐 움직인 축에 낄 정도였다.

화재 진압에 관한 무관심을 보여주는 사례 역시 찾을 수 있었다. 밭 중간에 있던 소방차에서 마이크를 통해 삽과 비슷한 도구를 가져다 달라는 소리가 계속 흘러나왔지만 아무도 여기에 응하려 하지 않았다. 반응이 없자 결국 소방차 옆에 있던 뒷집 아저씨가 마을에 가서 가져와야 했다. 이런 단순한 요구에도 응하지 않는 태도는 사람들의 방관자적 태도를 여실히 보여주는 것 같았다.

집에 돌아온 뒤 좀처럼 잠을 이룰 수 없었다. 식민지 정부의 압력에 대항하는 농민의 저항 양식 중 하나가 "사탕수수 밭 태우기"라는 사실은 책을 통해 몇 차례나 접한 내용이었다. "약자의 저항", 글로만 접할 수 있었고 꿈속에서나 볼 수 있을 장면을 눈앞에서 경험한 것이다. 이렇게 귀중한 자료를 조사지에서 이렇게 빨리 경험할 수 있으리라고는 상상하지 못했다. 엄청난 행운에 가슴이 뛰었고, 설레고 흥분됐다. 한 건 크게 한 것이다.

사탕수수 화재 뒤 며칠 동안 이 사건을 설명하려고 상상의 나래를 펼쳤다. 자바 마을의 공동체성에 관해 고민했고, 화재와 관련된 토지 소유주와 소작인의 이해관계, 지주와 빈농, 소작인 사이의 상호작용, 빈농과 소작인의 저항 등으로 사고가 이어졌다. 머릿속으로만 맴도는 생각을 뒷받침할 구체적인 자료를 구하려는 노력이 곧 시작됐는데, 이 과정을 거치며 두 종류의 파국에 직면하게 됐다.

첫번째는 연구 보조원인 수로노와 내 관계에서 일어났다. 자료 수집의 필요성이 높아지자 수로노를 향한 의존도 역시 높아졌다. 이전까지 전적으로 생활의 영역에서만 수로노에게 의존했다면, 이제는 조사의 영역을 포괄하게 됐다. 그렇지만 대학 교육을 받지 못한 수로노가 내 요구를 쉽게 충족시킬 수는 없었고, 나는 그런 수로노를 더욱 다그쳐 내 입과 귀 노릇을 하게 만들려고 했다. 결과는 파국이었다. 우리 사이의 긴장도는 높아져갔고 종국에는 내가 고용–피고용 관계를 끝내자는 의사를 전달했다. 스트레스를 받던 수로노도 흔쾌히 이 결정을 수용했고, 얼마 뒤 짐을 싸 도시로 가버렸다.

두번째 파국은 오랫동안 소중히 간직해온 연구 주제와 결별해야 한 것이었다. 사탕수수 화재를 이해하려고 더 구체적인 자료를 얻게 되자 심각한 상황이 발생했다. 우선 사탕수수 화재에 관한 내 고민과 해석이 적절치 않다는 사실이 드러났다. 화재는 정말로 우연히 발생한 사건이었다. 마을 사람의 방관자적 태도 역시 어떤 의도나 저항의 목적을 갖기보다는 물리적 상황에 따라 조건 지어진 것이었다. 사탕수수밭의 화재를 일반인이 진압하기는 불가능하며, 화재 뒤 재빨리 수확할 경우 불에 탄 사탕수수에서도 설탕 원액 채취가 가능하다는 것이다. 더 결정적인 사실은 책에서 읽은 식민지 시대와 조사 당시의 경작체계가 완전히 달라서, 농민은 토지를 임대할 뿐 재배 과정에 어떤 책임도 지지 않는다는 점이다. 다른 식으로 표현하면 토지 임대료를 선불로 받은 토지 소유주의 경우 화재가 나도 경제적 피해를 입지 않으며 오히려 토지 반환이 빨라짐으로써 이익을 얻을 수도 있었다.

관련 자료가 축적되면서 화재에 관한 내 생각이 잘못됐다는 것이 확실해졌다. 이 사건은 현지조사 과정상의 해프닝으로 끝나버릴 듯했지만 곧바로 심각한 위기를 초래했다. 사탕수수 화재와 관련된 자료를 모으면서 농업과 관련된 자료 역시 수집했는데, 그 결과가 예상을 완전히 빗나갔기 때문이다.

조사지에 들어오기 전, 그리고 이사 뒤 하숙집 주인과 마을 이장을 포함한 마을 사람들은 주민의 대다수가 농민이라고 이야기했다. 주민등록 자료 역시 비슷해서 가장의 직업이 농민으로 기재된 경우가 대부분이었다. 이 말을 있는 그대로 믿을 수밖에 없던 나로서는 숨버르가물이 농업 중심 마을이라는 생각을 굳게 갖고 있었다. 그러나 구체적인 자료를 수집하자 그 말이 완전히 틀리지는 않지만 상당한 오류를 내포하고 있다는 것을 알게 됐다. 농사짓는 사람은 많았지만 농사를 직업으로 하는 전업농은 매우 드물어서 전체 가장의 10퍼센트 정도만이 여기에 해당했다.

전업농의 비율이 과도하게 낮은 이유는 마을 사람 대다수가 마을 외부에서 일을 했기 때문이다. 건설업과 서비스업의 취업이 활발해서 일용직 노동자로 건설 현장에서 일하는 사람이 많았고, 상점의 점원, 운전기사나 조수로 일하는 사람 역시 쉽게 찾을 수 있었다. 이렇게 비농업 부문에 종사하는 사람이 많은 원인은 도시와 마을의 거리가 가까운 데 있었다. 마을이 도시에서 10여 킬로미터밖에 떨어져 있지 않기에 도시로의 통근이 용이했던 것이다.

조사 마을이 농업 중심의 마을이 아니라는 사실, 그리고 경제적 활동의 축이 마을 외부의 비농업 부문에 놓여 있다는 사실은 내가 계획한 연구에 커다란 걸림돌로 작용할 수 있었다. 농업의 비중이 적다면 토지 소유를 중심으로한 계급 분화, 농업을 중심으로 한 계급 투쟁 역시 큰 의미를 가질 수 없었기 때문이다. 만약 그렇다면 계급적 대립이라는 조건 아래에서 형성된 "약자의 무기", "일상적 저항" 같은 개념이 이 마을에 적용될 가능성은 높지 않았다.

경제생활과 관련된 자료가 축적될수록 절망감은 커져갔고, 보통 마을을 고집한 조사지 선정 방식에 대해서도 후회하게 됐다. 이 문제를 해결하지 않고서는 계속 조사를 진행할 수 없다고 판단한 나는 해결책을 모색했고, 두 가지 방안을 얻어냈다. 첫번째는 조사 마을의 변경이었다. 도시에서 더 멀리 떨어져 있어서 도시에 의존적인 경제생활이 불가능한 마을을 찾는다면 계획된 연구를 진행할 수 있을 듯했다. 조사가 초기 단계에 머물러 있었기 때문에 조사지를 바꾸더라도 커다란 손해를 입을 것 같지 않았다. 두번째는 조사 마을을 고수하고 연구 주제를 변경하는 것이다. 이것은 보통 마을을 찾으려 한 내 생각과 일맥상통하는 면을 가지고 있었다. 앞서 지적한 대로 연구 계획에 적합한 집단을 연구 대상으로 설정한 학자를 비판하면서 얻어낸 생각이 보통 마을이었다. 농민들이 계급 투쟁 상태에 놓여 있지 않을 것 같다는 이유로 숨버르가몰을 버리고 농민들이 싸우고 있을 만한 곳으로 조사지를 옮긴다면, 그것은 내가 비판하던 학자들의 행보를 그대로 좇아가는 것이었다.

조사지 변경을 염두에 두고 도시에서 멀리 떨어진 마을을 몇 차례 방문했고, 식민지 시기 설탕 공장에 대항해 투쟁한 역사를 지닌, 연구 주제에 걸맞은 마을을 찾아냈다. 그렇지만 이런 식의 방문을 하면서도 보통 마을을 버리려 하는 나에 관한 회의가 사라지지 않았다. 한 달여의 고민 끝에 내린 결정은 숨버르가몰에 그대로 남겠다는 것이었다. 여기도 사람이 사는 곳으로 이곳 사람에게 의미가 있는 문제는 반드시 존재할 것이며, 이 문제를 가지고 연구를 하리라는 식으로 이 결정을 합리화했다.

한결 쉽게 이런 결정을 내릴 수 있던 데에는 짧게나마 거주하면서 발견한 몇 가지 현상이 중요한 구실을 했다. 먼저 마을의 이슬람 관련 활동이 상당히 활발한 편에 속했다. 완전히 잘못된 정보였지만 오스트레일리아에서 글을 읽으며 얻은 자료에 따르면 자바에서 모스크는 하나의 끌루라한kelurahan(우리 나라의 면에 해당하는 행정 단위)에 하나 정도가 세워져 있는 것이 정상이었다. 따라서 조사 마을과 인근 마을에 모두 모스크가 건축돼 있다는 사실은 상당히 특이한 모습이었고, 강성 이슬람 지역이라는 인상을 심어줬다. 이렇게 이슬람 활동이 활발했지만 마을에는 놀라울 정도로 높은 비율의 기독교도가 거주하고 있었다. 30퍼센트에 이르는 기독교도 비율은 자바 전체를 놓고 볼 때 유례가 없을 정도이며 기독교도 비율이 다른 도시에 견줘 상대적으로 높은 족자 시보다도 몇 배 높았다.

조사지를 변경하지 않기로 마음을 굳힌 데에는 인도네시아로 오기 전 수행한 이슬람 관련 연구 역시 일조했다. 비자가 나오지 않아 "소일거리"로 한 연구였지만, 이슬람 연구에 일정 정도의 자신감을 불어넣어줌으로써 주제 변경을 용이하게 했다.

본격적 조사―참여관찰과 사례 연구

현지조사를 시작하기 전에 연구를 어떻게 진행할지에 관해 구체적으로 계획하지는 않았다. 마을 사람들의 삶에 자연스럽게 끼어들어 사람들의 행동을 바라보고, 이야기를 듣고, 잘 적어놓는 것이 주요 방법이라 생각했을 뿐이다. 무계획적인 방법론이라 할 수도 있지만, 조사 방법론을 배우면서 학습했고, 한국에서 짧은 조사를 몇 차례 하는 과정에서 경험적으로 습득한 방법이다.

현지조사에서 이용할 구체적인 방법을 정리한 글이 없지는 않다. 궁금증이 생겨 스프래들리의 책(Spradley 1980)을 살펴보니 여러 가지 방법이 제시돼 있다. 기술적 관찰, 문화적 영역의 분석, 초점 관찰, 분류적 분석, 선택적 관찰, 성분 분석, 문화 목록 수집 등. 이런 방법이 유용하지 않은 것은 아니지만, 매우 다양한 현실에서 이것들을 어떻게 적용할지의 문제는 전적으로 연구자에게 달려 있기 때문에 이것을 표준화된 연구 절차로 수용하는 데는 한계가 있다.

조사 방법론과 관련된 문화인류학적 논의는 조사의 기술적 문제가 아닌 인식론적 문제와 연결된다. 현실을 객관적으로 이해하고 해석하고 기술할 수 있는지의 문제는 80년대 이후 문화인류학자들이 매우 심각하게 논의해온 주제이지만 그렇다고 명쾌한 해답이 존재하는 것은 아니다. 나 역시 이 문제에 관해 어정쩡한 수준의 생각을 하고 있었는데, 객관적이고 중립적인 태도를 유지하려고 노력함으로써 타문화에 관한 "일정 정도"의 이해에 도달할 수 있다는 식이었다. 일정 정도는 내게 매우 중요한 수식어였다. 객관적인, 모두 동의하는 진리를 찾는 일이 불가능하다는 것을 인정해야 한다는 것이다.

인식론적 한계를 극복할 방안으로 당시 내가 신줏단지 모시듯 강조한 점은 맥락적 분석이었다. 하나의 현상을 사회문화적, 정치경제적 맥락 안에서 이해하고 설명해야 한다는 생각은 문화인류학에서 오랫동안 강조돼왔기에 그리 새로울 것이 없지만, 현지조사를 시작하면서 한층 절실히 다가온 지침이었다. 맥락을 밝혀내야 현상을 이해하고 설명할 수 있다는 생각은 조사 과정 전체를 통해 가장 많이 고려한 조사 방법이었다.

원론적 수준의 방법론적 지침만 가지고도 현지조사를 시작할 수 있었던 또 다른 이유는 넉넉한 조사 기간이었다. 조사를 언제 끝낼지에 관한 계획이 없었고, 자료를 충분히 모을 때까지 계속 조사하리라는 생각이 지배적이었기 때문에 여유롭게 조사에 임할 수 있었다. 동시에 적절하게 조사하고 있는지에 관해 고민할 필요는 감소했다.

앞에서 자바 사람이 조사하기에 좋은 사람이라고 언급했다. 자바 농촌 역시 조사에 최적의 조건을 제공해줬는데, 마을 내 모임이 매우 빈번하게 열렸기 때문이다. 따라서 연구 스케줄에 관한 큰 고민 없이 마을의 이런저런 모임에 참여하면서 사람들과 이야기할 수 있었고, 마을이 돌아가는 사정을 조금씩 알게 됐다.

주기적으로 참석한 모임은 다음과 같다. 행정 단위를 중심으로 한 공식 모임에는 반^{RT} 모임(35일에 한 번[9]), 부녀회^{PKK} 모임(35일에 한 번), 청년$^{Karang\ Taruna}$ 모임(35일에 한 번) 등이 있었다. 농업과 관련해서는 물 관리 모임(1년에 몇 차례)과 농업 교육(1년에 몇 차례)이 있었고 가믈란^{gamelan}(자바의 전통 악기) 연습 모임도 매주 한 차례씩 개최됐다. 종교와 관련된 활동은 더욱 빈번했는데, 이슬람과 관련해서는 종교 강연(35일에 두 번), 성인들의 코란 암송 모임인 따흐릴란^{tahlilan}(35일에 두 번), 어린이 코란 학교(1주에 한 번), 청소년 코란 암송 모임(35일에 두 번)이 있었고, 기독교와 관련해서는 일요 예배(1주에 한 번)와 청소년 성경 공부(1주에 한 번)가 있었다.

정기 모임보다 빈도수가 더 잦았다고 생각되는 것이 전통 의례와 관련된 모임이었다. 결혼식의 경우 예식 한두 달 전부터 수차례에 걸쳐

---

[9] 전통 자바력에서 한 달이 35일로 구성되기 때문에 대다수 모임이 이 주기에 따라 이루어졌다.

필자가 조사지의 한 가족과 함께 찍은 사진.

준비 모임이 개최됐고, 결혼식을 전후로 며칠 동안 집중적으로 활동이 행해졌다. 장례의 경우 장례식 당일부터 1주일간 꾸란 암송 모임이 매일 밤 열렸고, 이후에도 몇 차례 의례가 행해졌다.

정확하게 기록하지는 않았지만 하루에 한 번 이상이라고 할 정도로 모임이 많았기 때문에 활동과 관련된 큰 고민 없이 조사 기간을 보낼 수 있었다. 인터뷰를 본격적으로 시작한 뒤에는 보통 아침이나 오후에 한 건 정도 인터뷰를 했고, 오후나 저녁 시간은 모임에 참여하거나 마을을 돌아다니며 사람을 만나거나 모스크에서 시간을 보냈다.

문화인류학적 연구의 핵심으로는 보통 참여관찰과 심층 인터뷰가 거론된다. 내 경험에 따르면 두 방법은 동전의 양면과 같아서 참여관찰을 통해 얻은 질문을 심층 인터뷰를 통해서 해결하는 식으로 양자가 동시에 진행됐다.

참여관찰에 관해서는 오해의 소지가 있다. 문자 그대로의 의미 때문에 이 방법은 특정 상황에 참여해 관찰한다는 의미를 가진 듯하지만, 단순하게 참여해 관찰한다고 해서 모두 참여관찰이라 말하기는 힘들다. 예를 들어 단기 방문 지역에서 주민의 삶에 참가해 관찰하는 행동은 표면적으로는 참여관찰일 수 있지만 진정한 의미의 참여관찰이라 하기에는 한계가 있다. 관찰되는 대상에 관한 맥락적 이해가 상당히 진전된 상황에서 연구가 진행될 때 진정한 의미의 참여관찰이라고 말할 수 있다.

참여관찰을 맥락적 이해에 기초한 연구로 규정한다면, 조사지 상황을 어느 정도 파악한 이후의 연구는 모두 참여관찰적 성격을 띤다. 나는 이웃과 나누는 일상적인 대화, 모임 참여, 의례 참여, 심지어 인터뷰까지 참여관찰적 상황에서 자료를 수집했다.

참여관찰을 통해 얻는 많은 자료 중 현실의 모습을 요약적으로 보여주기에 적합한 것이 사례다. 특정한 사례를 둘러싸고 있는 사회문화적, 정치경제적 상황을 검토함으로써 그 의미를 더 넓은 맥락에서 해석할 수 있게 된다. 사례 연구는 주변에서 벌어진 또는 벌어졌다고 이야기되는 사건을 인지하면서 시작된다. 이후 이 사건에 연루된 여러 사람의 이야기를 듣고 관련 자료를 수집하고 맥락을 검토함으로써 그 함의를 추구할 단계에 도달한다. 실제 조사 과정에서 사례와 관련된 자료를 어떻게 수집하고 분석했는지 예시하려고 아래에서는 독거노인의 집 보수와 관련된 예를 검토할 것이다.[10]

사건의 개요는 이렇다. 마을 이장의 집 뒤편에는 이장의 먼 친척 할머니가 혼자 거주하는 허름한 집이 있었다. 모스크 모임에서 이 집을 수리하자는 의견이 나왔다. 그 뒤 기부금을 걷었고 보수에 필요한 건축재가 충분히 모이자 30여 명이 독거노인의 집을 방문해 수리했다.

표면적으로 볼 때 이 사례는 어려운 처지에 놓인 노인을 무슬림 주민이 도와준 일이다. 그러나 조사지의 여러 상황을 고려해보면 이 사건은 훨씬 복잡한 현실을 반영하고 있는데, 이것을 이해하려면 다음과 같은 사실을 먼저 알아야 한다.

첫째, 조사지에서 무슬림과 기독교도 사이의 긴장이 계속 고조돼

---

10 이 사례와 관련된 더 자세한 논의는 Kim(2007, 197~200)을 참조할 것.

왔다. 무슬림은 기독교도가 물질적 지원을 통해 무슬림을 기독교도로 개종시키고 있다고 의심했고, 이 상황을 타계할 대책으로 가난한 무슬림을 위한 경제적 지원의 필요성을 강조했다. 독거노인의 집 보수는 이런 배경에서 시작되었다.

둘째, 전통적으로 집 보수는 이웃과 노동력 교환gotong-royong을 통해 하는 일이었다. 그러니 이런 교환 네트워크에 참여하지 않는 독거노인이 집을 보수하려면 그 집주인인 이장의 재원과 네트워크에 의존해야 했다. 따라서 무슬림이 해주는 보수는 이런 기존 논리와 완전히 차이 났는데, 이장의 이웃들이 집을 수리하는 모습을 보고서도 거기에 참여하지 않은 사실은 이를 단적으로 보여준다.

셋째, 독거노인은 무슬림이지만 이장은 기독교도였다. 마을의 무슬림들이 경제적 지원의 첫 대상으로서 이장의 친척을 선택한 데에는 사회경제적으로 높은 지위에 있는 기독교도를 비난하려는 의도가 포함돼 있었다. 어려움에 처한 친척 집을 보수할 여력이 있는데도 그러지 않고 있는 이장을 공격 대상으로 삼음으로써, 종교가 피보다 강하다는 메시지를 극적으로 표현하려 했다.

이런 측면을 고려해보면 이 사례는 무슬림이 기독교도와 자신들의 경계를 종교적 영역에서 종교 외적 영역으로 확장시키려 하는 과정에서 발생한 것이라는 사실을 알 수 있다. 동시에 이 사례는 마을의 이슬람화 과정에 새로운 차원이 더해지고 있다는 점을 보여준다. 같은 종교를 가지고 있다는 사실이 개인의 행동을 결정하는 데 더욱 중요한 의미를 갖게 됐다는 것이다.

이 사례의 해석에는 기독교와 무슬림 관계, 노동력 교환 방식, 이장의 친척 관계에 관한 사전 조사 자료가 중요한 구실을 했다. 사건 전후의 상황에 관해서는 집 보수에 참여한 몇몇 무슬림, 이장, 독거노인, 이장이 이웃과 나누는 일상적 대화를 통해 필요한 자료를 얻었으며 한 명의 이슬람 지도자와 인터뷰를 하여 집수리에 관한 공식적 견해를 청취했다.

오랜 조사 기간을 전제해야 한다는 점에서 적절한 사례 연구의 대상을 찾아 내기는 쉽지 않다. 그러나 사례 연구 자료는 현실의 모습을 매우 사실적으로 드러낼 수 있으며 동시에 거시적 수준의 분석을 뒷받침할 설득력 있는 자료로 활용될 수 있다는 장점을 갖는다. 이런 점을 고려해보면 참여관찰과 사례 연구 방식, 그리고 인터뷰 방식은 조사 기간이나 상황에 따라 선택적으로 이용돼야 한다. 단기간 조사하면서 사례 찾기에 집착할 경우 인터뷰를 통해 얻게 될 자료보다 활용 가치가 낮은 지엽적 수준의 자료만을 획득할 수도 있기 때문이다.

개괄적 배경에서 핵심 주제로

이슬람으로 주제를 바꾼 뒤 모스크는 주요 방문지로 부상했다. 그 뒤 모스크를 "놀이터"로 삼는 젊은이들과 가까워지면서 이곳을 거의 매일 방문했는데, 저녁 기도를 하려고 온 젊은이들이 늘 있었기 때문에 밤 시간을 보낼 최적의 장소였다.

오스트레일리아에서 이슬람에 관해 공부한 내용은 자바 이슬람을 바라보는 학자들의 서로 다른 견해였다. 따라서 이슬람 자체에 관한 내 이해도는 매우 낮았기 때문에 이슬람으로 주제를 바꾼 뒤 상당 기간 동안 뚜렷한 초점 없이 다방면의 자료를 얻으려고 노력했다.

조사 초기부터 마지막까지 마을 내 이슬람의 발전, 이슬람 활동, 이슬람 교리 해석 같은 개괄적 수준의 자료를 계속 수집했다. 조사를 시작하고 어느 정도 시간이 지나자 이 마을 이슬람의 특성을 보여줄 소재가 구체화됐다. 처음 떠오른 소재는 이슬람과 대립적 관계에 놓인 전통 종교였으며 의례와 믿음의 측면에서 접근하는 것이 가능해 보였다. 여기에 관한 연구가 마무리될 무렵 새로운 소재를 모색하는 과정에서 이슬람과 기독교의 관계를 주제로 선택했다. 기독교 역시 이슬람과 대립적 관계에 놓여 있었기 때문에, 두 주제는 이슬람의 활성화가 종교적 삶에 미친 영향을 보여준다는 면에서 서로 연결됐다.

핵심 과제로 선정한 주제에 관한 연구는 개괄적 자료를 얻는 작업과 달리 단기간에 집중적으로 행해졌다. 특정 주제와 관련된 몇몇 질문을 설정한 뒤 이것과 긴밀하게 연관된 마을 주민을 선택해 집중적으로 인터뷰를 했다. 이 과정에서 새로운 질문을 찾아내게 되면 그 질문을 가지고 다시 인터뷰에 임했다.

단기간에 행해졌기 때문에 핵심 주제와 관련된 연구를 시작하고 마무리한 시점은 상대적으로 명확했다. 이 주제들에 관한 조사 종료 시점을 찾는 데 이용한 전략은 단순했는데, 조사 대상자와 나눈 인터뷰에 새로운 내용이 거의 없게 될 때 연구를 종결지었다. 이 주제들에 관한 자료를 계속 모으려 했다면 약간씩 차이 나는 자료를 지속적으로 수집할 수 있었다는 점을 고려해보면 이것은 조사를 효율적으로 수행하게 한 방법이었다.

조사 주제를 바꾼 뒤 새로운 연구를 시작하면서 직면한 어려움은 마을 사람들의 의도적이지 않은 비협조적 태도였다. 전통 믿음 그리고 무슬림과 기독교도의 관계에 관한 연구를 시작할 때 이런 상황이 전개됐는데, 새로운 질문에 관한 마을 사람의 답변 태도가 예전과는 차이를 보였다.

전통 믿음과 관련된 경우를 예로 들면, 전통 의례에 관한 연구가 끝날 즈음 전통 믿음 체계를 떠받드는 두꾼dukun(인도네시아 자바 지역의 주술사)에 관한 연구를 모색했다. 주변 사람에게 관련 정보를 물었지만 만족스러운 답변을 얻지 못했다. 이슬람이 활성화되면서 전통 믿음 체계가 상대적으로 주변화된 경향, 이슬람을 연구하는 사람으로 고착된 내 이미지, 묻는 질문에는 대답하지만 정보를 포괄적으로 먼저 제공하지 않는 마을 사람들의 대화 방식 등이 상호작용해 만든 결과였다.

조사는 우연한 계기를 통해, 곧 알고 지내던 젊은이와 한담을 나누던 중 그가 두꾼에게 전통 무술을 배우려 한다는 사실을 알게 되면서 본격화됐다. 내가 그 젊은이와 함께 두꾼을 만나고 온 사실이 곧 마을 사람들에게 퍼졌다.

이슬람을 연구하던 내가 전통 믿음에도 관심을 보이고 있다고 알려지자 유입되는 자료의 양이 급증했다. 놀라운 점은 한동안 아무리 물어봐도 찾을 수 없던 두꾼이 우리 마을에 서너 명이나 있었다는 사실이다. 조그마한 민물 양식장을 운영하기에 몇 번 만나본 적이 있는 아저씨, 지나치면서 몇 차례 인사를 나눈 할아버지, 이슬람 활동에 열심히 참가하는 젊은이의 동생이 두꾼이었다. 이 사실을 동네 사람 대부분이 알고 있었지만, 앞서 제시한 이유 때문에 내게 선뜻 알려주지 않았다.

이런 경험을 고려하면, 조사 대상자와 나누는 쌍방향적인 의사소통과 연구자의 이미지가 조사 과정에 매우 중요한 구실을 하고 있다는 점을 알 수 있다. 내게 호의적인 사람일지라도 내가 원하는 것이 무엇인지 알지 못할 경우 관련된 이야기를 먼저 꺼내기는 쉽지 않다. 또한 내가 원하는 자료를 나름대로 이해한 마을 주민 역시 내 취향에 맞는 이야기만을 들려주려는 경향을 보였다. 따라서 거의 매일 모스크를 방문하고 이슬람을 연구한다고 하면서도 논농사에 관심을 보이고, 전통 의례에 계속 참석하며, 두꾼과 가까운 관계를 유지하고, 동시에 기독교도 활동에 참석하는 나를 상당수 마을 주민은 이해하기 어려웠을 것이다. 이런 의미에서 연구자는 자신의 관심이 무엇인가를 조사 대상자에게 명확하게 알릴 필요가 있다. 그래야 좀더 용이하게 자료를 획득할 수 있으며, 연구자의 윤리적 문제 중의 하나, 곧 일방적으로 정보를 빼앗아 간다는 문제를 일부나마 해결할 수 있을 것이다.

두려움 속의 조사 끝내기

무슬림과 기독교도 사이의 갈등에 관한 연구가 막바지를 향해가고 있던 어느 날, 그때까지 조사한 주요 주제에 관해 정리할 기회가 생겼다. 얼추 어느 정도의 자료가 모였다는 느낌이 들었고, 순간 한 번도 고심하지 않던 문제가 떠올랐다. 언제 조사를 끝마쳐야 하는가? 이 문제에 관해 생각하자 오스트레일리아로 돌아가 논문을 쓰면서 자료가 부족한 상황에 부딪히게 되리라는 두려움이 생겼다. 지금과 달리 재조사가 그리 쉽지 않은 시기였기에 두려움은 점차 커져만갔다.

고민해보니 아무도 조사 종결 시점에 관해 심각하게 이야기해주지 않았다. 이 문제를 전혀 생각해보지 않은 것은 아니지만, 그것이 당면 과제로 떠오르자 불안의 수의는 높아져갔다. 자료가 충분한지, 그리고 충분하다고 판단한 근거가 무엇인지 등 쉽게 답을 찾을 수 없는 질문들이 몰려왔다.

어느 정도 자료를 축적한 것은 사실이었다. 조사 마을의 이슬람 발전 과정, 이슬람 활동 양상, 이슬람 교리의 해석 양식, 이슬람과 전통 의례의 관계, 이슬람과 전통 믿음의 관계, 종교도 사이의 관계에 관한 자료 등 주요 소재가 여섯 가지는 됐으며, 서론과 결론, 조사지 소개를 덧붙일 경우 아홉 개의 장을 쓸 수 있을 듯했다. 이 정도면 박사 논문을 쓰기에 적절한 분량이었다.

그러나 불안은 계속됐고, 오스트레일리아에서 들은 우스갯소리가 심각하게 다가오기까지 했다. 진정한 지역연구자가 되려면 현지인 배우자를 얻어야 한다는 것인데, 농담 삼아 이런 이야기가 오고가기도 했다. 논문을 쓰다 모르는 내용이 있어 배우자에게 물어보면 바로 인터뷰 자료가 될 수 있으며, 자료 부족으로 무언가를 추정해야 할 상황이라면 배우자를 통해 현실에 좀더 근접한 추측성 자료를 얻어낼 수 있다고. 상황이 심각했기 때문인지 이런 농담조의 이야기조차 매우 타당한 듯 여겨졌다. 일단 조사 마무리에 생각이 미치자 그 생각을 쉽게 멈출 수 없었다. 어차피 이곳에서 논문을 작성할 수는 없었고, 아무리 오래 조사한다고 한들 만족할 만한 자료를 전부 구하는 것은 불가능해 보였다.

현지조사의 시작이 연구 비자에 따라 좌우된 것처럼 조사의 종결 역시 외적인 요인에 따라 결정됐다. 이번에는 오스트레일리아 정부가 나를 압박했다. 오스트레일리아 비자가 만료될 시점이 얼마 남지 않았다는 것을 알게 됐는데, 만료된 비자를 다시 받으려면 상당히 복잡한 절차를 거쳐야 했다. 결국 조사 종결 시기를 세 달이 지난 뒤로 결정했다.

마지막 세 달 동안 이전과는 완전히 다른 삶을 살 수 있었다. 자료를 정리하고 녹취를 푼다는 핑계로 낮 시간을 대부분 하숙집에서 보냈고[11] 저녁에는 마음에 맞는 사람을 만나 수다를 떨었다. 따라서 인간관계는 제한된 집단으로 국한됐는데, 이것은 보기 싫은 사람을 만나 웃음 지으며 인터뷰를 하는 상황에 내가 상당히 지쳐 있다는 것을 보여주는 듯했다. 어쨌든 이 기간 동안 보기 싫은 사람을 만나지 않아도 됐는데, 현지조사자의 태도로 보자면 가장 나쁜 종류의 태도였다.

떠날 때가 가까워질수록 해야 할 일은 많아졌다. 마을 주민과 나누는 작별 인사는 의례를 개최해 한 번에 마무리 짓기로 했지만, 마을 외부에 사는 사람은 일일이 찾아가야 했다. 인도네시아에 들어올 때와 마찬가지로 나갈 때에도 공식적 허가 절차가 필요해서 허가를 받

---

11 조사를 시작하고 1년여가 흐른 뒤 하숙집을 영어 교사 집에서 이장 집으로 옮겼다. 이사와 관련해 벌어진 사건에 관해서는 김형준(2000)을 참조할 것.

앴던 모든 관청에 조사 종결을 신고해야 했다. 복사물과 책으로 불어난 짐을 꾸리는 데도 일주일이 필요했다.

많은 문화인류학자가 경험하듯 짐을 꾸리는 과정에서 또 다른 어려움에 봉착했다. 그동안 사들인 많은 물건을 처리해야 했던 것이다. 몇몇 사람은 내가 떠난다는 소식이 들린 뒤 필요한 물건이 있다고 직간접적으로 전달했는데, 이 사람들의 요구를 들어주려면 새로 물건을 구입해야 할 형편이었다. 형평성을 고려해 많은 물건을 이장 집에 남겨놓기로 했고, 사용하던 물건을 기념품으로 나누어주려 했던 친구들에게는 선물을 구입해서 줬다.

조사지를 떠나야 할 시점이 다가올수록 고민도 많아졌다. 제대로 조사를 했는지, 조사지 주민과 제대로 교류하며 살았는지 등의 문제가 나를 계속 괴롭혔다. 작별 의례를 행하기로 한 날 나의 고민은 정점을 찍었다.

마을 외부 사람을 방문하고 돌아와 하숙집 부엌으로 갔다. 음식 준비를 하는 사람으로 북새통이리라는 기대와 달리, 일하는 사람은 여섯 명뿐이었다. 이장 부인과 이장 딸, 옆집 아줌마 두 명, 이장 집에서 조금 떨어진 곳에 거주하는 이장의 친척과 그 딸이 전부였다. 놀라지 않을 수 없었다. 의례 음식을 준비하는 과정에 많은 여성이 참여하는 모습을 자주 봤는데, 막상 내 의례에서는 그렇지 못했기 때문이다.

실망감이 엄습했다. 나름대로는 마을 사람들과 커다란 무리 없이 살아왔고 가까운 사람도 만들었다고 믿었다. 그런데 막상 내 의례에 도움을 주려고 온 사람은 거의 없었던 것이다. 의례 과정에서 도움을 주고받는 일이 무슨 의미인지 잘 알고 있던 나에게 이런 저조한 참여율은 조사지에서 내 위상을 보여주는 것 같았다.

생각할수록 도무지 이해할 수 없었다. 많은 사람이 오지 않은 것은 내 탓일 수도 있지만 매우 가까운 몇몇 여성이 나타나지 않는 이유를 이해할 수 없었다. 게다가 전날 밤에도 사람들과 함께 의례에 관해 이야기하며 즐거운 시간을 보냈는데, 이 사람들조차 오지 않은 것은 납득할 수 없었다. 몇 시간 만에 관계를 끊겠다는 극단적인 메시지를 전달하고 있다는 말인가? 이것은 조사 전체와 관련해 너무나도 중요한 질문이었다. 떠날 사람이기에 이 사람들이 이장 집에 오지 않았다면, 이곳 주민과 내가 신뢰 관계를 형성했다는 믿음이 나만의 일방적인 생각이라는 뜻이었다. 조사는 실패했고, 자료 역시 별다른 가치가 없는 것처럼 느껴졌다.

조금씩 안정을 되찾자 이 사람들이 나를 배신할 리 없다는 생각이 확고해졌다. 그렇다면 여섯 명밖에 없는 부엌을 어떻게 설명해야 하나? 주민들과 내 관계를 향한 믿음이 강해지자 해답의 실마리가 조금씩 보이기 시작했다. 우선 의례를 통한 교환에 관해 생각해봤다. 의례에서 남성은 공식적 절차를 통해 초대되지만, 여성은 비공식적 경로로 알게 되며 준비 과정에도 형식적 초대 없이 참여하게 된다. 음식의 경우, 의례 음식을 만드는 데는 그리 많은 시간이 요구되지 않으며 준비된 음식은 대부분 부조와 노동력의 반대급부로 제공됐다. 의례 준비와 관련해 이장 부인과 나눈 대화를 떠올렸다. 이장 부인의 질문에 나는 송별식 참가자에게 부조를 받지 않을 것이며 모든 비용을 내가 부담할 것이라고 말했다.

여기에 생각이 미치자 상황을 어느 정도 정리할 수 있었다. 의례 음식을 준비하려고 방문하는 사람은 빈손으로 오지 않고 돈 봉투를 들고 오며, 이런 이유로 이 사람들에게는 음식이 추가적으로 배분돼야 한다. 따라서 이장 부인은 의례 준비 과정을 이런 식으로 확대하기보다는 쉽게 부를 사람만을 데리고 효율적으로 하려 했다. 이 설명은 큰 무리가 없는 것으로 판명됐다. 몇 안 되는 사람이 준비했지만 50여 명에 이르는 참가자에게 식사를 충분히 제공할 수 있었다. 또한 이 문제를 스쳐가듯 이장 부인에게 묻자 '뭐 때문에 일을 복잡하게 만들어, 그냥 하면 되지'라는 답을 들을 수 있었다.

적절한 설명은 찾았지만 그렇다고 기분까지 개운해지지는 않았다. 의례를 추진할 당시 이런 문제를 고려하지 못했다는 사실을 그날의 당혹감이 보여주기 때문이었다. 의례에 관해 상당히 많이 연구했다고 자만했지만 여전히 깊은 이해에 도달하지 못한 것이다. 이 사건은 오스트레일리아에서 허둥댈 내 모습을 예시하는 듯했다. 또다시 두려움이 몰려왔다.

기독교 젊은이들, 무슬림 젊은이들과 각기 두번째와 세번째의 송별회를 거치는 동안 떠날 날은 점점 가까워졌다. 마을을 떠나던 날, 이곳 관행에 따라 십여 명의 주민이 나를 전송하려고 공항에 같이 왔다. 고마웠고 아쉬웠다. 언제 다시 올지 알 수 없는 그곳의 모습을 잊지 않으려 그랬는지 시선은 계속 차창 밖을 향했다. 비행기를 타고 오면서 공중에서 처음 대면한 족자 시가지의 모습이 옆으로 지나갔다. 그 뒤로 나 자신은 엄청나게 변했지만 이 도시는, 그리고 거기에 사는 사람은 별로 변한 것이 없는 듯했다.

공항에 도착해서 기념사진을 찍은 뒤 발걸음을 재촉했다. 머뭇거리면 머뭇거릴수록 발걸음이 더욱 무거워지고 기분이 가라앉게 된다는 체험에서 얻은 전략이라고나 할까. 재빠르게 이별을 고하고 대기실로 들어갔지만, 떠나보내야 하는 것에 관한 아쉬움과 다가올 것에 관한 불안감으로 가득 찬 기분은 발걸음만큼이나 경쾌하지 못했다. 족자를 떠나며 마지막으로 작성한 기록에 당시의 심경이 적혀 있다.

한 장소에서 다른 장소로 떠날 때마다 나 자신을 돌아보려는 자성의 태도가 강해진다. 그렇지만 그것도 잠시 뿐. 새로 도착한 장소에 익숙해지면 곧 자성의 기회는 사라진다. 캔버라에서도 그랬고 족자에서도 그랬다. 아디수쩝또, 족자 공항의 이름이다. 나는 23개월 전에 목적지도, 아는 사람도 없이, 말할 줄도 모르는 채 이곳에 도착했다. 지금 나는 모든 것에 익숙해 있고 편안함을 느낀다. 그러나 이제 예전보다는 덜하지만 낯선 곳으로, 오스트레일리아로 다시 떠나야 한다. …… 아침부터 울기 시작해서 떠날 때까지도 울음을 멈추지 않던 이장 부인과 딸들의 모습이 아직도 눈에 선하다. 내가 그렇게 잘해주지도 못했는데. 어머니처럼 나를 보살펴주던 이장 부인이 너무나도 고맙다. 늦은 오후가 되면 목욕물을 데워주던 모습이 떠오른다. 떠나는 나를 보며 슬퍼하는 사람이 있다는 사실에 왠지 든든한 느낌이 들기도 한다. 이곳에 살면서 내가 그렇게까지 잘못하지 않았다는 사실을 보여주는 것이 아닐까? …… 떠나가는 사람보다 떠나보내는 사람이 더욱 가슴 아플 수밖에 없는데, 나는 언제까지 떠남을 계속해야 할까? 언제쯤 나는 누군가를 떠나보낼 수 있게 될까?

나오는 말

이 글은 동남아시아를 연구한 한국 지역학자들의 경험을 모은 저술의 한 부분으로 기획됐다. 해외 지역연구에 관심을 가지고 있거나 지역연구에 도전하려 하는 독자, 그리고 동남아시아 국가에 관심을 가진 독자에게 도움을 주는 것이 이 글의 목적이다. 책을 기획한 전제성 선생은 글에 포함되면 좋을 만한 몇 가지 질문을 던져줬는데, 상이한 경험을 가진 저자들의 글에 공통의 소재를 담으려는 의도를 가지고 있는 듯하다.

본문에는 전제성 선생이 제시한 질문에 간접적이고 우회적인 방식으로 대답한 내용이 상당 부분 포함돼 있다. 아래에서는 본문에서 답하지 못한 네 가지 질문에 관한 답변이 제시될 것이다.

첫번째, "어떻게 현지적 관점을 파악하고 자민족 중심주의와 싸웠는가?"라는 질문은 자료 수집 과정에 관한 인식론적 물음이다. 조사 초기에는 관찰자적, 중립적 시각을 유지하고 있는지 의문시하면서 이 질문에 관해 많이 고민한 것 같다. 그러나 시간이 지나면서 의식적으로 생각해본 경우는 많지 않다. 대신 연구의 전 과정을 통해 연구 대상자들의 시각, 다양한 견해를 밝혀보려고 계속 노력했다. 인식론적 문제를 해결하기 위해서가 아니라 맥락인 자료를 얻기 위해 이런 시

도를 했지만, 이런 시도를 통해 자연스레 현지적 관점을 취득하게 됐으리라 생각한다.[12]

두번째, 연구 과정에서 한국인이기 때문에 겪어야 한 단점은 존재하지 않았다. 농촌 마을에서 한국과 전혀 관계없는 주제로 연구했기 때문이다. 종교도 사이의 갈등을 연구하는 과정에서 내가 기독교도였다면, 또는 한국이 기독교 국가였다면 조사가 매끄럽게 이어지지 못했을 가능성이 높으리라는 생각을 몇 차례 했다. 같은 맥락에서 한국인이기 때문에 경험한 장점 역시 존재하지 않았다. 당시는 한류와 같은 문화적 흐름이 나타나지 않았던 시기였기 때문에 한국은 단순히 동양권에 있는 잘사는 나라의 하나로 인정받는 정도였다. 반면 내가 외국인이라는 사실은 조사에 결정적인 도움을 줬고, 매우 편안하고 용이하게 조사를 진행할 수 있게 했다.

세번째, "실제 현지조사의 경험이 애초의 생각이나 학습된 방법론과 달랐는가?"라는 물음은 이전에 생각해보지 못한 질문이다. 전체적으로 현지조사 방법에 관한 원론적 수준의 원칙만을 가지고 있었기 때문에 실제 조사에서 커다란 차이를 느끼지 못했다.

네번째, 현지조사와 관련하여 아쉽고 안타까운 점은 많지 않다. 굳이 찾으려면 역사적 연구를 수행하지 못한 것인데, 시간이 부족했던 점, 역사적 접근이 연구 주제와 긴밀히 관련되지 않았던 점, 과거의 문제가 마을 사람의 대화 소재로 빈번하게 등장하지 않았던 점 등이 결

---

12 종교를 바라보는 내 시각이 조사 과정에 일부 개입돼 현상 이해에 영향을 미친 경우도 있었는데, 관련해서 김형준(2000)을 참조할 것.

합해 연구 대상자의 개인사 life history는 제한적으로 수집됐다. 박사 학위를 받은 뒤 조사 마을에서 두번째 조사를 하게 됐을 때도 개인사를 수집하려 했지만 제대로 실천하지 못했다. 내 연구 관심이 지극히 현재적인 것이기 때문에 과거의 기억을 찾으려는 시도를 적극적으로 행하지 못한 듯하다.

이런 의미에서 연구 주제는 지역연구자가 무엇을 보고, 듣고, 행동하게 하는지, 다른 식으로 이야기하면 무엇을 보지 못하고, 듣지 못하고, 행동하지 못하게 하는지 결정하는 가장 핵심적인 요소다. 일상을 살아가는 우리의 모습과 동일하게 현지조사자 역시 자신의 관심에 따라 제한되는 그런 존재라 생각된다.

원래는 전제성 선생의 질문에 답하면서 이 글을 마치려고 했다. 그런데 초고를 읽고 부족한 점을 지적하는 중책을 맡은 전북대 정치외교학과 석사 과정생 김현경이 이 글을 읽은 뒤 세 가지 문제점을 제기했다. 김현경의 날카로운 지적에 답하면서 글을 마치려 한다.

김현경은 이 글의 첫 파트에 나오는 "내게 지역연구의 가장 중요한 요소는 '재미'이다."라는 문장에서 감동을 받았다는 감동적인 이야기로 글의 문제점을 지적하기 시작한다. 지역연구에 갓 입문한 그녀 역시 "지역연구가 재미있고 앞으로도 계속 재미있을 것이라 기대"하기 때문에[13] 이렇게 좋은 느낌을 받게 됐다고 설명한 뒤, 조사지의 삶, 조

---

13 직접인용 표시가 있는 내용은 김현경으로부터 받은 이메일에서 인용한 것이다.

1장 계급 투쟁에서 종교 갈등으로 | 김형준

사 대상, 연구 주제에서 어떤 이유로 어떻게 재미를 느꼈을까 하는 "반짝이는 호기심이 발동"했고, 그 부분에 관한 설명을 고대하며 글을 읽었다고 한다. 그러나 아무리 읽어봐도 지역연구의 재미나 매력에 관한 내용을 찾을 수 없어서 "재미를 느낀 부분을 독자 역시 마치 자신이 재미를 느끼는 것마냥 함께 즐겁고 재미있을 수 있으면 정말 좋겠다."고 지적한다. 간단하게 정리하자면, 글 서두에서 지역연구의 핵심을 재미로 규정했지만 글 전체를 통해 그 내용을 제시하지 않고 있다는 것이다.

지적을 받은 뒤 초고를 훑어봤다. 일단 재미라는 어휘 자체가 이용되지 않았으며, 재미있는 삶도, 연구 대상도, 연구 주제도 거의 제시돼 있지 않았다. 결국 서두에서 "폼 나는" 화두를 던진 뒤 곧바로 꼬리를 내려 독자를 기망한 형국이었다.

지적된 문제를 해결하는 최선의 방법은 재미를 느낀 상황이나 소재를 각각의 절에 삽입하는 것이지만, 그러려면 본문의 구성을 대폭 전환해야 하는 어려움이 뒤따랐다. 어떻게 할지 고민하다 떠오른 해결책은 지금처럼 재미와 관련된 이야기를 글 말미에 첨가하는 것이다. 이 방식은 김현경의 적절한 지적처럼 "독자가 선생님의 손을 잡고 함께 시간 여행을 하며 …… 함께 즐겁고 재미있을" 그런 구성이 아니다. 따라서 현재의 방식이 궁색한 구색 맞추기라는 점을 인정하지 않을 수 없지만, 어쩔 수 없는 선택이었다고 이야기하고 싶다.

김현경의 지적을 읽은 뒤 현지조사가 재미있던 이유가 무엇인지 한동안 생각해봤고 대여섯 가지 이유를 찾을 수 있었다. 물론 여기에는 재미를 가져온 직접적인 원인이 아닌 재미있게 살 수 있는 환경 조성에 일조한 요인이 포함돼 있지만, 이것 역시 조사지에서 보낸 삶과 밀접하게 연관되기 때문에 별다른 구분 없이 기술하는 편이 좋을 듯하다.

첫번째는 조사 자체보다는 조사의 외적 상황과 연관된다. 조사를 하면서 나는 자유로움을 느낄 수 있었다. 계속 학교를 다닌 탓에 늘 누군가의 평가를 받아야 하는 위치에 놓여 있던 반면 현지조사는 모든 것을 자율적으로 결정할 기회를 줬다. 지도 교수와 가끔씩 편지 교환했지만, 지도 교수는 멀리에 있었고 나는 전적으로 내 판단에 의존해서 조사를 행했다. 조사자를 선정하는 일이나 그 변경에 관해 고민할 때, 조사 주제를 변경할 때 누구의 눈치도 보지 않은 채 스스로 결정할 자유가 있었다는 사실은 현지조사 과정 전체를 재미있게 경험할 수 있게 했다.

자유로움을 가져다준 또 다른 요인은 돈 문제였다. 나는 2년 정도를 버틸 비용을 가지고 조사지에 들어갔다. 풍족하다고까지는 할 수 없지만 경제적으로 큰 어려움 없이 살 수 있었기 때문에 금전적 문제로 걱정해야 하는 상태에 놓이지 않았다. 이 점 역시 현지에서 보내는 삶을 즐길 수 있는 요인으로 작용했다.

두번째는 조사지 자체의 특성을 들 수 있다. 숨버르가몰은 그리 풍요로운 마을이 아니었지만 그렇다고 해서 매우 궁핍한 마을 역시 아니었고, 가진 것이 거의 없는 사람이 많았지만 그렇다고 해서 밥을 굶어야 할 상태에 놓인 사람이 존재하지는 않았다. 내가 조사했던 90년대 초반은 80년대의 높은 경제 성장의 과실이 농촌까지 스며들던 시기였다. 따라서 노동 능력이 있는 성인이라면 일용직 노동을 통해 최소한의 생계를 유지할 수 있었다. 경제적으로 극단적인 고통을 받는 사람이 없다는 사실은 조사지를 즐겁게 바라볼 조건을 제공해줬다. 만약 내가 분쟁 지역이나 기아로 허덕이는 곳에서 조사했더라면 조사지에서 느낄 즐거움과 재미는 훨씬 적었으리라 생각한다.

세번째는 조사 주제와 관련된다. 내 연구 주제는 종교였고, 여기에는 이슬람, 전통 종교, 개신교, 가톨릭교가 포함되었다. 이슬람화가 진행되는 상황이었기에 마을 사람 중 상당수는 그 종교적 지향과 관계없이 종교에 관해 이야기하기를 좋아했다. 이렇게 조사 주제와 마을 사람의 관심이 일치했기 때문에 조사 자체가 매끄럽고 부드럽게 진행될 수 있었다. 사람들이 말하기 좋아하는 주제를 가지고 조사했다는 사실은 행운이었다.

이런 이유 때문에 나는 족자 서부의 끌라뗀Klaten에서 조사한 조윤미 선생에게 존경을 표하지 않을 수 없다.[14] 조 선생의 연구 주제는 집단 폭력이었고, 주요 조사 대상자에는 폭력의 가해자, 희생자, 희생자의 가족, 경찰 등이 포함돼 있었다. 이 사람들이 자신들의 이야기를 공유하기를 얼마나 내켜 했는지 알수는 없다. 그러나 조사 중이던 조 선생을 만났을 때 조 선생은 집단 폭력의 피해를 입은 희생자의 사진을 한 움큼 꺼내놓더니 열성적으로 설명했다. 이런 모습을 통해 조 선생 역시 조사 과정에서 재미를 느끼고 있다는 것을 확신했지만, 내가

---

14 조윤미 선생의 연구 결과는 조윤미(2006)에 제시되어 있다.

그런 주제로 조사하면서 재미를 느낄 수 있을지 생각해보면 자신이 없다.

네번째는 조사 방법 또는 조사 자료와 연관된다. 조사를 하면서 나는 어떤 현상에 관한 객관적이거나 올바른 설명을 찾기보다는 하나의 현상을 둘러싸고 서로 경합하는 다양한 시각을 찾으려고 노력했다. 두 접근에는 차이가 있다. 어떤 사건이나 이야기의 진위를 밝히는 데는 많은 노력이 필요하며, 이 과정에서 커다란 스트레스를 받을 수 있다. 반면 다양한 시각의 공존에 관심을 가질 경우 스트레스 지수는 훨씬 낮아진다. 이런 식의 설명 또는 저런 식의 설명이 이런 또는 저런 조건을 가진 사람에 따라 이런 또는 저런 상황에서 이런 또는 저런 식으로 표현된다는 식의 자료는 객관적 현실을 밝히려는 작업을 반드시 포함하지 않기 때문에 더욱 쉽게 접근할 수 있다.

하나의 예를 들면, 무슬림과 기독교도의 관계를 조사할 때 경제적 원조를 매개로 한 무슬림의 기독교 개송이라는 수장이 유포돼 있다는 것을 알게 됐다. 내가 자주 이용한 방법에 따라 나는 이 이야기를 이슬람 지도자에게 물어보고 견해를 들었다. 그 뒤 목사와 신부를 만나 이슬람 지도자의 의견을 전해주며 반론을 들었다. 목사와 신부의 의견은 이슬람 지도자와 나눈 다음 인터뷰의 질문거리였고, 그 반론 역시 곧바로 목사와 신부와 나눈 다음 인터뷰의 질문이 됐다. 만약 내가 이 사람들의 다양한 시각을 찾아내는 데 만족하지 않고 그 이야기의 진위를 밝히려 했다면 조사의 어려움은 증가했을 것이다. 곧, 돈을 받고 개종했다는 사람이 있다는 정보를 얻은 뒤 그 사람을 찾아가 별로 탐탁해 하지 않을 이야기에 관해 말하게 강요하는 방식을 택했더라면 조사 자체도 힘들었을 뿐만 아니라 그 진위를 판단하려고 더 많이 고민해야 했을 것이다. 그러나 나는 이 작업이 내 연구의 핵심 요소가 아니라고 생각했으며, 따라서 조사 대상자들과 나눈 대화를 좀더 흥미롭게 이끌어갈 수 있었다. 앞의 예를 이용한다면, 신부에게서 새로운 이야기를 듣게 되면 그 이야기에 관한 이슬람 지도자의 반응이 어떨지 너무나 알고 싶었고, 그 반론을 들은 뒤에는 신부의 견해가 어떨지 궁금했다. 결과적으로 담론 수준의 자료를 주요 분석 대상으로 삼았기 때문에 연구를 더 용이하게 진행할 수 있었다.

다섯번째는 조사에 임하는 태도와 관련되는데, 가능하다면 조사지에서 일어나는 일을 직접 경험해보려 했다. 따라서 한국에서라면 전혀 할 수 없는 많은 일을 체험할 수 있었으며 쏠쏠한 재미를 느꼈다. 예를 들면 나는 직접 벼를 경작해봤다. 논농사를 지어보지 않겠느냐는 한 주민의 우스갯소리를 선뜻 받아들여 조사 후반 70여 평의 논을 빌려 소작농이 됐다. 비용의 제약이 없었기 때문에 일반 농민의 서너 배에 이르는 비용을 투자할 수 있었고, 내가 키운 벼가 다른 벼보다 10여 센티미터나 클 정도로 잘 자랐지만, 강한 바람을 견디지 못하고 수확 직전에 모두 쓰러져버렸다. 나는 굴하지 않고 아는 친구들을 동원해 이삭이 팬 줄기 아래쪽을 잘라내는 전통적 수확 방식을 이용해 꽤나 높은 수확을 얻어냈다. 이 중 3분의 1은 동네 쌀장수에게 팔았고, 3분의 1은 내 송별회에 썼고, 나머지는 주변 사람에게 나눠줬다.

이런 식의 직접 경험은 핵심 주제와 관련해서도 있었다. 전통 믿음 체계에 관해 조사할 때는 초월적 존재를 몸 안으로 불러오는 훈련을 몇 주간 행했고, 개종 문제를 조사할 때는 개종자를 대상으로 한 성당 교육에 몇 주 참여했다. 일상에서 접하는 일에도 적극 참여해서, 야자 나무에 올라가보고, 시장에서 물건을 팔아보고, 염소를 키워보고, 소 가죽을 벗겨보고, 시신을 목욕시키고, 외부인을 향한 집단 공격에 참여해 돌을 던져보고, 양어장에서 물고기 수확을 하고, 무덤에서 밤을 지새워보기도 했다.

이런 식의 행동을 가능하게 하고 여기에서 더 많은 재미를 느끼게 해준 요인은 또래집단이라 불릴 집단으로, 이 집단은 조사를 즐겁게 만든 여섯번째 이유였다. 나와 가장 가깝던 집단은 모스크를 중심으로 활동하는 젊은이들이었다. 거의 매일 이 친구들을 만나 시간을 보낼 수 있었다는 사실, 이 친구들이 내 연구에 관심을 가지고 내 활동에 관해 질문하고 내 이야기를 들어줬다는 사실은 조사지에서 보낸 삶을 행복하게 만들어주었다.

연구의 재미를 설명하는 과정에서 떠오른 질문은 조사지에서 보낸 삶을 힘들게 만든 요소다. 세 가지 정도를 생각해볼 수 있었다. 첫번째는 먹을거리였다. 아마 조사지 음식이 입맛에 맞았다면 내 삶은 훨씬 더 윤택하고 행복했을 것이지만 그렇지 못했다. 그러나 뚜렷한 대안이 없었기 때문에 쉽게 포기할 수 있는 문제이기도 했다.

두번째는 새로운 사람을 만나는 과정에서 야기된 어려움으로, 조사가 후반기로 진행될수록 더욱 힘든 문제로 다가왔다. 사람 만나기는 현지조사의 핵심이라 할 수 있다. 조사 중반까지는 새로운 사람을 만나기를 반겼고 늘 즐거운 모습으로 대면하려 노력했다. 그러나 조사가 후반기로 접어들어 마을 주민 대다수를 알게 되고 새로운 장소를 방문할 필요성이 현저히 줄어들자 버거운 일로 다가왔다. 표면적인 이유는 단순했다. 새로운 사람을 만나 통과 의례처럼 반복해야 하는 상투적 대화에 질려버렸기 때문이다. 그렇지만 여기에는 우연히 만난 사람이 조사에 큰 도움을 주지 못할 것이라는 매우 이기적인 판단이 깔려 있었다. 따라서 조사 후반기에 도시의 상점이나 낯선 곳을 방문할 때 나는 대화의 의사가 없다는 것을 직간접적으로 표현했다. 때로 인도네시아 말을 못하는 척하기도 했고, 눈길을 마주치지 않으려고 노력하기도 했다.

이런 의미에서, 사람 만나기에서 느낀 괴로움은 외부 환경이 아닌 내 태도상의 변화에 기인했다. 이것은 나의 위선적인 모습을 보여주는데, 단순화해서 말하자면 조사에 도움이 되지 않을 만한 사람에게 힘들여 잘해줄 필요가 없다는 것이었다.

내가 만난 많은 인도네시아 사람들이 내게 관심을 보이고 이런저런 방식으로 나를 도와주려 했으며 또한 일방적인 정보 수집을 연구자의 윤리적 문제로 본문에서 거론하고 있다는 점을 고려해보면, 조사에 별 도움이 되지 않는 사람을 향한 내 태도는 비난받아 마땅하다. 따라서 더 덧붙일 이야기는 변명에 불과할 뿐이지만, 이런 태도가 너무나 많은 사람을 만나는 과정에서 야기된 "직업병"이었으며 여기에서 빠져나오기가 매우 힘들었다는 것을 말해두고 싶다.

세번째로 거론할 어려움 또는 괴로움은 중립적 시각, 관찰자적 시각과 연관된다. 나 자신이 아닌 조사 대상자의 시각에서 현실을 바라봐야 한다는 현지조사의 원칙을 적용하다 보면 조사 대상자의 이야기가 과장으로 가득 차 있거나, 앞뒤가 맞지 않거나, 터무니없거나, "꼴값" 떠는 것이거나, 자기중심적이거나, 현실에 부합하지 않는 것이라는 사실을 알게 되더라도 존중하며 들어줘야 한다. 조사 초반에는 이런 느낌을 받더라도 이야기를 들을 수 있다는 사실 자체가 즐거웠다. 그러나 조사지와 조사 대상자의 상황에 관한 이해가 깊어지면서, 터무니없는 견해조차도 맥락적으로 이해해야 한다는 원칙은 때로 많은 괴로움을 가져다줬다. 예를 들면 "당신의 말은 다 거짓말이야, 어제 누군가가 당신 말과는 다른 이야기를 해줬어."라는 식으로 쏘아붙이고 싶은 상황을 참아가면서 이야기를 성실하게 들어야 한다는 사실은 큰 스트레스였다. 조사 후반기에는 회피 전략을 통해 이런 사람을 만나지 않으려고 노력하기도 했지만, 특정 문제와 관련돼 중심적인 위치에 있는 사람을 조사에서 배제하기는 쉽지 않았다.

새로운 사람을 만나면서 느낀 괴로움과 비교해보면 관찰자적 시각에 기인한 괴로움에 대처할 방법을 찾기는 쉽지 않았다. 더 정확하게 이야기하면 그 대처법, 곧 내 생각과 견해를 솔직히 말하면서 조사하는 방식은 존재했지만 이것을 친한 사람이 아닌 다수의 조사 대상자에게 적용하기에는 무리가 있었다.

김현경의 또 다른 지적은 이 글의 내용에 회고가 포함돼 있지 않다는 점이다. 곧 "그때의 시간으로 돌아가 추억여행"을 하면서 "현지조사 경험을 돌아보는 회고의 내용으로 결론을 구성"하는 것이 좋으리라는 것이다. 첫 조사를 끝낸 뒤 회고를 할 만한 기간인 15년 정도의 시간이 흘렀다. 그러나 회고록은 아니지만 인도네시아에서의 조사 경험을 주제별로 정리한 글이 출판됐기 때문에[15] 현지조사에 대한 회고 투의 이야기를 장황하게 적기는 부적절한 듯하다.

아래에서는 박사 학위를 받은 이후의 조사 경험과 차이 나는 부분만 간략하게 기술할 것이다.

이후의 조사와 비교할 때 첫 조사의 가장 큰 특징은 호기심, 정열, 도전 정신으로 요약될 수 있다. 무엇이든 알아보고 따라해보려는 생각, 주변에서 일어나는 현상을 호기심을 가지고 바라보려는 태도, 한계는 있었지만 스스럼없이 사람들을 만나고 알아보려는 성향, 적극적으로 조사를 계획하고 실천하려는 모습, 자료 해석에 관한 반성적 고민 등 조사에 임하는 내 태도는 열성적이었고 호기심으로 가득 차 있었으며 또한 부지런했다. 이런 태도를 가능하게 한 주된 이유는 타문화에서 접한 낯섦이 가져다준 즐거움이었다.

두번째 이후의 조사에서 내가 더 빈번하게 느낀 감정은 관심 부족, 귀찮음, 나태함이었다. 잘 이해되지 않는 주변 상황에 관해 알아보려 하고, 못 알아듣는 단어의 뜻을 되물어보려 하고, 새로운 상황을 체험하려 하고, 새로운 장소를 방문하려 하고, 새로운 사람에 흥미를 가지고 다가가려 하는 의지가 눈에 띄게 줄어들었다. 이런 변화를 야기한 요인은 아마도 내 위치의 변화일 것이다. 두번째 조사 이후 주변의 모

---

15 김형준, 『적도를 달리는 남자』, 이매진, 2012.

습에서 진한 낯섦의 느낌을 찾아내기는 힘들었고, 호기심과 재미보다는 익숙함을 느끼는 경우가 많아졌다.

조사 대상에 관한 관심, 호기심, 재미는 지역연구의 핵심적 요소다. 나의 경우 첫번째 조사에서 이런 태도는 자연스럽게 형성됐다. 그렇지만 익숙함에 둘러싸이게 된 두번째 이후의 조사에서는 이런 태도를 유지하려는 노력을 제대로 하지 못했다. 그렇다고 익숙함 속에서 낯섦을 느낄 기회, 판에 박힌 일상에서 재미와 호기심을 찾아낼 기회가 존재하지 않았다고 단언할 수는 없다. 우리가 완전하게 이해할 수 있는 현상이 거의 존재하지 않고 우리의 호기심을 끌 대상이 늘 존재하고 있다는 점을 고려해보면 첫 조사에서 대면한 낯섦의 상황은 의식적인 노력을 통해서도 얻어질 수 있으리라 생각된다.

대도시 학생에서 "깜뿡 보이"로

말레이 무슬림 마을에서 현지인의 관점 찾기

2

홍석준

현지조사 계획과 준비 과정

나는 약 20여 년 전인 1993년 5월부터 약 2년 6개월 동안 말레이시아 농촌의 깜뿡kampung(말레이어로 '마을'이라는 뜻)에서 현지조사를 수행한 경험을 갖고 있다. 그 경험이 지금 생각해볼 때 열정과 도전의 현지조사였는지는 잘 모르겠지만, 당시로서는 말레이시아 사회와 문화를 이해하기 위한 현장 경험을 통해 "낯선 곳에서 나를 만난" 소중한 경험인 것은 분명하다(한국문화인류학회 편 2000). 그래서 거의 20년이 지난 현 시점에서 말레이시아 현지조사의 경험을 서술하는 일은 당시 조사 상황의 회고인 동시에 현재에 관한 성찰을 수반하는 일이다.

나는 인류학 박사 학위 논문(홍석준 1997)을 준비하려고 말레이시아 농촌의 무슬림 마을에서 현지조사를 수행했다. 서울이라는 대도시에서 박사 과정 학생이라는 신분으로 말레이시아 농촌이라는 현지 "외부"에서 생활하고 학업 활동을 지속하다가 박사 학위 논문 작성을 위해 현지 "내부"로 들어갔다.

말레이시아는 당시 내게 미지의 대상이었다. 나는 말레이시아를 열대우림의 후진국이거나 머르데까merdeka(말레이어로 '독립'이라는 뜻) 국립 축구 경기장이 있는 나라 정도로만 알고 있었다. 그 정도로 말레이시아에 관해 아는 것이 없었다. 말레이시아는 내게 미지의 땅이자 전혀 새롭고 낯선 곳이었다.

나의 말레이시아 현지조사는 서울대학교의 박사 과정 지도 교수이던 한상복 교수(서울대학교 인류학과 명예 교수)의 추천, 그리고 박사 과정 수업이던 지역연구(전경수 교수 담당)와 경제인류학특강(한상복 교수 담당)을 통해 학문과 사람을 만난 데서 시작됐다. 우여곡절 끝에 말레이시아 현지조사가 수행될 수 있었다.

한상복 교수는 세계보건기구와 유네스코 열대병 연구 관련 자문 활동의 경험을 바탕으로 내게 말레이시아를 박사 학위 논문을 위한 문화인류학적 현지조사의 대상 지역으로 추천해줬다. 그렇지만 말레이시아로 결정하기까지 상당한 고민이 있었다. 한상복 교수는 내가 학부와 대학원 석사 과정과 박사 과정을 거치는 동안 늘 끊임없는 관심과 애정으로 나의 인류학적 연구 작업과 과정을 지켜봐왔다. 말레이시아 자체에 거의 무지몽매하던 나에게 처음으로 말레이시아의 사회와 문화에 관한 학문적 관심을 일깨워주고, 이후로도 계속 관심을 갖고 대할 수 있게 문화인류학의 이론과 방법론, 특히 현지조사의 기초를 튼실하게 다져준 학자이다. 또한 말레이시아 지역연구의 다양한 사례를 소개해주고, 그것에 관해 비판적으로 성찰하고 연구할 수 있게 늘 독려해줬다. 그 덕분에 나는 말레이시아라는 새로운 세상과 조우할 수 있었다. 말레이시아 농촌의 무슬림 마을에 관한 현지조사를 통해 말레이시아 지역연구와 문화인류학의 만남을 경험할 수 있었던 것이다.

오명석 교수(서울대학교 인류학과)는 내가 말레이시아에서 현지조사를 하는 동안 늘 격려와 충고를 잊지 않고 용기를 북돋아줬으며, 연구의 기본 틀도 제대로 갖추지 못한 초고를 수차례나 꼼꼼히 읽고 때로는 날카롭게 비평하면서도 언제나 격려와 용기를 함께 주는 일을 잊지 않았다. 그것은 그 무엇과도 견줄 수 없는 나의 지적 자산으로 남아 있다.

말레이시아 현지조사 과정에서 또 한 명 잊지 못할 은인이 있다. 신윤환 교수(서강대학교 정치외교학과)다. 신윤환 교수는 나의 말레이시아 현지조사 초기 과정부터 조사를 마칠 때까지 물심양면으로 큰 도움을 줬다. 현지조사 과정에서 언제나 듬직한 바위이자 넘어야 할 산으로 남아 있던 신윤환 교수는 늘 귀감의 대상으로 기억됐다. 당시에 박사 과정 학생이던 나를 말레이시아를 연구하는 동료로 대해주면서 동남아시아 현지조사의 중요성을 일깨워줬다. 늘 애정 어린 충고를 아끼지 않은 신윤환 교수 덕분에 나의 현지조사 과정은 힘들었지만 즐거운 추억으로 남아 있다.

나는 말레이시아 현지조사를 위한 자금과 연구비를 당시 서울대학교 지역종합연구소(이후 명칭이 국제지역원으로 변경됐다가 국제대학원으로 다시 변경됨)에서 지원받았다. 박사 과정 연구생의 연구비를 조성하는 데 물심양면으로 노력을 아끼지 않은 서울대학교 지역종합연구소와 당시 권태환 소장(현 서울대학교 사회학과 명예 교수)의 재정적 지원 덕분에 말레이시아를 만날 수 있었다. 조사 자금으로는 말레이시아를 왕복할 수 있는 비용이던 80만 원을 지원받았다. 당시 이 자금 덕분에 말레이시아 현지조사에 임할 수 있었다. 이후 서울대학교 지역종합연구소는 당시 새롭게 만들어진 박사 후 과정 연구지원 사업을 통해 일정의 현지조사비를 보전해줬다. 사후 지원 형태를 띤 것이기는 했지만, 결과적으로 이것은 나의 말레이시아 농촌 마을 현지조사가 "열정과 도전의 현지조사"가 될 수 있게 해준 중요한 재원이 됐다.

현지조사에 착수하기 전에 나는 우선 말레이시아 관련 서적과 논문을 찾아 섭렵하기 시작했다. 여기에는 대학원 인류학과 박사 과정 수업인 지역연구I, 지역연구II의 수업이 큰 도움이 됐다. 수업을 통해 말레이시아는 점점 익숙하고 친숙한 대상으로 다가왔다.

당시 말레이시아 관련 자료는 총 80여 권 정도 수합했는데, 40여 권은 주로 대외경제정책연구원이나 한국수출입은행, 외교부, 문교부 등에서 출간된 통계 자료나 보고서 형태의 글이 차지했고, 지도 교수의 연구실에 보관된 말레이시아 사회와 문화 관련 자료가 약 40권 정도였다. 이 자료들을 찾아 지도 교수에게 자료를 빌려 복사해서 읽어나가는 동시에, 관련 기관을 방문해 자료들을 수합, 정리하는 작업을 지속했다.

말레이시아 현지조사의 계획은 차근차근 준비됐다. 원래 사라왁Sarawak주의 이반 족the Iban의 경제 발전과 문화 변동에 관심을 갖고 있었기 때문에 국내 최초의 보르네오 사라왁 연구자라는 자부심을 갖고 준비에 임했다.

현지조사의 계획과 조사 자금의 지원 출처, 현지어 학습 과정, 현지 대학과 기관의 조사 협조를 위한 네트워크 구축, 현지조사의 형식과 내용, 현지인과 친밀감에 기초한 신뢰 관계, 곧 라포rapport의 형성 과정, 현지인의 관점 유지와 자문화 중심주의 또는 자민족 중심주의ethnocentrism 극복 과정, 한국인 문화인류학자로서의 말레이시아 현지조사의 특징, 실제 현지조사의 경험에 관한 회고와 반성, 현지조사에서 배운 점과 보완해야 할 점 등과 같은 질문들은 모두 나의 현지조사전 과정과 그 이후의 연구 활동, 교육 활동을 포함한 삶 전체에 큰 영향을 미쳤다. 그리고 지금 이 시점에서 이것을 기억해내는 작업 역시현재의 상황을 과거의 현지조사 경험을 통해 불러들이는 의미와 재미를 함께 선사해줬다.

현지조사 허가 절차와 현지조사 대상지 선정 과정

박사 학위 논문을 위한 나의 현지조사는 1993년 2월부터 5월까지 약4개월에 걸친 말레이어 학습과 문헌 조사로 시작됐다. 1993년 4월 중에 약 20일간 서 말레이시아West Malaysia 또는 반도 말레이시아Peninsula Malaysia의 동북부 지역에 위치한 끌란딴Kelantan 지역을 답사하면서 지역 전반의 지리와 역사에 관한 개괄적인 정보를 수집했다. 현지조사는 1993년 5월부터 1994년 6월까지 수행한 본 조사, 그리고 1995년12월 말부터 1995년 2월 초까지 약 40일간의 보충 조사로 구성됐다.

나는 원래 동 말레이시아East Malaysia에 속한 사라왁 주의 이반 족을대상으로 이반 정체성Iban identities의 성격과 변화라는 주제를 연구할계획으로 1992년 2월 처음으로 말레이시아에 입국했다. 말레이시아안에서 현지조사를 하려면 총리실 산하의 사회경제연구부SERU: Socio-Economic Research Unit (1994년 경제계획부EPU: Economic Research Unit 로 개편됐다)의허가를 받아야 했기 때문에 1년 뒤 그곳에 이반 정체성에 관한 연구계획서를 제출했다.

1993년 2월 다시 말레이시아에 입국한 나는 사회경제연구부의 허락을 기다렸다. 그러나 사라왁 주 정부가 그해 사라왁에서의 외국학자의 연구 활동을 금지했기 때문에 불가피하게 조사지와 조사 대상을 변경해야 했다. 사실 이반 족의 경제와 문화를 연구하려고 한국에서 준비해온 1년간의 과정이 물거품이 되는 순간이었다. 당시 이반 족에 관한 조사는 전면 금지됐다. 그렇지만 이 사실을 달리 알 방도가 없던 나로서는 이해하기 힘든 상황에 처하게 된 것이다. 당시 7명의 외국인 인류학자들이 모두 이반 족 문화에 관한 현지조사 허가를 받지 못했다. 나중에 알게 된 사실이지만, 이반 족의 종족 정체성이라는 주제는 매우 민감한 것이었다. 사라왁 주 정부에서는 이반 족의 독립 국가 형성을 위한 사회운동을 인류학자 탓으로 돌렸다. 인류학자들이 이반 족에게 종족 또는 민족의 정체성을 불어넣었다는 것이 그 주된 이유였다. 이반 족의 분리 독립을 위한 투쟁과 노력은 결국 무산됐다. 조사하던 과정에서 인류학자들의 그간의 연구 활동이 비판의 대상이 됐다. 사라왁 주 정부의 입장에서는 인류학자의 이반 족 연구는 이반 족의 분리 독립 운동의 배후 조종의 주요 근거로 받아들여졌다. 이 조사 과정을 통해 외국인 인류학자의 사라왁 현지조사는 전면 금지됐다.

　　조사 대상을 말레이인의 사회와 문화로 변경한 뒤에 조사지를 말레이 반도가 속한 서 말레이시아, 곧 반도 말레이시아의 끄다Kedah 주로 변경해 말레이 농촌 사회의 경제 발전과 사회 변동이라는 제목으로 연구 계획서를 제출했지만, 사회경제연구부와 끄다 주 정부와 빚은 불화 때문에 그 지역에서도 조사를 수행할 수 없다는 통보를 받았다.

그래서 다시 반도 말레이시아 동북부 지역에 위치한 끌란딴 주로 조사지를 변경하고 연구 계획서를 다시 작성해 제출했다. 조사 대상 지역이 사라왁에서 11다 주를 거쳐 최종적으로 끌란딴 주로 변경됐을 때, 나는 국내 최초의 보르네오 사라왁 지역의 현지조사자이자 연구자가 될 수 있으리라는 기대감과 희망을 안타까움과 서운함 속에서 끝내 현지조사를 접을 수밖에 없었다. 여기에 관해서는 당시 상당히 안타깝고 서운한 나머지, 심지어 약간 억울하다는 생각마저 든 게 사실이다. 사라왁 주 정부는 물론 총리실 산하 사회경제연구부 측에서는 말레이시아 국민이 아닌 외국인 연구자들이 말레이시아에서 현지조사를 수행하는 것에 관해 관심을 갖고 배려를 해주기는커녕, 방해하고 저지하려 한다는 생각이 들었다. 그래서 나 같은 외국인이 말레이시아에서 현지조사를 하려면 거쳐야 하는 일련의 과정과 절차의 문제점에 관해 나는 나처럼 현지조사를 하지 못하게 된 외국 연구자들과 함께 때로 사라왁 주 정부 관리는 물론 사회경제연구부의 관계자들, 그리고 말레이시아 사회 전체를 향해 신랄한 비판과 불만 섞인 푸념을 종종 늘어놓았다. 당시에 나는 너무도 안타깝고 실망스러운 상황에 처한 나 자신을 돌아볼 겨를도 없는 상태에서 말레이시아라는 나라 자체를 원망하기도 했다. 너무나 안타깝고 실망스럽고 또 억울한 심정이었다.

당시 사라왁에서 현지조사를 할 수 없다는 통보를 받았을 때, 나는 사실 말레이시아 정부를 향한 실망감과 함께 내가 처하게 된 상황에 관한 안타까움과 실망감, 불만 등을 동시에 느꼈지만, 더불어 혹시 말레이시아에서 현지조사를 하는 것 자체가 무산되거나 불가능해지는 것은 아닐까 두려움과 절망감에 휩싸여 있었다.

국내 최초의 사라왁 문화 현지조사자 또는 연구자라는 자부심 역시 무시할 수 없을 정도로 중요했지만, 이런 "예기치 못한 상황"에 잘 대처해서 말레이시아에서 현지조사를 성공적으로 수행해야만 한다는 강박관념 역시 매우 강하게 나를 지배하고 있었다. 그렇기 때문에 조사 지역을 사라왁에서 반도 말레이시아로 변경하는 한이 있어도 말레이시아에서 조사가 가능하다면 현지조사를 할 수 있는 지역을 새롭게 물색하고 찾아내야 했다.

이것은 결국 변화된 상황에 관한 현지조사자의 위기 대처 능력과 문제 해결 능력을 보여줄 수 있는 일종의 기회로, 상황화contextualization 능력, 곧 사회문화적 맥락이나 상황의 변화에 슬기롭게 대처할 수 있는 능력이라 불리는 것이다. 미처 예견하지 못한 상황 변화로 만들어진 변화 상황을 부정하거나 인정하지 않으려는 자세에서 벗어나 이런 변화된 현실을 적극적으로 인정하고 수용해 능동적으로 대처하는 게 당시 내게는 무엇보다도 중요하고 필요한 것이기도 했다.

말라야대학교UM: Universiti Malaya 기숙사에 거주하는 동안 가장 놀랍던 일 중 하나는 라마단 기간 중에 발생했다. 라마단은 이슬람력의 금식 기간인 라마단 기간 1달 동안 아침 해가 뜨고 나서부터 해 질 때까지 금식을 하는 무슬림의 의무 사항을 말한다. 한 달 기간 동안 해 뜨고 나서부터 해 질 때가지 음식을 먹는 것은 물론 입안에 침이 고이면 침을 뱉어내야 하고, 담배를 피우거나 물을 마시는 것뿐만 아니라 성행위까지 금지된다. 이것은 무슬림의 의무 사항 중 하나로 반드시 지켜야 할 계명이다. 라마단 기간 중에는 늘 일정한 것은 아니지만 대체로 오후 7시 30분 정도에 하루의 금식이 해제된다. 이것을 뿌아사puasa라고 하는데, 뿌아사를 지키려고 하는 말레이 무슬림 학생들의 열정과 실천은 나를 놀라게 하고도 남았다.

하루 동안 배고픔을 참았다가 오후 7시 30분에 일제히 식탁에 달려들어 미리 준비해놓은 음식을 동시에 먹는 행위는 이슬람에 무지하던 나에게는 실로 충격이었다. 어쩌면 저럴 수가 있을까 하는 생각이 흥미 이상의 호기심을 불러일으켰다. 오후 6시 30분 정도부터 음식을 받아 식탁에 가지런히 정돈해놓고 말레이 무슬림 학생들은 제각기 자기 일을 한다. 운동을 하는 학생, 산책을 하는 학생, 공부를 하는 학생, 식탁 주변을 어슬렁거리는 학생 등, 자기 할 일을 하고 있다가 오후 7시 30분 뿌아사 해제의 아잔Azan(이슬람 사원에서 하루 다섯 번 울리는 기도의 종)이 울리자 일제히 식탁으로 모여들어 함께 식사하는 모습은 장관이라기보다는 어째 좀 이상하다 싶을 정도의 느낌을 자아냈다. 도대체 어떻게 된 사람들이기에 이렇게 규칙을 잘 지키는 것일까? 이 의문은 내게 말레이 사람들을 알려면, 아니 말레이 문화를 알려면 이것부터 알지 않으면 안 되겠구나 하는 생각을 불러일으켰다. 정말로 이 사람들은 특별한 인간들인가? 어떻게 이럴 수가 있을까 하는 생각이 뇌리에서 떠나지 않았다. 이 사람들을 알려면 우선 이슬람에 관해서 알아야 하겠구나 하는 생각을 하게 된 것은 이 광경에 충격을 받은 뒤였다. 그래서 이슬람에 관한 공부로 빠져들어갔다. "말레이 사람들을

'제대로' 알려면 이슬람을 반드시 알아야 한다." 이후 과정은 이슬람에 관한 공부라는 늪에 빠진 꼴이 됐다. 말레이 문화를 알려면 이슬람을 알아야 했다. 이슬람을 모르고 말레이인에 관해 말하는 것은 거짓이거나 기껏해야 "부분적 진실'에 불과한 것이었다. 이슬람의 문화적 전통이 가장 강한 지역을 찾아 나섰다. 끌란딴 주가 눈에 들어왔다. 나는 그렇게 끌란딴을 만났다.

이런 우여곡절 끝에 나는 1993년 9월부터 본격적으로 끌란딴 주의 농촌 마을에서 현지조사를 수행할 수 있게 됐다. 약 3개월간 현지조사를 위한 심사가 진행되는 동안 국립 말라야대학교에서 말레이어를 학습했다. 3월부터 5월까지 1년 과정을 두 달 안에 마스터할 수 있는 집중적인 어학 실습 과정을 수료했다. 5월 중순부터 6월 중순까지 한 달 동안 끌란딴 주의 정글을 탐사하고 오랑 아슬리orang asli(말 그대로 원래 이 지역에 거주해온 사람, 곧 원주민이라는 뜻)라고 불리는 원주민들과 함께 생활하는 여행 팀에 가담했다. 현지조사를 행하기 전에 조사 지역을 미리 답사한다는 심정으로 호기심 반, 두려움 반으로 가담한 약한 달간의 답사 여행을 통해 나는 다양한 경험을 할 수 있었다. 나를 포함해 남자 5명 여자 1명, 총 6명이 참가한 그 여행을 통해 나는 정글 속에서 살아가는 오랑 아슬리의 실생활을 처음으로 접할 수 있었다. 여행 도중에 조난당하는 위험을 겪기도 했지만, 그 여행의 경험은 나중에 끌란딴 농촌 마을에서 현지조사를 할 때 낯선 환경에 적응하고 낯선 사람들과 친밀한 인간관계를 형성하는 데 큰 도움이 됐다.

정글에서 보낸 한 달의 경험 말고도 말레이시아에 머무는 동안 나는 말레이인, 화인華人(중국계 말레이시아인), 인도계 말레이시아인, 오랑 아슬리 등을 비롯한 다양한 사람들을 만날 수 있었다. 그 기간 중에 여러 사람들과 만난 경험은 이후 농촌 마을에 관한 현지조사의 수행 과정뿐만 아니라 말레이시아 사회와 문화의 특성과 의미를 더욱 심도 있게 이해하는 데 큰 도움을 줬다.

　나의 말레이시아 현지 지도 교수는 국립 말라야대학교 인류학·사회학과Jabatan Antropologi dan Sosiologi의 무함마드 이끄말 사이드Muhammad Ikmal Said 교수였다. 지도 교수의 박사 학위 논문은 끄다 주의 무다 MUDA 지역이라는 쌀농사 마을의 가구 조직과 자본주의적인 대규모 농업의 재생산 문제를 다룬 것이었다(Muhammad Ikmal Said 1988). 나의 현지 지도 교수로서 조사지를 선정하고 자료를 수집하는 과정에서 일관된 관심과 격려를 보내줬다. 지도 교수는 내가 끌란딴에서 현지조사를 할 수 있게 배려해줬으며, 끌란딴의 농촌 사회와 이슬람에 관한 자료들을 구해주는 수고를 아끼지 않았다. 지도 교수의 적극적인 도움으로 나는 끌란딴 주 농촌의 무슬림 마을에 들어가서 조사 활동을 수행할 수 있었다. 말레이시아 총리실 산하의 사회경제연구부의 노라이니Noraini 씨를 비롯한 기관 관계자의 도움으로 나는 말레이시아에서 신분 보장을 받고 안전한 상태에서 현지조사를 할 수 있었다.

　국립 말라야대학교의 인문사회과학부에서 1년간 연구원 자격으로 도서관 시설을 이용할 수 있는 권리를 부여받았다. 대학 본부와 인문사회과학부, 그리고 인류학·사회학과 임직원들의 도움으로 현지조사는 순조롭게 진행되었다. 끌란딴 주의 끄무부 농업개발청KADA: Kemubu

Agricultural Development Authority에 근무하는 까마루자만^{Kamaruzaman}과 모하마드^{Mohamad}의 열렬한 환대와 깊은 관심 덕분에 조사 마을 선정을 신속하게, 그리고 적절하게 할 수 있었다.

1993년 2월부터 5월까지 약 4개월 동안 나는 국립 말라야대학교의 중앙도서관에서 말레이 이슬람에 관한 문화인류학적 연구와 이슬람 전반에 관한 신학적, 종교학적 연구 결과를 접할 수 있었다. 대학의 중앙 도서관 이외에 인류학·사회학과와 이슬람학과^{Department of Islamic Studies}(나중에 이슬람 학부 API: Akademi Pengajian Islam로 개편됐음)의 자료실에 소장된 문헌 자료를 주로 이용했으며, 다른 대학의 도서관에 소장된 자료도 참고했다.

말레이 이슬람에 관한 문헌 조사를 마치고, 문화인류학적 현지조사를 수행하려고 나의 연구 주제에 부합하는 조사지를 물색했다. 조사지를 방문하기 전에 먼저 국립 말라야대학교의 인류학·사회학과 교수들과 면담과 인터뷰를 했다. 교수들은 내 연구 주제에 적합한 조사 지역으로 말레이시아 안에서 이슬람 성격이 가장 분명하게 드러나는 지역인 끌란딴 주를 추천했다. 그 뒤에 면담한 이슬람학과 교수들도 나에게 끌란딴 주를 추천했다. 공통적으로 나의 현지조사 대상 지역으로 끌란딴 주를 추천한 것은 당시 그 지역에서 이슬람화^{Islamisasi}가 활발하게 진행되고 있으며, 전통적으로 그 지역이 근본주의적 성격이 강한 이슬람으로 널리 알려진 지역이라는 점, 그리고 이슬람의 교리와 원칙을 내세우는 이슬람 정당인 빠스^{PAS: Parti Islam Se-Malaysia}가 집권하고 있는 유일한 지역이라는 점 등을 고려했기 때문이다. 교수

국립 말라야대학교 제7기숙사 아스라마 자바 Asrama Za'ba 앞에 선 필자.

들이 내세운 이런 이유들은 내가 연구하려 한 주제인 말레이시아 농촌 무슬림 마을의 이슬람화와 사회 변동 사이의 관계를 파악하는 데 타당하다고 판단됐다. 끌란딴 주는 말레이인의 전통적인 문화 유산이 풍부하며, 이슬람의 영향이 가장 강하게 남아있는 지역이다. 이 지역은 독특한 방언과 인구 구성상의 특징, 강력한 이슬람 그리고 경제적 낙후함 등의 사회경제적 특징을 지니고 있다. 특히 일상생활에서 이슬람이 차지하는 비중은 막강한 편이다. 이런 사회경제적 특징은 말레이 농촌 사회에서 이슬람의 영향을 이해하는 데 도움이 된다. 오랜 고심 끝에 결국 끌란딴 주의 농촌을 선정했다.

끌란딴 주에 관한 1차 답사를 끝낸 뒤에 나는 끌란딴의 여러 지역 중에서 인구 구성상 말레이인의 비율이 압도적으로 높고(이 지역의 인구 중에서 말레이인이 차지하는 비율은 평균 95퍼센트를 웃돈다), 여당인 암노 UMNO: United Malays National Organization와 야당인 빠스의 정치적 대립이 좀더 뚜렷하게 나타나고, 이슬람화가 활발하게 진행되고 있는 빠시르 마스Pasir Mas 지역을 선택했다.

나는 깜뿡에 들어가기에 앞서 말레이시아의 수도인 쿠알라룸푸르 Kuala Lumpur와 그 마을이 속해 있던 빠시르 마스는 도시에서 잠깐 머문 적이 있다. 빠시르 마스 지역은 인류학자 매닝 내시(Nash 1974)가 현지조사를 수행한 곳으로, 말레이시아 국가와 끌란딴 주 정부 그리고 이슬람 사이의 관계가 매우 다양하고 복합적으로 얽혀 있는 지역에 속한다. 빠시르 마스 지역은 전통적인 이슬람 교육 기관이 끌란딴 주 안에서 가장 발달된 곳으로 뽄독pondok(전통적인 이슬람 종교학교)과 마드라사Madrasa(근대적인 이슬람 종교학교)의 숫자가 다른 지역에 견줘 약 2배가량 많은 지역이다. 그러나 근대적인 이슬람 교육이 확산되면서 이슬람 교육 체계가 가장 활발하게 변화한 곳도 바로 이 지역이다. 이런 이유로 나는 빠시르 마스 지역이 말레이시아에서 이슬람화로 인한 사회 변동의 성격과 의미를 파악하는 데 가장 적절하다고 판단했다.

나는 한 사람의 현지조사자로서, 문화인류학자로서 말레이 마을에 머무는 동안 도시 생활과 농촌 생활 사이의 차이를 몸소 체험하면서 농촌에서 효과적인 현지조사를 수행하는 데는 도시 생활이 큰 도움이 된다는 것을 느꼈다.

당시의 내 짧은 지식으로 말레이시아라는 나라 자체도 머릿속에 아무런 개념이 잡히지 않는 미지의 나라인데, 하물며 말레이시아 중에서도 수도에서 수백 킬로미터 떨어진 곳에 있는 시골의 오지임에랴. 한국, 그중에서도 서울이라는 도시에서만 생활해온 내게 쿠알라룸푸르도 아닌 변방의 마을은 정말 아득하다는 느낌으로밖에 다가오지 않았다. 당시에 나는 심리적으로나 정서적으로 거의 공황 상태에 놓여 있었기 때문에 조사를 포기해야 할지도 모른다는 불안과 공포에 시달리고 있었다. 현지조사를 위해 대도시 생활을 떠나 이곳으로 오기 전에 문화인류학 교과서를 통해 배운 지식과 방법들이 무슨 소용이 있겠는가? 문화인류학의 이론이나 방법과 같은 학술적이고 심각한(?) 개념들이 앞으로 펼쳐질 생활과 어떤 관련이 있는 것인지 정말로 난감했다.

조사 마을의 선정 과정과 연구 주제의 발굴 및 접근

1993년 5월부터 이후 약 2년 반이라는 기간 이상을 전부 무슬림 농촌 마을에서 현지조사를 수행하면서 보낸 것은 아니지만, 줄곧 말레이시아에서 보냈다. 무슬림 마을에 관한 본격적인 현지조사를 위해 농촌으로 떠나기 전에 나는 우선 도시 지역에서 기초적인 문헌 자료를 수집하는 데 열중했다. 문헌 자료를 수집하기 위해 대학의 도서관을 적극 활용하려고 애썼다.

말레이시아의 대학 도서관은 이미 전산화가 돼 있었기 때문에 말레이시아 각 지역의 역사와 문화에 관한 기본적인 정보와 자료를 손쉽게 접할 수 있었다. 사실 이 점 때문에 상당히 놀란 것이 사실이다. 이곳에 오기 전에는 열대 지역의 후진국 정도로만 생각했으니까. 한국 대학 도서관에서도 구경할 수 없던 전산망을 이곳에서 직접 내 손으로 이용하고 있었으니 말이다. 이것은 내게 큰 행운이었다. 쿠알라룸푸르에 있는 국립 말라야대학교와 쿠알라룸푸르 인근의 방이Bangi라는 외곽 도시에 위치한 국립 말레이시아대학교UKM: Universiti Kebangsaan Malaysia, 그리고 말레이 반도의 서북부 지역에 있는 큰 섬 도시인 페낭Penang의 말레이시아과학대학교USM: Universiti Sains Malaysia 도서관에는 말레이시아의 사회와 문화에 관한 잡지와 신문 스크랩, 다양한 외국 잡지들이 체계적으로 정리돼 있어 농촌 연구를 위한 정규 코스로 알려져 있을 정도였다. 대학 도서관에서 문헌 자료를 수집하는 일은 연구 대상 마을을 선정하는 데 필수적인 과정이다.

빠시르 마스 지역 안에서 장기간의 현지조사를 위해 내가 거주할 마을은 일차적으로 까다KADA라 불리는 끄무부 농업개발청을 통해 선정했다. 그곳은 끌란딴 주의 농업 개발 정책을 주관하는 지방 기관 중의 하나로, 마을의 사회 조직, 경제 관계, 정치적 특성 등에 관한 기본 자료와 정보를 체계적으로 보관하고 있기 때문에 조사 마을을 선정하는 데 일차적인 도움을 줬다. 나는 끄무부 농업개발청의 자료에 기초해 빠시르 마스 지역 중에서 조사에 적합하다고 판단된 10개 마을을 답사한 뒤에, 그중에서 주민들의 사회 관계나 정치적 활동, 그리고 경제 관계를 비롯한 일상생활에 관한 참여관찰이 비교적 용이한, 마을의 총 규모가 100가구 이하인 5개 마을을 조사 마을의 후보로 선정했다.

이런 과정을 통해 선정된 5개 마을 중에서 다시 이슬람화의 양상을 더욱 뚜렷하게 보여줄 수 있는 마을을 선정하기로 하고, 빠시르 마스의 암노와 빠스 지구당사를 방문해 각 마을의 암노 당원과 빠스 당원의 분포를 조사했다. 그중에서 암노와 빠스의 대립과 갈등이 비교적 뚜렷하고 이슬람화가 비교적 활발하게 진행되고 있는 마을을 선정하기로 했다. 그러기 위해서는 마을의 총인구 중에서 빠스를 지지하는 주민들이 차지하는 비율이 상대적으로 높은 마을을 선정해야 했다. 최종적으로 깜뿡 끄낙Kampung Kenak과 깜뿡 빠야울라Kampung Paya Ular, 곧 끄낙 마을과 빠야울라 마을이 후보에 올랐으나, 두 마을 중에서 결국 빠야울라 마을이 최종 조사지로 선정됐다. 그것은 빠야울라 마을의 빠스 지지자 비율이 끄낙 마을에 견줘 약간 더 높았기 때문이다. 빠야울라 마을의 빠스 지지자 비율은 총 55개 가구 중에서 20개 가구

위ㅣ현지조사 대상 말레이 농촌 마을 선정을 도와준 까마루자만과 함께.

아래ㅣ까마루자만의 가족과 함께. 등을 보이고 있는 사람이 그의 부인이다.

로 약 36.4퍼센트를 차지한 데 견줘, 끄낙 마을의 빠스 지지자 비율은 총 84개 가구 중 27개 가구로 약 32.1퍼센트였다.

나는 현지 주민과 나눈 인터뷰, 이슬람 종교 지도자들을 비롯한 주요 인물들과 나눈 인터뷰, 현지 주민들의 일상생활에 관한 참여관찰, 설문 조사 등을 수행했으며, 이런 인터뷰 자료를 비롯해 끌란딴 주립 도서관에 소장된 끌란딴의 이슬람과 전통 의례 및 연예 등에 관한 신문 스크랩, 빠시르 마스 암노 지구당과 빠스 지구당의 당원 명부, 빠시르 마스 토지관리사무소Pejabat Tanah Jajahan Pasir Mas의 토지 관련 장부, 끄낙 무낌의 자캇위원회의 자캇Zakat(이슬람식 희사 관행. 무슬림들에게 부과된, 자기 연 수입의 2.5퍼센트를 이슬람 교리에 따라 지출하는 행위) 기록철 등의 각종 문헌 자료도 적극 수집, 정리했다. 소위 양적 연구 방법과 질적 연구 방법을 병행하는 현지조사를 수행한 것이다. 또한 나는 이슬람에 관한 주민들의 해석의 의미를 정확히 이해하려고 기어츠(Geertz 1973)가 "두꺼운 기술thick description"이라 표현한, 문화적 의미를 포착하기 위한 기술 방식을 원용해 말레이인들의 생활 세계에 관한 문화 해석을 시도하기도 했다. 그러기 위해 객관적인 관찰이나 기술을 통해 사회현상을 단지 있는 그대로 파악하지 않고 "현지인의 관점에서" 사회 현실과 현지인들의 삶 속에서 갖는 문화적 의미를 포착하려 했다.

사실 현지인의 관점에서 말레이시아 무슬림 농촌 마을의 사회 구조와 마을 사람들의 삶의 의미를 포착하는 작업은 논란의 여지가 있다. 과연 현지인의 관점에서라고 이야기할 때, 현지인이란 누구를 지칭하는 것인가, 현지인의 범주를 어떻게 규정할 수 있으며, 어느 범위까지 설정해야 하는가 등의 문제는 현지조사 과정에서 가장 큰 고민거리 중 하나였다.

물론 말리노프스키와 같은 초기 인류학자에게 현지인은 외부인인 자기와 같은 서양인 내지 유럽인을 제외한 현지에 사는 사람들이라는 개념으로 범주화가 가능했을 것이다. 그렇지만 현지인의 범위는 문화의 변화에 따라 가변적일 수밖에 없다. 나는 현지조사 과정에서 현지인의 범위를 상대적으로 정치적으로 소외되고, 경제적으로 가난하며, 사회적으로 배제되는 인물들로 설정했다. 물론 이것이 늘 사회적 상황에 정합적으로 작동한 것은 아니다. 현지조사 과정의 시간적 흐름이나 공간적 변이에 따라 늘 변화했다. 그러나 나는 주류에서 벗어난 비주류 또는 주변인의 편에서 그 사람들을 현지인의 범주에 포함시키려 노력했다. 나에게 현지인은 정치적으로나 경제적으로나 사회적으로 "소외된" "주변인"들로 한정됐다.

자료들 사이에 최소한의 통합적 요소를 강조하기 위해 나는 연구 전반의 논리적 체계에 부합되지 않는다고 판단된 자료나 정보들을 의도적으로 배제했다. 예컨대 내가 현지조사를 통해 보려고 한 것은 말레이 농촌 사회에서 이슬람화의 성격과 의미는 무엇이며, 그것이 마을 전체에 미친 영향은 무엇인가를 이해하는 것이기 때문에 친족, 의례, 정치, 경제 등을 둘러싼 다양한 관계나 활동들 중에서 이슬람화와 관련된 부분만을 선택했다. 논의의 수준을 이슬람 활동 전반이 아니라 친족 이념에 미친 이슬람화의 영향, 전통 의례를 둘러싼 과거와 현재의 다양한 담론에 관한 해석들, 이슬람화가 전통 의례에 미친 영향,

이슬람화의 진전에 따른 마을 주민의 정치적 양극화, 그리고 이슬람화에 따른 마을 경제의 변화와 그것이 주민들의 경제관에 미친 영향 등과 관련된 쟁점들로 국한했다.

나는 끄무부 농업개발청의 직원인 까마루자만Kamaruzaman(남, 당시 35세)의 소개로 체 하룬Che Harun(남, 당시 47세)의 집에서 지냈다. 까마루자만은 내가 현지조사를 행하는 동안 여러 가지로 도움을 줬다. 까마루자만은 끄무부 농업개발청에 보관된 자료들을 이용할 수 있게 배려해줬고, 외부로 유출할 수 없는 자료는 다른 직원들 모르게 복사를 해서 나에게 건네줬다. 내가 조사를 행하는 동안 까마루자만은 처음부터 끝까지 끌란딴 주의 농촌 현실에 관한 기본 정보를 제공해줬다. 그것은 나의 조사 마을뿐만 아니라 끌란딴 주의 다른 농촌 지역의 경제적 상황을 이해하는 데 큰 도움이 됐다.

마을 안에서 체 하룬은 후원자의 임무를 자임했다. 체 하룬은 슬하에 2남 3녀를 두었는데 나를 양자로 간주하고 매사에 자식처럼 대했다. 체 하룬의 집에서 지내는 동안 나는 체 하룬의 가족과 의식주를 같이했다. 체 하룬은 마을 사람들에게 나를 소개할 때 늘 자기 아들이라고 소개함으로써 마을 사람들이 나를 자연스럽게 대하도록 배려했다. 체 하룬의 이런 배려는 내가 낯선 환경에 쉽고 빨리 적응하는 데 도움이 됐다.

내 연구에서 나의 주요 정보 제공자key informants는 체 하룬과 암노 뻥홀루Penghulu(마을 지도자)인 아샤아리Ashaari(남, 당시 48세)와 빠스 뻥홀루인 오마르Omar(남, 당시 41세), 이맘imam(이슬람 예배를 주재하는 성직자)인

압둘 이브라힘Abdul Ibrahim(남, 당시 40세), 우스따즈ustadz(이슬람 종교 교사)인 압둘라 람지Abdullah Ramzi(남, 당시 50세), 마을에서 "마을 국회paliamen kampung"라 불리는 가게의 주인인 유숩Yusof(남, 당시 52세), 체 하룬의 장녀인 노리자Norizah(여, 당시 22세), 마을의 보모bomoh(민간 주술사이자 의료사)인 아쉬랍Asyrab(남, 70세) 등이었다.

체 하룬과 아샤아리가 절친한 친구 사이였기 때문에 아샤아리와 친밀한 인간관계를 형성하는 일은 상대적으로 용이했으나, 오마르와 압둘 이브라힘과 친밀한 인간관계를 형성하기는 매우 어려웠다. 그것은 내가 암노 지지자인 체 하룬의 집에 머물고 있었기 때문이기도 했다. 압둘 이브라힘과 최초로 인터뷰를 한 것은 마을에 치병 의례가 있던 날이었으며, 오마르와 처음으로 인터뷰를 한 것은 조사를 시작한 지 3개월이 지난 뒤에 빠스 지지자의 집에서 혼례가 열린 날이었다.

이맘 압둘 이브라힘과 우스따즈 압둘라 람지와 나눈 인터뷰를 통해서 나는 이슬람에 관한 정보와 자료를 수집했다. 그 밖에 인근 마을의 이맘이나 우스따즈, 이슬람 종교위원회의 울라마ulama(이슬람 종교학자)와 나눈 인터뷰 자료들은 끌란딴 이슬람의 성격과 이슬람의 해석을 둘러싼 정치적, 이념적 대립을 이해하는 데 큰 도움이 됐다.

혼례나 치병 의례 같은, 조사 마을에서 관찰할 수 있는 전통 의례에 관한 자료를 수집하기 위해 나는 의례의 전 과정에 직접 참여해 관찰한 내용을 기록했다. 그러나 전통적인 농사 의례처럼 조사 마을에서 당시에는 찾아보기 힘들던, 과거의 "사라진 의례"에 관한 정보나 자료는 주로 정보 제공자의 기억이나 과거의 경험에 관한 진술을 토대로 재구성했다. 끌란딴의 말레이 농촌 사회에서 정보 제공자가 과거의 사건에 관해 진술한 내용과 그 사건에 관한 기억을 역사적 담론으로 재구성하는 일은 전통과 현대 사이의 지속과 변화 과정을 파악하는 데 큰 도움을 줬다.

이슬람과 관련된 사건이나 교리에 관한 정보는 마을 주민들과 한 인터뷰를 통해 수집했다. 나는 혼례와 치병 의례의 현장에 직접 참여해 관찰하는 현지조사의 기법과 전통 의례를 둘러싼 다양한 의견에 관한 인터뷰 자료를 토대로 의례의 성격과 의미를 다른 문화적 요소와 상호 유기적인 맥락 속에서 파악하려 했다.

나는 이슬람 종교 의례의 사회문화적 맥락을 이해하기 위해 금요일 1시에는 마스짓Masjid(이슬람 사원)을 방문해 실제로 예배가 진행되는 과정을 관찰했다. 조사를 시작한 초기에는 사원의 내부와 금요 대예배의 과정을 관찰할 수 없었다. 비무슬림이 사원에 접근하는 일은 원칙적으로 금지됐기 때문에 내가 접근하기는 매우 어려웠다. 그렇지만 마을에 머문 지 약 6개월이 지난 뒤에는 사원 내부에 들어갈 수 있게 됐으며 예배 광경을 직접 관찰하는 기회를 얻을 수 있게 됐다. 사원에서 행해진 예배에 관한 관찰과 경험을 통해 나는 이슬람의 규범적 원칙이 실제 생활에서는 어떻게 수용되고 있는지를 사회문화적 맥락 속에서 이해할 수 있는 정보와 자료를 수집할 수 있었다. 특히 금요일마다 사원에서 열리는 예배를 관찰하는 일은 인근의 다른 마을사람들과 접촉하는 기회를 제공했다. 그것은 이슬람 사원이 마을 사람들뿐만 아니라 인근 마을에 사는 사람들도 1주일에 한 번은 정해진 장소에서 만날 수 있게 해주는, 이른바 일상적인 사회적 교류와 접촉의 장소였기 때문이다.

"말레이 농촌 마을에서 부두를 먹다"

나는 도시에 거주하는 이 지역 출신이나 전문가들의 도움을 받아 관련 자료를 수집하면서 그중에서 한 마을을 선정하기 위해 답사를 떠났다.

1993년 5월, 나는 다소 처연한 심정이었지만 새로운 세상을 대하게 된 것에 감사하는 마음으로 말레이 반도의 동북부 지역에 있는 한 작은 농촌 마을인 빠야울라 마을로 향하는 시외버스 안에 있었다. 당시에 나는 다른 생활양식으로 살아가는 사람들을 만난다는 일말의 호기심과 설렘으로 한껏 부풀어 있었다. 그렇지만 낯선 생활에 관한 두려움과 불안감으로 다소 허둥대면서 어리둥절해하기도 했다. 차창 밖으로 비치는 말레이 농촌의 풍광은 현지조사를 향한 나의 비장한 결심을 더욱 긴장된 상태로 몰고 갔으며, 언뜻언뜻 비친 사람들의 검은 피부색과 기묘한 옷차림은 어딘가 새로운 세계로 진입하고 있다고 알리는 신호처럼 느껴졌다.

1993년 5월의 어느 날, 나는 빠야울라 마을의 한 집에서 누군가에게 자신을 소개하고 있었다. "이곳의 문화를 연구하러 한국에서 온 아무개입니다. 앞으로 1년간 이곳에서 생활하면서 여기서 일어나는 일들에 관해서 보고 느끼고 배운 것을 관찰해 기록하려 합니다. 많은 도움을 부탁합니다."

그랬다. 난생처음 만나는 사람들과, 그것도 내가 이제까지 경험하지 못한 사람들과 함께 살면서 무언가를 경험하고 배운다는 것. 같이 밥 먹고 같이 일하고 같이 잠을 자면서 그 사람들을 이해하려고 노력하는 것. 이것이 바로 거의 모든 문화인류학 교과서에 나와 있는 라포를 형성하기 위한 기본 과정이 아닌가? 이런 생각으로 마음 한 구석이 벅차올랐다.

그러나 내 소개를 받는 상대는 별로 관심이 많지 않을 뿐더러 탐탁지 않게 생각하는 듯이 보였다.

"한국이라고요. 여기서 얼마나 떨어진 곳이죠?"

"아, 예. 여기서 비행기로 약 6시간 걸리는 곳이에요."

"아니 여기서 뭘 배울 게 있다고 그 먼 곳에서 여기까지 오셨나요. 여기는 볼거리가 많은 관광지도 아니고 그렇다고 유명한 문화유산이 남아있는 곳도 아니에요. 뭘 배우겠다는 건지는 모르겠소만, 그건 그렇고 이곳에서 생활하기가 그리 쉽지는 않을 텐데. 아무튼 앞으로 잘 지내봅시다. 내 이름은 체 하룬 입니다. 앞으로 그냥 하룬이라고 불러요."

이렇게 말하고는 부엌으로 가서 식사를 준비하는 것이었다. 마침내 허기는 최고조에 달해 있었다. 이곳저곳을 돌아다니느라 저녁 늦게 도착했기 때문에 시장기를 심하게 느끼고 있던 터라 내심 기대를 하면서 식사를 기다렸다. 방금 논에서 도착했는지 하룬의 손에는 약간의 검불과 흙이 묻어 있었다. 하룬은 수도꼭지를 틀어 손을 간단히 씻고는 손을 꼼지락 꼼지락거려 밥을 만들었다. 밥을 만드는 동안 하룬이 밥에 무엇인가를 열심히 뿌려 넣는 것을 봤는데 그것이 무엇인지 궁금해졌다. 병에 담긴 그것은 검은 빛깔을 띤 액체였다. "아마 간장과 비슷한 양념일 거야. 그런데 이건 뭐야. 냄새가 고약한 게 심상치 않군." 이런 생각을 하는 사이 하룬의 손은 이전보다 깨끗하게 변해 갔다. 내 머릿속에는 "자기가 만든 밥이니까 자기가 먹겠지, 설마 내게 주려고" 하는 생각이 언뜻 스치고 지나갔다. 그러나 그것은 오산이었다. 그런 생각이 끝나기가 무섭게 내 앞에는 하룬이 방금 열심히 만든 밥이 놓여 있는 것이 아닌가. 야릇한 미소를 머금은 하룬의 표정은 내게 밥을 먹을 것을 권하고 있었다. 하룬의 표정에는 내가 어떻게 나올지 궁금해하면서 내 반응을 기대하는 눈치가 역력했다.

"아, 이것이 문화인류학자들이 누구나 한번쯤은 경험한다던 '새로운 세계와의 만남'이라는 거구나." 나는 식사를 앞에 놓고 잠시 머뭇거렸다. 아무리 배가 고팠기로서니 손으로 비비고 악취 비슷한 냄새가 풍기는 음식을 앞에 놓고 선뜻 손이 가지 않는 것(말레이시아 사람들은 밥을 손으로 먹는다)은 당연한 일이었는지도 모른다. 아무리 "시장이 반찬이다."라는 말이 있다 해도, 낯선 음식을 무작정 "맛있게" 먹을 수도 없는 일이었다. 먹을까 말까 고민을 하기는 했지만 배고픔은 정말 대단했다. 현지조사에 적절한 대상 마을을 찾기까지 거친 과정이 고단했던 탓일까. 이미 몸은 허기에 지쳐 있는 상태였다. 먹기가 상당히 곤혹스러웠던 것은 사실이었지만, 허기에 지친 내 배는 그 이상의 망설임을 허락하지 않았다.

나는 볼품없는 주전자에 담긴 물로 간단히 손을 씻고 오른손으로

내가 머물던 집 앞에서 체 하룬과 함께.

밥을 한 움큼 집어 들고 입으로 가져갔다. 이전까지 먹어보지 못한 비릿한 냄새가 입안을 감돌았다. "아, 내가 지금 무슨 짓을 하고 있는 거냐. 이들이 정말 이런 밥을 먹고사는 거냐." 물론 진수성찬을 기대했겠느냐마는 이건 좀 심했다 싶었다. 이건 식사가 아니라 일종의 고문이다. 그러나 "목구멍이 포도청"이라고, 이런 별의별 생각에도 불구하고 어느덧 밥은 입안을 떠나 식도를 지나가고 있었다. 한참을 정신없이 먹다보니 적응이 됐는지 비린내가 덜 나는 것처럼 느껴졌다. 이것은 적당한 표현이 아니다. 차라리 입안에 집어넣었다는 표현이 맞을 것이다. 진정 배고픔은 무서운 것이었다. 비리고 더럽다는 느낌을 뒤로하고 나는 허겁지겁 부두를 먹고 있었다. 그동안 경험해보지 못한 이상야릇한 맛이었다. 그렇지만 한 접시로 일단 어느 정도 진정이 된 내 배 속은 염치없게도 부두가 담긴 밥그릇을 두 접시, 세 접시까지 요구하고 나선 것이다.

하룬의 표정이 점차 밝아졌다. "당신은 '부두budu'(멸치로 만든 액젓으로 이 지역의 특산 양념)를 먹을 수 있는 사람이군요. 그것도 세 접시씩이나 비우다니. 이 정도라면 이곳에서 생활하는 것이 그리 어렵지 않을 것 같군요." 그때는 부두가 무슨 말인지 알지 못했다. 식사를 마치고 하룬은 내게 이렇게 말했다. "만일 당신이 부두를 먹지 않거나 거부감을 나타냈더라면 나는 크게 실망했을 게요. 부두는 같은 말레이 사람들 중에도 못 먹거나 더럽다고 싫어하는 사람이 많을 정도로 끌란딴만의 독특한 음식이지요. 그러나 끌란딴 사람들은 대체로 부두 없이는 단 한 끼도 먹을 수 없을 정도로 부두를 중시하지요. 당신은 생긴 것은 화인 같은데 부두를 잘 먹는 것으로 보아 끌란딴 사람이 될 수 있다는 생각을 했어요. 참 반갑군요."

하룬의 이런 설명을 듣고 나서 나는 이곳 사람들이 즐겨 먹는 음식을 내가 먹었다는 사실을 알 수 있었다. 더욱이 예상치도 못했던 칭찬까지 받고 나니 몸 둘 바를 모를 정도로 어리둥절해졌다. 끌란딴의 속담 중에 "부두를 먹을 수 있는 사람은 단 하루를 살더라도 끌란딴 사람이 될 수 있지만 부두를 먹지 못하는 사람은 수십 년을 살아도 결코 끌란딴 사람이 될 수 없다."라는 말이 있다. 부두는 다른 사람들 앞에서 끌란딴과 끌란딴 사람을 나타내는 상징 같은 것이다.

사실 나는 부두와 관련된 하룬의 설명을 듣고 큰 충격을 받았다. 자칫 잘못했더라면 현지에서 연구하는 것은 고사하고 라포를 형성하는 일도 어려워질 상황이었다고 판단한 나는 우연의 일치인지는 몰라도 부두를 먹을 당시에 배가 너무 고팠다는 사실에 감사했다. 사실 부두는 맛이 없었기 때문에 배가 고프지 않았더라면 사정은 어떻게 달라졌을지 아무도 모를 일이었다.

그러나 정작 중요한 일은 다음 날 일어났다. 말 그대로 현지에서 첫날 밤을 보낸 나는 하룬이 이끄는 대로 마을 사람들을 만나기 시작했다. 그런데 흥미로웠던 사실은 하룬이 나를 동네 사람들에게 소개할 때 한국에서 온 아무개라는 것보다 내가 부두를 먹을 수 있는 사람이라는 점을 더 강조한다는 것이었다. 마을 사람들의 반응은 다양했지만 내가 부두를 먹었다는 사실에 대해 대체로 흥미를 보였으며, 그들이 "부두=끌란딴 사람"이라는 공식을 적용해 나를 바라보거나 대한다는 것을 알 수 있었다. 나는 부두를 먹음으로써 마을 사람들에게 부두를 먹을 수 있는 사람으로 알려졌고, 같은 마을 사람의 범주에 속할 수 있게 된 것이다.

　부두를 먹은 지 3일이 지난 뒤, 나는 하룬의 장녀 노리자와 함께 장을 보러 마을에서 가장 가까운 도시인 빠시르 마스로 나갔다. 끌란딴 지역은 말레이시아의 다른 지역과 달리 총인구 중에서 화인이 차지하는 비율이 상대적으로 매우 낮은 지역에 속한다. 그런데도 화인들이 상권을 장악하고 있다. 도시의 상업은 거의 화인들의 수중에 있다고 해도 과언이 아닐 정도로 화인의 상업 활동은 활발한 편이다. 앞으로 생활하는 데 필요한 일용품을 사기 위해 들른 쇼핑센터에서도 주인은 물론 종업원들까지 화인들의 모습을 쉽게 발견할 수 있었다.

　그런데 노리자는 종업원들이 묻지도 않았는데 내가 부두를 먹는 사람이라고 소개하고 다니는 것이 아닌가. 나는 내심 부끄럽기도 하고 어색하기도 해서 그런 말을 하지 말라고 이야기했는데도 막무가내였다. 이 말에 많은 화인 점원들은 그럴 리가 없다거나 말도 안 된다는 표정을 짓고는 사라져버렸는데, 유독 한 점원이 내게 이렇게 물어보는 것이 아닌가. "정말 부두를 먹었단 말이에요? 믿기지 않는군요. 당신은 꼭 중국 사람처럼 생겼는데. 사실이 아니지요? 이 여자가 지금 거짓말을 하고 있는 거지요? 말해봐요." 나는 겸연쩍게 웃으며 이렇게 대답했다. "사실입니다. 나는 중국 사람이 아니라 한국에서 온 사람입니다. 앞으로 이곳 농촌 마을에서 한 2년간 살 겁니다. 그리고 부두를 먹었다는 이 사람 말은 거짓이 아니에요." 대답을 하고 나서 나는 그 사람이 더는 물어보지 않기를 바랐다.

　그러나 그 점원은 물러서지 않았다. 이어서 다시 이렇게 묻는 것이었다. "그럼 그건 그렇다 치고. 그게 얼마나 더러운 것인데, 그래 맛은 어땠어요. 맛이 있던가요. 솔직히 말해주세요." 정말 이런 질문을 할 줄은 전혀 상상하지 못했다. 물론 맛있다는 생각이 든 것은 아니었다. 낯선 음식이 어떻게 처음부터 입맛에 맞을 수 있겠는가. 이것은 난관이었다. "어떻게 대답해야 가장 잘 대답했다고 할 수 있을까?" 이런 생각으로 심히 곤혹스러운 표정을 짓고 있을 때 내 머릿속에 문득 "누구랑 더 오래 생활하게 될까?"라는 약간 계산적인(?) 생각이 퍼뜩 스치고 지나갔다. 결정이 났다. 점원하고는 일시적으로 만나는 것이지만 노리자하고는 오랜 기간을 한집에서 함께 부대끼며 살아야 하는 것이다. 그래서 이렇게 대답했다. "그럭저럭 먹을 만했다. 처음이라서 다소 어색했지만 이 음식이 더럽고 형편없다는 생각은 들지 않았다. 당신도 먹어보면 생각이 달라질 것이다."

　내 대답이 끝나자마자 그 점원은 고개를 돌리고 급히 사라졌다. 점원이 사라진 곳을 무심히 바라보다가 고개를 돌려 노리자를 바라봤다. 그때 나는 노리자의 표정이 환하게 밝아지는 것을 볼 수 있었다. 마치 만세라도 부르고 싶은 심정인 것 같았다. 노리자는 나에게 자신의 심정을 이렇게 표현했다. "지금까지 살아오면서 오늘 같은 날은 처음이에요. 화인이 내 앞에서 도망쳤어요. 늘 우리 말레이인들을 깔보고 업신여기던 화인이 도망가는 것을 보니까 통쾌하다는 생각이 들어요. 정말 고마워요. 모두 당신 덕분이에요."

"나는 부두를 먹을 수 있는 사람이었다."의 문화적 의미

그날 내가 화인 점원에게 한 말의 효력은 나중에 본격적인 현지조사가 진행되는 과정에서 나타났다. 사실 한 사람의 문화인류학자이기 이전에 한 남자로서 여성의 세계, 특히 무슬림 여성의 생활세계에 들어가 연구 활동을 한다는 것은 매우 어렵고 힘든 일로 알려져왔다. 아랍의 무슬림 사회에서 연구를 하던 어떤 문화인류학자가 라포가 형성되기 전에 무슬림 여성들의 일상생활에 관해 면접을 하던 도중에 다른 남성들에게 발각돼 몰매를 맞고 쫓겨났다는 이야기도 있지 않은가. 차도르라는 베일로 머리를 비롯한 신체를 가려야 하고 해가 진 이후에 외출을 삼가야 할 뿐만 아니라 심지어 낯모르는 남자와 공공장소에서 함께 있어도 처벌의 대상이 될 정도로 이슬람의 율법이나 교리가 철저한 무슬림 사회에서 여성들(특히 미혼 여성들)과 만나 면접을 행하기란 매우 어려운 일이다.

이런 점에서 아랍 사회의 무슬림 여성과 그 문화에 관해 현지조사를 수행하던 문화인류학자가 봉변을 당하고 추방당한 사례는 무슬림 여성들에 관한 문화인류학적 연구의 어려움을 잘 보여준다. 사람들을 직접 만나 면담을 해야 하는 문화인류학의 특성상 무슬림 여성들의 생활세계에 깊이 들어가 연구를 수행한다는 것이 말처럼 쉬운 일이 아니라는 것은 분명하다.

쇼핑센터에서 일어난 일을 계기로 노리자는 내가 여성들의 생활세계에 접근하는 것을 도와주는 중개인의 역할을 자임하고 나섰다. 자기 친구들을 한 시각, 한 장소에 불러 모아놓고 내게 통보해주는 한편,

왼쪽 위 | 동네 아이와 함께.

오른쪽 위 | 주요 정보 제공자의 집 안에서.

아래 | 내가 머무르던 집의 식구들과 함께.

내가 만나서 면접을 하고 싶은 사람들을 물색해 면접을 주선하기도 했다. 노리자의 도움으로 나는 어렵게만 느껴지던 무슬림 여성들을 관찰하고 면접하는 일을 비교적 쉽게 해낼 수 있었다.

　이 사건을 계기로 나는 마을 안에서 일어나는 사건들이나 행사에 적극 참여해, 그 세부적인 과정과 절차에 관한 관찰과 면접을 통해 마을 생활 전반을 더욱 잘 이해할 수 있게 됐다. 노리자의 적극적인 도움으로 나는 한 사람의 마을 구성원으로 받아들여졌고, 따로 떨어져 살지 않고 마을 안에서 하숙을 했다는 것은 주민들과 친밀한 인간관계를 맺는 것을 가능하게 했다. 이것들은 주민들의 일상생활에 적극 참여하는 것뿐만 아니라 그것을 심도 있게 관찰할 수 있는 귀중한 경험을 제공했다. 그 뒤로 마을 사람들은 나를 때로는 아들로, 친구로, 또는 아저씨로 대해줬다.

현지를 경험하다

위에 제시한 사례는 말레이시아 무슬림 마을을 처음 방문해 현지조사를 수행하기 시작했을 당시 나의 말레이시아 현지연구 방법을 보여주는 하나의 사례다. 관련된 일화는 말레이시아에서 행하는 현지연구가 무엇이며, 이 연구를 통해 무엇을 발견할 수 있는가를 잘 보여준다. 말레이시아 현지조사자에게 현지조사란 우선 자기와 문화적 배경이 다른 문화와 만나는 일에서 시작된다. 현지에 살고 있는 사람들과 같이 살면서 현지인들의 행위와 사건에 직접 참여해 같이 먹고 마시고 보고 느끼면서 현지인들의 시각으로 바라보는 것이다. 현지조사의 중요성과 현지인의 시각을 새삼 언급하지 않더라도 현지인의 시각으로 현지인들의 문화를 이해하려 하는 것은 현지조사자의 필수적인 과정이다. 말레이시아 농촌 무슬림 마을에서 행한 현지조사는 이 점을 확인하는 과정이었다.

나는 말레이시아 현지조사를 통해 말레이시아에서 하는 현지조사뿐만 아니라 동남아시아에서 행하는 지역연구 또는 동남아시아 지역학 교육의 현지조사에 관한 이론적 설명과 실제 내가 현지조사 과정에서 겪은 경험을 소개하는 것이 말레이시아 사람들의 삶을 이해하는 데 매우 중요한 의미를 담고 있다는 것을 알게 됐다. 더 나아가 말레이시아에서 행한 현지조사를 통해 말레이시아 문화가 얼마나 다양하고 복합적인지 몸소 체험할 수 있는 좋은 기회를 갖게 됐다. 이 경험을 통해 나는 현지조사의 중요성과 의미에 관해 다시 한 번 생각할 수 있는 기회를 얻었다. 말레이시아 지역연구를 포함한 지역문화에 대한 이해를 추구하는 지역연구의 이론과 방법에 관한 설명이 지역문화 이해의 기본 관점을 소개하는 것과 밀접한 관련을 맺고 있으며, 이것은 "문화적 상황"에 관한 이해를 위한 것이라고 배웠고, 이것을 현지에서 직접 확인할 수 있었기 때문일 것이다(최협 편 1997).

나는 타문화^other culture로서 동남아시아 지역문화에 관한 "상황 교육"을 위해 1990년대 초반 말레이시아의 한 농촌 마을에서 겪은 현지연구 경험의 사례를 소개하는 것으로 내 수업에서 학생들에게 동남아시아 지역연구 또는 지역학 관련 교육을 시작하곤 한다.

말레이시아에서 행한 현지조사는 지역연구의 방법과 지역연구 방법론에 관해 깊이 생각할 수 있는 기회를 제공했다. 다른 문화에서 살면서 연구하는 경험을 선사했다. 나는 현지조사의 경험을 통해 인간 집단의 문화를 단순히 발견하고 기술하는 것 이상으로 더 중요한 의미가 있다는 것을 깨달을 수 있었다. 이것은 박사 학위 논문 작성을 위한 통과 의례 같은 지극히 개인적인 경험일 뿐만 아니라 내 자신의 문화나 개인 생활에 대한 더욱 심오한 통찰력을 얻는 경험이 됐다.

통상 현지조사는 현지의 문화를 이해하는 가장 중요한 방법 중 하나로 알려져왔다. 왜냐하면 무엇보다도 사람을 만나게 해주기 때문이다. 그것도 단지 그냥 만나는 것이 아니라 그 사람을 관찰하고 자신을 돌아보고 서로 만날 수 있는 지점을 확인하고 점검하는 "과학적" 절차를 제공해준다. 사람을 과학적으로 만나다니, 이것은 무엇을 의미하는가? 과연 내게는 그럴 자격이 있는가? 나아가 그런 훈련은 제대로 받기나 한 것인가? 이런 생각을 하게 만드는 것이 현지조사다.

나는 말레이시아 농촌 마을에서 나와 나르면서도 비슷한, 그렇지만 너무도 다른 사람들을 만났다. 사실 그 사람들에게 많이 배웠다. 배우려고 노력하면 할수록 그 사람들과 나 사이에는 거리감이 존재했다. 현지어는 살면서 배우는 것이라는 것도 그때 알았다. 아이들과 만나면서 정말 잊지 못할 경험을 했다. 나는 처음에 놀림감의 대상이었다. 그런데 그게 좋았다. 왜냐하면 어찌됐든 나는 현지에 있으니까. 이렇듯 내게는 현지가 중요했다. 찌는 듯이 뜨거운 날씨도, 어눌하기 짝이 없는 말레이어도, 끌란딴 사투리도, 한국인을 만나고 싶은 욕구도 다 "현지에 있다"는 것보다 더 중요하거나 소중하지 않았다. 최소한 당시에는. 나에게는 하루하루가 너무 기분 좋고 소중하게 느껴졌다. 왜냐하면 현지에 들어와 "현지에 있으면서" "현지인을 만나고 있었기" 때문이다. 나에게 문화인류학은 문화를 통해 사람을 알기 위한 것이었는데, 내가 묵고 있던 집의 식구들은 그것이 가능할 것 같은 느낌을 줬다. 내가 현지에 있다는 사실을 인정했기 때문이다. 현지에 있다는 것은 내가 빠야울라 마을이라는 현지에서 빠야울라 마을 사람들, 곧 현지인을 만나고 있다는 것을 의미하는 것이었다.

물론 나는 말레이시아에서 많은 사람들을 만났다. 그렇지만 내가 말레이시아에서 만난 사람들 중에서 가장 중요하면서도 잊지 못할 사람들은 빠야울라 마을의 사람들이다. 그 사람들은 내게 "주민" 이전에 "사람"으로 다가왔다. 아니, 최소한 나는 당시에 그렇게 받아들였다. 그 사람들은 이국의 낯선 환경에서 문화 충격culture shock1으로 어리둥절해하는 나에게 친절과 따뜻함이라는 말레이인의 미덕이 무엇인지를 가르쳐준 사람들이다. 나에게 문화 충격은 통상 문화 충격의 네 단계라고 일컬어지는 공통적인 네 단계를 거치며 다가왔다.

첫번째 단계는 마치 "신혼기"와 같았다. 새로운 문화 환경을 접하고 처음 며칠 동안 신기함과 호기심에 마음이 들뜨고 흥분된 상태였다. 사실 언어를 제대로 구사하지 못하고 주민들의 말을 이해하지 못해

---

1 이 말은 1960년에 인류학자인 칼러보 오버그(Kalervo Oberg)가 소개한 이후, 문화인류학자들보다는 일반인들에게 더 보급된 말로서, 사람이 갑자기 자신의 문화와 현저하게 다른 환경에 가서 살거나 일을 하게 되면 문화 차이 때문에 방향감각을 잃어버리는 심리적인 상태를 말한다. 흔히 일어나는 예로는 언제 악수를 해야 할지, 사람을 만나면 무슨 말을 해야 할지, 언제 그리고 얼마만큼의 팁을 줘야 할지, 또 시중 드는 사람에게는 어떻게 처신해야 하며, 초대를 받았을 때 어떻게 거절해야 하는지 등을 포함한다(김중순 2002, 153).

방 안에 처박혀 있는 경우가 많았다. 그렇지만 마음만은 "이제 본격적인 현지조사가 시작되는구나." 하는 만족감과 설렘, 흥분 상태에 있었던 것이 사실이다. 생활상의 큰 불편을 느끼지도 못했다. 사람들 만나는 일을 하지 않은 상태였기에 사람들로 인한 스트레스를 받을 일도 많지 않았다.

이런 상태가 지나자 이곳 생활의 문제점이 보이기 시작했다. 어느 정도 말을 해야 할 기회가 늘어나고 동네 아이들과 대화를 하게 되면서 생활 전반에서 짜증이 늘어나는 것을 발견했다. 대도시 생활에서는 느끼거나 겪어보지 못한 일들을 경험하게 되면서 낯선 환경에 따른 짜증과 두려움에 휩싸이기도 했다. 누구나 경험하는 일이지만 늘 좋은 사람과 만나는 것이 아니어서 사사건건 나를 물고 늘어지는 "얄미운" 현지인이 반드시 있게 마련이다. 내 경우 아즈미Azmi(남, 당시 30세)가 그 경우였는데, 아즈미는 나를 찾아와서는 "네가 여기 온 진짜 이유는 뭐냐?", "한국에서 여기까지 올 때에는 반드시 무슨 이유가 있었을 텐데 혹시 스파이 아니냐?", "한국에 가려면 어떻게 하면 되느냐?", "나를 한국에 데려가주면 이야기해주겠다."는 등의 말을 하면서 나에게 장난을 치거나 괴롭히는 일을 즐겨 했던 사람이다. 아즈미가 농담 삼아 또는 장난삼아 던지는 말 한 마디가 내게는 상처가 되기도 했다. 아즈미를 만나기 싫어 일부러 피한 적도 많았다.

그렇지만 점진적으로 아즈미에게 적응해나가게 되면서 현지 생활에 적응이 돼간다는 느낌을 갖게 됐다. 이 단계는 점진적으로 왔기 때문에 잘 참아낼 수 있었다. 사실 어느 정도 시간이 지나자 문화 충격의 느낌도 잦아들었다. 점진적으로 새롭고 낯선 문화 환경에 적응하는 방법을 터득했다. 주로 아이들과 많이 만나려 했다. 아이들을 만나 친한 관계를 맺게 되면 그 아이들의 아버지와 어머니를 만나는 식으로 조사 순서를 정하기도 했다. 문화 차이에 관해 이해가 되기 시작했고, 빠야울라 사람들의 행동양식의 규칙이나 원리 등에 관해 기본적인 이해가 가능하다는 느낌이 들기도 했다. 그 사람들의 행동과 사고방식에 관해 어느 정도의 추측도 가능하게 됐다. 이 단계를 넘어서자 그 사람들의 삶에 더욱 적극적으로 대처할 수 있는 능력을 발휘하게 됐다. 언어 구사는 여전히 어려운 문제로 남아 있지만 자신감이 생겨 상대의 연령, 계급, 종족, 젠더의 구분과 상관없이 어떤 사람과도 자신 있게 이야기하고, 그 이야기의 의미를 나름대로 파악할 수 있는 능력이 생겼다고 믿게 됐다. 초기에는 생소하고 낯설게만 느껴지던 현지 문화가 서서히 친숙하게 느껴졌다. 사람들과 만남이 잦아지고, 내 의견을 제시할 수 있는 수준이 됐다. 현지 문화를 올바로 이해하고 있는 것인지에 관한 확신은 서지 않았지만, 그리고 현지 문화와 접촉하며 생긴 갈등이 완벽하게 해소된 것은 아니지만, 현지 사람들을 배척하거나 회피하고 싶은 마음이나 만남에 관한 두려움은 어느 정도 해소할 수 있었다. 이 단계를 거쳐서 나는 나의 문화와 현지 문화라는 두 문화를 이해하고 체험하는 사람이 될 수 있었다. 현지조사는 이런 생산적인 경험을 선사했다(김중순 2001, 155~158 참조).

이런 단계를 거치는 과정에서 빠야울라 마을 사람들은 나를 이방인으로 대하지 않고 따뜻하게 대해주려고 노력했다. 그 사람들의 그런 마음을 잊기는 쉽지 않을 것이다. 나를 단지 "낯선 외국인"이 아니라 이웃집 아저씨나 친구, 또는 아들처럼 대해준 그 사람들의 태도는 매우 인상적인 것이었다. 그 사람들은 비행기로 7시간이나 걸리는 머나먼 땅에서 자기 마을까지 온 나를 격의 없이 대하려고 애썼다. 그 사람들이 내게 보여준 사랑과 관심은 자칫 지루하고 고달프게 지내야 할지 모르는 현지조사 기간을 즐겁고 기쁜 마음으로 보내는 데 큰 도움이 됐다. 마을 노인들은 나에게 내가 미처 모르는 정보를 알려주려고 애썼으며, 청년들은 내 조사 작업을 성심껏 도와주려고 애썼다. 특히 때로는 친구로서 때로는 부모처럼 때로는 주요 정보 제공자로서 커다란 도움을 준 체 하룬과 아샤리, 유숩은 말레이 농촌 마을을 이성적으로뿐만 아니라 감정적으로, 정서적으로 이해할 수 있는 기회를 마련해줬다.

말레이시아 마을에서 행한 현지조사는 문화에 따라 시간의 개념 또는 관념이 매우 다양하다는 사실을 알려줬다. 다른 문화적 요소들과 마찬가지로, 시간의 개념 또는 관념은 문화에 따라 매우 다양하다. 시간에 관한 인식 역시 문화에 따라 차이가 있다. 예컨대 필리핀의 일롱고Ilongot 족의 시간 관념을 들 수 있다. 일롱고 족의 시간 관념은 서구인들과 크게 다르다. 로잘도R.Rosaldo는 일롱고 족의 문화에 관한 현지조사를 하는 과정에서 그 문화에 관해 이것저것을 물었다.

예컨대 수렵과 원시 농경으로 생계를 유지하는 일롱고 족은 분노를 사회 내부에서 드러내는 것을 매우 꺼리기 때문에 분노를 외부에서 풀기 위한 문화적 장치를 갖고 있다. 그것이 바로 분노를 외부에서 해소하기 위해 다른 부족 사람의 머리를 사냥하는 풍습인, 이른바 헤드헌팅head-hunting이다. 이런 머리 사냥 같은 상당히 난폭해 보이는 행동을 서슴지 않던 사람들이, 2차 대전이 끝나갈 무렵에는 굶주림 탓에 자신들보다 더욱 흉포해진 일본군 패잔병들과 죽고 죽이는 일을 되풀이하면서 이리저리 쫓기는 신세가 됐다. 로잘도는 이 일과 관련해 어떤 일이 언제 일어났는가를 물어봤다. 그러자 일롱고 족은 다음과 같이 대답한다. "아, 그게 그러니까 우리가 부와 계곡을 지날 때이던가, 아, 그 일은 우리가 카키두젠 시내를 건너던 날 일어났지." 우리도 때로 기억을 더듬을 때 그런 경우가 있다. 그렇지만 일롱고 족의 기억 속에서 시간은 주로 장소, 곧 공간으로 번역돼 남아 있다. 모든 일은 "언제 일어난 일"이 아니라 "어디에 있을 때 일어난 일"로 기억된다(한국문화인류학회 편 2002, 19~20 참조).

한국의 도시인을 비롯한 현대 도시인들은 대부분 토요일을 기다리며 월요일을 시작하는 삶을 살고 있고, 학교의 시간표나 텔레비전의 프로그램 역시 휴일인 일요일을 기준으로 월요일부터 토요일까지 주 단위로 편성돼 있다. 나 역시 서울이라는 대도시의 박사 과정 학생 시절에 월요일부터 금요일까지 바쁜 생활을 해왔으며, 일요일을 기준으로 삼고 월요일부터 토요일을 배치해놓고 그 배치에 따라 생활해왔다.

그러나 이 세상의 모든 사람들이 일요일을 기준으로 자신의 일상생활을 꾸려가는 것은 아니다. 예컨대 말레이인은 이슬람을 믿고 있기 때문에 금요일이 매우 중요한 의미를 담고 있다. 금요일 12시부터 2시까지는 대예배라 불리는 예배 시간이기 때문이다. 이 시간에는 모든 일보다 우선적으로 예배라는 종교적 행사에 참여해야 한다는 것이 규범이다. 이것은 이슬람 신자, 곧 무슬림인 말레이인의 정신 또는 가치관을 형성하는 데 매우 중요한 구실을 수행해왔다. 말레이인은 "무슬림 멘탈리티"라는 독특한 가치관을 갖게 된 것이다.

시간 개념의 차이 탓에 나 역시 현지조사 초기에 어쩔 수 없이 문화 충격을 받았다. 나는 말레이인의 시간 개념을 제대로 알지 못했다. 아니, 정확히 말하자면 인정하려 하지 않았다. 말레이인은 나보다 시간을 느긋하게 또는 천천히, 적어도 "빨리빨리"하고는 다른 방식으로 인지하고 행동하는 것처럼 보였다. 그것 때문에 충돌이 발생하는 것은 당연한 것이었다. 나는 나대로, 말레이인은 말레이인대로 문화 충격을 받은 것은 부인하기 힘든 사실이다.

말레이시아 무슬림 농촌 마을에서 현지조사를 수행하는 과정에서 나는 끌란딴 사투리를 배우는 데 매우 어려움을 느꼈다. 생활환경 역시 내게는 낯섦 그 자체였다. 사실 초기에는 마을에서 가장 잘사는 집이라고 할 수 있는 뻥홀루의 집에서 잠시 거주하게 됐는데, 빠야울라 마을의 보통 사람들하고는 확연한 차이가 나는 경험을 제공했다. 물론 생활환경이 상대적으로 나았기 때문에 일상생활을 하는 데 큰 불편을 느끼지 못한 측면이 있었다. 그렇지만 이 점은 나를 계속해서 외부인으로 알리는 데 기여했을 뿐이다. 무릎 위를 가려야 하는 복장 자체도 나에게는 생소한 것이었다. 물론 나는 외국인이었기에 현지인과 똑같은 문화적 규칙이나 규정에 구애를 받을 이유가 하등 없었다. 실제로 주민들은 그렇게 말하기도 했다. "당신은 우리와 똑같이 할 필요

동네 주민과 함께 말레이 전통오락인 쫑깍Chong Kak 놀이를 하고 있다.

는 없습니다." 그렇지만 그렇게 "왕따"를 당할 수는 없는 법이지 않은가. 나는 주민들과 똑같이 행동하려고 마음먹었다.

그렇지만 내가 거주하고 있는 집이 중상류 이상의 뱅홀루 집이라는 사실 자체가 보통 마을 사람들에게는 이질적으로 비친 것 같다. 그래서 거처를 옮길 수밖에 없었다. 환경이 나빠졌다는 것은 말을 안 해도 뻔한 일이었다. 보통의 마을 사람들이 사는 집으로 옮기고 나서야 비로소 마을 전체를 볼 수 있고, 마을 사람 전체를 만날 수 있다는 느낌이 들었다. 비로소 제대로 된 현지조사를 할 수 있게 된 것이다.

끌란딴 언어는 말레이어 표준어와 약 30퍼센트의 어휘가 다를 뿐아니라 억양 자체도 사뭇 다르다. 쿠알라룸푸르 사람들은 끌란딴 방언을 이해하지 못한다. 끌란딴 사람들은 쿠알라룸푸르 사람들의 표준어를 이해하는데도 말이다. 이 사실은 끌란딴 방언의 특색을 잘 드러내준다.

나는 말라야대학교 어학 연구소^{pusat bahasa}에서 2개월간 말레이어 표준어 집중 코스 수업을 받았다. 비록 저조한 성적이었지만 시험에도 통과했다. 그렇지만 끌란딴 시골에 와서는 정말로 한 마디도 제대로 알아들을 수가 없었다. 곤혹스러운 나날이었다. 마을에 들어온 지 얼마 되지 않아 계속해서 비가 오는 바람에 그 핑계를 대고 밖으로 돌아다니지 않았다. 그렇게 마음 편할 수가 없었다.

당시 내가 거주하던 집은 2층을 창고로 쓰던 집이었는데, 외부에서 손님이 왔다고 하고, 1년 이상 거주할 방이 필요하다고 하니 2층의 창고로 쓰던 공간을 나를 위한 방으로 내줬다. 평상시 기온이 섭씨 35도 정도인데, 2층은 직사열을 바로 받기 때문에 체감 온도가 50도 이상으로 느껴졌다. 사실 사람이 살 수 있는 공간이 아니었던 것이다. 실제로 체 하룬은 이렇게 말을 하곤 했다. "사실 당신이 온다고 해서 급히 2층 창고를 개조해서 방으로 만든 것이지, 평소에는 창고로 쓰던 곳으로 곡물을 저장해놓거나 물건을 넣어 보관하던 곳입니다. 이곳은 너무 더워 생활하기 어려울 테니 평소에는 1층으로 내려와서 지내도록 하세요."

정말 "한증막"이 따로 없었다. 거의 벌거벗다시피 한 상태에서 한증을 하고 있으면 가끔씩 1층에서 무슨 소리가 난다. 나보고 내려오라는 것이다. 2층은 너무 덥다나 뭐라나.

그렇지만 나는 내려가지 않았다. 아니, 내려갈 수 없었다. 1층에 내려가면 "집 식구"들이 모여 있다. 어떤 말이라도 해야 하지 않는가? 차라리 2층에서 한증하고 있는 편이 훨씬 나았다. 실제로 그랬다. 거의 이해되지 않는 말을 알아들으려고 신경을 쓰다 보면 머리가 아파온다. 며칠씩 두통에 시달린 적도 있다. 2층의 기온은 몸만 괴롭힐 뿐이나 1층은 알아듣지 못한 언어를 기를 써서 알아들어야 하는 고충을 수반했다. 나는 한동안 차라리 한증하는 것을 택했다.

이런 과정이 6개월쯤 지나자 1층에서 하는 이야기가 조금씩 들리기 시작했다. 나의 가정교사는 당시 여덟 살로 초등학교 1학년생이었는데, 그 아이가 거의 유일하게 마을 안에서 표준어를 학교에서 정식으로 배우는 학생이었기에 나의 훌륭한 통역사가 돼줬다. 내가 들은 단어를 공책에 적어놓고 몇 번 연습한 뒤에 표준어로 뭐라 부르냐고

위 | 집 밖에서 수확된 쌀을 채로 고르고 있는 나. 오른쪽에 집의 안주인이 일을 하고 있다.

아래 | 사롱을 입고 마을 아이들과 함께 집 안에서 사진 촬영에 임한 나.

물으면 아이는 알려주면서도 뭔가 구시렁거리곤 했는데, 어느 순간 그 구시렁거림이 들리는 것이 아닌가. 그것은 "아니 몇 번을 이야기해줬는데도 또 잊어버리고. 도대체 머리가 있는 거야 뭐야. 바보 아냐!" 하는 소리였다. 참 어이가 없으면서도 웃음이 났다. 그래도 끌란딴 사투리가 들리다니. 참으로 허탈하면서도 통쾌한 순간이었다.

　내 가정교사의 구시렁거림이 들리던 그 순간은 내가 1층으로 내려갈 수 있는 시간이 됐다는 것을 의미했다. 2층에서 한증 아닌 한증을 하면서 견뎌내는 동안 나는 사실 2층의 도마뱀cicak들과 친구가 돼 종종 한국말로 떠들며 놀았다. 나와 종종 마주치는 도마뱀에게는 이름을 붙여줬다. 꾀돌이, 꾀순이, 차돌이, 차순이, 똘똘이, 멍청이, 귀염이, 사랑이, 이별이 등. 도마뱀의 행동에 따라 한국 이름을 붙여놓고 한참을 떠들다 보면 끌란딴 사투리를 하지 못해 벙어리 냉가슴 앓듯 하면서 생겨난 스트레스가 조금은 해소되는 것도 같았다. 참 어이없지만 어쩔 수 없는 현실이었다. 어떨 때는 내가 미친 것이 아닐까 하는 생각이 들기도 했고, 또 어떤 때는 이 무슨 바보짓인가 하는 생각이 치밀어 올랐다. 그렇지만 그런 시간이 없었다면 그 '한증'의 뜨거운 기온을 어떻게 견뎠으며, 언어로 인한 두통의 고통을 어떻게 견뎌냈을까. 달리 생각해보면 참으로 고마운 경험이 아닐 수 없다.

현지조사자로서 나의 하루

내가 빠야울라 마을에서 지낸 시간은 길다고 하면 길고, 짧다고 하면 짧았다. 당시 나의 하루를 재구성해봤다.

나는 아침 일찍(오전 7시) 잠자리에서 일어났다. 내가 머물던 집의 구성원들, 하룬을 비롯한 우리 가족은 보통 새벽 5시에 아침 예배Asar를 마치고 다시 잠자리에 들어 오전 9시 경에 일어난다. 아침은 동네 식당에서 사 가지고 와서 집에서 먹는다. 창밖에는 전날 내린 비로 깨끗해진 하늘과 환한 햇살이 눈부시게 빛나고 있다. 전날 정리하다 만 현지 노트와 일기가 어지럽게 흐트러져 있다. 주섬주섬 자료를 정돈하자 아침을 먹으라는 식구들의 요청이 이어진다(현지조사자들 중 약 절반가량은 하숙 형태로 어떤 가정에서 가족 구성원으로 살아가며 현지조사를 하고, 나머지 절반 정도는 혼자 자취를 하는 형태를 취한다는 보고가 있다). 전날과 별반 다르지 않은 반찬에 밥을 먹는다. 어제 무엇을 보았느냐는 식구들의 질문에 어색한 듯 웃음으로 때워 넘기며 묵묵히 밥을 먹는 데 열중하는 척 해본다. 식구들도 이런 사정을 알고 있다는 듯이 더는 자세히 캐묻지 않는다. 밥을 먹으면서 머릿속으로 오늘 할 일을 꼼꼼하게 점검해본다.

"참, 오늘은 마을 회의가 있는 날이지. 그나저나 마을 회의의 안건이 뭐지?"

나는 안건에 관해 집안 어르신인 하룬에게 물어본다.

"오늘 회의에서 무슨 이야기가 나올 것 같아요?"

"오늘 관청에서 관리가 나와 농업 진흥 정책에 대해 설명한다고 했으니까 설명을 듣고 난 뒤 어떤 식으로든지 질문이 나오겠지. 관리들은 언제나 열심히 일해서 수확을 늘리라고 이야기하지만 사실 그렇게까지 힘들게 일하고 싶은 사람들은 아마 많지 않을 거야."

"참, 오늘 낮에는 이웃집에서 결혼식이 있지요. 몇 시에 하지요?"

"12시로 돼 있는데. 같이 갈까. 가서 구경도 하고 음식도 나눠 먹으면 좋을 거야."

"부조는 어떻게 하지요?"

"내가 미리 했으니까 걱정하지 않아도 돼. 그냥 몸만 가면 될 거야."

"그래도 뭔가 도울 수 있는 일이 있으면 좋겠는데요. 사진을 찍어준다고 할까요?"

"그것 좋겠군. 아마 그 사람들도 당신이 그렇게 해주면 꽤 좋아할 거야."

밥을 먹고 난 뒤 나는 내 방으로 돌아와 결혼식에 참가해서 사진을 찍기로 하고, 사진기를 챙기기 시작했다(내가 조사를 마칠 즈음에는 캠코더를 준비하는 현지조사자들이 늘고 있다는 소식이 있었는데, 요즘에는 디지털 카메라는 기본이 될 정도로 장비와 기술이 급속히 발전했다). 현지 노트와 펜을 준비하고 녹음을 하기 위해서 녹음기를 챙긴 나의 동작이 빨라졌다. 12시에 결혼식에 참가한 뒤 저녁에는 마을 회의에 반드시 참석해야 했다. 대략 결혼식에는 얼마나 많은 사람들이 오는지, 그 사람들은 혼인 당사자나 그 집안과 어떤 관계가 있는지 조사해야 했다. 간략한 질문을 머릿속에 떠올리며 어르신과 함께 결혼식이 열리는 집으로 향했다.

결혼식은 성대하게 진행됐다. 많은 하객들이 참석한 가운데 신랑, 신부가 상기된 듯 앉아 있고, 그 주변에서는 신랑 측과 신부 측 친지들이 피로연을 준비하려고 분주하게 움직이고 있다. 부엌에서는 여자들이 음식을 장만하느라 바쁜 모습이다. 한껏 멋을 부린 신랑과 오늘만

약혼식을 마치고 신랑과 신부 측 가족과 함께 식사를 하고 있는 나.

큼은 세상에서 가장 예쁘고 아름다운 여자로서 자태를 뽐내는 듯이 화장을 한 신부의 모습은 기쁨과 설렘, 약간의 두려움과 수줍음 등 만감이 교차하는 광경을 연출해내고 있다.

나는 사진기를 들고 이리저리 돌아다니며 셔터를 눌러대고 있다. 아마 당사자들에게는 한 장면 한 장면이 모두 중요하고 의미 있을 것이다.

저녁 시간이다. 오늘도 무척이나 바쁘게 보냈다. 그렇다고 일이 다 끝난 것은 아니다. 현지노트와 일기를 정리해야 할 시간이다. 일을 마치고 귀가한 주인아저씨와 아주머니는 가족들과 나란히 앉아 텔레비전을 시청하고 있다. 《맥가이버》나 《댈러스》, 《행운의 수레바퀴》 등은 사람들이 즐겨보는 프로그램이다.

"나도 같이 텔레비전이나 볼까?" 하는 생각이 들었지만, 꾹 참고 하루일과를 정리하기 시작한다. 결혼식에 참가한 사람들의 숫자와 남녀 성비, 그리고 마을 주민과 외지에서 방문한 사람들을 구분해서 적어보니 생각보다 많은 수의 사람들이 오늘 결혼식에 참가했다는 것을 알게 되었다. 새삼스럽게 안 사실도 아니지만 매우 흡족한 느낌이 들었다. 내일은 사진을 현상하기 위해 읍내로 나가봐야겠다고 결심하면서 잠자리에 든다.

현지조사 윤리의 문제

지역연구자들은 현지에서 하는 경험을 중시한다. 지역연구자들은 현지조사를 하는 방법에 관해 고민하는 초보 지역연구자들에게 일단 현지에 들어가 생활해보라고 권한다. 그곳에서는 책을 통해 배운 이론이나 방법들이 좀더 구체적이고 생생하게 드러나는 경우가 많다는 것이다. 일단 현지에 들어가 현지에 살고 있는 사람들과 함께 생활하다 보면 자신도 미처 깨닫지 못한 그 무엇인가를 알 수 있게 될 것이라고 말하는 학자들도 있다.

내가 말레이시아에서 겪은 현지조사 경험이 지역연구를 위해 현지로 떠나는 학생들에게, 현지조사 과정에 간접적으로 참여하게 함으로써 말레이시아 지역연구에 관한 관심과 실천을 독려하는 효과를 불러일으킨다고 믿는다. 말레이시아 지역에 관한 이해를 위한 지역연구 또는 지역학 이론과 방법론에 관한 강의 수준을 뛰어넘어 말레이시아라는 현지에 관한 기록과 실습을 연계하는 교육에 학생 스스로 참여하게 함으로써 지역연구 또는 지역학의 이론과 방법론 교육의 효과를 증진시키는 성과를 거두고 있다.

말레이시아 현지조사 중에 내가 겪은 경험 중 하나는 현지조사 윤리의 문제와 관련이 있다. 나는 현지조사자는 자신이 행한 현지조사의 결과가 현지인에게 피해를 가져다주는 것은 아닌지 언제나 자문해야 한다고 배웠다. 이것은 주체와 객체 간의 끊임없는 상호작용을 바탕으로 양자 간에 상호 침투가 일어나야 한다는 것을 의미한다. 조사자는 조사한 내용을 임의대로 조작하거나 자기의 이익을 위해 사용해서는 안 된다. 조사 결과를 현지인들이 어떻게 받아들일 것인가를 언제나 염두에 둬야 한다. 현지인의 사생활을 보호하는 것은 현지조사자들의 의무일 뿐만 아니라 도덕률이자 윤리인 것이다. 현지에서 언은 정보에 관해 비밀을 유지해야 할 필요가 있을 때에는 그 비밀을 지켜야 한다. 그 내용을 함부로 발설하거나 발표함으로써 현지인들에게 선의의 피해가 돌아간다면 그 조사는 제대로 된 조사라고 하기 어려울 것이다.

현지조사자로서 문화인류학자들은 세계 여러 곳에서 사람들, 연구하는 상황과 밀접한 관계를 맺으면서 작업한다. 그러므로 그 작업 상황은 독특하고 다양하며 복잡하다. 문화인류학자들은 자신들의 학문 분야, 동료들, 학생들, 후원자, 자신의 주제, 자신과 현지 정부, 현지조사 대상인 독특한 개인과 집단, 인간의 일반 복지에 영향을 주는 연구 과정과 연구 주제, 이 모든 것과 긴밀한 관련을 맺고 있다. 이런 복잡한 관련성, 오해, 갈등과 갈등을 빚는 가치 중에서 선택하는 등의 문제는 문화인류학자들로 하여금 필연적으로 윤리적 딜레마에 빠지게 만든다. 이런 문제들을 예측하고 그 해결책을 세워 연구 대상인 사람들에게도, 가능한 한 학문 세계에도 손해를 끼치지 않게 하는 것이 문화인류학자들의 중요한 책임이다. 현지조사를 통한 연구를 하면서는 어쩔 수 없이 정보 제공자의 사생활을 엿보게 된다. 참여관찰은 역설적으로 다른 사람들의 사생활을 침범하는 강력한 도구이기도 한 것이다. 그런 연구는 그 사람들의 권리, 이해관계와 민감성을 보호하는 데 사용될 수도 있고 침해하는 데 사용될 수도 있는 정보를 공개하게 한다. 따라서 모든 정보 제공자는 현지조사 과정에서 "기록에서 삭제한다는 조건으로" 말할 수 있게 반드시 보호돼야만 한다.

현지조사를 행하는 문화인류학자들은 거의 대부분 이런 윤리의 문제에 봉착하게 된다. 내가 하는 관찰과 그 관찰에서 얻은 자료를 정리, 분석하는 과정을 통해 이곳의 문화를 상세하게 기술하고 분석하는 작업이 과연 이 사람들에게 어떤 이득을 가져다줄 것인가?, 내가 하고 있는 이 일이 이 사람들에게 진정 도움이 되기는 되는 것인가? 아니면 이 사람들을 오히려 곤란하게 만드는 것은 아닐까? 등에 관한 고민을 하게 된다. 이런 고민으로부터 자유로울 수 있는 현지조사자들은 아마 거의 없을 것이다.

현지 생활에 관한 관찰과 기록을 학문적 목적 이외의 목적을 위해서는 절대로 사용하지 않을 것을 서약하는 각서를 써야만 하는 경우도 있다. 그 이유는 비록 학문적 목적을 위해서라고 할지라도 그 결과가 현지인들에게 피해를 줄 경우에 대비해 현지인들의 문화에 좀더 신중하게 접근할 필요가 있기 때문이다. 이것은 현지조사자들의 특권이자 고뇌이기도 하다. 자신의 작업에 관해 근본적인 질문과 의혹의 눈길을 거두지 않는 태도, 이것은 모든 현지조사자들이 지켜야 할 중요한 윤리 강령 중 하나다.

이런 윤리 사항이 있기에 현지조사 과정은 자신의 문제를 끊임없이 되돌아볼 수 있는 기회를 제공한다고 하겠다. 현지조사자의 윤리에 입각해 조사를 행하고, 이것을 통해 지역과 문화, 나아가 인간에 관한 심도 깊은 이해에 도달하려고 애쓰는 것. 이것이야말로 현지조사의 최대의 강점이 아닐까?

나는 말레이시아 무슬림 농촌 마을의 문화에 관한 현지조사를 수행하는 과정에서 통상 주요 정보 제공자의 도움을 받는 과정을 겪는

다고 현지조사 교과서에 적혀 있는 내용에 충실하지 못했다. 앞서 이야기한 것처럼, 현지인의 범주 설정은 내게 매우 중요하면서도 민감한 문제였다. 나아가 현지조사를 제대로 마칠 수 있을지와도 관련된 문제이기도 했다. 초기에 뺑훌루 집에 머무른 것은 현지 사정에 무지했던 탓으로 치더라도 사실 조사 자료의 편협성 때문에 신뢰성과 타당성에 치명적인 오류를 겪을 수 있던 경험이었다. 뺑훌루 집에 거주할 때는 그런 상황이 당연하게 받아들여졌다. 뺑훌루와 정치적 견해를 달리하는 사람들과는 전혀 접촉할 수 없었는데도 그것을 무시한 채 계속 그곳에 머물려고 했다. 윤리적으로 문제가 될 것이 하등 없었다고 생각했기 때문이다. 그렇지만 이것은 뺑훌루와 정치적 견해를 달리 한 사람들의 입장에서는 자신을 무시하는 태도로 받아들여졌다. 그 사람들은 의도적으로 나를 피했다. 이것을 극복하는 과정은 그리 순탄치 않았다. 사람들은 뺑훌루 집에 거주한 경험을 갖고 있는 나와는 아예 이야기를 하지 않거나 하고 싶어 하지 않아 했다. 이 사람들을 설득하는 데는 많은 시간이 소요됐다.

농촌에서 조사를 하다 보면 함께 농사일을 해야 할 때가 많다. 농민들은 열심히 일을 하는데 일을 하고 있는 사람들에게 다가가서 말을 걸고 "문화"에 관해 이것저것 질문한다는 것은 쉽지 않은 일일 뿐 아니라 윤리에도 어긋나는 일이다. 그렇다고 무턱대고 논에 들어가 함께 일을 하는 것도 참 난감하고 민망한 일이다. 나는 주민들의 허락을 얻기로 했다. 주민들의 허락을 얻은 뒤에 일을 하게 됐는데, 이것이 나중에는 문제가 됐다. 나를 "한국에서 온 머슴"으로 간주하게 된 것이다. 나중에는 일을 시키기까지 했다. 내가 정중히 일을 거절하자 "다른 집 일은 해주고 내 집 농사는 왜 도와주지 않느냐?"는 등의 불만을 털어놓기도 했다. 참으로 난감했다. 급기야 나는 마을 회관에서 "나는 농사일을 하기 위해 여기에 온 것이 아니다. 나는 머슴이 아니다. 나에게 이제부터는 일을 시키지 않았으면 좋겠다."고 선언하게 됐다. 그렇다고 일이 순조롭게 해결된 것은 아니었다. 그 사람들은 윤리적으로 나를 나쁜 사람으로 생각했다. "일을 도와줄 것도 아니면서 왜 이것저것 물어보려고 하느냐? 우리가 대답해준다고 무슨 득이 되겠느냐?"는 식으로 나를 몰아붙이기도 했다.

사실 현지조사자는 현지인이 아니다. 현지인이 돼서도 안 된다. 현지인이 현지 문화를 가장 잘 아는 것도 아니다. 현지조사자는 의사와 같은 존재라고 생각한다. 병으로 인한 고통과 애환에 가장 민감하게 반응하는 사람은 환자와 환자 보호자, 가족이겠지만, 그 사람들이 병에 관해 가장 잘 아는 것은 아니다. 마찬가지로 현지 문화에 가장 민감하게 반응하는 것은 현지인이지만 현지 문화에 관해 잘 아는 사람은 현지조사자다. 이것이 현지조사자가 현지인이 될 필요는 없는 주된 이유다. 윤리의 문제는 이런 현지조사자의 정체성과 밀접한 관련이 있다. 무엇이 현지인들에게 도움이 되는가라는 문제는 중요하기는 하지만 가장 긴요하고 필수적인 것은 아니다. 그 사람들은 어떤 상태에 있으며 어떻게 변화해야 하는가, 또 그런 변화를 어떤 방식으로 추동해야 하는가 하는 문제가 현지조사자 앞에 놓여 있다. 현지조사자는 이런 문제를 고민해야 하고, 그 해결책을 찾아나서야 한다. 현지 문화가 일상적으로 살아 움직이고 작동하고 영향을 미치는 현지 문화의 현장이라는 현지에서.

　나는 윤리적인 관점에서 현지인들을 동정하거나 현지인들과 똑같이 되는 과정을 의도적으로 밟지 않았다. 현지인들과 다르게 비쳤을지 모르나 그 사람들의 이슬람 교리에 관한 믿음에 의구심을 내보이기도 했다. 한번은 까마루자만과 이런 대화를 나눈 적이 있다. "세상에 아름다움 또는 진리가 두 개가 있을 수 있다고 보느냐?"라고 질문을 던졌다. 까마루자만은 "알라는 유일하기 때문에 진리 역시 유일하다. 아름다움 역시 알라가 정하는 것이다. 하나밖에 없다."고 대답했다. 나는 이렇게 반박했다. "나는 그렇게 생각하지 않는다. 우리가 호숫가에서 작은 배를 타고 가고 있다고 가정해보자. 그러면서 하늘을 쳐다보니 하늘이 아름다워서 하늘은 아름답다고 말할 수 있다. 그렇지만 호수의 수면을 내려다보면 호수의 수면도 아름답다고 말할 수 있다고 나는 생각한다. 같은 시간, 같은 공간에서도 나는 두 개의 아름다움을 느낄 수 있고, 사실 그렇다고 생각한다. 나는 세상에는 유일한 진리가 아니라 여러 개의 진리가 있을 수 있다고 생각한다." 그러자 까마루자만은 "너는 잘못된 생각을 하고 있다. 무슬림이 아니기 때문이다."라고 말했다. 이 대화는 이후 나에게 이슬람에 관해 다시 한 번 진지하게 생각하게 만드는 계기가 됐지만, 그렇다고 내 생각을 크게 변화시키지는 못했다. 나는 까마루자만에 견줘 상대적으로 사물과 세계, 그리고 사람을 포함하는 제반 문제를 객관적으로 바라보고 있다고 당시에 느꼈으며, 이 생각은 이후에도 크게 변화하지 않았다.

사실 나는 현지조사자들은 자신의 문제를 객관적으로 바라보는 훈련을 거친 사람들이라고 생각한다. 현지조사자는 늘 현지에서 지금 이곳에서 어떤 일이 발생하고 있는가에 지적인 안테나를 곧추세우고 있는 사람이다. 그리고 그 일이 왜 일어나게 되었는지를 그것이 발생한 특수한 문화적 상황과 고유한 역사적 경험에 기초해 현지인의 관점으로 이해하려고 노력하는 사람이다. 자신이 문화의 일부가 되고 있다는 사실을 자각하고 현지 문화에 관한 이해를 통해 자신을 늘 비춰보려 하는 자세를 지닌 사람이라고 할 수 있다.

현지조사 경험의 의미

현지 문화의 맥락을 제대로 이해하지 못하면 자기 문화 또는 자기 민족만을 최고로 생각하는 자문화 중심주의 또는 자민족 중심주의의 함정에서 빠져나오기 어렵다.

  나는 현지조사자로서, 인간의 행동과 사고방식 그리고 생활 전반을 사회문화적 맥락 속에서 이해하기 위해 나 자신이 직접 경험하는 과정을 통해 인간을 깊이 있게 이해할 수 있다고 믿어왔다. 그래서 말레이인을 제대로 이해하기 위해 먼저 말레이인과 같이 생활하는 방식을 택했다. 처음 경험해보는 열대우림 기후 같은 낯선 자연 환경에 적응하는 일이나 처음 먹어보는 이상야릇한 음식을 먹는 일은 역시 쉽지 않았다. 그렇지만 나는 말레이 문화를 머리로 이해하기 전에 먼저 눈과 입, 손과 발, 그리고 가슴으로 이해하려고 노력해야 한다고 생각했고, 그렇게 하려 했다.

물론 현지의 문화에 관한 구체적이고 상세한 정보를 얻는 것보다 앞서 갖춰야 할 것은 현지 상황에 대해 열린 마음이나 자세를 갖고 임하는 태도일 것이다. 현지조사를 하는 사람은 일반적으로 현지에서 1년 또는 그 이상 체류할 것이 요구되는데, 그것은 그곳에 사는 사람들의 생활양식을 1년 단위로 관찰하는 것이 그 사회의 특징과 변화를 파악하는 데 필수적이라고 믿기 때문이다(한상복·이문웅·김광억 1998). 또한 현지조사 연구 방법이 다른 연구 방법보다도 연구하는 사람과 연구 대상이 되는 사람 사이에 종합적이면서도 상호 긴밀하게 연결된 의사소통의 과정을 중시하기 때문이다(스프래들리 1988; 크레인·앙그로시노 1995). 그렇지만 조사 기간이 항상 중요한 것은 아니다. 짧은 기간이지만 집중적인 조사 활동을 통해 소정의 성과를 거둔 연구들도 많다. 사실 중요한 것은 체류 기간이 아니라 체류하는 동안 무엇을 어떻게 행했는가 하는 문제가 아닐까 싶다.

현지조사자들은 현지인이 살고 있는 지역으로 들어가서 현지인의 생활을 참여관찰한다. 현지조사자들이 수집하는 정보는 현지인의 생활에 관해 자신이 직접 관찰하고 인터뷰한 생생한 맛을 풍기는 것, 곧 참여관찰이나 비공식적 인터뷰를 통해 얻어진 것이어야 하지, 그렇지 않고 귀찮아하는 제보자로부터 억지로 짜낸 단편적인 이야기여서는 안 된다(스프래들리 1988; 카플란·매너스 1998; Emerson 1995; Spradley 1997).

이런 방식으로 현지를 탐구하는 작업은 단순히 한가한 사람들의 지적 유희가 아니다. 그것은 넓은 의미의 현지 문화가 인간과 환경, 인간과 인간, 인간과 역사, 인간과 사회 간의 역동적인 관계라는 사실을 알게 하는 지적 활동인 것이다.

현지조사라는 연구 방법은 어떤 특정 학문 분야에만 속하는 것은 아니지만, 지역연구자 또는 지역전문가가 되려는 사람들에게 특히 중요한 의미를 지니고 있다. 나는 말레이시아 농촌의 무슬림 마을에서 주민들과 함께 생활하면서 주민들의 문화를 경험했다. 아니, 사실은 현지인들로부터 삶에 관해 많은 것을 배웠다. 끌란딴 사투리에 능숙하지 못했다는 것은 내게 행운이었다. 그것은 나의 한계를 자각하는 계기가 됐다.

혹자는 이렇게 묻는다. "도대체 그런 곳에서 그토록 오랫동안 무엇을 하고 지냈는가?" 여기에 관한 대답은 여러 가지로 나올 수 있지만, 나는 "말레이시아 농촌 마을에서 일상적으로 생활하고 있는 사람들의 생활을 보고, 듣고, 느낀 것들을 기록했으며, 그 과정에서 나를 뒤돌아볼 수 있었다."고 대답한다. 말레이시아 현지의 말레이 문화를 연구하는 사람들은 통상적으로 말레이인의 의식주를 비롯해 성과 혼인, 가족, 친족 문제, 정치, 법과 사회 통제, 종교, 각종 의례, 경제생활, 민족성, 언어생활, 성 역할, 예술, 환경 등 다양하고 복잡한 문제들을 다루게 된다. 그렇지만 나는 이런 문제들을 제대로 보지 못했다. 아니, 볼 수 없었다. 내게 현지조사는 다른 사람을 이해하는 과정이기도 했지만, 나를 반성하는 시간이기도 했다. 나는 대도시 서울에서 그동안 무슨 생각으로, 무슨 일을 하며, 무슨 공부를 꿈꾸며, 무엇이 되려 했는가. 말레이시아 농촌 마을 사람들은 내게 삶을 통해 물었다. "너는 왜 여기 왔느냐?"라고. 그리고 "너는 누구냐?"고.

처음 빠야울라 마을에 도착했을 때부터, 하루하루를 지내면서 아침 일찍부터 밤늦게까지 나와 가장 가까이 있는 사람들의 일거수일투족을 관찰하거나 그 사람들의 행동, 그리고 주변에서 일어나는 각종 행사에 직접 참여해 관찰함으로써 그 사람들의 생활이 어떤 것이며, 그 의미는 무엇인가를 파악하려고 애썼다. 왜냐하면 그래야 된다고 배웠기 때문이다.

그렇지만 그 사람들의 생활은 언제나 변했다. 하루하루가 달랐다. 나는 이 변화를 알기 위해 초기에 연구 계획에 따라 어느 정도 계획을 수립해놓았는데, 현지 상황이 사정에 따라 몇 주, 또는 며칠 사이에 쉽게 뒤바뀌는 경우를 수도 없이 경험했다. 물론 마을에 처음 도착했을 당시에는 심리적, 정신적 혼란 상태를 겪었다. 그렇지만 그런 상태에서 벗어나 점차 친숙해지면서 매일매일의 일상이 무미건조하거나 담담한 상태로 지나가버리는 경우도 많았다. 미처 친숙한 상황을 만들어내지 못한 곳에서 예기치 못한 사건이 발생하는 경우도 심심찮게 발생했다.

나는 그 경우에 어떻게 대응할 것인가 하는 대책을 마련하는 일을 관념적으로만 알았다. 실제 경험을 통해서 나의 관념이 얼마나 허망한 것인지를 경험했다. 그렇지만 나는 박사 학위 논문을 위해 이곳에 있는 것이 아닌가, 아니, 이 사람들을 진정으로 이해하는 것이 우선이지, 라는 생각 속에서 많은 방황을 할 수밖에 없었다. 대책이 없었기 때문이다. 아니, 대책은 원래부터 없었던 것인지 모른다. 나는 사람들을 제대로 만날 수 없었다. 내 속에 너무나 많은 욕심이 있었던 것 같다. 지금 생각해보면 논문도 중요했고, 사람들과 함께 생활하는 것도 중요했다. 결국 예정대로 밀고 나갈 수밖에 없었다. 그렇지만 때로는 임기응변으로 대응하기도 했다(스프래들리 1988). 나에게 말레이시아 농촌에서 보낸 생활은 예기치 못한 사건이 발생하는 현장이기도 했고, 내가 미리 예상한 일들이 벌어지는 장소이기도 했다. 나는 그 의미를 문화적 맥락 속에서 포착해야만 했다. 그러나 그것은 당위였다. 현실은 너무도 달랐다. 이전에 학습했던 지식과 자료 분석 결과, 현지에 대한 정보는 필요한 것이기는 했지만, 결과적으로는 큰 도움이 되지 않았다. 처음에 "왜 이렇지?" 하던 문제가 어느덧 만만치 않게 큰 문제로 비화되는 경우가 많았다. 내게는 다른 방도가 없었다.

대체로 현지조사라는 것은 조사 대상이 되는 사회를 더욱 완전히 이해하기 위해 그곳에 장기간 머물면서 그 구성원들과 함께 사는 것을 특징으로 한다. 그렇다면 현지란 지리적으로 어떤 구체적인 지역을 말하는 것인가, 아니면 인간들이 삶을 꾸려나가는 현장 또는 현실 전부를 포괄하는 추상적인 개념을 말하는 것인가? 내가 말레이시아 농촌 마을에서 일어나는 일이나 사건, 행사, 사회적 관계망에 직접 참여해 관찰하거나 사람들과 면접을 행하고 그것에 관해 기술하고 분석한다고 한다면, 그것은 여행가나 탐험가 그리고 관광객의 여행기나 기행문과는 다른 것일까? 나는 말레이시아 농촌의 무슬림 마을에서 과연 무엇을, 어떻게 관찰하고 기록했는가, 그리고 그것은 어떤 의미를 지니는가?

아마도 말레이시아 농촌 문화에 관한 구체적이고 상세한 정보를 얻는 것보다 선행되어야 할 것은 마을 주민들에게 내가 먼저 열린 마음이나 자세를 갖고 임하는 일일 것이다. 나는 현지조사의 목표가 "현지인의 관점, 곧 생활과 현지인들 자신의 관계를 파악하고 '현지인들 자신의' 세계관을 실감하는 데 있다."고 생각했다. 그리고 현지인의 관점을 가지려 노력했다.

그렇다. 현지조사에는 "나와 다른 방식으로 보고, 듣고, 말하고, 생각하고 행동해온 사람들에게 과연 세상이란 어떤 것인가?"를 주의 깊게 관찰하는 일이 포함된다.

내가 말레이시아 농촌 마을 현지조사를 통해 알게 된 것은, 말레이 문화 또는 말레이인의 문화를 기술하고 분석한 작업을 통해서 그 사람들의 문화를 제대로 이해할 수 있게 됐다는 것이라기보다는, 내가 그 사람들의 문화 속에 들어가 살면서 실은 내가 그 사람들의 삶의 지혜를 배울 수 있는 기회를 갖게 된 것은 아닐까 하는 것이었다. 말레이시아의 무슬림 농촌 마을에 관한 현지조사를 통해 나는 과연 무엇을 배웠는가?

나는 말레이시아의 무슬림 농촌 마을에서 "낯섦"의 미학을 배웠다. 사실 현지문화를 이해한다는 것은 낯선 곳에서 나를 만나는 과정인 동시에, 나의 "익숙함"을 낯설게 만들어봄으로써 자신의 문제를 상대화하는 훈련이기도 하다. 완벽한 객관은 존재하지 않는다. 논리를 통한 압축적 설명은 사물이나 세계, 사람의 전체 윤곽을 그려낼 수는 있을지 몰라도 인간 행위와 사고방식의 끈적끈적함은 표현해낼 수 없다.

물론 중요한 개념들만 압축해서 설명하는 방식은 나름대로 장점이 있다. 소위 객관적이라는, 그래서 과학적이라는 개념적 수식어가 나를 긴장하게 했다. 어떻게 하면 말레이 농촌 사람들의 삶을 잘 조직화해서 과학적 언어로 표현해낼까? 학위 논문이라는 것이 그런 것이 아닌가? 얼핏 흥미로운 에피소드를 잘 엮어서 압축적으로 설명해내는 방식이 아닐까?

그러나 문화 현상은 매우 복잡다단하다. 나는 압축이 갖는 장점인 과잉 단순화와 형식적 표현의 문제점을 뛰어넘어 현상의 복잡성을 그대로 놓아두고, 관찰자의 시선만을 이동시키는 방식을 택했다. 소위 "시선 바꾸기" 방식을 취한 것이다(문영미 2011, 10~11).

압축에는 나름대로 장점이 있는 것처럼 보이지만, 사실 언제나 손실이 따르게 마련이다. 나는 말레이시아 무슬림 마을에서 현지조사를 하는 과정에서 무수히 많은 일상의 소소한 사건과 일, 이야기들을 만나고 직접 겪었다. 이것을 압축해서 설명한다는 생각을 도저히 할 수가 없었다. 차라리 일상의 다양하고 흥미로운 에피소드들을 자유롭게 오가면서도 일관적인 메시지를 엮어 전달하려고 애썼다. 이것은 경험이 제공하는 일종의 "선물"로 여겨졌다. 일상의 자잘한 현상의 복잡다단함을 그대로 놓아두고, 관찰자로서의 나의 시선만을 이동시키는 방식을 취했다. 이 방식은 세부적인 정보를 제거하는 것이 아니라, 계속해서 새로운 차원으로 관점과 시선을 이동하면서 문화 현상을 새롭게 해석해나가는 방식이다. 다양한 일상적인 에피소드들을 하나씩 엮어나가면서 하나의 커다란 모자이크를 구성해나가는 방식이다. 서로 어긋나 설명이 불가능해 보이는 일상의 수많은 이야기들을 가지고 치밀하면서도 조직적인 이야기를 만들어내려고 했다. 이야기에 푹 빠져 헤어나오기 힘든 적도 많았고, 이야기의 실타래를 어디서부터 풀어야 할지 난감한 적도 많았다. 그렇지만 나는 말레이시아 무슬림 농민의 이야기를 전해주고 싶었다. 말레이시아 농민들에 관해 전혀 관심이 없거나 있어도 무시하고 싶어 하는 사람들에게. 그 사람들의 삶의 방식이 반드시 옳은 것만은 아니라고 항변하고 싶었다. 아니, 사실 말레이 농민들은 아무런 말없이 그렇게 어제와 오늘, 그리고 내일을 살아가고 있다. 아니, 살아내고 있다. 이 모습을 "있는 그대로" 보여주고 싶었다.

"역사"와 "현장"을 양손에

말레이시아 정치 엘리트들과 인터뷰하기

3

황인원

들어가며[1]

나는 「말레이시아 정치 갈등 구조의 변화와 체제 유지」라는 논문으로 2001년에 오스트레일리아국립대학교ANU: Australian National University에서 정치학 박사 학위를 받았다. 논문은 독립 이후 말레이시아 집권 세력의 체제 유지 방법이 정치적 갈등 구조의 변화에 따라 종족 간 타협의 정치에서, 통일말레이국민기구UMNO: United Malays National Organization 중심의 권력 집중을 거쳐, 마하티르Mahathir Mohamad 총리 시기에 이르러 권력의 사유화로 변화하는 내용을 담고 있다. 내 논문에서는 말레이시아 집권 엘리트의 정치 행태에 관한 기존의 연구들이 대부분 종족 정치ethnic politics의 틀에서 벗어나지 못하고 있고, 일부는 계급 정치class politics라는 다소 비현실적인 관점을 견지하고 있는 것에 관해, 권력 정치power politics라는 대안적 시각의 필요성을 제기하고 있다(Hwang 2001).

기존의 연구들이 "정치체제의 안정과 지속"에 초점을 맞추고 있는데 반해 내 연구는 집권 세력의 권력 유지를 위협하는 갈등 구조는 물론 정치체제political regime의 성격 자체도 일련의 질적 변화를 경험하고 있다는 점을 강조한다. 사실 "권력 정치"라는 개념이 말레이시아에서 그리 새로운 것은 아니다. 그런데도 종족, 종교, 문화 등 지극히 이질적

---

1   이 글은 「동남아시아연구」 23권 2호(pp. 215~267)에 거재된 「말레이시아 정치엘리트 인터뷰를 통한 현지
    조사: 방법론적 성찰」을 바탕으로 그 내용을 수정 보완하여 작성하였다.

인 분열 구조 속에서 정치의 본질인 권력의 속성이 너무도 오랫동안 "종족의 이해관계"라는 외피로 포장돼 간과돼왔다. 특히 마하티르 집권 시기에 이런 "정치 영역의 탈정치화"와 "권력의 사유화 현상"이 심화되고 있다는 점에 주목할 필요가 있다.

논문 집필을 위해서 1994년 5월부터 1997년 1월까지 2년 8개월, 1997년 말부터 1998년 초까지 약 3개월, 1999년 7월부터 9월까지 약 2개월을 포함해 총 3년을 조금 넘게 말레이시아에서 현지조사를 수행했다. 이렇듯 현지조사에 비교적 긴 시간이 소요된 것은, 뒤에 언급하겠지만 준비되지 않은 미숙한 연구자의 시행착오에 크게 기인한다. 그렇지만 1998년 말레이시아 정국을 안와르Anwar Ibrahim 당시 부총리의 해임, 출당, 구속 그리고 개혁 정국Reformasi이라는 격변의 현장으로 몰아간 마하티르 탓(?)도 컸다. 1998년 마하티르와 안와르의 정치적 파국은 필자에게 새로운 현지조사의 수행은 물론 새로운 논문 챕터의 추가를 요구한 데다 족히 2년 이상 학위기간을 연장시켰으니 말이다. 그래도 이런 우여곡절이 2003년에 동남아 관련 출판으로 세계적인 권위가 있는 싱가포르의 동남아연구소ISEAS: Institute of Southeast Asian Studies에서 학위 논문이 단행본으로 출간되는 소중한 토양이 됐다 (Hwang 2003).

마하티르에 비판적인 내용을 담고 있는 학위 논문의 출판 과정도 순탄치는 않았다. 마하티르 정부와 빚어질 마찰을 우려한 싱가포르 ISEAS 측에서 2002년 초에 출간을 위한 모든 교정 작업이 끝난 원고를 마하티르 총리의 사퇴 2주 전까지 무려 1년 반이나 붙잡고 있었으

StarMag

reads

Scholar's Choice

New way to read Dr M

PERSONALIZED POLITICS
The Malaysian State under
Mahathir
By In-Won Hwang
Publisher: Institute of Southeast
Asian Studies, 399 pages

M WAY
Mahathir's Economic Legacy
By Jomo K.S.
Publisher: Forum, 248 pages

BEYOND MAHATHIR
Malaysian Politics and its
Discontents
By Khoo Boo Teik
Publisher: Zed Books, 220 pages

NEW POLITICS IN MALAYSIA
Edited by Francis Loh Kok Wah
and Johan Saravanamuttu.
Publisher: Institute of Southeast
Asian Studies, 319 pages

Review by
EDMUND TERENCE GOMEZ

A S Datuk Seri Dr Mahathir
Mohamad's tenure as
Prime Minister comes to an
end, a series of books chronicling
the impact of his premiership on
Malaysian politics, economy and
society have been published.
Among them are three titles
by four of Malaysia's leading aca-
demics and government critics –
the economist Jomo K.S., and
Penang-based political scientists
Khoo Boo Teik, Francis Loh Kok
Wah and Johan Saravanamuttu.
A fourth, by South Korean acade-
mic In-Won Hwang, is based on
his doctoral dissertation.
While Hwang and Jomo pro-
vide an analysis of the impact of
Mahathir's 22-year tenure on
Malaysian politics and the econo-
my, respectively, Khoo focuses
on the impact of the 1997 cur-
rency crisis and the dismissal of
Deputy Prime Minister Anwar
Ibrahim in 1998 – probably the
most controversial periods dur-
ing the PM's reign.
The volume edited by Loh and
Saravanamuttu concentrates on
the epochal 1999 general elec-
tion which saw the unpreceden-
ted unification of Malaysia's dis-
parate opposition parties and

broader-based Vision 2020,
introduced with the objective of
building a *bangsa Malaysia*
(Malaysian nation).
Some of these policies were
strongly opposed by not just gov-
ernment critics but also mem-
bers of his first Cabinet – one
reason why Mahathir moved to
concentrate power within gov-
ernment in the office of the pre-
mier. Hwang systematically
traces this process, which deeply
personalised the nature of
Malaysian politics and also per-
mitted the selective patronage of
businessmen to fulfil many of
Mahathir's
goals. The PM
justified that
move thus: busi-
nessmen with
entrepreneurial
capacity
deserved special
attention to aid
the rapid devel-
opment of
Malaysian-con-
trolled conglom-
erates of interna-
tional repute.
Selective
patronage, also
justified under
Malaysia's New
Economic
Policy (NEP),
enabled Umno
and politicians in
control of gov-
ernment to
develop a cor-
porate base
through well-
connected
businessmen.
Jomo and
Hwang both
disclose how
the rise of
selective
patronage, as
well as the PM's preponderant
focus on enterprise development,
inevitably led to serious allega-
tions of corruption and "money
politics" within his administra-
tion, endemic problems which
both he and his appointed suc-
cessor, Datuk Seri Abdullah
Ahmad Badawi, have openly
acknowledged.

quence of NEP implementation
by the early 1990s was the rise of
a new Malay middle class,
comprising mainly independent,
dynamic professionals confident
about their ability to find their
own way without government
support.
This predominantly urban
middle class would, however,
eventually find it difficult to
break into the higher echelons of
the economy, dominated by a
well-connected elite. As Khoo
notes, this middle class was to
subsequently form the backbone
of the new

tion party, Keadilan, under the de
facto leadership of Anwar.
Despite the active implemen-
tation of affirmative action, per-
sistent poverty among rural
Bumiputeras remained a serious
problem. The limited impact of
the NEP on this marginalised lot

opposi-

This shift in rural Malay s
port to PAS was already evi
during the 1995 general ele
when Barisan Nasional secu
its best ever electoral victor
By late 1997, after the on
the currency crisis, another
lem which severely underm
Mahathir's economic agend;
faced.
The crisis revealed that m
of the so-called "captains of
industry", who Mahathir ha
long nurtured, did not have
entrepreneurial capacity to c
with economic problems. In
as Jomo and Khoo argue, the
troversial "bailouts" imp
mented by th
government,
ostensibly in t
national intere
were widely se
as obstinate
attempts to sus
a vision that wa
evidently unsust
able.
There were oth
important develo
ments within
Malaysian society
that Mahathir
appeared unable t
deal with effective
The political stud
reveal important
changes that can b
broadly referred to
"a generational shif
although Umno lead
prefer to view it as a
problem among yout
who are apparently
unaware of the party
struggles to secure
independence and
maintain ethnic co-
existence.
This shift, which
Loh and
Saravanamuttu sug-
gest is also a reason
for the rise of a "new politics", i
an issue that even other parties
in the Barisan Nasional and the
Barisan Alternatif don't seem to
know how to deal with.
Loh and Saravanamuttu's
study of the 1999 general elec-
tions suggests an ambivalence
among the electorate in their

현지 신문에 소개된 나의 책. 신문 사진에서 왼쪽 윗책이다.

니 말이다. 그렇지만 퇴임을 2주 앞둔 절묘한 출간 시기 덕분에 말레이시아의 대표적 일간지들에 크게 소개됐고, 대학 서점은 물론 시중의 대형 서점에서 한동안 베스트셀러 목록에 오르는 유명세를 탔다. 불과 10년 전까지만 해도 동남아시아는 물론 말레이시아에 관해 완전히 문외한이었기에 출판 당시의 느낌은 무척 감동적이면서도 여전히 어색한 느낌으로 남아 있다. 아무튼 마하티르 전 총리에게 여러모로 감사(?)할 따름이다.

내가 수행한 현지조사는 크게 두 가지 시기로 구분된다. 첫번째는 성격상 현지조사라기보다는 현지 생활이라고 할 수밖에 없는 2년 8개월의 시기였다. 이 기간 동안은 주로 가족과 함께 쿠알라룸푸르에서 전형적인 도시 생활을 하면서 문헌 자료의 수집에 집중했다. 두번째는 1998년 중반의 정치적 격변기를 전후로 약 5개월에 걸쳐 본격적인 현지조사를 하던 시기였다. 이 기간은 홀로 쿠알라룸푸르에 머물면서 100여 차례가량 정치 엘리트들과 인터뷰를 하며 문헌 자료로는 부족한 논문의 공백을 채우려고 애쓴 고난의 시기였다. 인터뷰가 연구 방법의 중요한 요소라는 것도 채 인식하지 못하던 내게 이 시기는 그야말로 시행착오의 절정기에 해당했다.

이 글에서 나는 현지조사 과정에만 국한하지 않고 오스트레일리아에서 보낸 유학 생활 전반을 회고하는 "시간 여행"과 함께 정치 엘리트들과 행한 인터뷰 경험과 방법을 공유하는 "공간 여행"이라는 두 가지 맥락에서 얘기를 풀어보려고 한다. 내 경험이 동남아를 전공하는 후배들이 조금이나마 시행착오를 줄이고 더욱 양질의 현지조사를 수행하는 데 도움이 됐으면 하는 바람이다.

기나긴 여정의 시작

8년 8개월 8일. 논문 제출 전에 마지막으로 감사의 글acknowledgements
을 작성하면서 우연히 "이게 도대체 얼마만이지?" 하면서 손가락을
꼽아보니, 1992년 7월 1일 오스트레일리아 캔버라로 유학을 떠난 지
정확히 8년 8개월 8일 만이다. 그 뒤로도 논문이 통과되고 졸업을 하
는 데 6개월이 더 걸렸으니 총 9년하고도 6개월 만에 학위를 받은 것
이다. ANU로 유학을 결정할 당시에 오스트레일리아의 수도가 캔버
라인지도 모르고 있었으니 이렇듯 긴 여정은 이미 예정돼 있었는지도
모르겠다.

　사실 내가 박사 과정을 시작할 때 동남아라는 지역에 관한 사전 지
식이 있던 것은 아니었다. 나의 석사 학위 논문은 1950년대 한국정치
를 풍미한 진보당에 관한 연구였다(황인원 1991). 당시 지도 교수이던
손학규 교수는 학위 과정 중에 나에게 두 차례나 국회의원 보좌관으
로 진출하라고 권했다. 그러나 내가 동남아와 특별한 인연을 맺게 된
것은 석사 논문을 준비하기 전부터였다. 석사 2학기에 접어들면서 서
강대학교 정치외교학과에 새로 부임한 신윤환 교수의 조교를 맡게 됐
는데, 인도네시아 정치를 전공한 신윤환 교수를 통해 자연스럽게 동
남아에 관한 얘기를 접하게 된 것이다. 그러나 이것도 동남아보다는
신윤환 교수와 내 인연이라고 하는 것이 더 적합한 표현일 것이다.

　신윤환 교수도 당시 나와 주변의 학생들에게 동남아 전공을 적극적

으로 권하지 않은 것 같다. 당시 조교는 지도 교수의 전공을 따르는 것이 통상적이었지만 내가 한국 정치로 석사 논문을 쓰게 된 것도 그런 자유로운 분위기와 무관하지 않았던 것 같다. 내 기억으로 대학원은 물론 학부를 통틀어서 서강대학교에서 동남아 관련 강좌가 처음 개설된 것도 신윤환 교수가 부임한 지 2년이 지나서였다. 대학원 수업이 끝난 뒤 술자리에서 동남아 얘기는 많이 들었지만, 유학을 결심하기 전까지 한국에서 동남아 관련 공부를 제대로 한 적이 없었다. 이런 내가 박사 과정은 말할 것도 없고 석사 과정부터 전공 지역의 언어는 물론 동남아에서 한 현지 경험을 제일 중요시하는 ANU의 정치사회변동학과Department of Political and Social Change에서 학위 과정을 밟았으니 그 심적 고충은 아무도 모를 것이다.

유학의 기회는 우연히 찾아왔다. 석사 논문을 준비하던 중 논문을 지도하던 손학규 교수가 오스트레일리아교육원의 오스트레일리아 정부 장학금을 신청해보라고 권한 것이다. 손 교수와 영국 유학 시절 동학했던 ANU의 제임스 코튼James Cotton 교수가 손 교수에게 학생 추천을 요청했고, 지원 조건은 4년간 ANU에서 정치학 박사 과정을 밟는 것이었다.[2] 두 번이나 국회의원 보좌관 자리를 사양한 내가 혹시나(?) 공부에 뜻이 있을지도 모른다는 생각에 나를 추천했는지도 모

---

2 필자가 신청한 장학금과는 그 명칭이 다르나, 오스트레일리아 연방정부에서는 매년 석사 및 박사 과정 지원자에게 전공영역과 관계없이 생활비와 학비를 포함한 장학금을 지원한다. 그 밖에 정부, 교육계, 비즈니스 분야 그리고 석사, 박사, 박사 후(Post-doctoral) 과정의 학생에게 단기간(1~6개월)에 걸친 연수지원 장학금을 제공한다. 자세한 정보는 주한 오스트레일리아 대사관 교육부 홈페이지(http://www.endeavourawards.or.kr) 참조.

르겠다.

이전까지 전혀 생각해보지 않은 나라인 오스트레일리아, 그것도 학교까지 ANU로 지정돼 공고된 오스트레일리아 정부 장학금. 자연스레 신윤환 교수와 상의를 했고, ANU가 동남아 관련 연구를 하기에 세계적으로 가장 적합한 곳이라는 말을 들었다. 참 묘한 인연이라는 생각이 들었고, 그렇게 갑자기 유학이라는 문턱을 두드리게 됐다. 다행히 두 지도 교수의 적극적인 도움으로 장학금을 받게 됐고, 정말로 유학이라는 것이 내 인생에 가시화됐을 때 신윤환 교수가 지금도 잊지 못하는 일화를 만들어주었다. "ANU에서 동남아의 어느 국가를 전공하는 것이 좋을까요?"라고 물었을 때 교수가 던진, "동남아 지도를 걸어놓고 다트를 확 던져서 찍히는 나라를 전공하지 뭐."라는 농담 어린 말(그만큼 ANU에서는 동남아의 어느 나라를 전공해도 그 지역의 대가가 있으니까 전혀 걱정할 것이 없다는 진지한 설명과 함께). 그렇게 9년 반에 걸친 기나긴 시행착오의 여정이 시작됐다.

이방인으로 살아가기

현지조사 경험을 본격적으로 전개하기에 앞서 오스트레일리아에서 보낸 유학 시절부터 이야기를 시작하는 것은 나름대로 이유가 있다. 어떻게 전공 지역을 말레이시아로 정하게 됐는가? 왜 말레이시아에서 1994년 중반 이후 2년이 넘게 현지조사가 아닌 현지 생활을 하게 됐는가? 어떻게 정치 엘리트에 관한 인터뷰를 논문 작성의 중요한 방법으로 활용할 생각을 했는가? 등 유학 시절부터 풀어가야 할 질문들이 많기 때문이다. 그리고 무엇보다 나에게 오스트레일리아, 특히 캔버라에 위치한 ANU에서의 생활은 동남아 현지와 별반 다름이 없었다.

실제로 내가 말레이시아 정치 엘리트들과 수행한 일련의 인터뷰의 마무리 작업은 2000년 초에 캔버라에서 진행됐다(당시 나와 인연이 있던 상당수의 말레이시아 정치인들이 ANU를 방문했다). 태어나서 30년 가까이 한국에서만 살면서 외국이라고는 오스트레일리아가 처음인 내게 2004년 5월 말레이시아로 떠나기 전까지 캔버라에서 보낸 2년 가까운 생활은 너무도 생소하고 낯설기만 했다.

ANU가 동남아 연구를 하기에 최적이라는 데는 여러 이유가 있다. 먼저 세계적으로 명망 있는 동남아 전공자가 즐비했다. 나의 지도교수인 해럴드 크라우치Harold Crouch를 비롯해서, 필리핀과 베트남 전공자인 벤 커크빌릿Ben Kerkvliet, 베트남 역사의 데이비드 마David Marr, 동남아 역사의 앤터니 리드Anthony Reid, 인도네시아 경제의 할 힐Hal Hill 등 거물급이 즐비했고, 그 밖에도 왕성한 활동을 하는 중견 동남아 전공자의 숫자는 놀라울 정도였다. 그러나 가장 큰 이유는 이 연구자들이 사나흘이 멀다 하고 동남아 관련 각종 세미나에서 만나 심도있는 학제적 교류를 갖는다는 것이다.

동남아 여러 국가의 전, 현직 정치인들이 ANU로 특강 또는 단기 방문을 많이 한다는 것 또한 독특했다. 한 가지 인상 깊던 점은 이런 모임이 있을 때 학계는 물론 정계, 관계, 재계 인사들이 골고루 참석해 다양한 분야의 전문 지식을 공유한다는 것이었다. 학계, 관계, 재계가 별도로 자기 분야의 전문가를 육성하고 좀처럼 정보를 공유하거나 교류하지 않는 한국의 현실을 비춰볼 때 무척이나 부러운 부분이었다. 각종 세미나와 특강에 참여하면서 나중에 이곳으로 연구년을 오면 전공 지역뿐만 아니라 동남아 전반에 관한 폭넓은 지식과 네트워크를 쌓을 수 있겠다는 생각이 자연스레 들었다.

전공 지역 정하기

사실 내가 처음부터 동남아를 주로 연구하는 정치사회변동학과에 입학했던 것은 아니었다. 처음에는 오스트레일리아 정부 장학금을 주선해준 제임스 코튼 교수를 지도 교수로 국제관계학과로 입학했다. 그런데 막상 와서 보니 국제관계학과는 교수진이나 학생들의 연구 분야가 동남아하고는 전혀 상관이 없었다. "여기서 공부할 바에야 뭐 하러 오스트레일리아까지 왔는가?"라는 생각에 처음부터 심란했다. 그런 낌새를 눈치챘는지 지도 교수는 한국과 동남아를 비교할 것을 은근히 주문했고, 자연스레 동남아의 어느 나라를 택하느냐로 관심이 모아졌다. 동남아라고는 한 군데도 가보지 않은 상태에서 "정말 동남아 지도에 대고 다트나 던져볼까?"하는 심정이었다. 결국 싱가포르, 말레이시아, 태국을 며칠에 걸쳐 여행하면서 생각해보기로 결정했다. 마침 아내가 오스트레일리아에 올 때 떼어놓고 온 아들을 데리러 한국에 가 있었기에 혼자서 동남아를 여행하고 가족과 함께 오스트레일리아로 귀국할 요량이었다.

세 나라를 선정한 데는 나름대로 이유가 있었다. 한국과 동남아를 비교한다고 할 때 "경제 성장과 정치 발전의 상관성"이라는 연구 주제를 고려하고 있었는데, 한국과 비교 대상으로 생각된 나라가 후발 신흥 공업국으로 분류할 수 있는 말레이시아와 태국이었다. 싱가포르는 처음부터 고려 대상이 아니었으나 왠지 여행에 포함시켜야 할 것 같았다. "인도네시아는 신윤환 교수님이 전공을 하셨으니까……"라는 막연한 생각이 있었던 것 같다. 하여튼 전공 지역을 정할 때도 그야말로 "장님 코끼리 만지는 방식"으로 출발했다.

싱가포르, 말레이시아, 태국으로 떠난 짧은 여행은 나도 이제 동남아에 가봤다는 얄팍한 위안(?)을 제공했다. 그래도 나름대로 원칙을 갖고 여행을 했다. "많이 걸으면서 많은 사람들과 대화하자." 이런 황당한 전공 선택 여행의 결론이 말레이시아였다. 태국은 너무 정신이 없고 또 의사소통의 문제가 적지 않은 장애물로 여겨졌다. 반면 싱가포르 국경지대에서 쿠알라룸푸르까지 올라가는 과정에서 접한 말레이시아 사람들의 모습은 활기에 넘쳐 보였고, 무엇보다 의사소통의 문제가 적었다. 경제 성장과 정치 발전의 상관성이라는 주제에서도 말레이시아는 흥미로운 사례로 생각됐다. 당시 한국은 민주화 이행기를 겪으면서 소위 근대화 또는 정치발전론의 이례적인 사례에서 가장 모범적인 사례로 탈바꿈하는 전환기에 있었다. 짧은 생각에 "마하티르 체제하에서 말레이시아는 어떤 발전 경로를 겪을까?"라는 호기심이 나를 자극했다.

나름 뿌듯한 마음으로 한국에 귀국했으나, 인사차 모교인 서강대학교를 방문하면서 다시 고민이 시작됐다. 신윤환 교수는 한국과 비교하기보다는 말레이시아만 전공하는 것이 좋겠다 조언을 했다. 향후

전공 지역을 찾아 떠난 말레이시아 여행.

한국의 동남아 연구에서 양자 또는 다자간 비교보다는 심층적인 지역연구가 필요하다는 것이 주된 이유였다. 정치외교학과의 이갑윤, 강정인 교수의 말은 거의 독설에 가까웠다. "오스트레일리아에서 한국 정치에 관해서 공부할 것이 있나?", "한국과 비교하면 앞으로 2년 정도면 충분히 끝내고 올 수 있겠네."라는 말이 부담으로 다가왔다. 당시 지도 교수이던 제임스 코튼 교수에 관해서도 상당히 부정적인 평을 한 것으로 기억된다.

오스트레일리아로 돌아오는 여정 내내 이런 말들이 계속 귓가에 맴돌았다. 결국 ANU로 돌아오자마자 이왕 여기까지 왔으니 한국은 잊고 말레이시아에 집중하자는 결론을 내렸다. 그리고 우여곡절 끝에 정치사회변동학과로 전과를 했다. 지도 교수도 말레이시아와 인도네시아 전공으로 세계적으로 명성이 있는 크라우치 교수로 바뀌었다. 모든 것이 제자리를 찾는 것 같았다. 이때가 오스트레일리아에 온 지 한 학기가 지난 시점이었다.

너무도 생소한 정치사회변동학과

그런데 그때부터 ANU에서 본격적인 이방인 생활이 시작되리라고 누가 상상이나 했겠는가? 전과를 한 뒤 가장 먼저 한 일은 학부에서 동남아 관련 수업을 듣는 것이었다. 원래 오스트레일리아의 학제는 영국과 같이 박사 과정에 별도의 코스워크 없이 연구 중심이었다. 그런데 1990년대 중반 이후부터 ANU에서는 박사 과정도 필요에 따라 1년 정도 코스워크를 하는 방향으로 바뀌고 있었다. 정치사회변동학과도 예외는 아니었다. 그런데 내가 전과를 할 당시에는 박사 과정이 완전히 연구 중심으로 진행됐다. 그러나 나처럼 전공 분야에 관한 공부가 필요한 경우는 학부 또는 석사 과정의 수업을 청강하기도 했다.

내 경우도 전과를 한 뒤 석사 과정에서 동남아 정치변동이라는 과목을, 학부에서는 동남아 연구와 말레이시아 정치 관련 과목을 청강했다. 그러나 현지 언어의 경우는 크라우치 교수의 배려로 학과에서 별도로 강의료를 지불하고 학부의 인도네시아어 수업을 수강하게 됐다. 당시 ANU에는 별도로 말레이어 과목이 개설돼 있지 않았다. 말레이어와 인도네시아어의 경우 그 뿌리가 같아서 한 언어를 습득할 경우 상호 소통하는 데 문제가 없다고 들었다(우리의 경상도와 전라도 말의 차이 정도로 이해하면 될 것 같다).

문제는 인도네시아어 수업 첫 시간부터 발생했다. 신윤환 교수에게 세상에서 가장 배우기 쉬운 언어가 인도네시아어라는 얘기를 들었기에 당연히 부담없는 수업이려니 생각했는데, 강의실에 무려 100명에 가까운 오스트레일리아 학생들이 앉아 있는 것이 아닌가? 더욱 황당한 것은 약 10여 명씩 소규모로 나누어 수업을 하는데 학생들이 간단한 회화를 부담 없이 구사하는 것이다. "첫 수업에 알파벳을 가르치는 것이 아니고 서로 마주보고 간단한 자기소개부터 시작하다니, 뭐 이런 황당한 경우가 다 있나?" 나중에 알고 보니 오스트레일리아에서는 초등학교 때부터 외국어를 배우는데 가장 많이 선택하는 언어가 인도네시아어라는 것이다. 오스트레일리아의 가상 적이 인도네시아라는 말도 들었다.

지정학적으로 오스트레일리아의 지적에 위치하면서 인구는 오스트레일리아의 10배가 넘는 인도네시아를 향한 오스트레일리아 사람들의 우려와 경계는 내가 상상하는 것 이상이었다. 인도네시아의 정국이 불안정해 인구 10퍼센트만 난민으로 내려와도 오스트레일리아 전체 인구에 해당한다고 생각하니 그 두려움이 이해가 됐다. 실질적으로 수하르또 집권 시절 인도네시아는 난민 문제로 오스트레일리아 정부를 심심치 않게 위협했다는 얘기도 들었다. 그러고 보니 TV 뉴스에서 하루도 빠지지 않고 인도네시아 관련 소식을 세세하게 전하고 있었다(오스트레일리아에서는 TV 뉴스만 6개월 정도 열심히 보면 웬만한 인도네시아 전문가 정도는 된다고 한다). 그야말로 오스트레일리아는 인도네시아 연구자의 천국과 같았다. 아무튼 대부분의 학생들이 초, 중, 고 시절에 인도네시아어를 배운 경험이 있었고, 이런 친구들과 학점 경쟁을 하면서 받는 스트레스는 생각보다 컸다.

정치사회변동학과의 또 다른 특징은 구성원들이 전공과 생활을 구분하지 않는다는 것이었다. 학과의 교수진은 물론 모든 동료 학생을 통틀어서 본인의 전공 지역 언어 학습 경험 및 현지 경험이 없는 사람은 나 하나뿐이었다. 며칠 동안의 동남아 여행은 감히 명함도 못 내미는 수준이었다. 그뿐 아니라 학과 교수진이 대부분 자신의 전공 지역 출신과 결혼을 해 생활하고 있는 것도 특이했다. 지도 교수인 크라우치 교수도 부인이 말레이시아 출신 역사학자였다.

이런 분위기에서 한국에서 결혼해서 유학을 온 지극히 정상적인 내가 오히려 이상하게 받아들여지는 것 같은 느낌이었다. 더구나 유학을 올 때 아이가 하나였는데 곧 둘로 늘었으니 "이 친구가 정말 동남아를 전공하기는 하려는 것인가?"라는 진정성을 의심받기에 충분했다. "그렇다고 내가 다시 결혼을 할 수는 없지 않은가?", "또 동남아를 전공한다고 해서 꼭 현지인을 부인으로 얻어야 할 필요가 있을까?", "과연 '일'과 '사랑'이 같이 가는 것이 꼭 바람직하다고 할 수 있을까?" 등등 많은 질문과 의혹이 꼬리를 물었다. 그렇지만 결혼 문제는 그렇다 처도, 현지어 구사는 물론이고 말레이시아 현지 사정에 문외한인 내가 정치사회변동학과 박사 과정에 있다는 것이 스스로 너무도 어색하고 민망하기까지 했다. "과연 내가 여기에 있어도 되는가?", "괜히 남의 다리나 긁고 있는 것은 아닌가?"라는 자괴감에 가슴이 답답할 때가 한두 번이 아니었다.

한편, 정치사회변동학과는 매주 금요일 늦은 오후에 교내 대학원 기숙사 안에 있는 바에서 맥주를 마시며 종종 친분을 다졌다. 금요일 모임은 정치사회변동학과의 오랜 전통으로 학과의 교수, 학생은 물론 주변 학과의 동남아 관련 연구자들과 벌이는 술자리로 자연스레 연결됐다. 금요일 모임에 매번 참석하는 것은 곤욕이었다. 그렇지만 금요일 늦은 오후마다 매번 방문을 두드리는 지도 교수의 성의(?)를 피할 수도 없었다. 술자리의 내용은 온통 동남아 얘기였다. 그중에서도 최근의 현지 동향과 자신들이 만난 전공 지역 정치인을 비롯한 현지 전문가들과 가진 인터뷰 일화 등이 대화 주제로 많이 올랐다. 현지 경험은 물론 현지 전문가를 단 한 명도 만나본 적 없는 내게는 그저 어색하게 웃는 일만이 능사였다. 한 주를 끝내고 편하게 한잔해야 할 자리가 마치 "내면의 자아비판 장"과 같았다.

그러다 보니 석사를 마친 직후 학위 논문을 들고 당시 『역사비평』
이라는 잡지의 주간을 맡고 있던 성균관대학교 역사학과 서중석 교수
를 찾아간 일이 기억났다. 논문 지도 교수이던 손학규 교수가 학위 논
문을 전해주라고 권해서 간 자리였다. 논문의 내용을 묻던 서중석 교
수가 대뜸 "근데 진보당 관계자들과 인터뷰는 했나?"라고 묻는 것이
다. 그럴 생각조차 못 한 나에게 서중석 교수는 정치사와 같은 논문을
쓸 경우 해당 사건 관련 생존자들과 인터뷰를 하는 일은 꼭 필요한 부
분이라는 고언을 해줬다. 그런데 정치사회변동학과의 술자리 모임의
주된 화제가 온통 그런 얘기뿐이니 여기가 오스트레일리아인지 동남
아인지 분간이 안 갈 지경이었다. 아무튼 10년에 가까운 박사 과정 기
간 중 ANU에서 보낸 초기 2년 가까운 시절이 나에게는 가장 어색하
고 이방인 같은 생활이었다.

현지에서 생활하기

ANU에서 이방인 같은 처지이던 내가 할 수 있는 최선은 전공 서적을
많이 읽는 일이었다. 이 시기에 말레이시아에 관한 기본 서적과 논문
들을 읽는 데 많은 시간을 할애했다. 종종 지도 교수에게서 읽을 책과
논문의 리스트를 받아오기도 하고, 몇 개월에 한 번씩 생각을 정리해
연구 제안서를 지도 교수에게 제출했다. 당시 내 관심은 주로 "지극히
분열적인 말레이시아가 어떻게 경제 성장과 정치 안정을 동시에 구가
할 수 있었을까?"라는 문제였다. 그때 지도 교수에게서 받은 코멘트들

은 다시 읽어봐도 얼굴이 화끈거린다. 성품 좋기로 소문난 크라우치 교수는 내가 자존심에 상처를 받지 않게 조심스레 "네가 제기한 문제는 매우 흥미롭고 중요하지만 아직 충분히 구체적이지 않다. 네 연구가 다른 학자들의 연구와 달리 무엇이 새로운지 고민해보기 바란다."는 지적을 자주 해줬다. 1993년 10월경에 받은 코멘트에는 심지어(?) 한국과 말레이시아를 비교하는 원래의 관심사로 돌아가는 것이 어떻겠느냐는 내용까지 담고 있었다. 위기였다. 아무리 머리를 짜내 연구 제안을 해도 말레이시아에서 20년 가까이 생활한 크라우치 교수에게는 별로 신통치 않은 것이었다.

결국 무작정 말레이시아로 떠나기로 결정했다. 크라우치 교수에게는 "내가 동남아에 관해 석사를 하지 않았으니 1년 정도 말레이시아에서 살다가 오겠다."고 말했다. 1년은 말레이시아에 살면서 천천히 연구 주제를 생각해보고, ANU로 돌아와서 대략적인 연구의 틀을 잡은 뒤에 1년 정도 본격적인 현지조사를 할 요량이었다. 내 말을 들은 지도 교수는 한 치의 망설임도 없이 "잘 생각했다. 내가 처음부터 네게 해주고 싶었던 말이다."라는 반응을 보였다. 내심 속으로 "그렇다면 1년 전에 진작 얘기해주지." 하고 울화가 치밀었다. 한국처럼 지도 교수가 학생을 몰아붙이며 진로를 걱정해주는 분위기에 익숙했던 나의 불찰이었다. 이때의 경험 때문에 나는 지금도 유학을 준비하는 후배들에게 "지도 교수를 적극적으로 찾아가고, 네가 무엇을 원하는지를 분명히 밝혀라."는 조언을 한다.

지도 교수의 조언

말레이시아로 떠나기에 앞서 크라우치 교수는 내게 두 가지 조언을 했다. 하나는 연구 주제에 너무 신경 쓰지 말고, 그냥 수도세와 전기세도 내보고 큰아이 유아원도 보내며 살다가 오라는 것이었다. 원래 1년은 공부 욕심을 내지 않을 생각이었으나, 그래도 좀 황당했다. 그리고 크라우치 교수는 내게 자신이 갖고 있는 말레이시아 현지 전문가 명단을 보여주며 그중에서 두 명을 소개시켜주겠다고 했다. 명단에는 언뜻 봐도 족히 50명 가까운 사람들의 이름이 보였다. 그런데 단 두 명이라니, 너무 야속한 것 아닌가? 그렇지만 이어지던 크라우치 교수의 말은 지금도 잊을 수가 없다. "내가 이 리스트를 네게 주면 너는 말레이시아에서 스스로 네트워크를 구축할 수 없을 것이다. 내가 연결해주는 두 명을 출발점으로 말레이시아에서 너만의 네트워크를 만들어봐라. 그것이 네게도 좋고, 나도 뒤에 너를 통해 도움을 얻을 수 있을 것이다." 이런 배려 덕분에 그 뒤로 몇 년이 지난 시점에 지도 교수의 그것과는 사뭇 다른 현지 전문가 네트워크를 구축할 수 있게 됐으니, 이 얼마나 사려 깊은 조언인가?

지금도 당시 크라우치 교수의 깊은 뜻을 생각하면 고개가 절로 숙여지고 고마운 마음이 앞선다(그렇지만 당시 너무도 걱정스런 마음에 지도 교수의 명단을 몰래 복사했고, 그 명단은 지금도 소중하게 간직하고 있다). 당시 크라우치 교수가 소개해준 사람이 말라야대학교Universiti Malaya 역사학과의 리깜힝Lee Kam Hing 교수와 전직 외교부, 정보부 장관이자 스망앗 46Semangat 46의 수석 부총재를 지낸 라이스 야띰Rais Yatim이었다.[3] 리

깜힝 교수는 말라야대학교에서 2년 반 동안 쾌적한 연구실을 제공해
줬고, 훗날 내가 현지 전문가 네트워크를 구축하는 데 첫 단추 구실을
한 중국계 일간지 《더 스타The Star》의 샴술Shamsul Akmar 기자까지 소개
해줬으니 지도 교수의 뜻이 헛되지 않았다.

말레이시아에서 체류하는 1년간 박사 과정은 휴학을 하기로 했다.
아무래도 학위 기간이 좀 길어질 것 같았고, 이럴 경우 장학금이 만
료되는 기간을 최대한 늦추는 것이 좋을 것 같았다. 결과적으로 나
는 2년 반을 말레이시아에 체류했고, 따라서 장학금 만료 기간도 연
장됐다. 이것이 내가 유학하면서 한 결정 중 가장 현명한 것이었다. 내
가 1997년 1월 오스트레일리아로 돌아온 뒤 채 1년도 안 돼 동아시아
경제 위기가 발생했고, 그 여파로 오스트레일리아에서 정부 장학생의
신분이 아니었으면 아이들 학비를 고스란히 지불했어야 했다. 1인당
연간 1000만 원이 넘는 두 아이의 학비와 생활비 부담에 박사 과정을
포기했을지도 몰랐을 것을 생각하면 지금도 아찔하다.

비자 문제는 일단 관광 비자로 들어가서 말라야대학교 언어센터
Pusat Bahasa의 말레이어 과정에 등록해 학생 비자로 바꾸기로 했다. 당
시만 해도 어학연수생의 가족까지 체류 비자를 발급해줬으니 온 가
족이 함께 생활하러 간 내게는 안성맞춤이었다. 이 제도도 나중에 어
학연수생에게는 가족 비자를 발급해주지 않는 것으로 바뀌었으니 우

---

3   스망앗 46(46의 정신)은 1987년 UMNO 당권 경쟁에서 패한 라잘레이 함자(Razaleigh Hamzah)가 결성한 정
    당이다. 1946년은 UMNO가 창당된 연도로 스망앗 46은 자신들이 UMNO의 전통을 이어받은 정당이라는
    점을 주장하는 것이었다.

리 가족은 여러 모로 운이 좋았다. 외국 연구자가 말레이시아에서 현지조사를 할 경우 총리실 산하의 경제계획부EPU: Economic Research Unit에서 연구 비자를 발급받아야 했다. 그러나 "공식적인 절차를 따르면 오히려 연구 활동을 제대로 수행할 수 없다."는 크라우치 교수의 조언에 따라 관광 비자와 학생 비자라는 조합을 선택한 것이다. 실질적으로 총 3년이 넘는 현지조사 기간 중에서 연구 비자가 없어서 곤란을 겪은 적은 없었다. 지도 교수의 20년 가까운 현지 생활 노하우가 빛을 발한 대목이었다.

드디어 현지로 가다

이렇게 해서 1994년 5월부터 말레이시아에서 생활을 시작하게 됐다. 원래 가족과 함께 생활하려는 계획이었으나, 둘째 아이가 태어난 지 겨우 100일이 지난 상황이어서 아무래도 무리라는 생각에 일단 혼자 사는 것으로 계획을 수정했다. 아내와 아이들은 약 5개월 정도 지난 1994년 말에 말레이시아로 합류했고, 이때부터 약 2년간 쿠알라룸푸르에서 가족과 함께 시간이 가는 줄도 모르고 생활했다. 1년의 체류 계획을 넘기고 2년이 지나니 크라우치 교수로부터 경고 메시지가 날아들었다. "다른 학생들의 경우를 볼 때 현지 생활 2년이 넘어가면 (학업을 포기하고) 그냥 거기서 살게 되더라."라는 다소 섬뜩한(?) 내용으로. 정신을 차리고 귀국한 것이 1997년 1월이었다.

내가 1994년 5월 말레이시아에서 처음 머문 곳은 말라야대학교의 방문자 숙소Rumah Universiti였다. 마침 쿠알라룸푸르에는 1년간 끌란딴에서 현지조사를 마치고 귀국을 준비하던 서울대학교 인류학과 박사 과정의 홍석준 선배가 있었다. 수방 국제공항에 마중을 나온 홍석준 선배를 만나자마자 바로 뜻(?)이 통해 방문자 숙소에서 약 한 달간 같이 기거했다. 이 기간도 내게는 잊을 수 없는 시기였다. 홍석준 선배와 거의 하루도 거르지 않고 10시간 가까이 술잔을 기울이며 말레이시아에 관한 얘기를 나눴다. 술자리도 그랬지만 다음 날 어김없이 말라야대학교의 도서관에서 5~6시간씩 자료를 찾아 복사하는 홍석준 선배의 그 정성이 놀라웠다. 몇 개월을 살려고 준비해간 생활비가 단 한 달 만에 바닥이 났지만, 책을 통해서만 접하던 말레이시아의 이모저모를 홍석준 선배를 통해 술과 이야기로 확인할 수 있던 너무도 소중한 시간들이었다.

현지에서 같은 지역을 전공하는 한국인을 만나 공감대를 나눈 것이 ANU에서 이방인으로 살던 나의 답답함과 갈증을 어느 정도는 해갈해주는 듯했다. 당시 쿠알라룸푸르에는 한국외국어대학교에서 말라야대학교로 석사 및 박사 유학을 온 한국 가족들이 몇 있었는데, 내가 가족과 함께 말레이시아에서 사는 동안 너무도 많은 도움과 조언을 주었다. 박사 과정은 1~2년에 끝나는 않는 긴 시간을 요구하는 삶의 소중한 일부이기에 이 사람들과 맺은 인연은 나뿐만 아니라 가족들에게도 생활의 중요한 활력소가 됐다.

홍석준 선배가 떠나고 본격적인 홀로서기가 시작됐다. 먼저 숙소를 방사Bangsar 근처로 옮겼다. 방사는 쿠알라룸푸르에서 외국인이 많이 거주하는 고급 주택가였지만 내가 얻은 자취방은 방사에서 한 블록 떨어진 저렴한 주택가에 있었다. 인도인 가족이 사는 이층집이었는데, 1층에는 인도인 부부와 쿠마라는 이름의 사내아이 한 명이 살았고, 나는 2층에서 병색이 완연한 쿠마 외할아버지가 기거하는 옆방에서 생활했다. 마당을 지키는 커다랗고 시커먼 개는 하루 종일 밖에 나갔다가 늦게야 귀가하는 내가 제일 먼저 친해져야 하는 존재였다. 쿠마의 집에서 생활하기 시작한 첫날을 지금도 생생히 기억한다.

　낯선 환경에 잠을 뒤척이다 겨우 잠을 청할 무렵, 갑작스런 괴성에 침대에서 벌떡 일어난다는 것이 그만 마룻바닥에 쾅당……. 바로 집 근처에 있는 이슬람 사원에서 새벽 예배 시간을 알리는 아잔^{Azan} 소리였다. 어느 말레이시아 여행 책자에서는 "새벽을 깨우는 은은하고 장엄한 소리"라고 읽었는데……. 이건 정말 최악의 괴성이었다. 아니, 힌두교 신자인 인도 사람들이 주로 사는 주택가 바로 옆에서 확성기를 밖으로 향하게 하고 매일 다섯 차례 저런 소리를 내다니. 이곳에서 말레이인, 중국인, 인도인 들이 화목하게 어울려(?) 산다는 것을 처음으로 실감하는 순간이었다. 며칠간 새벽마다 울부짖는 괴성에 잠을 설쳤는데 언제부터인가 그 소리에 둔감해지고 무덤덤해졌다. "아! 이래서 그냥 살게 되는구나."라는 생각과 함께, 아잔 소리는 어느새 내게도 생활의 일부가 돼갔다.

　쿠마네 집에 거주한 지 두 달 정도 지났을 무렵 무척 곤혹스런 일이 발생했다. 쿠마 외할아버지가 갑자기 세상을 떠난 것이다. 한층에서 같이 살던 사람이 세상을 떠났으니, 그것도 인도인의 장례 문화에 관해 아무런 상식도 없었으니 당혹스러울 수밖에 없었다. 다행히 말라야대학교에서 인류학 석사를 하던 김금현 선생의 조언을 받아 간소하나마 약간의 부의금으로 성의를 표할 수 있었다. 힌두교에서는 사망한 직후 화장을 한다고 들었는데, 쿠마네 집은 할아버지의 시신을 집안에 며칠씩 안장해놓은 뒤에 화장을 했다. 장례 과정에서 딸과 외손자가 실질적 상주 역할을 하고 사위는 동네 구경꾼처럼 아무것도 하지 않는 것처럼 보인 것도 의아한 일이었다.

쿠마네 집에서는 그 뒤로 두 달 정도 더 살다가 가족이 합류하기로 해서 쿠알라룸푸르 외곽에 위치한 메도파크 Meadow Park라는 콘도로 거주지를 옮겼다. 몇 개월 뒤에 한국인 유학생들이 많이 거주하는 O. G. 하이츠O. G. Heights라는 곳으로 이사해서 오스트레일리아로 돌아올 때까지 살았다. 우리 가족이 살던 콘도는 월 25만 원 정도에 가구가 갖춰진, 방 3개가 딸린 곳이었다. 시 외곽에 위치했고, 바로 앞에서 고속도로 공사가 한창이어서 월세가 시세보다 저렴했다. 말레이시아처럼 더운 나라에서 세 살과 한 살 된 두 아이와 함께 살기에 적당히 알맞은 곳이었다고 필자는 생각한다. 아무튼 쿠마네 집에서 보낸 짧은 생활이 지금도 눈앞에 선하다.

현지의 거주 환경에 관해서 ANU에서 벌어진 흥미로운 논쟁이 떠오른다. 대충 1998년, 1999년 정도로 기억된다. 당시 정치사회변동학과에는 현지조사는 어렵고 고생스러운 과정이라는 인식이 팽배했다. 현지인과 결혼까지는 못해도 현지조사는 가급적 현지인과 같은 생활을 해야 한다는 것이 주류의 생각이었다. 그런데 준 혼나Jun Honna라는 일본 친구가 인도네시아 현지조사 기간 중에 자까르따의 최고급 호텔

사우나를 매일 들락거리며 현지조사를 한 것이 화근이었다. 반면에 돈 포터Donald Porter라는 오스트레일리아 친구는 주로 인도네시아의 농촌 마을kampung에서 거주하며 이슬람 정치를 연구했다. 이때 독일에서 유학 온 마르쿠스 미츠너Marcus Mietzner라는 친구가 "돈 포터는 시골에서 살면서 생활의 절반은 병원을 들락거렸다."며 빈정대면서 논쟁의 불씨를 지폈다. 반면에 준 혼나는 호텔 사우나에서 인도네시아 군 장성들을 사귀며 군부의 비밀 문건을 입수해서 4년 만에 논문을 마치게 됐다는 것이다. 지도 교수들까지 가세한 논쟁에서 연구 주제에 따라 현지조사의 방법을 달리할 필요가 있다고 대충 결론이 났다. 이 일을 계기로 현지조사 방법에 관한 정치사회변동학과의 분위기가 상당히 유연해졌던 것으로 기억한다.

조모Jomo 교수를 만나다

1997년 1월 오스트레일리아로 돌아오기 전까지 주로 말라야대학교에서 하루를 보냈다. 일주일에 3일, 하루에 4시간씩 말라야대학교 언어센터에서 현지어를 배우고, 부족한 부분은 말라야대학교 학생에게 개인 교습을 받았다. 그러나 쿠알라룸푸르가 영어로 생활하는 데 불편함이 없는 곳이어서 수업시간에 배운 내용을 활용할 수 있는 기회가 적었다. 아직도 이곳에서 생활할 날이 많이 남아 있고, 또 앞으로 다시 현지조사를 올 것이라고 생각하니 그만큼 절박하지도 않았던 것 같다. 아무튼 말레이시아에서 그렇게 오랫동안 살면서 현지어를 제대로 배우지 못한 것이 지금까지 가장 후회가 남는 일이다. 아마 가족과 함께 생활하지 않고 계속 혼자서 현지 생활을 했으면 상황이 많이 달라졌을지도 모른다. 그러나 국내에서 말레이시아를 연구하는 대부분의 전공자들이 동남아 타 지역 전공자들에 견줘 현지어 구사 능력이 상대적으로 떨어지는 것은 비단 가족 탓만은 아닐 것이다.

리깜힝 교수가 마련해준 연구실은 말라야대학교 중앙도서관 근처 이슬람연구학 건물 1층에 있었다(지금은 경영회계학부 건물로 바뀌었다). 그리고 바로 옆방이 조모 Jomo Sundaram 교수 연구실이었다. 조모 교수는 웬만한 동남아 연구자라면 익히 이름을 들었을 정도로 명망 있는, 말레이시아의 대표적인 진보 성향의 학자다. 특히 말레이시아를 분석할 때 조모 교수는 계급적 관점의 필요성을 주창하고 있다(Jomo 1988). 크라우치 교수의 오랜 지인이기도 했는데, 교수는 현지에서 그에게 학문적 조언을 꼭 받으라고 추천해줬다. 내가 ANU에서 제일 처음 완독한 글이 조모 교수의 책이기도 했다. 연구실 위치는 내가 자료를 수집하고 연구를 하기에 나무랄 데가 없었다.

내가 옆방의 조모 교수를 처음 찾아간 것은 연구실에 자리를 잡고 거의 몇 개월이 지나서였다. 그냥 인사하러 가기도 그렇고, 나름 만날 준비를 한다고 준비하다 보니 그렇게 늦어졌다. 문제는 첫 만남부터 시작됐다. 문을 두드리고 내 소개를 하려는데, "네가 누군지 알고 있다. 너는 왜 매일 한국 사람하고만 어울려 다니느냐?"며 버럭 화(?)를 내는 게 아닌가. 그리고 "하루에 몇 시간 자느냐? 책은 하루에 몇 시간 읽느냐?"고 묻는 것이다. 얼떨결에 8시간 자고 8시간 책을 읽는다고 대답을 하고 말았다. 그리고 다음에 올 때 이제까지 읽은 책의 목록과 연구하고 싶은 주제를 10개 적어오라는 말을 듣고 문을 나섰다. 첫 만남에 걸린 시간이 채 2분도 걸리지 않았다.

연구 주제들을 정리해 며칠 뒤에 다시 조모 교수를 찾았다. 내 리스트를 꼼꼼히 살펴보더니 이번에는 "이것은 네가 할 수 없는 주제"라며 맨 위부터 하나씩 줄을 그어가는 것이 아닌가? 그중에는 내 박사 논문 주제인 UMNO와 마하티르의 정치 리더십 연구도 있었다. 그리고 "너는 중국인처럼 보이는 동양인이고, 언어의 제약으로 말레이 정치 엘리트에 관한 연구는 할 수 없다. 말레이인이 차라리 백인에게는 속내를 열지 몰라도 중국인처럼 생긴 네게는 아니다. 차라리 한국과 말레이시아의 국제관계를 연구하는 것이 현실적일 것 같다."라고 조언을 하는 것이다. 말레이시아 종족 관계의 현실을 절실하게 느끼는 순간이었다. 조모 교수와 두 차례 만난 일은 나를 크게 위축시켰고, 그 뒤로 말레이시아를 떠날 때까지 나는 조모 교수를 피해 다녔다(심지어 화장실을 갈 때도 복도를 살폈다). 이때부터 뚜렷한 목적과 준비 없이는 현지 전문가를 만나지 말자는 생각으로 말레이시아에서 남은 시간을 보냈다. 이방인으로 살던 ANU에서의 생활이 여기서도 시행착오로 연결되고 있었다.

그렇지만 조모 교수와 만남은 한편으로 약이 됐다. 이후로 나의 관심이 "경제 성장과 정치 안정의 문제"에서 "말레이시아 종족 정치의 본질"로 바뀌게 됐기 때문이다. 과연 말레이시아의 정치 엘리트들이 세간의 평가대로 종족적 이해관계에 따라 움직이는가?, 말레이시아에서 종족 정치는 정말 변할 수 없는 상수와 같은 존재인가? 이런 문제들을 고민하며 말레이시아 현지 생활의 하반기를 보낸 것이다.

문헌 자료 수집하기

2년 반의 기간 중에서 전반부가 그야말로 "생활하기"였다면, 후반부는 "문헌 자료 수집하기"로 축약된다. 시간이 흘러갈수록 "이렇게 살다가 아무런 소득도 없이 그냥 돌아가면 어쩌나?"라는 불안감이 커져갔다. 유학을 떠나기 전에 신윤환 교수가 해준 "보험 들기"라는 말도 떠올랐다. 그것은 박사 과정에서 너무 크고 거창한 이론에 얽매이는 오류를 범하지 말라는 것이다. 오히려 "기자 정신"을 갖고 특정 주제에 관해 세밀히 조사하고 문헌, 정보를 수집하다 보면 나중에 최소한 박사 학위를 받을 정도의 자료가 축적될 것이고, 이것이 학위 과정에서 보험을 드는 효과가 있다는 것이다.

　이런 생각으로 말라야대학교 도서관에서 본격적으로 단행본, 잡지, 논문들을 복사하고 분야별로 제본을 하기 시작했다. 특히 신문 자료의 복사에 제일 많은 시간을 할애했다. 당시 말라야대학교 도서관에서는 1970년대 이후 주요 신문들을 정치, 경제, 사회 등 분야별로 나누고, 각 분야를 다시 핵심 주제어 단위로 분류해서 해당 기사를 일일이 스크랩해서 A4용지 크기의 단행본으로 보관하고 있었다. 특정 이슈나 사건 등에 관한 신문 보도의 성향, 관련자의 태도 등을 쉽게 비교 분석할 수 있는 소중한 1차 자료였다. 지극히 노동 집약적인 신문 스크랩 작업을 도서관 직원들이 끝도 없이 계속하는 것을 보고 감탄하며 나도 정치 관련 자료의 단순한 복사 작업을 몇 개월에 걸쳐서 계속했다. 대출도 하루에 2권으로 제한됐고, 더욱이 도서관 밖으로 가지고 나갈 수도 없는 신문 자료였기에 도서관 안에 설치된 복사기를 몇 개월 동안 눈치 보며 전세 내야 했다.

지금도 UMNO, MCA, PAS, DAP, MIC, 마하티르, 라잘레이 등의 라벨이 붙어 있는 신문 스크랩 모음집이 내 연구실의 한 부분을 가득 차지하고 있다. 내 학위 논문에서 특정한 이슈에 관한 다양한 견해들이 시기를 넘나들며 인용되고 있는 것은 모두 이때 수집한 신문 자료 덕분이다. 지금은 인터넷에서 키워드 검색으로 쉽게 신문기사를 검색할 수 있지만, 1970년대부터 1990년대말까지 정치 관련 신문 자료는 말라야대학교의 도서관과 내 연구실 말고 다른 곳에서는 쉽게 구할 수 없다고 자부한다.

말라야대학교 도서관 말고 공을 들인 곳은 중국계 야당인 민주행동당DAP: Democratic Action Party 자료실이었다. 1996년 중반 뻬딸링 자야Petaling Jaya에 위치한 DAP 당사를 방문한 나는 당사 맞은편의 허름한 자료실에 쌓여 있는 DAP의 각종 문건들을 보고 깜짝 놀랐다. 특히 DAP 총재이자 당시 야당 지도자이던 림킷샹Lim Kit Siang이 지난 수십 년 동안 작성했던 보도 자료와 정세 분석 묶음들이 눈에 띄었다. 커다란 책꽂이를 가득 메울 정도로 방대한 양이었다.

당시 자료실은 테레사 콕Teresa Kok이라는 30대 초반의 여성이 지키고 있었는데 불쑥 방문한 나를 의혹의 눈초리로 바라보는 것이 역력했다. 한국인이고, 오스트레일리아에서 왔고, 말레이시아 정치를 전공하고, 현재 말라야대학교에 있고……. 어느 하나라도 걸리라는 심

바쁜 일상에서 벗어나 쿠알라룸푸르 근교 호숫가에서 망중한.

정으로 주저리주저리 소개를 했다. 다행히 이 친구도 말라야대학교에서 석사 학위를 하고 있다는 것을 알게 되었고, 그때부터 자료실에서 "죽치고 있기"를 반복했다. 그리고 기회를 봐서 "저기 있는 자료들을 내가 모두 복사하고 싶다."며, "만약 이 허름한 곳에 화재라도 나면 저 소중한 자료가 다 사라질 텐데, 내가 한 부 복사해서 잘 보관하고 있겠다."라고 이유를 댔다. 테레사는 황당해하다가 사뭇 진지한 내 모습을 보고 보스에게 물어보겠다고 했다. 결국 림킷샹의 허락을 받고 몇 주에 걸쳐서 모든 자료를 복사할 수 있었다. 이것이 내가 림킷샹, 테레사와 인연을 맺게된 계기였다. 1998년 초 다시 현지조사를 왔을 때 림킷샹하고는 "그때 자료를 다 복사해간 한국인"이라는 인연으로 인터뷰를 시작했고, 테레사 콕은 1999년 총선에서 국회의원에 당선된 후 현재 DAP 출신의 4선의원이 됐다. 나는 지금까지 두 사람과 오랜 인연을 이어가고 있다.

애초에 1년을 살기로 계획했던 시간이 어느덧 2년 반이 넘게 지났다. 그냥 살아보자는 막연한 생각으로 출발했지만, 돌이켜보면 이때의 생활이 내가 오랜 시간이 지나도록 현지에 대한 감을 유지하게 된 원동력이 됐던 것 같다.

"절실함"은 나의 무기

1997년 1월 오스트레일리아로 돌아오면서 마음이 부쩍 급해졌다. 유학을 떠난 지 벌써 4년 반이라는 세월이 흘렀던 것이다. 원래 4~5년 정도면 학위 과정을 마칠 것으로 생각했는데 이제 겨우 시작이라는 생각에 가슴이 종종 답답해지곤 했다. 마침 9년 동안 박사 과정에 있던 오스트레일리아 학생 하나가 학위 과정에 재등록했다는 얘기를 어디선가 들었다. 일정 기간 안에 학위를 마치지 못하면 학기가 더 이상 연장되지 않는 학교 규정 때문이라는 것이다. 나는 외국인이어서 저런 선택을 할 수도 없다는 생각에 주위를 둘러보니 나보다 훨씬 늦게 입학했는데 벌써 논문을 마무리하는 학생들이 여럿 눈에 들어왔다.

　마음이 더욱 불안해지고 초조해졌다. 평소에 자상하던 지도 교수도 왠지 내가 학위 과정을 마치지 못해도 눈썹 하나 꿈적하지 않을 매정한 사람처럼 보였다. 오랜 휴학 덕분에 장학금이 2년 남짓 남아 있는 것이 그나마 다행이었다. 때마침 아내도 석사 과정에 입학하려고 준비하고 있었다. 아이들 육아 때문에 미뤄둔 공부를 다시 시작하려는 아내를 보며, 내가 조금 늦게 학위를 마치는 것이 오히려 좋을 것 같다고 생각하며 스스로 위안을 얻었다. 초등학교에 갓 입학한 큰 아이와 한창 귀여움을 떠는 작은아이와 보내는 일상생활 역시 내게는 너무도 큰 힘이 됐다.

본격적인 현지조사 준비

이런 마음의 굴곡을 겪으며 다시 현지로 떠날 준비를 시작했다. 그러나 이번에는 현지 생활이 아닌 현지조사를 위한 준비였다. 그 첫 단계는 학위 논문의 챕터를 구성하는 일이었다. 일단 논문에서 다룰 시기를 1998년 초반까지로 한정하기로 했다. 1997년 말부터 1998년 초까지 3개월 정도 집중적으로 인터뷰를 한 뒤, 그것을 토대로 장학금이 만료되는 1999년 중반까지 논문을 마무리할 계획이었다.

　연구 주제는 1987년 UMNO의 분열 이후 마하티르 개인을 중심으로 권력이 집중되고 권위주의적 통치가 강화되는 현상을 분석하는 방향으로 잡았다. 1987년이 기점이 된 이유는 이 시기가 UMNO의 당권을 둘러싼 마하티르 총리와 라잘레이 함자 무역산업부 장관의 정치적 대결이 극한으로 치달은 시기였고, 이 시기를 전후로 마하티르 정치 리더십의 질적인 변화가 가시화됐기 때문이었다. 1987년 UMNO 당권 투쟁과 비교하는 관점에 서 1969년 종족 폭동도 분석 대상에 포함시켰다. 1969년에 발생한 말레이계와 중국계의 유혈 종족 폭동을 전후로 말레이시아 정치체제의 성격이 "종족 간 타협"에 바탕을 둔 협의주의적 행태에서 "UMNO 중심의 일당우위적 지배 체제의 강화"로 질적인 변모를 했기 때문이다(Barraclough 1985). 1969년 종족 폭동과 1987년 UMNO 당권 경쟁의 격화라는 상이한 갈등 구조 아래에서 말레이계 집권 엘리트가 택한 체제 유지 방법의 변화에 관한 분석은 그동안 종족 정치라는 외피에 가려져 있던 말레이시아 정치를 이해하는 대안적 접근이라는 것이 내 판단이었다.

　1997년 12월 현지조사를 떠나기 전까지 내가 한 일은 챕터별로 문헌 자료를 정리하면서 현지에서 인터뷰할 대상을 선정하고 챕터별 질문 내용을 구체화하는 작업이었다. 인터뷰 대상을 선정할 때의 첫번째 기준은 1987년 UMNO 당권 경쟁과 이어지는 정치적 격변과 직접적으로 연관된 인사들이었다. 특히 1987년 당시 마하티르와 갈등 관계에 있던 UMNO 출신 정치 엘리트들과, 이후 마하티르의 위기 극복 과정에서 정치적 희생양이 됐던 여야 정치인, 엔지오, 학계 인사들과 면담을 염두에 두고 질문 내용을 준비했다. 이때 "말과 글로만 접하던 이런 사람들을 내가 과연 만날 수 있을까."라는 불안감과 "그래도 무조건 만나야 한다."라는 절박함이 수시로 교차하던 그 복잡하던 감정을 지금도 잊을 수가 없다.

현지조사를 떠나기 전에 한 마지막 과정은 논문 계획서를 발표하는 일이었다. 통상적으로 정치사회변동학과에서는 학위 과정을 시작한 지 6개월 정도 되었을 때 논문 계획서를 발표하고, 현지조사를 떠나기 전이나 후에 중간 발표를 하고, 현지조사를 마치고 논문을 완성하는 단계에서 마지막 발표를 한다. 그런데 나는 학위 과정이 시작된 뒤 5년이 지나서야 논문 계획서를 발표하게 된 것이다. 그리고 이제야 얘기하지만 나는 중간 발표를 생략(?)하고 논문 마무리 단계에서 두 번째 발표를 했다. 너무 오랫동안 학위 과정에 있어서 학과 구성원들이 내가 그동안 당연히 뭔가 발표했을 것이라고 생각했을지 모른다. 발표를 두 번만 한다고 졸업 요건에 위배되는 것은 아니지만 그래도 나만의 비밀이었다. 아마 지도 교수도 기억이 없거나 알고도 그냥 넘어갔는지 모르겠다.

그러고 보니 내가 2001년 6월 논문 통과를 확정지었을 때, 학과장인 커크빌릿 교수가 학과 전체 구성원에게 "황Hwang이 드디어 졸업한다."는 이메일을 돌린 것이 기억난다. 그동안 내가 얼마나 학과의 골칫거리였으면 그랬을까? 그래도 자랑 같지만 커크빌릿 교수의 이메일에는 "황의 논문이 심사 위원 3인에게 모두 무수정 통과를 받았고, 이것은 학과에서 전례를 찾기 어려울 정도로 드물고 기쁜 일이다."라는 내용이 포함돼 있었다. 당시에도 만감이 교차했다.

2년 반의 현지 생활과 달리 이번 현지조사는 학과의 자금 지원을 받았다. 당시 학과에서는 박사 과정의 모든 학생들에게 1회에 한해 현지조사 자금을 지원했다. 특별히 두 차례에 걸쳐 지원을 받는 학생들도 있었으나 예외적인 경우였다. 지원 금액은 조사 지역과 기간에 따라 다소 차이가 있었으나 대략 500만 원 전후였던 것으로 기억된다. 3개월이라는 비교적 짧은 기간에 혼자서 생활하기에 500만 원은 충분한 금액이었다.

드디어 인터뷰를 시작하다

먼저 정착 비용과 시간을 최소화하기 위해 예전에 가족과 함께 머물던 콘도를 근거지로 삼았다. 교통이 다소 불편했지만, 아무래도 새롭고 낯선 곳보다는 익숙한 환경이 유리하다고 판단했다. 이번에도 리깜힝 교수가 말라야대학교 안의 IPT Institute Pengajian Tinggi라는 곳에 연구 공간을 마련해줬으나 가끔씩만 사용했다. 이번 현지조사의 주요 활동이 인터뷰였기에 여러 곳을 돌아다니다가 말라야대학교로 다시 들어오는 것이 불편했기 때문이었다. 인터뷰가 없는 날은 주로 집에서 녹취한 내용을 풀면서 다음 인터뷰를 준비했고, 밖으로 나가는 날에는 면담 장소 근처의 커피숍이나 공공장소를 근거지로 활용했다.

그런데 인터뷰를 시작하면서 예기치 않은 문제들에 직면하기 시작했다. 가장 심각한 문제는 당초 계획했던 정치인들과 연락도 여의치 않았고, 연락이 되더라도 면담 일정을 잡는 데 생각보다 시간이 많이 걸렸다는 것이다. 정치인들의 활동 반경이 워낙 넓고 복잡하기도 했지만, 한국에서 온 낯선 학생이 그 사람들에게는 전혀 흥미롭지도, 매력적이지도 않았던 것이다. 애초에 쉽지는 않을 것이라고 예상은 했지만 실제는 훨씬 당혹스럽고 조바심 나는 상황이었다. 설상가상으로 통신 상황도 여의치 않았다. 지금은 휴대폰이 대중화돼 있어 상상할 수 없는 일이지만, 당시만 해도 관광 비자로 단기 체류를 하면서 집에 전화를 개설하는 것이 사실상 불가능했다. 결국 인터뷰 약속을 위한 통신 수단으로 공중전화를 사용할 수밖에 없었는데 여간 불편한 것이 아니었다. 게다가 왜 그렇게도 고장 난 공중전화가 많던지……. 지금도 당시를 생각하면 전화 연락을 하는 데 너무 애를 먹은 것 같다.

아무튼 처음부터 정치인들과 면담을 성사시키기에는 여러모로 제약이 많았다. 그래서 생각한 것이 학계와 엔지오 관계자들부터 접근해나가는 방식이었다. 어차피 1987년 UMNO 사태 이후 마하티르 정권의 권위주의화를 분석하는 데는 학계와 엔지오 관계자들과의 면담이 필요했다. 그렇지만 이 사람들과 면담하는 게 상대적으로 수월했던 것도 솔직한 이유였다. 학자들의 경우 별다른 선약이 없어도 연구실을 방문해서 만나는 데 부담이 없었다. 엔지오의 경우 "무작정 찾아가서 몇 시간이고 죽치고 있기"를 반복했다. 어느 날은 아무 소득도 없이 하루 종일 죽치고 있던 적도 있었다. 처음에는 경계하는 듯했으나, 내가 마하티르 정권에 비판적인 접근을 하고 있다는 것을 알고는 그렇게 사무실에서 시간을 죽이는 나를 크게 부담스러워 하지 않왔다.

이런 죽치기 전략은 의외의 수확을 안겨줬다. "내게는 너무 소중한" (하지만 그 사람들에게는 하찮은) 자료들이 사무실 여기저기에 널려 있는 것이 아닌가? 게다가 전화 때문에 애를 먹고 있었는데 사무실 전화도 마음대로 쓸 수 있으니 내게는 그야말로 안성맞춤이었다. 이렇게 한량처럼 시간을 보내면서 그곳을 드나드는 많은 사람들과 허물없이 대화하며 말레이시아 상황을 좀더 현장감 있게 접할 수 있었다. 그곳에서 만난 몇몇 활동가들과 맺은 인연 또한 너무도 값진 수확이었다.

소중한 만남

내가 방문해서 많은 시간을 보낸 대표적인 엔지오는 수아람SUARAM: Suara Rakyak Malaysia이라는 단체였다. 지금도 그렇지만 당시 수아람은 "말레이시아 민중의 소리"라는 단체 이름처럼 말레이시아의 대표적인 인권 단체였다. 득히 수아람은 1987년 마하티르 정권이 UMNO 안의 정적 축출을 위해 공안 정국을 창출하는 과정에서 여당, 야당, 시민단체, 학계, 노동계는 물론 일반인까지 포함된 106명을 국내보안법 ISA: Internal Security Act 으로 구속한 것에 저항하기 위해 만들어진 단체였기에 내 연구 주제와 밀접한 관련이 있다.

쿠알라룸푸르에서 뻐딸링자야로 넘어가는 경계에 위치한 수아람은 명성에 견줘 너무 허술했다. 허름한 1층짜리 단독주택에 상주하는 인력이 고작 2명 정도에 불과했다. 이러니 나 같은 외부인이 마음대로 드나들며 자료를 뒤적거려도 별로 부담스럽지 않은 상황이었던 것이다. 뒤에 수아람이 네트워크 위주의 단체라는 것을 알고 어느 정도 상황이 이해가 됐다. 그래도 열악한 환경에 적지 않게 실망했다. 마치 당시 말레이시아 시민사회의 실체를 보여주는 것 같아서 허탈하기까지 했다.

수아람을 방문해서 만난 많은 사람들 중에서 띠안 추아Tian Chua와 맺은 인연은 각별했다. 당시 띠안은 노동자료센터Labor Resource Center라는 조그만 조직을 별도로 운영하고 있었는데, 나이도 나와 비슷했고 정치 성향에서 마치 1980년대 초반 한국의 이상적인 학생운동가를 연상시켰다. 종족 정치의 틀 속에서 벗어나지 못하는 무기력한 모습의 말레이시아 사회에서 띠안은 상당히 인상적이었다. 띠안도 한국의 민주화 과정에 관한 관심과 함께 나를 호감을 갖고 대했다. 띠안을 만나고 얼마 뒤에 띠안의 집을 방문한 적이 있었는데, 거실 양쪽 벽면을 가득 채운 방대한 양의 책들을 보고 또다시 놀랐다. 그날 말레이시아와 한국의 정치를 넘나들며 밤을 새면서 얘기한 것을 지금도 잊을 수 없다. 아마도 그와 함께한 시간이 말레이시아를 전공하기로 한 뒤 처음으로 "내가 현지 전문가와 이렇게 교감을 나눌 수 있구나."라고 감흥을 느낀 시간이었기 때문일 것이다. 그 뒤로 현지에 머무는 동안 종종 띠안을 만나서 궁금했던 내용을 물었다.

지금도 말레이시아를 방문할 때마다 거의 제일 먼저 띠안을 만나 어김없이 오랜 시간 대화한다. 1998년 9월 안와르 사건 이후 띠안은 네 차례에 걸쳐 경찰에 연행되면서 말레이시아 개혁 정국의 아이콘으로 부각됐고, 신생 야당인 공정당KeADILan 부총재를 거쳐 지금은 인

띠안 추아(가운데)와 함께. 그의 오른쪽 옆은 후배 곽환이다.

민공정당PKR: Parti Keadilan Rakyak 소속 국회의원으로 활동하고 있다.[4]

생생하고 절박했던 인터뷰 현장

본격적인 정치인 인터뷰는 3개월 일정이 절반 가까이 지났을 무렵부터 시작됐다. 리깜힝 교수에게 샴술Shamsul Akmar이라는 기자를 소개받은 것이 첫출발이었다. 샴술은 말레이계 출신으로 중국계 일간지인 《더 스타》에서 정치 부문을 담당하면서 UMNO 젊은 정치인들과의 넓은 인맥을 과시했다. 특히 당시 UMNO 청년부UMNO Youth의 2인자를 자부하던 사이푸딘 나수띠온Saifuddin Nasution과 가까운 것 같았다. 기회를 놓치지 않고 소개를 의뢰했고 흔쾌히 승낙을 받았다. 그러나 내가 사이푸딘에게 연락을 했을 때 사이푸딘의 반응은 냉담했다. 이때 나는 바로 샴술을 찾아가서 "당신 이름을 얘기하며 면담을 요청했는데 효과가 없었다."는 얘기를 전했다. 좀 치사한 방법이지만 기자의 오기를 자극하기로 한 것이다. 효과는 기대 이상이었다. 샴술이 바로 내 앞에서 사이푸딘에게 전화를 걸어 면담 날짜를 잡아준 것이다. 그렇게 내 정치 엘리트 인터뷰가 시작됐다. 사이푸딘을 만나서 UMNO 청년부장인 히샤무딘Hishammuddin Hussein과 중국계 여당인 MCA 청년부장이던 옹띠낏Ong Tee Keat을 소개받고, 또 이 사람들을 통해서 다른 정치 엘리트로 연결되는 방식이었다. 야당의 경우는 인터뷰를 성사시

---

4   PKR은 정의당이 PRM(Parti Rakyak Malaysia)이라는 사회주의 성향의 정당과 통합되면서 출범한 다종족 정치를 표방하는 정당이다. 2008년 제12대 총선에서 말레이시아의 제1야당으로 부상한 뒤, 2011년 현재 안와르 전 부총리가 당 총재를 맡고 있다.

키는 것이 상대적으로 용이했으나, 여당 정치인과 관료 들의 경우는 이런 접근 방법이 상당히 효율적이었다.

이렇게 몇 차례 정치인들과 면담이 성사되자 일은 쉽게 풀려나갔다. 학창 시절 미팅에서 "새끼"를 치는 방식이 정치판에 의외로 잘 적용됐다. 소개받은 인터뷰가 제대로 성사되지 않을 경우, 상황에 따라 정중하게, 또는 오기를 자극하며 다시 면담 주선을 의뢰했다. 간혹 인터뷰 요청을 거절당하는 경우에도 "나도 너만큼 바쁘다."라는 호기를 부리는 여유도 생겨났다. 이런 과정을 거쳐 차츰 비중 있는 정치인들과도 면담이 주선됐다.

대표적인 인물들이 마하티르 집권 이후 초대 부총리를 지낸 무사 히땀Musa Hitam과 1987년 마하티르와 UMNO의 당권을 두고 격돌한 라잘레이 함자였다. 무사와 라잘레이는 1980년대 초반 UMNO에서 가장 강력한 지지 기반을 지녔던 대표적인 정적이었으나, 1987년 UMNO 전당대회에서 라잘레이는 총재President, 무사 히땀은 수석 부총재Deputy President 자리의 러닝메이트로, 마하티르와 당권 경쟁을 벌인 UMNO의 최대 거물급 인사들이었다.[5] 이 사람들과의 인터뷰를 통해서 1980년대 초반 UMNO 안에서 지지 기반이 약하던 마하티르가 권력 유지를 위해 어떻게 정적을 활용했으며, 이 둘이 어떤 이유로 하나의 팀Team B을 결성해 마하티르에 대항했는지, 그리고 당권 경쟁 이후 마하티르가 어떤 방식으로 UMNO는 물론 정치 전반에 걸쳐 권

---

5 내각 책임제 국가인 말레이시아는 집권 연립의 최대 의석 정당인 UMNO의 총재와 수석 부총재가 각각 총리와 부총리가 된다. UMNO에는 수석 부총재 외에 3명의 부총재(Vice President)가 있다.

력의 사유화 과정을 밟아갔는지를 생생하게 접할 수 있었다(Hwang 2001).

이렇게 1998년 1월 중순부터 2월 말까지 내가 만난 다양한 정치엘리트들이 50명에 육박했다. 일단 탄력을 받은 인터뷰 일정은 거침없이 진행됐고, 하루에 2~3명을 인터뷰하는 일도 가끔씩 있었다. 그러다보니 민망한 경우도 간혹 발생했다. 인터뷰가 진행되는 과정에서 상대방의 정치적 배경을 인지하거나, 심지어는 오스트레일리아로 돌아와 녹음된 테이프를 푸는 과정에서 "아! 이 사람이 그 사람이었구나!"라고 알게 되는 경우도 있었다.

1998년 1월부터 2월은 내가 경험한 가장 힘들고 무더운 말레이시아였다. 인터뷰 장소를 옮기는데 현기증을 느껴 어쩔한 적도 여러 차례 있었다. 이번이 학위 논문을 작성하는 마지막 인터뷰 기회라고 생각했기에 내 심정은 더욱 절실하고 절박했다. 2월 27일의 마지막 인터뷰를 끝으로 ANU로 돌아올때 내 손에는 인터뷰를 녹취한 테이프들로 가득한 작은 가방이 들려 있었다. 작은 방을 가득 채울 정도의 자료를 화물로 실어 나른 1년 전과는 사뭇 다른 모습이었다. 1년 전 그 화물 속에는 수십 년이 넘는 말레이시아의 "정치 역사"가 실려 있었다면, 지금의 작은 가방 안에는 내게 그토록 치열했던 말레이시아의 "정치 현장"이 고스란히 담겨 있었다. 양손에 "역사"와 "현장"을 쥔 내게 이제는 거칠 것이 없었다. 적어도 그때는 그랬다.

다시 격전의 현장으로

오스트레일리아로 돌아와서 가장 먼저 한 일은 녹취한 인터뷰 내용을 정리하는 것이었다. 50명 가까운 사람을 1인당 평균 2시간 가까이 인터뷰했으니 그 분량이 만만치 않았다. 말레이시아에서 인터뷰가 끝나고 바로 녹취를 푸는 작업을 처음 몇 차례 했으나 인터뷰 일정이 빡빡해지면서 도저히 그럴 겨를이 없었다. 오스트레일리아에서 녹음된 인터뷰 테이프를 들으며 정리하는 일은 또 다른 흥미와 민망함이 공존하는 일이었다. 다시 현지를 방문한 것 같은 생생함을 만끽하면서도, 어쩌면 그렇게 영어도 서툴고 질문 내용도 어색한지…… 그런데 녹취를 푸는 데 예상보다 시간이 훨씬 많이 소요됐다. 1시간 분량의 테이프를 정리하는 데 족히 5~6시간 이상은 걸렸다. 이렇게 모든 테이프의 녹취를 푸는 데 3개월 정도 걸렸으니 정확히 현지조사 기간만큼 시간이 든 것이다. 그렇지만 나중에 필요한 내용만 찾아서 테이프를 듣는 것이 불가능하다고 판단했기에 본격적으로 논문을 쓰는 작업에 들어가기에 앞서 일일이 모든 테이프의 녹취를 푸는 것이 불가피했다.

인터뷰를 마치고 ANU로 돌아온 뒤 기분 좋은 변화가 생겼다. 지도교수가 드디어 나를 말레이시아 전문가로 인정하기 시작한 것이다. 크라우치 교수에게 누군가 말레이시아에 대해 물어오면 "황이 나보다 더 최근의 일을 많이 아니까 황에게 가서 물어보라."고 연결을 해주는 것이었다. 내가 수집한 자료들과 인터뷰 내용에도 부쩍 관심을 기울이는 눈치였다. 금요일 늦은 오후의 맥주 모임은 여전히 어색했지만(오스트레일리아 드라마 얘기로 수다를 떨 때는 도무지 무슨 소린지 알 수가 없었다), 전과를 한 뒤 긴 시간을 이방인으로 지내다가 이제야 제대로 학과의 구성원이 된 느낌이었다.

정치 상황의 급반전

그런데 올 것이 오고 말았다. 마하티르 총리와 안와르 부총리의 갈등에 관한 소문이 무성하더니 결국 일이 터진 것이다. 1998년 9월 1일 경제 위기를 향한 대응으로 자본 통제 실시, 9월 2일 안와르 부총리 겸 재무부 장관 해임, 9월 3일 안와르의 UMNO 출당, 여기에 반발한 안와르의 전국적인 반마하티르 집회Reformasi 주도에 이어 9월 20일 안와르가 국내보안법ISA으로 구금되는 일련의 과정이 폭풍처럼 지나갔다. 설상가상으로 조사를 받는 과정에서 안와르가 경찰 총수에게 얼굴을 심하게 얻어맞은 사진이 외신을 통해 전 세계로 전송됐고, 안와르는 동성애와 권력 남용 혐의로 전격 구속됐다. 1990년대 중반 이후 말레이시아에서 안와르의 정치적 위상이 마하티르에 견줘 결코 낮지 않았기에 안와르를 향한 일련의 조치는 단순한 충격 이상이었다.

독립 이후 현대 정치사에서 말레이시아 정치 지형은 1998년 9월 이전과 이후로 구분된다고 해도 과언이 아닐 정도로 정치적 파장도 만만치 않았다. 어쩌면 1969년 종족 폭동과 1987년 UMNO의 분열 그 이상이었다. 특히 안와르 사태 이후 말레이계를 중심으로 시작된 반마하티르 정서와 반UMNO 정서의 확산은 상상을 초월한 것이었다. 1981년 집권 이래 마하티르가 누려온 폭넓은 대중적 지지와 UMNO

동성애 혐의로 수감되는 안와르 전 부총리.

의 정치적 위상을 고려할 때, 안와르 사태가 초래한 정치적 파장은 UMNO 정치 엘리트들은 물론 마하티르 자신도 예측하지 못한 것이었다. 말레이시아 현대 정치사의 그 어느 시기에서도 현직 총리에게 이렇게 노골적이고 광범위한 비난이 가해진 적이 없었다. UMNO가 양분된 1987년의 위기도 갈등의 파장이 UMNO 내부에 국한됐지, 이번처럼 말레이계 일반 대중에까지 반마하티르, 반UMNO 정서가 파급되지는 않았다.

안와르 사태가 야기한 정치적 파장은 말레이계와 UMNO 정치에만 머물지 않았다. 가장 주목할 만한 변화는 1998년 9월 이후 장기간 지속된 개혁 정국의 와중에서 종족 간 갈등이 거의 표출되지 않았다는 점이다. 이것은 1969년과 1987년의 경우와 지극히 대비되는 상황이었다. 오히려 지난 반세기 분열적인 정치 행태를 보인 야당 세력이 정치적으로 결집되면서 종족 갈등으로 대변되던 전통적 갈등 구조가

3장 "역사"와 "현장"을 양손에 | 황인원

탈종족적인 방향으로 재편되는 조짐마저 보였다. 또한 안와르 사태는 1987년 이후 노골적이고 체계적으로 진행되던 정치, 시민사회의 "탈정치화de-politicization"를 "재정치화re-politicization"로 급변시키며 마하티르 정권의 체제 유지에 적신호를 보내고 있었다. 마하티르와 안와르의 갈등이 심화된 배경은 무엇인가? 안와르 사태 이후 말레이시아의 정치적 갈등 구도는 어떻게 변모할 것인가? 여기에 맞서 마하티르 정권과 정치, 시민사회는 어떤 정치적 행보를 취할 것인가?

1998년 중반까지만을 논문에서 다루려던 나에게는 너무도 복잡한 문제들이 제기된 것이다. 1969년과 1987년에 이어 1998년이라는 집권 체제의 위기 상황이 바로 눈앞에서 벌어지고 있는 것이다. 더군다나 안와르 사태는 내가 분석하려는 마하티르 정권의 권력적 속성을 적나라하게 보여주는 사례였다. 때마침 지도 교수가 내 논문에 관해 "마하티르의 정치 행태에서 너무 권력 정치의 속성이 부각되는 것이 아닌가?"라는 지적을 하고 있던 참이었기에 안와르 사건은 정말 절묘한 타이밍에 터진 것이었다. 이게 과연 내게 기회인가? 아니면 또 다른 시련의 시작인가? 벌써 7년이 다 돼가는데 어쩌란 말인가? 이러다가 정말 논문을 쓸 수는 있을까? 그래도 그냥 넘어갈 수는 없지 않은가? 어쩌면 너무도 간단한 문제였지만, 7년이라는 세월의 무게가 내 판단을 어렵게 만들었다. 우여곡절 끝에 결국 내가 내린 결론은 다시 현장으로 가자는 것이었다. 그것도 단순한 현장이 아닌 "격전의 현장"으로.

다시 찾은 격전의 현장

이렇게 선택한 것이 1999년 7월 말에서 9월 중순까지 약 2개월 동안의 현지조사였다. 2년 8개월의 자료 수집, 3개월의 인터뷰에 이은 세 번째 현지조사인 셈이다. 그런데 이번에는 조사 방법을 좀 다르게 해보기로 했다. 지난 현지조사는 주로 정치 엘리트들의 의견을 경청하고 정보를 수집하는 데 집중했으나, 이번에는 인터뷰 과정에서 내 의견을 적극 개진하고 논쟁도 하며 사람들의 반응을 관찰하기로 했다. 인터뷰 말고도 다양한 방법으로 내가 그동안 준비한 논문의 내용들을 현지 전문가를 통해서 점검받고도 싶었다. 인터뷰는 일단 지난 현지조사에서 만난 인사들을 중심으로 시작하기로 했다. 첫 만남이 아니었기에 면담을 성사시키는 것이 용이했고, 추가적으로 확인하고 보충할 질문의 내용도 적지 않았다. 무엇보다 내 의견을 적극 개진하는데 초면은 아무래도 부담스럽기도 했다. 새로운 인터뷰는 마하티르와 안와르의 권력 투쟁의 성격과 배경 등에 관해 증언이 가능한 인사들을 중심으로 실시하기로 했다. 주로 마하티르와 안와르의 측근 정치인들이 그 대상이었다.

다시 찾은 현지의 분위기는 예전과 사뭇 달랐다. 지난 현지조사에서 인터뷰를 한 정치인들도 생각보다 나를 반갑게 맞아줬다. 특히 당시에는 여당이었으나 지금은 야당이 된 안와르 측근들이 상당히 우호적이었다. 덕분에 나는 안와르가 부총리 재임 시절 싱크탱크로 활용한 정책조사연구소[IKD: Institute Kajian Dasar]에 근거를 두고, 방문 연구자 신분으로 일련의 인터뷰를 수월하게 수행할 수 있었다. 특히 UMNO

다시 찾은 격전의 현장. 안와르 집에 모인 군중들.

청년부 2인자를 자부하던 사이푸딘의 도움이 컸다. 사이푸딘은 안와르가 UMNO에서 축출된 뒤 일련의 개혁 정국에서 축적된 다양한 내부 자료를 나에게 흔쾌히 제공했으며, 새로운 인터뷰 대상을 섭외하는 데도 많은 도움을 줬다.

1999년 8월 당시 말레이시아는 총선이 곧 실시될 것이라는 무성한 소문과 함께 정국이 요동치고 있었다. 특히 야당들은 집권 연합인 국민전선BN: Barisan Nasional에 대항해 대안전선BA: Barisan Alternatif이라는 야당 연합을 결성해 총선을 준비하며 부산히 움직이고 있었다. 개혁 정국의 아이콘으로 부각되던 띠안 역시 안와르의 부인인 완 아지자Wan Azizah가 이끄는 공정당KeADILan의 부총재로서 야당 연합의 멤버인 DAP, PAS, PRM과 정당별 공천 지분을 협의하고, 공통 선거 공약common election manifesto을 성사시키려 여념이 없었다.

이런 와중에 나도 KeADILan, DAP, PAS, PRM의 최고위직은 물론 실무급 인사들과 인터뷰를 바쁘게 소화했다. 지난 현지조사 때 워낙 힘든 일정을 보내서인지 이번에는 한결 여유가 있고 재미도 있었다. PAS를 제외하고 KeADILan, DAP, PRM의 총재들을 모두 만나면서 정국 현황과 총선 전략에 관해 의견을 청취하고 내 주장을 전달하면서 "관찰자"와 "참여자"라는 양면을 경험했다. 주요 야당 총재들이 생각보다 진지하게 내 의견에 관심을 보일 때는 왠지 모를 보람도 느끼곤 했다. KeADILan의 경우는 사이푸딘의 도움으로 안와르의 자택에서 당 총재인 완 아지자와 핵심 인사들이 모인 총선 전략 회의에 참석해서 의견을 청취하는 독특한 경험도 했다.

PAS에서는 당 정보수석Information Chief이던 숩끼 라띱Subky Latiff과 몇 명의 실무급 인사들과 인터뷰를 수행했으나 생각보다 큰 소득은 없었다. 숩끼 라띱은 인터뷰 와중에 오히려 나를 무슬림으로 개종시키기 위해서 더 노력하는 것 같았다. 안와르 사태 이후의 개혁과 총선 정국에서 정치체제 재편의 변동 가능성에 관해서도 "PAS는 지난 50년과 마찬가지로 향후 50년도 말레이시아 정치에서 공고한 지지 기반을 가지고 존속할 것이다."라는 주장으로 일관했다. PAS 내에서 그래도 덜 보수적이라는 인사가 저런 사고방식을 갖고 있다는 생각에 적지 않게 실망했다. 논쟁을 하기에는 나를 개종시키려는 숩끼 라띱의 열정(?)이 너무 부담스러웠다.

중국계 야당인 DAP의 림킷샹 총재하고는 "자료를 다 복사해간 한국인"이란 인연 이후 이미 몇 차례 면담을 했다. 의회의 야당 지도자 신분이기도 했던 림킷샹과의 인터뷰는 언제나 부담스러웠다. 그렇지만 나도 이번에는 작정을 하고 나섰다. 현지조사를 통해서 총선을 앞두고 PAS와 DAP 등 전통 야당들의 KeADILan을 향한 견제가 심각한 수준이었다는 점을 절감했기 때문이었다. 내 생각에 다종족 정당 정치를 표방하는 KeADILan을 향한 이런 견제는 당시 변화를 열망하는 "새로운 정치"에 관한 종족 정치 세력의 반발과 다름이 없었다. 1998년 개혁 정국에 따라 조성된 정치체제의 변화 가능성이 전통 야당들의 종족적 이해관계 때문에 무산될 것 같다는 아쉬움도 컸다.

PAS 지도자들의 종교적 열정에 황당해하던 나는 림킷샹과의 인터뷰에서는 아예 작정을 하고 "지금 KeADILan과 PRM의 통합 논의가

위 | 말레이시아의 야당 지도자들의 회합.

아래 | 완와르 집 앞의 집회에 참석한 림킷샹.

있는데, DAP도 합류할 의향은 없는가?"라는 도발적인 질문으로 분위기를 끌어갔다. PAS를 제외한 야3당의 통합 정도면 당시 정치체제의 변화 가능성에 관한 커져가는 불신을 희석시키기에 충분하다고 판단했기 때문이다. "종족 정치의 틀에서 볼때 DAP는 UMNO와 마찬가지로 정치적 수혜자였다는 점을 부인할 수 없다. 더구나 가업을 후손에게 물려주는 중국인의 전통처럼, 당신이 DAP를 아들인 림관엥Lim Guan Eng에게 물려줄 것이라는 세간의 의혹이 크다. 당신이 수십 년간 민주화에 헌신한 것은 너무 잘 알고 있다. 그리고 지금 말레이시아 정치의 장래는 종족보다는 탈종족적 개혁에 달려 있다고 본다. 이것을 위해 당신의 가장 큰 유산인 DAP를 해체할dismantle 의향은 없는가?" 이런 취지로 내 견해를 피력했다.

림킷샹은 "내 개인적으로 DAP가 KeADILan, PRM과 통합하는 것에 반대는 없다. 하지만 DAP는 개인의 소유물이 아니고, 관엥이 당권을 이어간다면 그것은 내 아들이라서가 아니라 자신의 정치적 능력으로 이해해야 할 것이다. 그리고 지금의 야당 연합은 함께해서 얻을 수 있는 이익보다 분열했을 경우의 피해와 사회적 압력이 너무도 크고 거세기 때문이다."라는 취지로 응답을 했다. 어떤 파격적인 답변을 기대하지는 않았으나, 적어도 도발적인 필자의 질문과 주장에 관한 림킷샹의 솔직한 심정과 당시 정치 상황의 현주소를 감지하기에는 충분했다.

현지에서 중간 평가를 받다

앞에서도 언급했듯이, 이번 현지조사의 또 다른 목적은 내가 그동안 작성한 논문의 핵심 부분에 관해 현지 전문가들의 평가를 받아보는 것이었다. 그러기 위해 두 가지 시도를 했다. 하나는 현지조사 기간 중 말레이시아사회과학회Malaysian Social Science Association에서 주최하는 MSCMalaysian Studies Conference에서 논문을 발표하는 것이었다. MSC는 2년마다 말레이시아에서 3일에 걸쳐 개최되는데, 특히 진보적인 학자와 시민단체 활동가들이 대거 참여하는 대규모 학술 회의였다. 나는 이왕이면 논문의 핵심 부분인, 1987년 이후 마하티르가 권력을 사유화하는 과정과 안와르 사태를 마하티르 권력 사유화의 불가피한 결과로 분석한 글을 발표하기로 했다.

그런데 하필이면 3일간 그 많은 동시 회의가 열리는데 첫째 날 맨 처음의 전체 회의 세션에서 발표를 하게 된 것이다. 가뜩이나 부담스러운데 언뜻 봐도 200명은 넘어 보이는 청중이 모인 대강당에서 발표를 하게 되다니……. 그리고 발표 당일 지난 2년 반의 현지 생활에서 내가 그토록 피해 다니던 조모 교수가 MSC의 전체 진행을 맡은 것이었다. 청중 맨 앞줄에 조모 교수가 앉아서 듣고 있는데 무슨 얘기를 하는지도 모르게 시간이 흘러버렸다. 나의 현지조사 인생에 또 하나의 에피소드가 만들어지는 순간이었다.

그런데 MSC가 마무리될 무렵 조모 교수가 점심을 같이 하자는 것이 아닌가. "도대체 왜?"라는 생각이 들었지만 "이제 더 무슨 일이 일어나겠는가."라는 심정으로 조모 교수를 만났다. 그 자리에서 너무도 의외의 얘기를 들었다. "너를 처음 봤을 때 걱정이 됐다. 그런데 네가 많은 말레이시아 정치인들을 만나고 다닌다는 얘기를 들었다. 이번에

너의 발표를 들으니 이제야 제대로된 경로에 접어든 것 같다." 그리고 덧붙이는 한마디 말이 "학자는 글로 싸우는 거다. 전장에서 군인이 총을 쏘지 못하면 아무 소용이 없는 것처럼, 학자가 자신의 글을 출판하지 않으면 아무 의미가 없다. 언제라도 출판을 하고 싶으면 내게 연락을 해라."라는 것이다. 지난 몇 년의 간극이 한순간에 사라지는 느낌이었다.

현지 전문가의 평가를 받아보는 또 다른 시도는 그 내용을 잘 아는 전문가에게 논문의 챕터를 읽혀보는 일이었다. 당시 내 논문 중 5장이 거의 마무리 단계에 있었다. 5장은 1987년 UMNO 당권 경쟁 이후 UMNO가 마하티르와 라잘레이 분파로 양분돼 1990년 총선까지 이어지는 과정을 다룬 내용이었다. 지난 2차 현지조사의 인터뷰 자료가 많이 활용됐고 상당히 민감한 내용이 많이 포함돼서 그 내용의 적절성도 검증할 필요가 있었다.

이때 내용의 검토를 부탁한 사람이 라이스 야띰Rais Yatim이었다. 라이스 야띰은 크라우치 교수가 1994년 5월 말레이시아로 떠날 때 리깜힝 교수와 함께 내게 소개시켜준 두 사람 중 하나였다. 라이스 야띰은 1980년대 마하티르 정권에서 정보부와 외교부 장관을 역임했고, 1987년 UMNO 전당 대회에서 마하티르의 반대편인 팀 B 소속으로 부총재에 도전했다. 그 뒤 라잘레이와 함께 스망앗 46을 창당해 수석 부총재를 맡으면서 말레이시아 행정부 권력의 비대화에 관한 책을 집필했다(Rais 1995). 라이스 야띰이 논문에서 다룬 직접적인 당사자였기에 우려되는 면도 있었으나, 내가 당시의 정황을 얼마나 현실감 있게 분석했는지에 관해, 또 혹시나 있을지 모를 사실 관계의 오류에 관해 확인하는 것도 의미가 있다고 생각했다. 그러나 기대하던 코멘트를 현지에 있는 동안 받지는 못했다. 그렇지만 2000년 5월 ANU에서 말레이시아 관련 컨퍼런스가 열렸는데, 그때 회의에 참석한 라이스 야띰에게서 뒤늦은, 그러나 상당히 우호적인 평가를 받을 수 있었다.

1999년 9월에 접어들어 현지조사를 마무리하는 시점에서 또 다른 흥미로운 경험을 했다. 당시 나는 현지조사 기간 중 체류하던 IKD의 소장을 맡고 있는 까마루딘 자파르Kamaruddin Jaafar와 인터뷰를 하고 있었다. 까마루딘은 안와르의 최측근으로 안와르 사태 이후 KeADILan이 아닌 PAS에 입당했으나 여전히 안와르와 가까운 관계를 유지하고 있었다. 까마루딘과 한 인터뷰 중에 한국의 사례를 예를 들며 다가오는 총선에서 야당 연합이 옥중의 안와르를 총리 후보로 내세울 수 있다고 주장했다.

당시 내 논지는 "안와르의 재판 과정이 공정하지 않았다. 야당이 이번 총선에서 승리하면 안와르에게 공정한 법의 심판을 받을 수 있는 기회를 제공하겠다. 만약 안와르의 무혐의가 밝혀지면 안와르를 총리로 추대하겠다. 그리고 이런 일련의 과정이 마무리될 때까지 야당은 임시 총리를 기용하겠다."라는 내용의 선거 공약이 상당한 효과가 있을 것이라는 것이었다. 당시 말레이 유권자 사이에서 마하티르를 향한 반감이 여전했기에 총선의 대결 구도를 집권 연립과 분열적인 야당 연합이 아닌 마하티르 대 안와르로 전개시켜야 야당에게 유리하다는 취지였다. 그 밖에도 총선 이후 5년간 국가 발전 계획, 그림자 내각의 구성 등을 공통 선거 공약에 넣을 필요가 있다고 주장했다. 이처럼 야당 연합의 총선 이후를 내다보는 접근 방식이 당시 팽배하던 야당 연합의 지속성을 향한 불신을 잠식시키는 데 효과가 있을 것이라는 이유에서였다.

이런 내 주장을 듣던 까마루딘은 지금 한 얘기를 옥중에 있는 안와르와 9월 초에 있을 야당 대표들 간의 모임에 내 이름은 밝히지 않고 전달하겠으니 서면으로 정리를 해달라고 했다. "설마 그러랴" 싶었지만 그간의 참여관찰 보고를 한다는 심정으로 A4 용지 두 페이지 정도의 글을 남기고 오스트레일리아로 돌아왔다. 그런데 내가 귀국하고 얼마 뒤인 9월 20일에 야당 연합이 옥중의 안와르를 자신들의 총리 후보로 지명한다고 발표를 하는 것이 아닌가(내가 제기한 공정한 재판 기회의 제공과 임시 총리에 관한 내용과 함께). 물론 우연의 일치였겠지만 그 내용과 발표 시기가 너무도 절묘했다. 지금도 그 당시 뜨거웠던 격전의 현장에 그 사람들과 함께 있었다는 것만으로도 가슴 한구석이 가득 차오른다.

반가운 재회

오스트레일리아로 돌아온 뒤 또 한동안을 인터뷰 테이프를 푸는 데 보냈다. 그래도 이번에는 한결 마음의 여유도 있었고 시간도 많이 단축됐다. 무엇보다 마지막 조사를 통해 내 연구가 현지에서도 충분히 통할 수 있다는 자신감을 얻은 때문인지 논문 작업에도 탄력이 붙었다. 그래도 마지막 현지조사를 다녀온 뒤 논문을 제출하는 데 1년하고도 6개월이 더 걸렸다.

논문을 완성하기 전에 내가 마지막으로 말레이시아 정치인들과 인터뷰를 한 것이 1999년 중반의 현지조사 기간은 아니었다. 운이 좋게도 나는 2000년 5월 오스트레일리아에서 말레이시아의 다양한 여야 정치인들과 만날 수 있었다. 2000년 5월 24일부터 3일간 ANU에서 1999년 총선 평가와 관련해서 오스트레일리아-말레이시아 컨퍼런스Australia–Malaysia Conference가 열린 것이다.

그런데 컨퍼런스는 여느 학술 회의와 그 성격이 현저히 달랐다. 집권 여당에서는 총선 전 다시 마하티르 정권에 합류해 법무부 장관에 임명된 라이스 야띰이 참석했고, DAP에서는 당 총재이던 림킷샹과 지난 총선에서 초선 의원이 된 테레사 콕을, KeADILan에서는 안와르의 최측근이던 까마루딘 자파르를, PAS에서는 당 중앙 위원이던 하따 람리Hatta Ramli를, 마하티르의 정적 라잘레이는 정치 특보인 샤버리 찍Shabery Chik을 참석시켰다. 학계에서도 크라우치 교수는 물론 프란시스 로Francis Loh, 윌리엄 케이스William Case 등을 비롯해 대표적인 말레이시아 연구자들이 많이 참여했다. 참석한 인사들의 면면을 봐도 1999년 중반 필자가 3차 현지조사를 한 그 격전의 현장을 ANU로 옮겨놓았다 해도 과언은 아니었다. 물론 나도 토론자로 그 대열에 합류했다.

사실 ANU에서 이런 컨퍼런스가 개최된 데는 나름의 사연이 있었다. 당시 DAP 총재인 림킷샹이 정치사회변동학과에 부인과 함께 방문 인사Visiting Fellow로 와 있었다. 야당 지도자로서 1999년 총선에서 충격적인 패배를 당한 뒤, 심신이 지쳐 있던 림킷샹에게 DAP의 핵심 인사들이 권고해 약 2개월 정도 여정으로 해외에 체류하게 된 것이다. 해외 체류를 추진한 DAP 인사 중 초선 의원이 된 테레사 콕이 마침 운 좋게도 나에게 의논을 해왔고, 이것을 정치사회변동학과와 연결시켜 림킷샹의 방문이 성사된 것이다. 마침 크라우치 교수가 인도네시아로 장기간 출장 중이어서 그 방을 사용하게 됐고, 졸지에 나와 림킷샹은 복도를 사이에 두고 서로 마주하는 이웃이 돼버렸다.

림킷샹의 방문은 나에게 너무나 큰 행운이었다. 림킷샹이 잠시 캔버라를 벗어나 여행을 하는 시간을 제외하면 "천하의(?) 림킷샹"과 거의 매일 만나다시피 했으니. 말레이시아 전공자라면 여기서 천하의라는 표현의 의미를 잘 알 것이다. 말레이시아와 관련이 없는 사람들에게는 "집권 가능성이 없는 김대중"이라고 하면 이해가 쉬울지도 모르겠다. 아무튼 당시 나는 논문을 쓰면서 의심나는 부분이 있으면 수시로 림킷샹의 방문을 두드렸고, 점심 식사를 마치고는 종종 여유로운 티타임을 가졌다. 우리 집에 림킷샹 부부를 초대해서 가족이 모두 함께 식사를 한 것도 말레이시아 전공자로서 잊을 수 없는 추억이다.

이런 와중에 2년마다 ANU에서 개최되는 오스트레일리아–말레이시아 컨퍼런스가 2000년 5월로 계획됐고, 나도 자연스레 컨퍼런스를 조직하는 일에 참여하게 됐다. 특히 참석자 선정과 섭외는 당연히 당시 학과에서 가장 따끈따끈한(?) 현지 네트워크를 구축하고 있던 내 몫이었다. 이런 배경에서 내가 현지로 가는 것이 아닌, 내가 있는 곳에 현지를 만드는(?) 작업이 추진된 것이다. 아마도 당시 DAP 총재인 림킷샹이 학과에 방문해 있었기 때문에 그런 생각이 가능했는지도 모르겠다.

추진 전략은 의외로 간단했다. 내가 현지 인터뷰를 하면서 종종 효과를 본 "나의 동선을 알리고, 정적을 활용하라."라는 방법을 활용했다. 시기상으로 1999년 총선에 관한 평가가 자연스럽게 주제로 정해졌고, 학계는 물론 말레이시아의 주요 정파를 골고루 참여시키는 방향으로 가닥을 잡았다. 먼저 림킷샹에게 발표를 의뢰했고 어렵지 않게 승낙을 받았다. 다음으로 안와르의 부인인 완 아지자 측에 참석을 의뢰했고, IKD 소장인 까마루딘 자파르를 소개받았다. 마침 까마루딘은 나와 지난 현지조사에서 각별한 인연을 맺었기에 섭외가 용이했다. 당시 까마루딘은 PAS 후보로 국회의원에 당선됐으나, 여전히 안와르와 PAS를 연결하는 핵심 임무를 담당하고 있었다. 다음으로 마하티르의 정적이던 라잘레이 측에 연락해서 라잘레이의 정치 특보인 샤버리 찍을 섭외했다. 이렇게 연락하는 과정에서 누가 참석해서 어떤 발표를 할 것인지에 관한 정보를 알려주면서 참여를 유도했다. 결국 정부 여당에서는 라이스 야띰 법무부 장관이 참석하기로 했고, 마지막으로 크게 기대하지 않았던 PAS에서도 당 중앙위원인 하따 람리를 "공식적 대표"로 파견한다는 이메일 통보를 받았다. 참석자의 면면이 각 정파를 골고루 반영하면서 당시 말레이시아의 주요 일간지들에서도 ANU에서의 흥미로운 격돌(?)을 관심 있게 보도한 기억이 난다.

논문 작업이 점점 막바지로 향하던 시기에 이런 다양한 정치 엘리트들과 재회하는 일은 내게 절호의 기회였다. 현지로 가서 일일이 찾아다니지 않고 이렇게 나의 근거지에서 한꺼번에 이 사람들을 만나다

PAS 출신 하원의원인 하따 람리와 함께.

니. 컨퍼런스 중에는 상당히 치열하고 날카롭게 대립하기도 했지만, 외국에서 성사된 만남이어서 그런지 한결 여유롭고 자유로운 모습이었다. 비록 3일이라는 짧은 기간이었지만, 내가 모든 참석자들과 어색한 인터뷰 자리가 아닌 좀더 사적인 교감을 하기에 충분한 시간이었다. 당시 이 사람들과 "원 포인트 인터뷰"를 한 내용도 훗날 논문을 마무리하는 데 많은 도움이 되었다.

지금도 말레이시아를 방문할 때 이 사람들하고는 언제라도 별다른 선약이 없이도 만나니, 이것 모두 현지조사에 이어 ANU에서 다시 맺은 각별한 관계 덕분이다. 이 사람들은 현재 각자의 소속 정당에서 좀더 핵심적인 위치를 차지하고 있다. 은퇴를 앞둔 나이에도 불구하고 라이스 야띰은 여전히 정보·통신·문화부 장관으로 활동하고 있고, 샤버리 찍은 체육·청소년부 장관, 까마루딘은 국회의원으로 PAS 중앙위원이면서 당 기관지인 『하라까Harakah』 책임자로, 하따 람리 역시 국회의원으로 PAS 재무상에 이어 선거분과위원장을 맡고 있다. 림킷샹은 여전히 DAP의 실질적 지도자이고, 테레사 콕은 이미 3선 의원으로 슬랑오르Selangor 주의 부지사 격인 선임 집행위원이라는 중책을 맡고 있다. 소속 정당이나 직위의 고하를 넘어서 내게는 너무도 소중한 오래된 인연들이다.

정치 엘리트 연구에 관한 방법론적 성찰

9년에 가까운 기나긴 "시간 여행"이 마무리됐다. 이 기간 중 현지조사를 수행한 시간은 3년이 조금 넘었다. 그러나 내게는 나머지 시간도 현지에서 보내는 생활이나 마찬가지였다. 동남아 사람들보다 더 동남아에 관심을 갖고 연구에 집중하는 ANU의 분위기, 현지조사를 마치고 또 다른 현지조사를 준비하던 시간들, 그리고 현지에서 맺은 인연들과 ANU에서 재회한 시간……. 이 모든 순간들이 내게는 생소하고 격렬하던 현지와 다름이 없었다.

　이제부터는 아무런 준비도 없이 떠나서 좌충우돌하면서 정치 엘리트들과 인터뷰를 한 경험과 방법을 공유하는 공간 여행을 떠나보려 한다. 대단한 얘기도 아니고, 그럴듯한 이론에 바탕을 둔 방법도 아니다. 그냥 동남아에 관한 경험이 아주 없었고, 한국에서 석사를 마칠 때까지 정치 엘리트 인터뷰가 연구조사의 중요한 방법이라는 것조차 인지하지 못하던 문외한이 겪은 지극히 개인적인 경험에 바탕을 둔 얘기다. 그래도 말레이시아에서 수많은 정치 엘리트들과 인터뷰를 성사시켰고, 지나고 나서 보니 스스로 자부할 정도로 효과도 있었다.

정치 엘리트 인터뷰를 통해서 무엇을 얻을 수 있었는가?

인터뷰를 통해서 얻을 수 있는 최대의 장점은 무엇보다 문헌 자료를 통해서 얻을 수 없는 핵심 정보를 접할 수 있다는 것이다. 엘리트 인터뷰라면 더욱 그렇다. 엘리트라면 통상적으로 사회에서 뛰어난 능력이 있다고 인정되는 사람을 뜻한다. 그렇지만 그 능력은 사회에서 차지하고 있는 지위가 아닌, 특정 정보를 소유하거나 그것에 접근할 수 있는지 여부에 달린 것이다(Brians 2011, 366). 내 경우, 인터뷰를 거듭할수록 논쟁적인 질문들이 도출됐고, 상대방의 답변의 내용과 질도 점차 만족스러워지는 것을 느낄 수 있었다. 이것은 설문조사처럼 사전에 계획된 질의응답에서는 얻을 수 없는, 정형화되지 않은 인터뷰에서만 얻을 수 있는 장점이다. 때로는 나도 깜짝 놀랄 정도의 비공개 정보를 접할 기회도 있었다.

그 단적인 예가 1987년 UMNO 위기의 배경에 관해 라잘레이와 무사 히땀과 수행한 인터뷰였다. 1981년 UMNO 전당대회를 앞두고 당내 최대 파벌을 이끌던 라잘레이는 자신이 마하티르를 지지하는 대신 UMNO 수석 부총재와 부총리는 자신이 맡겠다는 "암묵적인 합의"를 마하티르와 했다고 증언했다. 그런데 이것을 무시하고 마하티르가 수석 부총리 경선을 허용하고 무사 히땀을 지지함으로써 자신이 패배했다는 것이다. 한편 수석 부총리에 당선된 무사 히땀은 1984년 전당대회 전에, 자신이 라잘레이와 맞붙는 경선에서 승리할 경우 라잘레이를 내각을 비롯한 모든 임명직에서 제외시키는 것에 대해 마하티르와 "구두 합의"를 했으나, 마하티르는 전당대회에서 패배한 라잘레이를 계속 공직에 임용해 자신을 견제하게 만들었다고 했다. 마하티르의 이런 이율배반적인 정치 행태가 정적이던 라잘레이와 무사 히땀이 1987년 전당대회에서 팀을 결성해 마하티르에 대항하게 된 배경이 되었다는 것이다. 이런 내용은 내가 논문에서 인용하기 전까지 어떤 학술 연구에서도 언급되지 않은 가치 있는 정보였다.

또 다른 사례로 1987년 UMNO 전당대회의 개표부정에 관한 정보를 들 수 있다. 당시 선거에서 전체 1479표에서 43표 차라는 근소한 차이로 마하티르가 라잘레이와 맞붙은 당권 경쟁에서 승리를 거뒀다.

그러나 내가 접한 정보에 의하면 라잘레이가 앞서던 개표 상황에서 정전과 재개표라는 해프닝을 거치면서 마하티르가 승리한 것으로 조작됐다는 것이다. 이것은 당시 당 사무총장으로 선거 실무를 책임지던 사누시 주니드Sanusi Junid가 1990년대 중반에 라잘레이를 직접 찾아와서 고백한 내용이라 했다. 나는 이런 정보를 라잘레이의 최측근으로 정치 특보를 맡고 있던 샤버리 찍과의 인터뷰 과정에서 접할 수 있었다.

정치 엘리트 인터뷰를 통해서 얻을 수 있는 또 다른 장점은 정치 현안에 관해 새로운 관점과 좀더 넓은 이해의 지평을 확보할 수 있다는 것이다. 아무래도 지역연구자가 현지에서 태어나서 배우지 않는 한 현지인과 같은 정치적 감각을 유지하는 것에 한계가 있다. 물론 현지인의 시각이 반드시 더 현실을 반영하거나 객관적이라는 것은 아니다. 나도 3년이라는 비교적 장기간의 현지생활과 조사를 했어도 특정 현안들에 관한 이해에는 아무래도 현실감이 떨어질 수밖에 없었다. 말레이시아의 정치 현실에 관한 지식과 이해를 넓히는 데 각종 문헌 자료와 미디어가 핵심이었다는 점은 부인할 수 없다. 그러나 그것 못지않게 다양한 정파의 정치 엘리트들과의 폭넓은 면담을 통해서 얻은 정보와 지식은 그야말로 생생하게 살아있는 정보였다.

단적인 예는 1998년 안와르 사태 이후 말레이인에게 급속하고도 광범위하게 번진 반마하티르, 반UMNO 정서에 관한 이해였다. 도대체 반세기 동안 말레이계의 수호자 자리를 담당하던 UMNO와 그토록 한 몸에 지지를 받던 마하티르에게 어떻게 그렇게 노골적인 반대와 공개적인 저항을 할 수 있는가? 당시 학계, 해외 언론, 현지 언론 등 그 누구도 시원한 대답을 제공하지 못했다.

내가 이런 갈증을 푸는 데 무사 히땀 전 부총리와 한 인터뷰는 많은 도움이 되었다. 무사 히땀은 만약 안와르가 마하티르의 정치적 권위에 도전했다는 이유로 몰락했다면 그토록 광범위한 반마하티르 정서는 나타나지 않았을 것이라고 주장했다(말레이계의 정서에서 권력 투쟁은 매우 자연스럽고 일상적인 것이라는 설명과 함께). 그러나 동성애와 구타를 통해 안와르가 공개적으로 모욕당하는 것은 말레이인의 정서상 도저히 받아들일 수 없는 "잔혹하고", "수치스러운" 행위였다는 것이다. 말레이 세계에는 "지배자에게 절대적 충성"을 해야 한다는 정서와 함께, "어느 지배자도 백성들 중의 단 한 사람일지라도 (공개적인) 치욕을 줘서는 안 된다."는 정서가 공존한다는 것이다(Andaya 2001, 47). 하물며 범부도 아닌 안와르에게 가해진 당시의 치욕은 "UMNO =말레이의 보호자"라는 전통적 후견 관계에 관한 회의를 불러일으키기에 충분했다는 것이다. 내가 당시 안와르 사건에 관해 정치문화적 관점을 갖게 된 데는 무사 히땀과 한 인터뷰가 결정적 도움이 됐다. 이처럼 다른 정치 엘리트들과의 인터뷰도 나의 현지에 관한 관점과 이해의 폭을 넓혀주었다.

또한 인터뷰를 하다 보면 상대방의 말과 행동의 미묘한 뉘앙스 차이를 느낄 수 있다. 이런 뉘앙스 차이는 현지의 사정을 읽는 또 다른 재미를 제공한다. 내가 경험한 흥미로운 사례 중에 1997년 경제 위기의 해법에 관한 중국계 엘리트들의 반응이 있다. 당시 말레이시아에는

IMF식 구조 조정에 관한 공개적인 반대가 팽배했다. 국가적 자존심이 걸린 문제이기도 했기 때문이다. 그러나 여야를 막론하고 내가 면담한 다수의 중국인 인사들은 공개적인 반대의 말과는 달리, IMF 구조 조정이 수반할 종족 간 차별 정책의 폐지 또는 완화라는 기대 심리 때문에 은근하게 IMF식 구조 조정을 원하는 것을 느낄 수 있었다. 마찬가지로 자존심의 문제라는 외형상의 이유하고는 달리, 말레이계 엘리트들은 같은 이유로 IMF식 구조 조정을 "빈대를 잡으려고 초가삼간을 태우는" 처방으로 받아들이는 분위기였다.

비슷한 맥락에서 인터뷰는 상대방의 개인적 성향을 파악하는 데 도움이 된다. 자기 과시욕이 강하거나, 현학적이거나, 지나치게 진중하거나……. 또한 개개인의 정치적 성향의 차이도 감지할 수 있다. 이렇게 인터뷰 과정에서 얻은 정치 엘리트 개개인에 관한 느낌은 나중에 신문이나 방송 등 미디어에서 그 사람들을 다시 접했을 때, 그들의 글과 말 속에 담겨 있는 행간을 읽는 데 도움이 된다. 물론 이런 개인적 느낌이 특정 현안에 관한 객관적 이해를 방해할 수도 있으나, 내 경우는 한 명의 정치 엘리트를 최소한 2번 이상 만나면서 이런 문제를 최소화할 수 있었다. 그 밖에도 정치 엘리트들의 인터뷰는 그들과 개인적 친분을 쌓음으로써 지역연구가로서 현지와 연구자 사이의 끈을 지속적으로 이어가게 해준다는 점에서 그 가치를 이루 말하기 어렵다.

정치 엘리트 인터뷰의 어려움

정치 엘리트 인터뷰를 하면서 내가 가장 크게 신경을 쓴 부분은 인터뷰 내용을 어떻게 논문에서 활용하는가의 문제였다. 인터뷰를 활용하는 데 통상적인 방법은 면담 이후 논문에 인용할 내용을 문서로 작성해 인용 승낙은 물론 인용 문구의 내용이 맥락에 맞는지 재차 확인하는 과정을 거치는 것이다. 그런데 내 경우 논문의 주제도 그렇고, 인터뷰의 내용에 워낙 민감한 부분도 많았고, 인터뷰 대상이 대부분 정치인들이어서 현실적인 어려움이 있었다. 한 번 만나기도 어려운데 면담 내용을 재차 확인하는 일도 만만치 않았고, 인터뷰를 할 당시의 심정과 시간이 한참 지난 뒤의 마음이 같을지도 의문이었다(당시 말레이시아 정치인들 사이에서 지금처럼 이메일이 상용화돼 있지도 않았다). 그렇다고 허락도 없이 면담 내용을 사용하는 것은 학문적, 법적, 윤리적, 정치적으로 모든 부분에서 문제가 됐다.

여기에 관해 현지조사를 떠나기 전 지도 교수와 상의를 하는 과정에서 가능하면 인터뷰 내용을 녹취할 것을 권고받았다. 그리고 ANU에서는 학생들이 논문 작성 과정에서 얻는 자료를 도서관에 보관하고 제삼자의 요청이 있을 경우 일정한 절차를 거쳐 공개하는 것을 원칙으로 한다는 것을 알게 됐다. 이것이 내가 인터뷰를 녹취하게 된 공식적인(?) 배경이었다(솔직하게는 모든 인터뷰 내용을 일일이 받아 적을 자신이 없었다). 아무튼 나는 100여 차례에 달하는 인터뷰를 특별한 경우를 제외하고는 모두 녹취했다. 녹취를 허락하지 않는 경우도 간혹 있었고, 주위 환경 때문에 녹취가 불가능한 경우도 있었으나, 내가 만난 인사들은 녹취에 관해 예상보다 훨씬 관대했다.

인터뷰 내용을 논문에서 인용하는 문제는 반드시 사전에 동의를 받았고, 동의를 받는 내용부터 녹취를 하는 방식으로 나중에 있을지도 모를 문제의 소지를 줄였다. 그렇지만 인용 부분을 재차 확인하는 일은 현실적인 어려움 때문에 할 수가 없었다. 대신 인용된 모든 내용이 녹취되어 있었기에 만에 하나라도 생길 문제에 관한 차선의 대안은 마련해놓은 셈이었다. 지나치게 민감한 내용이나 인터뷰 대상을 보호해야 할 필요가 있는 경우는 "기밀"로 처리했다. 그리고 인터뷰를 하는 과정에서 민감하거나 핵심적인 내용이 얘기되는 경우 바로 "지금의 내용을 논문에 인용해도 되겠는가?"라는 방식으로 재차 승낙을 받으며 면담을 진행했다.

그런데도 인터뷰 내용 때문에 크게 곤란에 처한 적이 있다. 1999년 8월 23일 한 인터뷰에서 무사 히땀은 살아 있는 권력의 "경외스런 힘awesome power"을 강조하며, "1986년 당시 내가 부총리직에서 물러나지 않고 끝까지 대립했을 경우 마하티르는 10명의 남자를 들이대며 나를 동성애자로 몰아갔을지도 모른다."고 언급했다. 나는 이 말을 학위 논문에서 마하티르와 안와르의 갈등의 본질이 도덕성의 문제가 아닌 권력의 문제라고 보여주는 취지에서 인용했다.

그런데 2002년 초반 PAS 국회의원이 국회에서 마하티르 정권의 정치적 음모의 단면을 보여주는 증거로 내 인터뷰 내용을 공개하면서 하루 종일 국회가 시끄러워진 것이다(2002년 ANU에서 열린 오스트레일리아-말레이시아 컨퍼런스에 처음 문제를 제기한 PAS 국회의원이 나에게 직접 당시 국회에서 얼마나 난리가 났는지를 마치 영웅담처럼 얘기했다). 인터뷰 내용이 PAS의 기관지인 『하라까』에 보도되고, 급기야 무사 히땀이 "당시 수

많은 인터뷰를 했기에 그런 특정 내용에 대한 기억이 없고, 학문적인 목적으로 한 인터뷰를 특정 정당이 정치적으로 활용하지 말라."는 취지로 대표적인 인터넷 신문인 《말레이시아끼니Malaysiakini》에 의견을 피력했다.

이 사건 때문에 나와 지도 교수 그리고 학과장이 긴급회의를 가졌고, 녹취된 부분을 같이 확인했으나 다행히도 그 내용에 한 단어의 오류도 없었다. 그러나 만약에 말레이시아 국회나 법정에서 녹취 테이프의 공개 요청이 올 경우 학문적 목적의 인터뷰가 정치적 목적으로 활용될 수 없다는 이유로 거부하기로 학과 회의에서 결론을 내렸다. 다행히 공개 요청은 오지 않았으나, 당시 무사 히땀의 곤란했던 입장에 관한 미안함과 혹시라도 잘못 인용했을지도 모른다는 우려로 가슴이 철렁했다. 훗날 논문이 단행본으로 출간됐을 때 무사 히땀을 찾아갔다. 마침 해외 출장 중이어서 만남이 성사되지는 못했으나, 책속지에 내 심정을 담은 메모를 남김으로써 고마움과 미안함을 대신했다.

정치 엘리트 인터뷰를 하면서 겪은 또 다른 어려움은 인터뷰 대상의 균형을 맞추는 일과 연구 내용에 적합한 인터뷰 대상을 찾는 것이었다. 특히 야당 인사를 섭외하는 것보다 정부 여당 측에서 관련자를 찾아 면담을 성사시키기가 상대적으로 어려웠다. 연구 주제의 특성 때문에 야당 사람들을 많이 만날 수밖에 없었지만 지나친 편중은 심각한 문제를 야기할 수 있었다. 여기에 대한 내 답은 "무조건 열심히 할 수밖에 없다."라는 것이다. 헝그리 정신으로 무장된 절실함보다 더 강력한 무기가 있겠는가? 이게 안 되면 반쪽짜리 논문이 되고, 심사

통과를 장담할 수 없다고 생각해보라. 절실함은 저절로 생긴다. 그리고 인터뷰를 진행하는 과정에서 얻은 노하우는 여야 정치인들이 생각보다 친밀하다는 것이었다. 내 경우는 야당 인사를 만나서 여당 정치인을 소개해달라고 부탁하는 방법을 가끔 활용했는데 이 방법이 의외로 효과적이었다. 특정한 이슈에 적합한 인터뷰 대상을 물색할 때도 인터뷰를 하는 과정에서 적임자가 누가 있을지를 물어보고, 가능하면 섭외까지 부탁하면서 어려움을 조금씩 풀어갈 수 있었다.

인터뷰 내용을 일일이 녹취하는 것도 그리 녹록한 일은 아니었다. 인터뷰 내용을 녹음할 경우 그 내용을 놓칠 염려가 없다는 장점이 있다. 그러나 눈앞에 녹음기를 들이대고 있을 경우, 상대방이 질문에 답할 때 주저하거나 진솔한 대답을 꺼리는 경우도 가끔씩 발생한다. 특히 정부 여당 측의 인사들과 면담할 때 그런 경향이 강하다. 내 경우 정말 중요한 인터뷰인데 녹취를 하기가 곤란하면 비밀스럽게 녹취를 한 적도 두 번 정도 있었다. 그리고 녹취를 하는 경우 역설적이지만 인터뷰에 집중하지 못한다는 단점이 있다. 어차피 녹음되고 있으니까 대화 내용을 놓쳐도 된다는 생각에 긴장감이 떨어지는 경우를 종종 경험했다. 이것은 대답의 내용에 따라 좀더 심층적인 질문을 도출해내지 못하는 치명적인 결함으로 이어지기도 한다. 그래서 나는 녹음이 제대로 안 될 수도 있다는 경우를 늘 고려하며 인터뷰를 수행했다.

녹음된 내용을 정리하는 것도 보통 일이 아니었다. 앞에서도 언급했지만 현지조사를 한 기간만큼 오스트레일리아로 돌아와서 녹취를 풀었다. 처음에는 그날 녹음한 것은 그날 풀기도 시도해보았으나 인터뷰의 빈도가 잦아지면서 이내 포기했다. 현지 도우미를 활용해서 녹취를 푸는 방법도 써봤으나 별로 효과를 보지 못했다. 이 경우 오히려 비용은 비용대로 들고, 녹취를 푼 내용도 만족스럽지 않아서 결국 내가 다시 풀게 되면서 별로 재미를 보지 못했다. 그리고 민감한 내용의 인터뷰를 제삼자가 듣고 정리하는 것도 윤리적으로 문제가 될 것 같아서 처음 몇 차례 시도하다가 이내 포기했다. 결국 아주 중요하다고 판단되는 경우는 그 특정 부분만 인터뷰 당일에 정리하고, 나머지는 오스트레일리아로 돌아와서 오랜 시간에 걸쳐 일일이 녹취를 풀 수밖에 없었다.

효과적으로 정치 엘리트 인터뷰하기

정치 엘리트들과의 짧은 면담을 통해 연구자가 원하는 정보를 끌어내는 것은 결코 쉬운 작업이 아니다. 나 역시 처음부터 만족스러운 인터뷰를 수행한 것은 아니었다. 생각해보면 스스로 만족한 경우가 그리 많지는 않은 것 같다. 그래도 내가 경험한 효과적인 인터뷰 방법을 정리해보는 것도 의미가 있을 것 같다. 일부는 성공을 통해서, 또 어떤 것들은 시행착오를 겪으면서 얻은 내용들이다.

1. 사전 준비하기

사전 준비를 어떻게 하느냐에 따라 얻을 수 있는 정보의 양과 질이 달라진다. 먼저 녹음기, 사진기, 필기도구를 점검해야 한다(나는 너무 정신이 없어서 사진기를 챙기지 못했다). 인터뷰 대상에게 연락을 취하기 전에 어디서 만날 것인지를 먼저 염두에 둬야 한다. 인터뷰 장소에 따라 대화의 내용과 녹음의 품질이 달라진다. 가능하면 식당이나 커피숍 등 사람이 많이 모이는 장소는 피하는 것이 좋다(실링팬 아래도 가급적 피하는 것이 좋다. 의외로 녹음의 질을 떨어뜨린다). 공공장소는 소음도 심하고 인터뷰 대상이 자신의 견해를 마음껏 피력하는 데 제약이 따른다. 장소가 아무리 멀어도 인터뷰 장소는 상대방이 있는 곳으로 잡을 생각을 하고 연락을 취하는 것이 좋다. 인터뷰 대상의 주변 환경을 관찰하는 것도 상대방을 이해하는 데 중요한 요소가 될 수 있기 때문이다.

2. 인터뷰 성사시키기

상대방의 배경에 관한 충분한 정보를 수집할 필요가 있다. 상대를 알아야 맞춤식 공략을 할 수 있고, 부담감을 줄일 수 있다. 연락은 '비공식적인 루트'를 통하는 것이 효과적이다. 정치인의 경우 비서나 보좌관 등 공식적인 경로를 통하면 인터뷰 성사 가능성이 현저히 낮아지고 성사되는 시간도 상당히 오래 걸린다. 직통 연락처를 안다면 상대방의 지위고하를 막론하고 직접 연락하는 것이 좋다(물론 예의를 갖춰서). 단순히 면담의 성사 가능성을 높이는 차원뿐만 아니라, 어떤 내용과 의도를 갖고 인터뷰를 요청하는지 혼선을 최소화하는 효과도 있다. 만약 비서나 보좌관을 통할 경우에는 가급적 자신을 "복잡하게" 소개할 필요가 있다.

내 경우는 "오스트레일리아의 ANU에서 말레이시아 정치로 박사 과정에 있는 한국 학생이다. 말레이시아 전공자인 크라우치 교수가 당신의 보스를 만나보라고 했고, 얼마 전에 만난 말레이시아의 누구누구도 비슷한 추천을 했다."는 방식으로 소개를 했다. 상대방이 ANU나 크라우치 교수를 잘 알 리도 없고, 복잡하게 자신을 소개함으로써 비서의 판단만으로 인터뷰 요청을 거절하지 못하게 하는 효과가 있었다. 그리고 인터뷰를 성사시키는 가장 중요한 전략은 열심히 연락하고 거절을 부담스러워 하지 말라는 것이다. 이것이 젊음과 배우는 자의 특권 아니겠는가?

3. 자기 소개하기

상식적인 얘기지만 인터뷰의 첫출발은 상대에게 자신을 소개하는 것부터 시작된다. 이때 범하기 쉬운 오류는 상대가 자신에 관해 알고 있다고 생각하는 것이다. 전화로 섭외할 때 이미 간략히 소개를 했기 때문이다. 그러나 상대방은 무수히 많은 사람들을 만나기 때문에 약속을 잡을 때 한 소개의 내용을 기억하기 어렵다. 결국 연구자가 자기소개를 소홀히 하면 상대방은 연구자의 배경에 관해 전혀 모르고 인터뷰에 응하게 되는 것이다. 소개는 연구자의 개인적 배경과 연구의 주요 내용을 중심으로 간략히 하는 것이 좋다. 나는 말레이 정치 엘리트들과 인터뷰를 시작하기 전에는 짧게 몇 분이라도 말레이어로 대화를 유도했고, 이것이 인터뷰의 출발을 부드럽게 하는 데 도움이 됐다.

4. 초반부터 준비된 연구자라는 점을 보여줘라

처음에 어떤 질문을 하느냐가 전체 인터뷰 흐름을 좌우할 수 있다. 여기에 관해서는 논란의 여지가 있다. 일반적이고 쉬운 질문부터 시작할 것인가? 아니면 처음부터 본론으로 들어가서 논쟁적인 질문을 할 것인가? 내 경험으로는 인터뷰 초반에 자신이 전공 지역 또는 인터뷰 대상에 관한 충분한 배경지식을 갖춘 연구자라는 점을 보여줬을 때 효과가 좋았다. 인터뷰 대상이 관여했던 특정한 사건을 언급해주는 것도 좋은 방법이다(Leech 2002). 예를 들어 "당신이 예전에 어떤 사건에서 이런 언급을 했는데 그것은 무슨 배경에서였는가?"와 같은 방식이다. 이것은 상대방이 처음부터 형식적인 답변을 하지 않게 하는 데 유용하다. 인터뷰 시간은 보통 1시간 전후로 생각보다 짧다. 그리고 상대방이 일정에 쫓기는 정치인이기에 인터뷰 중간에 자리를 뜨는 경우도 종종 발생한다. 그러므로 가급적 빨리 핵심 질문으로 들어가는 것이 좋다.

5. 솔직하고 과감하게 접근해라

정치 엘리트들과 인터뷰를 할 때 흔히 직면하는 어려움은 "어떻게 예의를 갖추면서 원하는 정보를 얻을 수 있을 것인가?"라는 문제다. 내 경우 전직 부총리, 전·현직 장관, 야당 대표, 국회의원, 고위 관료 등 많은 고위층을 대상으로 인터뷰를 수행했기에 이런 문제에 종종 직면했고 부담감도 컸다. 당연한 얘기지만 지위고하를 막론하고 상대에게 최대한의 예의를 갖추는 것은 기본이다. 그리고 상대방이 거물급이라고 해서 전혀 긴장할 필요 없다. 오히려 상대방도 스스로 품위 유지에 신경을 쓰는 존재이기에 접근이 용이할 수 있다. 내 경우 소위 거물급들과 인터뷰를 할 때는 오히려 솔직하고 과감하게 접근했다. 예를 들어, "내가 외국 학생이고 현지 문화에 익숙하지 않아서 지금의 질문이 당신을 불편하게 할 수도 있는데 괜찮은가?"라고 먼저 양해를 구하는 방식이다. 십중팔구 "no problem"이라는 응답이 온다. 그때부터 과감하게 가는 것이다. 무사 히땀, 라잘레이, 림킷샹 등과 인터뷰를 할 때 주로 활용한 방법이었다. 이런 접근은 다른 정치 엘리트들에게 미묘하고 민감한 질문을 할 경우에도 어김없이 활용됐고, 효과만점이었다.

6. 의도하는 답을 유도해라

정치 엘리트들을 만나다보면 의외로 길게 답을 늘어놓는 경우가 많다. 내용도 두서가 없고, 뭔가 중요한 얘기를 하는데 핵심 언저리를 답답하게 돌고 있다. 이럴 경우 질문자가 대신 답변의 내용을 정리해서 재차 질문하는 것도 효과적인 전략이다. 예를 들면, "그러니까 지금 당신의 얘기는 이러이러하다는 말이군요?"라고 의도하는 답을 유도하는 것이다. 영어로는 "You mean……"이라는 표현으로 가면 무난하다. 때때로 상대가 원하는 답을 의도적으로 피해 가거나 깜빡 잊고 넘어가는 경우도 간혹 접하게 된다. 그때도 "이런 면은 어떻게 생각하는가 (How about……)?"라는 방식으로 대화를 좀더 끌면서 다른 방식의 표현을 유도하는 것도 효과적이다. "지금 한 얘기를 좀더 자세하게 또는 예를 들어 설명할 수 있는가?"라는 표현도 대답의 연장을 유도할 때 요긴하게 사용할 수 있는 화법이다. 상대방의 입에서 만족스러운 응답이 나오지 않으면 내가 그 답이 나올 수 있도록 멍석을 깔아줘야 한다.

정치 엘리트들과 인터뷰를 하다 보면 서로 정적이 누구인지를 알 수 있다. 세간에 널리 알려진 라이벌도 있고, 외부에는 드러나지 않은 특정 정당 내부의 갈등 관계도 있다. 정치 엘리트들과 하는 인터뷰에서는 정보만을 수집하는 수동적인 태도를 벗어나 그 사람들이 나를 활용하게 만들 필요도 있다. 이때 가장 자연스러운 방법은 내가 지금 누구를 만나고 다니는지, 즉 나의 동선을 알리는 것이다. 이때 의외의 소득을 얻을 수 있다.

나도 림킷샹과 무사 히땀의 연결책(?) 노릇을 한 흥미로운 경험이 있다. 림킷샹에게 무사 히땀과 면담할 계획을 얘기했을 때, 나에게 자신이 무사 히땀을 은밀히 만날 의향이 있는데 무사 히땀의 의향을 좀 알아봐 달라는 것이다. 여기에 관해 무사 히땀은 "개인적으로 림킷샹을 만나는 것은 전혀 문제가 없다. 그러나 만남이 정치적으로 악용될 수 있다. 시기적으로 적절치 않다."라는 답을 줬다. 혹시라도 이런 내용이 외부로 흘러나가 구설수에 오르더라도 양측은 외국인 연구자의 의사소통에 문제가 있었다고 치부하면 되는 것이다. 왜 당시 림킷샹이 무사 히땀을 은밀히 만나려 했을까? 당시 림킷샹의 아들인 림관엥의 사법 처리를 앞두고 DAP와 정부 간의 모종의 밀약설 등 은밀한 소문들이 무성했는데, 양자의 메신저 노릇을 하면서 나는 그 소문에 어느 정도 근거가 있다는 것을 확인할 수 있었다.

다양한 정파의 인사들을 만나는 과정에서 그 인사들이 내가 만나는 자신의 정적들에 관해 관심이 높다는 것을 알 수 있었다. 물론 인터뷰를 통해서 얻은 정보를 타인에게(그것도 정적에게) 흘리는 것은 절대적으로 피해야 할 일이다. 인터뷰 대상이 연구자를 활용하는 것이 지나치면 인터뷰 과정에서 질문에 관한 객관적인 답변보다는 정적을 의식한 대답을 들을 수 있는 개연성이 높다는 것도 명심해야 할 일이다. 그렇지만 인터뷰 윤리의 기본을 제대로 숙지하고 행동하면, 연구자의 동선을 인터뷰 대상에게 알리는 것은 그만큼 연구자에게 상대방이 집중하게 만드는 효과가 있다는 점은 분명하다.

8. 상대방의 스타일을 빨리 파악해라

인터뷰를 하다 보면 다양한 행태의 사람들을 접하게 된다. 한 시간 남짓의 인터뷰 시간을 효율적으로 사용하려면 상대방의 성향을 빨리 파악하는 것이 매우 중요하다. 가뜩이나 개성이 강한 정치인들은 정치적 상황에 따라 민감하게 대응하기에 그 사람만의 독특한 행태에 빨리 적응하는 것이 인터뷰의 성패를 좌우한다. 나도 "침묵형", "설교형", "내공 시험형", "현학형", "과시형" 등 다양한 스타일의 정치 엘리트들을 접했고, 이런 독특한 행태 때문에 난처한 상황에 직면하기도 했다.

인터뷰를 하는 입장에서 말을 많이 하는 설교형, 현학형, 과시형 등은 "시간 대비 남는 것이 없는 장사"였다. 내 경우 이런 경우는 얘기를 충분히 들어주고 언제라도 다시 만날 수 있는 친교를 쌓는 만남의 의미를 부여했다. 길게 보면 이런 만남을 통해서 지역연구자의 현지 네트워크가 다양하고 풍부해진다는 것이 내 생각이다. 문제는 내공 시

3장 "역사"와 "현장"을 양손에 | 황인원

험형과 침묵형이다. 이 유형들은 대답이 짧거나 말수가 적어 질문을 하는 연구자에게 무척 곤혹스런 대상이다. 나는 이런 스타일에는 좀 더 공격적으로 의견을 피력하는 방식으로 논쟁을 유도했다. 인터뷰 대상이 의도적으로 정보를 제공하지 않으려는 태도를 취할 때, 의도 적으로 특정 이슈에 관해 상대방과 반대의 입장을 취함으로써 응답 을 끌어낼 수 있다(Nadel 1939).

총리실 차관이자 UMNO 최고위 위원이던 이브라힘 사아드[Ibrahim Saad]는 나를 가장 당혹스럽게 만든 인물이었다. 이브라힘 사아드와 두 차례 인터뷰를 했는데 그중 1999년 8월의 인터뷰가 침묵형의 압권이 었다. 이브라힘은 안와르의 최측근으로 안와르의 출당 조치 때 동반 탈당의 선두주자로 예견되었으나, UMNO에 잔류한 인물이었다. 안와 르 사태 이전 이브라힘과 인터뷰를 한 나에게 이브라힘은 너무도 흥 미로운 존재였고, 1999년 8월 그와 2차 인터뷰를 하게 됐다. 그런데 인 터뷰를 시작하기도 전에 "황, 우리 켄터키 치킨이나 시켜 먹자."며 주 문을 하고는, 간간히 실없는 얘기만 하고 시간을 보내는 것이 아닌가. 1차 인터뷰 때의 다소 수다스럽던(?) 모습을 기대했던 나는 무척 당 혹스러웠다. 주문한 치킨을 다 먹을 때까지도 묻는 말에는 묵묵부답 이었다. 시간은 40여 분이 지나고……. 이러다가 면담이 끝나는 황당 한 상황이 벌어질 것만 같았다. 결국 내가 택한 방법은 "좀 불편한 얘 기를 해도 좋은가?"라며 동의를 구하고, 안와르 사태 이후 정치 지형 과 민심의 변화를 비롯해 내가 이브라힘에게 듣고 싶던 얘기들을 20 여 분 정도 쏜살같이 퍼부었다. 결국 면담 말미에 "네가 지금까지 한 이야기에 전적으로 공감한다. 내가 하고 싶던 얘기를 네가 다 했다."라며 길던 침묵을 깨고 짧게나마 자신의 속내를 털어놓는 것이었다. 비록 논문에 활용한 정보를 충분히 얻지는 못했으나, 당시 UMNO에 잔류한 안와르 측근들의 정치 상황과 현실 인식을 이해하는 데 많은 도움이 된 시간이었다.

9. 마지막 5분을 잘 활용해라

인터뷰를 하다 보면 시작은 철저하게 준비하지만 마무리에 소홀하기 쉽다. 내가 100여 차례에 달하는 인터뷰를 하면서 단 몇 차례를 제외하고 대부분의 인터뷰를 성사시킬 수 있었던 배경에는 "마지막 5분"이라는 노하우가 있었다. 인터뷰를 많이 성사시켰다고 해서 다음 인터뷰의 성사 가능성이 높은 것은 아니다. 새로운 인터뷰 대상을 만나려면 다시 처음부터 새로 시작해야 한다. 이런 방식이라면 모든 개별 인터뷰의 성사 여부는 언제나 불확실하다. 이런 불확실성을 극복하는 데 특정 인터뷰 말미의 5분은 매우 중요한 시간이다. 이 마무리 5분은 다음 인터뷰를 준비하는 시간이다. 다시 말해서 "맨땅에 헤딩"을 하지 않으려면 "새끼치기"를 잘해야 한다는 것이다. 이런 생각에 나는 인터뷰 말미를 다음 인터뷰 대상을 소개받고 가능하면 섭외를 의뢰하는 데 활용했다. 물론 마지막 5분이라는 전략이 모두 성공적이지는 않았다. 그러나 "밑져야 본전"이다.

이렇게 인터뷰를 정리하면서 다음 대상을 소개받는 것은 다음 인터뷰의 성사 가능성을 높이는 것보다 더 중요한 의미가 있다. 연구 주제에 관한 균형 잡힌 인터뷰 대상을 소개받을 가능성이 높다는 것이다. 이때 비슷한 정치 성향의 정치 엘리트의 소개를 의뢰하는 것보다는 가급적 특정 이슈에 관해 대립되는 의견을 지닌 인사를 소개받는 것이 중요하다. 현실 정치인들은 정치적 성향의 차이를 떠나서 연구자의 생각보다 친밀한 관계를 유지하는 경우가 많다. 앞에서도 언급했지만, 나는 여야를 불문하고 서로 소개를 의뢰했고 제법 효과적이었다. 이때 소개를 의뢰하기 전에 상대를 잘 아는지 물어보는 것은 상식이다. 묘한(?) 뉘앙스로 물어봐야 효과가 크다. 정치인들은 웬만해서는 누구를 모른다고 하지 않는다는 것이 나의 경험이다.

10. 핵심 정보와 분위기를 가능한 한 빨리 메모해라

인터뷰를 끝내고 나면 가능한 한 빨리 정리하는 것이 좋다. 나는 인터뷰를 마치고 가장 먼저 주변에서 커피숍이나 벤치를 찾았다. 바로 전에 들었던 핵심 정보와 인터뷰 과정에서 느꼈던 분위기나 특징 등을 메모하기 위해서다. 마땅한 장소가 없다면 근처 제일 가까운 그늘에서 서둘러 메모를 했다. 인터뷰를 녹음했다고 방심해서는 안 된다. 혹시나 있을지 모를 가능성에 대비해야 한다. 그리고 짧은 기간에 많은 인터뷰를 하다 보면 누구에게 어떤 중요한 정보를 들었는지 기억이 가물가물해진다. 이럴 때 간단하게라도 인터뷰마다 핵심 내용과 특징을 메모해놓으면 나중에 녹취를 풀 때 큰 도움이 된다. 인터뷰 과정에서 느낀 독특한 분위기나 연구자의 단상은 면담 내용 못지않게 중요한 경우가 종종 있다. 특히 급변하는 정치 상황 속에서 첨예하게 대립하는 정치 엘리트들과 하는 인터뷰에서는 귀와 입으로 전달되는 정보 못지않게 눈빛과 몸짓에서도 많은 것을 얻을 수 있다. 이것이 문헌 자료에서는 얻을 수 없는 인터뷰만의 매력이다. 그러나 지나친 상상력은 인터뷰의 본질을 저해하는 최대의 적이라는 점을 명심해야 한다.

긴 여정을 마치며 — 인연 맺기

기나긴 여정을 마치고 학위 논문을 제출하기 위해 마지막 작업을 하던 날을 지금도 잊을 수 없다. 위에서 내려다 보면 벌집과 똑같은 형상을 한 쿰스 빌딩의 3층 한구석에 자리한 연구실. 연구실 밖으로 내려다보이는 것은 벌집 입구를 연상케 하는 빼곡하게 들어찬 조그만 창문들과 음산한 기운을 가득 품은 오래된 검트리gumtree들. 방 안을 둘러보니 양쪽 벽면이 모자라 바닥까지 말레이시아에서 복사해온 자료들로 빼곡했다. 이 속에서 용케도 8년 8개월 8일이라는 시간을 버텼구나. 만감이 교차했고 모든 것이 고맙게 다가왔다. 심지어 처음 이곳에 와서 이방인처럼 살던 그토록 낯선 시간들도 마치 이 순간을 위해 준비된 것 같았다. 현지조사 기간 중에 만난 수많은 현지인들의 형상이 스치면서, "내가 이 사람들과 공유한 것이 단순한 정보가 아니라 말레이시아와 그곳에 사는 사람들을 향한 '열정'과 '애정'이었구나!"라는 감흥에 잠겼다.

글을 마무리하면서 꼭 하고 싶은 얘기는 현지에서 만난 사람들과의 인연 맺기이다. 대부분의 사람들은 인터뷰 대상이던 정치 엘리트들이었지만 꼭 그런 것만은 아니다. 그중에는 현지 생활을 하면서 희

로애락을 같이한 한국인 유학생 가족과 교민 들도 있었고, 조사를 수행하는 동안 현지의 정보를 수집하는 데 크고 작은 도움을 받은 현지인informer들도 있었다.

특히 수라고 부르던 수예뗏Soo Yew Thet이라는 친구를 잊을 수 없다. 수는 내가 1997년 말부터 1998년 초까지 현지조사를 할 때 만난 말레이시아농과대학UPM의 교육학 석사 과정에 있던 중국인 남학생이었다. 수에게는 1990년대 말레이시아의 비정치적 영역(교육과 문화)의 자유화에 관한 자료를 수집하는 과정에서 많은 도움을 받았다. 그러나 자료 수집보다도 수와 정치, 사회, 문화, 교육 전반에 관해서 끝없이 많은 대화를 나눈 것이 무척 인상적이었다. 말라야대학교에서 경제경영학과를 졸업하고 교육을 통한 사회봉사를 꿈꾸던 그 친구는 마하티르 정권에 대해 비판적이던 나를 설득시키기에 여념이 없었고, 나 또한 주제넘게도 고통을 고통으로 느끼지 못하고 살아가는 현지인들의 정치적 무감각을 깨워주려고 무단히도 애를 썼다. 정치 엘리트들과 치열한 면담이 끝나면 어김없이 그 친구와 또 다른 의미의 격렬한 대화를 이어갔다. 나중에 내 논문을 꼭 읽어보고 싶다고 했는데 안타깝게도 이후로 연락이 두절됐다.

잊을 수 없는 또 다른 인연은 현재 DAP 초선 의원인 류찐똥Liew Chin Tong이다. 내가 찐똥을 처음 만난 것은 1999년 8월 MSC 논문 발표 현장에서였다. 조모 교수를 앞에 두고 정신없이 발표를 마쳤을 때, 20대 초반의 젊은 친구가 다가와 인사를 하는 것이 아닌가. 그리고 며칠 뒤 1998년 안와르 사태 이후 일련의 반정부 시위에 참여한 경험을

정치인으로 탈바꿈한 류찐똥.

빼곡하게 적은 수첩을 들고 나에게 당시 상황을 설명해주던 친구가
찐똥이었다. 당시 그 총명함에 인상 깊었던 나는 찐똥에게 공부를 계
속할 것을 권했고, 반년 남짓이 지났을 무렵 ANU로 학부 편입을 하기
로 했다는 전화가 걸려왔다. 마침 우리 집에 방이 하나 비어 있었고,
그렇게 찐똥은 내가 오스트레일리아를 떠나기 전까지 약 2년 동안 우
리 가족과 동거를 하게 됐다.

　논문 마무리 작업으로 밤늦게 귀가할 때를 제외하고는 찐똥과 거
의 매일 등교와 하교를 같이하면서 말레이시아 정치에 관해서 대화를
나눴다. 논문 막바지에 궁금한 점이 있을 때 찐똥의 빠르고 정확한 정
보가 나에게는 마치 인터넷 검색과 같은 도움을 줬다. 책을 출간할 때
도 원고를 3번 이상 읽으며 내용상의 작은 오류는 물론 오탈자 하나
까지 꼼꼼하게 검토해줬다. 찐똥은 ANU에서 학부를 마친 뒤 정계에
입문해 2008년 총선에서 당선돼 현재 말레이시아에서 가장 촉망받는
젊은 야당 의원으로 왕성하게 활동하고 있다. 정계에 입문한 뒤에도

찐똥은 내 책을 말레이시아의 정치 지망생들이나 기성 정치인들이 꼭 읽어봐야 할 필독서로 홍보(?)하고 있으니 나에게는 무척이나 고마운 인연이다.

누군가 나에게 정치 엘리트를 대상으로 현지조사를 할 때 염두에 둬야 할 점을 한 가지만 말해보라고 하면 "과감하게 연락하고, 두 번 이상은 만나라."고 조언을 해주고 싶다. 첫번째 면담에서 얻을 수 있는 것이 단순한 정보라면, 두 번 이상의 면담을 통해서는 인연을 얻을 수 있기 때문이다. 물론 인터뷰를 한 모든 상대방과 인연의 끈을 이어갈 필요는 없을 것이다. 그러나 학위 과정에서 현지조사를 마쳤다고 해서 지역연구자로서의 현지조사마저 끝난 것은 아니다. 어쩌면 현지에서 돌아오면서부터 또다시 현지로 떠날 준비를 하는 것이 지역연구자의 운명이다. 그래서 현지에 있을 때보다 현지에서 떠나 있을 때 더욱더 현지에 있는 것처럼 생활해야 할지도 모른다. 두 번 이상 면담을 한다는 의미는 연구자가 언제라도 현지의 전문가들과 상시 교류할 수 있는 네트워크를 형성한다는 것이다. 나도 첫 인터뷰 이후 두 번 이상 만남을 이어간 것이 절반을 조금 넘는 정도였으니 스스로 만족스러운 수준은 아니었다. 첫번째 면담을 성사시키는 것도 결코 쉬운 일은 아니었지만 그 뒤에 인연의 끈을 이어간다는 것은 훨씬 더 힘들고 꾸준한 노력과 성의가 필요한 일이다.

지난 현지조사의 기억을 돌이켜보면서 나에게 많은 변화가 있었다는 것을 실감한다. 처음에는 어떻게든 필요한 정보를 얻어야겠다는 나의 실리를 찾기 위해 시작했는데, 내가 얼마나 부족함이 많은지를 알게 되면서 그 사람들을 이해하려고 노력한 것 같다. 현지의 정치 상황을 어느 정도 알아가면서 내가 자신들을 어떻게 이해하는지 그 사람들도 알아야 하는 것 아닌가라는 알량한 욕심도 생겼다. 그리고 욕심은 또 다른 의미에서 나의 실리를 찾아가는 것이니…… 나에게 지역에 관한 관심은 이렇게 환류하는 것 아닌가하는 생각이 든다. 그러다 보니 혹시 내가 나의 시각에서 남을 관찰하고 이해해서 기록하는 자민족 중심주의의 함정에 빠져간 것은 아닐까 걱정도 된다.

어디선가 지역연구를 "항구"라고 설명하는 글귀를 읽은 것이 기억난다. 멀고 가까운 외지에서 수많은 배들이 드나드는 항구. 이곳은 단순히 외지의 사람과 문화를 받아들이는 수동적인 공간이 아닌, 이곳을 떠나는 사람들에게 현지의 문화와 이해를 함께 실어 보내는 능동적인 공간이라는 것을. 거창한 이론에 기반을 둔 것은 아니지만, 내가 경험한 정치 엘리트 면담을 통한 현지조사를 항구가 지니는 환류의 의미에서 찾아보는 것도 의미가 있을 것 같다는 생각이다.

달팽이의 나선

베트남 공장 노동자의 저항과 일상, 그리고 문화

4

채수홍

현지연구 계획하기[1]

"왜 베트남을 연구하게 됐나?", "베트남에서 무엇을 연구하나?", "현지에서 어떻게 연구를 진행하는가?", "현지연구의 결과가 이론과 현실에 어떤 도움을 주는가?" 베트남을 연구하는 문화인류학자로서 요즘도 자주 받는 질문이다. 이 글에서는 내가 박사 논문을 작성하던 시절의 경험을 바탕으로 이 질문에 답해보려 한다. 문화인류학자가 어떤 목적을 가지고 어떤 과정을 거쳐서 특정 지역을 대상으로 현지연구를 진행하며 그 결과 무엇을 밝혀내는지 설명하려 한다.

내 박사 논문의 주제는 외국계(다국적) 공장에서 일하는 베트남 노동자가 공장의 안팎에서 벌이는 정치와 그것을 통해 형성되는 정치의식에 관한 것이었다. 베트남 노동자는 외국인 매니저의 자본주의적 훈육과 통제에 어떻게 반응하며 어떤 형태의 저항으로 자신의 생각을 드러내는지 보려 했다. 또한 이런 반응과 저항을 위해서 사회적 관계와 문화를 어떻게 활용하는지 설명하려 했다. 이 글에서는 이런 연구 주제를 선택하게 만든 계기, 현지연구 과정에서 부딪히게 된 방법론적 문제, 연구 내용, 그리고 연구 성과물을 순차적으로 설명하려 한다. 그러기 위해서 미국에서 현지연구를 준비하던 시절부터 회상해볼 필요가 있을 것 같다.

---

[1] 이 글은 「동남아시아연구」 23권 2호(pp. 269~322)에 게재된 논문 「베트남 공장노동자의 저항에 관한 현지연구 성찰해보기」를 바탕으로 그 내용을 일부 수정 및 보완한 결과물임을 밝혀둔다.

문화인류학자는 세부 전공이 무엇인가라는 질문을 받으면 두 가지 정체성을 드러내야 한다. 먼저 자신이 전공하는 지역을 밝힌다. 예를 들어, 동남아시아가 전공인데 특히 베트남을 주로 연구한다고 말한다. 라틴아메리카를 전공하는데 현지연구는 주로 페루에서 했다고 말하거나 유럽 가운데서도 아일랜드에 관심을 가져왔다는 식으로 설명한다.

동시에 문화인류학자는 자신의 이론적 관심을 밝힌다. 예를 들어, 인간의 경제 활동, 정치 과정, 종교에 관심을 갖고 있다면 각각 경제인류학, 정치인류학, 종교인류학을 연구한다고 말한다. 때론 자신이 연구하는 대상에 따라 도시인류학, 농촌인류학, 여성인류학, 산업인류학이 전공이라고 표현하기도 한다. 이론적 관심이 여러 분야가 겹치는 지점에 위치해 있다면 이런 전통적인 분류법에 얽매이지 않고 구체적인 주제를 설명해 자신의 이론적 정체성을 드러내기도 한다.

문화인류학자가 되려고 현지연구를 떠날 계획을 가지고 있는 학생은 이런 인류학의 전통에 따라 자신의 정체성부터 명확히 하는 것이 필요하다. 어느 지역에 가서 어떤 주제로 연구할 것인지를 정해야 하는 것이다. 다행히 나는 미국에서 박사 과정을 밟기 시작하기 전부터 베트남에 관심을 가지고 있었다. 베트남이 한국과 유사한 근대사의 굴곡을 겪었으며 동시에 분단을 극복하고 통일을 이룬 역사적 경험도 가지고 있었기 때문이다. 학생운동이 대학가를 휩쓸던 80년대 학번으로서 한국 사회의 정치경제적 미래에 관해 베트남에서 시사점을 얻을 수 있을 것으로 믿었다.

연구 지역을 빨리 결정한 덕택에 나는 베트남과 동남아 지역에 관한 기본적인 이해를 위한 준비를 착실하게 진행할 수 있었다. 그렇지만 막상 현지연구를 앞두자 구체적인 연구 대상을 정하고 그 대상을 어떤 시각으로 볼 것인지 이론적 관점을 정하는 일이 생각보다 쉽지 않았다. 원래 관심을 가졌던 통일 문제는 당시, 90년대 말경에는 사회주의 베트남 정부에서 연구를 쉽게 허락하지 않는 주제였다. 또한 미국을 비롯한 서구 학계는 이미 사회주의 혁명의 성공과 결과보다는 실패의 원인과 대안을 찾고 있었다. 90년대 초 구소련과 동유럽 사회주의의 붕괴에 따른 자연스러운 관심의 전환이었다.

당시 사회주의의 붕괴와 체제 전환에 따른 인류학의 이론적 관심은 크게 세 갈래로 나누어졌다. 한 갈래는 유럽 사회주의 국가가 붕괴한 이유와 자본주의화 이후 겪고 있는 사회문화적 변동을 탐구했다 (Verdery 1991; Ruble 1995; Hann and Dunn 1996; Humphrey 1998). 또 하나는 체제 붕괴는 피했지만 개혁 개방 정책을 선택해야만 했던 중국이나 베트남과 같은 국가의 사회문화적 변화를 분석하려 했다(Fford and de Vylder 1996). 마지막 갈래는 사회주의의 붕괴와 자본주의의 편입에 따른 세계 경제 체제의 변화 과정을 탐색하고 이 과정에서 동반되는 사회문화적 변화를 읽어내려 했다(K. Jovitt 1992; B. Anderson 1992).

인류학계의 이론적 관심의 변화는 내 현지연구 방향을 자연스럽게 결정지었다. 한편으로, 연구비를 따려면 학계의 흐름을 무시할 수 없는 것이 현실이었다. 해외에서 장기 현지연구를 하려면 항공료와 생활비는 물론이고 자료 구입비, 연구 보조원 급여, 인터뷰 비용 등의 연구

비가 필요했다. 학계의 관심을 충족시킬 수 있는 연구를 선택하지 않으면 해외에서 장기간 연구를 수행할 수 있는 경제적 여건이 마련되지 않을 수 있었다.

다른 한편으로, 다행히 학계의 새로운 흐름이 내가 오랫동안 가져온 관심과 일치했다. 베트남과 같이 사회주의 정치체제를 유지하면서 자본주의 경제 체제를 도입할 경우 어떤 사회문화적 변화를 수반하게 되는가는 매우 흥미로운 주제였다. 상부구조와 하부구조의 불일치가 일어나고 있는 사회에서 사람들이 어떤 경험을 하고 어떻게 자신의 경험을 표출하는지는 경제, 정치, 문화의 관계를 탐구해온 문화인류학자에게 매력적인 연구 주제였다.

이렇게 베트남의 개혁 개방 정책이 현지인에게 어떤 사회문화적 경험을 하게 하는지를 탐구하겠다는 대략적인 방향을 정함으로써 해외 현지연구의 첫 단추를 꿴 셈이다. 그렇지만 본격적인 현지연구를 위해서 준비해야 할 것이 많이 남아 있었다. 무엇보다 현지어를 익혀야 했지만 평생 접하지 않았던 외국어를 단기간에 습득하는 일은 예상보다 훨씬 어려웠다. 상당한 시간을 투자해도 기본적인 일상 대화를 어눌하게 구사하는 정도에 만족해야 했다. 더불어 현지에 관한 감각이 필요했다. 개혁 개방 이후의 베트남을 논한 서적이나 영상 자료가 드물었을 뿐 아니라 이런 매체를 통해 현지를 상상하고 느끼는 것은 한계가 있었다. 현지에 가보지 않고 현지어를 습득하고 현장 감각을 갖는 것이 사실상 불가능했던 것이다.

안락의자에 앉아 현지를 상상하는 일은 이런 한계를 지니고 있다.

따라서 인류학도가 본격적인 현지연구를 하기 이전에 연구 계획서를 작성하고 이것을 토대로 연구 지원 단체로부터 연구비를 받으려면 사전에 현지에 다녀올 필요가 있다. 이것을 예비현지연구preliminary research라고 부른다. 예비현지연구의 가장 큰 목적은 현지의 감각을 익히는 것이다. 예비현지연구에서 연구자는 자신이 알고 있는 지식이 현지에서 어떤 양태로 존재하는지를 가늠해보게 된다.

예비현지연구와 연구 주제 찾기

내가 예비 현지연구를 위해 처음 베트남에 발을 들여놓은 것은 1996년 여름이다. 당시 베트남에는 외국인 투자 기업(이하 외자 기업)이 본격적으로 진출하기 시작하고 있었다. 베트남이 도이머이Doi Moi라고 통칭되는 개혁 개방 정책을 표방한 것은 1980년대 후반이지만, 외자 기업이 베트남 시장 탐색을 마치고 투자를 시작한 것은 1990년대 중반부터였다. 이때부터 외자 기업의 유입으로 경제는 물론이고 사회와 문화에 큰 변화가 일기 시작했다.

　현장에 첫발을 디딘 예비 인류학자에게 탈피를 거듭하며 모습을 바꾸기 시작한 베트남은 신기하면서도 아득한 향수를 불러일으키는 곳이었다. 러닝셔츠 차림으로 뛰놀거나 구걸을 하며 쫓아다니는 아이들은 나의 어린 시절을 떠올리게 했다. 베트남 전통 의상인 하얀 아오자이를 입고 자전거로 등하교하는 여학생들이 만들어내는 아름다운 광경은 이국적이면서도 내 중고등학교 시절을 향한 그리움을 품게 만들었다. 시내를 휘젓고 다니는 인력거인 시클로xich lo나 베트남 전쟁 시절에 만들어진 국방색 오토바이도 베트남이 물질문화의 도도한 세계화 물결에 아직은 본격적으로 휩쓸리지 않고 '전통'과 '과거'를 간직하고 있다는 점을 대변하고 있었다.

자본주의의 물을 먹기 시작했지만 아직 가난하고 나름 순진한 베트남인의 행동은 나에게 잊을 수 없는 기억을 만들어내곤 했다. 내가 호찌민에 기업 연수를 나와 있던 지인의 집에 초대받은 날 겪은 일은 지금 생각해도 웃음이 나온다. 지인의 거실에서 점심을 함께하고 있는데 망태기 하나가 담장 너머로 날아오는 것을 목격했다. 잠시 뒤 베트남 남성이 담 위에 모습을 보였다. 내가 "저 친구가 무엇을 하는 거죠?"라고 묻자 지인이 베트남어로 고함을 질렀다. 그러자 담 위에 어정쩡하게 몸을 걸치고 있던 베트남 남성이 머리를 긁적이며 사라졌다. 5분쯤 지났을까? 초인종이 울리고 담장 위에 있던 베트남 남성이 찾아왔다. 망태기를 찾으러 온 것이었다. 가난한 시절이라 신발이나 슬리퍼 등 생활필수품을 훔쳐가는 일이 일상이었을 뿐 아니라 도둑이라고 화를 내기에는 어수룩하기 그지없어 우리는 그저 웃고 말았다.

당시 베트남은 이렇게 아직 경제 발전의 초기 단계에 머물러 있었지만 개방 정책 10년이 만들어낸 변화도 눈에 띄었다. 호찌민의 중심 지역인 1군, 3군, 5군에는 외국인 투자자가 사용할 수 있는 오피스텔과 호텔이 여기저기 들어서기 시작했다. 사유재산을 허용하고 시장경제를 도입하면서 사회주의화 과정에서 자취를 감췄던 전통 시장이 활성화되기 시작했고 카페나 술집 같은 유흥업도 도시의 곳곳에 자리를 잡기 시작했다. 전쟁으로 폐허가 되고 사회주의 시절에 제대로 가

동되지 않던 공단이 외국 투자 자본에 힘입어 경쟁적으로 건설되고 있었다.

경제 발전의 이런 징후는 아직 낙후함을 떨치지 못한 여러 현상과 기묘하게 대조되면서 하노이와 호찌민의 과거와 미래를 모두 보여주고 있었다. 호화롭게 단장한 특급 호텔이 모습을 드러낸 도시에 전기 공급이 원활하지 않아 밤이 되면 깜깜해지는가 하면, 나날이 늘어나는 공단으로 가는 길은 한 차례 비에도 차바퀴가 물에 잠기는 낙후한 하수 시설과 대조를 이뤘다.

예비현지연구를 진행하면서 과거와 현재가 섞여 있는 모자이크 같은 일상의 문화도 흥미로웠지만 내 눈길을 가장 강하게 사로잡은 것은 베트남의 산업화와 도시화가 만들어내고 있는 모순이었다(Chae 2004). 특히 베트남 사회구성체social formation의 상부구조인 정치와 하부구조(또는 구조)인 경제가 서로 일치하지 않으면서도 기묘하게 어울리고 있는 모습은 여러 궁금증을 자아냈다.

베트남은 공산당의 일당 지배를 통해 정치와 통치 이념은 여전히 사회주의를 표방하고 있었다. 반면 민생을 안정시켜야 한다는 실용적 정책 때문에 경제는 사회주의 방식이 아닌 자본주의와 시장경제에 가까워 보였다. 사유재산을 허용하고, 외국 자본을 유혹하기 위해 배려를 아끼지 않고, 자본에 따른 노동의 지배를 용이하게 만드는 제반 조치를 취하고 있었다. 사회주의라는 과거의 이념과 자본주의적 시장경제의 발전이 기묘하게 공존하고 있던 것이다. 베트남 사람들은 과거와 현재가 공존하면서 만들어내고 있는 이런 현실에 관해 어떻게 생각하고 있을까? 이런 현실이 베트남 사람들에게 일상적으로 어떤 경험을 하게 강요하고 있을까? 이런 궁금증이 예비현지연구 기간 내내 뇌리에 남았다.

불과 2개월의 짧은 예비현지연구였지만 나는 이런 궁금증을 해소하기 위해 길거리나 숙소 등에서 만난 베트남인과 가능한 한 많은 대화를 나누고 하노이와 호찌민 인근의 산업 공단을 탐방하려고 노력했다. 그렇지만 이런 시도는 현실의 벽에 부딪히곤 했다. 내 베트남어 수준이 아직 초보에 불과해 현지인과 의사소통이 거의 불가능했기 때문이다. 또한 짧은 예비현지연구 기간동안 현지인이 중요하고 진솔한 정보를 연구자에게 제공할 만큼 서로 라포^{rapport}가 형성될 수 없었다. 그런데도 베트남인과의 짧고 피상적인 만남은 중요한 몇 가지 실마리를 제공했다.

먼저 다수의 베트남인은 사회주의 이념이 현실에서 실현되고 있는지에 관한 비판적 성찰보다는 개방 정책이 자신을 가난에서 벗어나게 할 수 있을지 모른다는 희망을 품고 있었다. 베트남 전쟁이 끝나고 사회주의화를 위한 강성 개혁^{hard reform}이 추진되던 시절보다는 잘살 수 있을지도 모른다는 기대감을 가지고 있었다(Fford and de Vylder 1996). 이 사람들은 나에게 자신의 생활이 얼마나 힘든지 설명하고 내가 학적을 두고 있는 미국이나 조국인 한국의 발전상에 관해 알고 싶어 했다. 개혁 개방 정책^{Doi Moi}이 자신에게도 밝은 미래를 줄 수 있을지 모른다는 막연한 기대감의 표현이었다.

내가 만난 베트남인은 또한 공통적으로 한국인이 운영하는 공장에 취직을 부탁했다. 시장경제가 도입된 초기라 일자리가 절대적으로 귀했을 뿐 아니라 공장에서 일을 하는 것이 상대적으로 임금이 높던 시절이었기 때문이다. 산업화 초기라 아직은 공장에서 일을 해서 생계를 유지할 수 있는 기회를 갖는 것만으로도 만족을 주던 시기였다. 흥미로운 점은 베트남인이 한국인인 나에게 일자리 소개를 부탁하면서 꼭 던지는 질문이 있다는 사실이었다. 한국 공장에서 하는 일이 힘들고 한국인이 무섭다는데 그 이유가 무엇인지 질문을 던져 나를 당황하게 했다. 나는 이런 고정관념이 어떤 현실에 기인한 것인지, 어떻게 베트남 사회 속에서 재생산되고 있는지 알고 싶어졌다. 그 대답의 하나는 아래에 인용한 미디어의 보도였다.

백장미 사건

1996년 3월 27일 상급자에게 신발 원자재가 낭비되고 있다는 꾸중을 받은 한국인 현장 기술자 미스 백은(이름이 백장미) 열다섯 명의 베트남 여성 노동자와 두 명의 한국인 기술자를 한 줄로 세워 놓고 훈계하며 신발로 얼굴과 머리를 때렸다. 이 사건은 (호찌민 외곽의) 구찌$^{Cu\ Chi}$에 위치한 (나이키 하청업체인) 삼양 베트남에서 일어났다. …… 이후 이 사건은 백장미$^{white\ rose}$ 사건으로 통칭되며 지역에 반향을 일으켰다. (《사이공 타임즈 데일리$^{Sigon\ Times\ Daily}$》, 1996년 8월 1일)

이 사건은 베트남 사회에서 전형적인 한국인 매니저의 노동 통제 방식을 보여주는 사례로 인식되고 있었다. 내가 사건이 일어난 회사의 한국인 매니저를 찾아가 만났을 때 불만의 요지는 두 가지였다. 하나는 이런 "폭력"이 일어날 수밖에 없는 원인을 베트남 노동자가 제공한다고 항변했다. 베트남 노동자가 제품을 네 개 만들 수 있는 원자재를 잘못 다뤄 세 개밖에 못 만들도록 재단할 뿐 아니라, 이런 문제를 점검하려고 사용한 원자재 폐품을 보관하게 하면 처벌이 무서워 버린다는 것이다. 여러 번의 교육에도 불구하고 이런 문제가 지속적으로 발생하면 강하게 질책할 수밖에 없다는 것이다.

또 하나는 한국 기업이 외자 기업으로서 현지의 법규에 적응하기 위해 약한 체벌을 해도 언론이 침소봉대해 보도한다는 점이었다. 한국의 산업화 초기를 경험한 한국인 매니저의 생각에 따르면 노동자를 일렬로 세워놓고 훈시를 하면서 신발로 머리를 때리는 정도는 폭력의 범주에도 들지 못했다. 그렇지만 이런 사실이 베트남 언론에 보도되면서 한국 기업과 한국인 매니저가 무자비한 폭력을 행사하는 것처럼 과장된 이미지가 유포되는 것에 강한 불만을 표시했다.

그렇지만 나는 한국인 매니저의 이런 항변이 다분히 자기중심적이라는 것을 쉽게 알 수 있었다. 베트남 노동자의 대다수는 다른 산업(주로 농업)에 종사하다가 산업 노동에 편입돼 새로운 환경에 적응하고 있는 중이라는 사실을 심각하게 고려하지 않고 있는 게 분명했다. 베트남 노동자는 자본주의 공장의 통제와 훈육 방식에 힘겹게 적응하고 있는 반면 한국인 매니저는 효율적인 생산체계가 신속하게 갖춰지지 않는 현실을 답답하게 생각하면서 양측의 충돌은 불가피한 것으로 보았다. 또한 베트남 언론이 노동 문제가 발생할 때 노동자의 입장을 중심으로 보도할 수밖에 없는 이념적, 민족적 이유에 관해서도 한국인 매니저의 이해가 부족한 듯했다.

나는 한국인 매니저의 항변을 들으면서 오히려 베트남 노동자가 한국 공장의 자본주의 훈육과 통제에 관해 어떤 반응과 해석을 보여주고 있는지에 강한 궁금증을 가지게 됐다. 특히 베트남 노동자가 새로운 노동 환경에 대응하고 저항하는 구체적 방식과 이유를 알고 싶었다. 나는 이런 궁금증이 개혁 개방 정책에 관한 베트남인의 대응과 해석에 관해 실마리를 제공할 것이라고 믿게 됐다.

연구 계획서 작성하기

여러 의문과 궁금증을 안고 미국으로 다시 돌아왔다. 내게 짧은 예비현지연구는 연구 지역에 관한 감각을 갖게 만들었을 뿐 아니라 자신감과 연구 의욕을 북돋워주었다. 이것을 바탕으로 학술 연구비를 제공하는 미국의 주요 재단에 제출할 연구 계획서를 작성하기 시작했다.

연구 계획서의 시작은 현지연구의 주제를 정하는 것이다. 나는 예비현지연구의 경험을 바탕으로 주제를 베트남 노동자의 외국 자본에 관한 순응과 저항의 이유를 찾는 것으로 정했다. 베트남 노동자가 어떤 요인의 영향을 받으며 어떤 과정을 거쳐 때로는 외국 자본에 순응하고 때로는 저항하는지를 탐색해보기로 한 것이다.

이렇게 주제를 정한 뒤 노동자의 저항 요인을 설명한 이론적 가설을 검토하는 작업에 들어갔다. 그렇지만 산업 노동자의 저항에 관한 이론을 가설에 따라 일목요연하게 정리하는 것이 쉽지 않았다. 산업 노동자에 관한 연구가 방대한 분야를 포함하고 있어 각종 논쟁을 저항이라는 범주와 연계시켜 분류하는 데 너무 많은 시간이 소비됐다.

이때 떠올린 것이 농민 운동에 관한 논쟁이었다. 농민 저항의 원인을 밝히기 위해 이론적 다툼을 벌인 사회사적 연구들이 개혁 개방 정책으로 변화하는 노동자의 삶과 정치가 어떻게 연계되어 있는지에 관해서 가설을 잘 정리해놓고 있다는 생각이 들었다. 이 연구들을 원용하면 내 주제에 적합한 이론적 가설을 세울 수 있을 것이라는 믿음이 생겨났다.

이 논쟁은 이론적 입장에 따라 크게 세 부류 또는 네 부류로 나눌 수 있다. 먼저 페이지(Paige 1975)와 팝킨(Popkin 1979)은 경제적 요인을 강조했다. 비록 둘 모두 농민 반란의 원인을 경제적 요인에서 찾으려 하지만 양자의 해석은 상당한 차이가 있어 서로 다른 가설을 제시하고 있다고 해도 무방하다. 페이지는 농민이 평소에는 개인주의적 성향ethos 때문에 저항을 위한 단합을 보여주지 못한다고 믿는다. 그렇지만 자신을 둘러싼 경제 조건이 구조적으로 악화될 경우에는 불가피하게 집단적으로 저항한다. 이런 가설을 응용해보면 베트남 노동자의 경우에도 평소에 개인의 이해에 집착하다가 경제 상황의 구조적 변화에 따라 집단 저항을 보여줄 수 있을 것 같았다.

반면 팝킨에 따르면 농민 역시 합리적 계산에 따라 정치 행위를 하는 집단이다. 농민은 합리적 계산에 따라 이익이 되는 방향으로 순응하거나 저항한다. 이런 가설을 적용해보면 베트남 노동자의 저항도 합리적 계산의 결과라고 해석할 수 있을 것이다. 이처럼 페이지와 팝킨의 이론을 적용해보면 노동자가 경제적 이익을 위해 합리적으로 계산하여 순응과 저항을 결정하는지 아니면 경제 구조가 악화된 상황에서만 집단 저항의 합리적 선택을 감행하는지를 살펴보는 것이 중요할 것으로 생각됐다.

위의 두 이론과는 대조적으로 스콧(Scott 1976; 1985)은 농민 고유의 도덕적, 문화적 판단 기준에 주목한다. 스콧에 따르면 농민은 진심으로 지주의 지배에 동의하지 않으며 일상적으로 여러 형태의 저항을 보여준다. 그렇지만 농민의 이런 저항은 지배 엘리트를 무너뜨릴 만큼 혁명적이지도 않다(Scott 1976, 192). 농민이 생계의 안전을 최우선으로 보장받으려 하고 나름의 도덕적 기준을 가지고 있기 때문이다. 도덕적 기준에 부합하지 않을 정도로 생계의 위협을 받았을 때만 집단 저항을 하며 그렇지 않을 경우에는 일상적 저항에 그친다는 것이다. 이런 가설을 적용해보면 베트남 노동자 역시 평소에 외국 자본의 통제와 보상을 향해 일상적 저항을 하다가 자신이 가진 도덕적 기준을 넘어섰다고 느낄 정도로 생계 안전의 위협을 느낄 경우에만 결속력을 보이며 노동 쟁의를 일으킬 것이라고 가정해볼 수 있다.

마지막으로 인류학자 울프(Wolf 1969)는 농민 내부의 정치경제적 분화를 강조하면서도 경제적인 것과 정치적인 것의 불일치 가능성을 인정할 필요가 있다고 주장한다. 예를 들어, 베트남 농민 전쟁을 이끈 주요 세력은 가난한 농민이 아니라 상대적으로 부유해 "전략적 자유 tactical freedom"를 가진 중농세력이었다는 점을 강조한다. 울프는 이런 점을 고려할 때 농민이 일정한 사회적 관계 속에서 문화적 제약을 받으며 만들어가는 정치 과정에 주목할 것을 제안한다. 울프의 주장을 받아들이면 베트남 노동자의 저항을 이해하기 위해서 분석해야 할 것은 사회적 관계, 문화적 제약, 그리고 무엇보다 정치 과정이다.

나는 이런 이론적 가설을 점검해보기 위해서는 베트남 산업 공단의 60퍼센트 이상이 몰려 있는 남부, 특히 호찌민 인근을 조사하는 것이 적합하다는 결론에 도달했다. 특히 이 시기부터 북부, 중부, 그리고 남부의 메콩 델타 지역에서 호찌민 인근의 산업 공단으로 일자리를 구하기 위해 많은 이주민이 유입되고 있다는 사실이 매력적이었다. 저항의 정치학과 관련한 여러 이론적 질문을 던져볼 수 있을 것으로 예상되었기 때문이다. 예를 들어, 이주민과 원주민은 생활 조건 면에서 어떻게 다르며 공장의 훈육에 어떻게 다르게 반응하는지 살펴볼 수 있는 기회를 제공할 것으로 생각했다.

연구의 주제, 이론적 가설, 연구 대상을 확정하자 연구 계획서가 완성됐다. 연구 계획서의 최종 목표는 개혁 개방 정책을 계기로 외자 기업에서 일하는 호찌민 인근 베트남 노동자의 저항을 민족지ethnography로 기술하고 분석하는 것이었다. 이 연구 계획서를 토대로 학술 연구비를 제공하는 여러 재단에 지원서를 냈다.

당시 미국 시민권이 없는 박사 과정 학생에게 연구비를 제공하는 재단은 극소수였다. 그렇지만 나는 운이 좋았다. 내 주제가 당시 초미의 관심사였기 때문이다. 덕택에 미국에서 가장 높은 평가를 받고 있는 두 재단에서 연구비를 제공하기로 약속했다. 두 재단은 내 연구비를 양측 모두 전액 지불하는 대신 연구 기간을 1년에서 1년 반으로 연장하는 조건을 제시했다. 실제로 1년 동안 연구 주제를 소화하는 것이 빠듯하다고 느낀 나는 이 조건을 받아들였으며 대신 박사 과정 학생으로는 과분한 연구비를 지원받았다. 이렇게 본격적으로 장기 현지 연구를 떠날 준비가 완료됐다.

주요 연구 대상과 연구 방법 정하기

현지연구에서 연구 방법론^{research methodology}만큼 어려운 것이 연구 방법^{research method}과 현장 접근 가능성^{accessibility}이다. 연구 방법론을 정하는 것은 연구 대상을 바라보고 해석할 시각을 기존의 주요 이론에서 찾아내는 지난한 작업이다. 그렇지만 노력하면 시간이 지남에 따라 "눈을 뜰 수 있는^{開眼}" 것이 방법론 찾기이다.

반면 현지에 접근해서 현지 관련자의 허락을 받는 것은 노력만이 아니라 운도 따라야 한다. 신뢰를 형성하고 연구의 의미를 설득하는 데 성공하더라도 현지 사정과 현지인의 이해관계에 따라 거절당할 수 있기 때문이다. 마을과 같은 거주 공동체, 단체, 비공식 집단에 접근하는 것과 비교할 때 공장을 운영하고 있는 회사에 접근하는 것은 특별한 어려움이 있다. 회사의 경제 사정이나 정치 갈등 등 내부 기밀이 외부로 새어나갈 위험을 경계할 뿐 아니라 연구자가 업무에 방해가 될까 우려하기 때문이다. 따라서 단기 면접은 허락하지만 장기 연구는 여러 핑계를 대 거절하는 것이 일반적이다. 게다가 연구 대상에게 구체적으로 어떤 질문을 던지고 어떤 곳을 집중적으로 관찰해야 연구 내용을 채울 수 있을지 연구 방법을 찾는 일도 막막하기 십상이다.

나는 1998년 여름 베트남으로 건너가 몇 개월 동안 주로 두 가지 일을 하면서 시간을 보냈다. 먼저 베트남어를 다시 배웠다. 미국에서 배운 베트남어가 현지에서, 특히 방언이 심한 남부에서 통하지 않는 것은 큰 스트레스였다. 남성에게 쓰는 간단한 대명사인 "아잉anh"마저 남부에서는 먹는다는 것을 의미하는 "안an"이라고 발음돼 나를 혼란스럽게 만들었다. 이런 현실에서 현지연구가 가능할 만큼 베트남어를 구사하는 것은 요원해 보였다.

다음으로 현지연구가 가능한 공장을 찾아내려고 노력했다. 외국인 공장 매니저만이 아니라 베트남 노동자들 사이에서 장기적으로 참여관찰을 할 필요가 있었다. 따라서 단기 공장 방문이 아니라 장기 거주를 허락받아야 했다. 하지만 외국계 공장 매니저를 만나 진지하게 이야기를 나누는 것조차 쉽지 않았다. 내 연구 목적을 듣고 선뜻 우리 공장에서 연구를 진행하라고 허락하는 곳은 당연히 없었다. 특히 한국계 기업이 아닌 일본계나 대만계 기업은 접근 자체가 쉽지 않았다.

이런 상황을 타개할 가장 손쉬운 방법은 소위 연줄을 활용하는 것이다. 다행히 내게는 운이 따랐다. 마침 현지연구 초기에 동거했던 대학 후배가 은행원이었다. 은행이야말로 현지 기업과 대출과 송금 등으로 밀접한 관계를 유지하고 있어 현지 공장을 소개해줄 수 있는 능력을 가진 중요한 거점이었다. 나는 이 은행의 한국인 직원들의 도움으로 공장주들과 자주 접촉할 수 있었다. 은행이 회사의 자금 사정을 파악하기 위해 현장 실사를 나갈 때 동행해 노동 문제와 관련된 질문을 던질 기회도 자주 가졌다. 이렇게 방문한 호찌민 인근의 한국계 공장이 수십 개 됐다.

　현지연구 초기에 공장을 방문하면서 주로 던진 질문은 회사의 경제적 사정과 노사 갈등의 경험에 관한 것이었다. 회사의 사정이 좋으면 노동 조건을 개선해서 노동을 통제하기 쉽고 반대의 경우에는 어려울 것으로 생각했기 때문이다. 그렇지만 회사의 경제 사정과 노동 문제 발생 빈도의 상관관계는 없어 보였다. 이익이 많이 나고 임금이 높은데도 노동 문제에 시달리는가 하면, 경제 사정은 영세하지만 평화로운 노사 관계를 유지하고 있는 곳 또한 많았기 때문이다. 노동 문제의 원인이 일반적으로 가정할 수 있는 것과 달리 경제적인 요인에만 달려 있는 것이 아니라는 점을 확인한 것은 새로운 도전 정신을 요구했다. 베트남 노동자는 경제적인 것 이외에 어떤 이유로 외국계 공장에서 저항을 시도하는 것일까? 이런 질문에 답할 필요가 생겨난 것이다.

　이 질문에 관한 실마리는 여러 공장을 반복적으로 방문하면서 조금씩 풀리기 시작했다. 실마리를 찾을 "주요한 질문들^{key questions}"을 점차 갖게 된 것이다. 특히 공장 매니저들이 공통적으로 진술한 내용에서 가장 중요한 질문을 찾아낼 수 있었다. 한국계 공장의 매니저들은 처음에는 연구자에게 베트남에서 노동자를 다루는 것이 어렵다고 토로하곤 했다. 공장 운영 초기에 베트남 노동자를 "어떻게 다뤄야 하는지 몰라서" 마찰을 일으키고 파업을 경험했다고 진술했다. 하지만 면접이 막바지에 이르면 자신이 베트남 노동자를 다루는 "노하우^{knowhow}"를 터득했으며 지금은 평화로운 노사 관계를 유지하고 있다고 자랑을 했다. 나는 이런 진술 속에 해답을 찾아야 하는 질문이

숨어 있다고 믿었다. 과연 한국계 공장이 초기에 공통적으로 경험한 어려움의 성격은 무엇일까? 한국인 매니저들이 자랑스럽게 말한 베트남 노동자를 다루는 비결은 무엇일까?

이런 질문에 답하기 위하여 나는 마치 마을 공동체를 연구하는 것처럼 공장에서 현지연구를 해보기로 결정했다. 인류학자가 전통적으로 특정 공동체에 1년 이상 살면서 경제, 정치, 사회적 관계, 문화 등이 서로 어떻게 연계돼 있는지 살펴보듯이 공장을 연구 단위로 삼아 총체적 접근holistic approach을 해보기로 한 것이다. 회사, 외국인 매니저, 현지 노동자가 경험하고 있는 경제적 조건, 정치 과정, 사회적 관계, 문화를 총체적으로 탐색하면서 왜 때로는 공장에서 갈등이 일어나고 때로는 평화가 유지되는지를 분석해보기로 한 것이다.

문제는 공장의 속살이 모두 드러날 수밖에 없는 이런 연구를 허락할 회사를 찾을 수 있을지 여부였다. 더욱이 나는 회사를 운영하면서 갈등과 화합을 모두 경험한 연구 대상을 찾을 필요가 있었다. 주요 질문에 답을 줄 수 있는 적합한 연구 대상이면서 동시에 장기 체류와 연구 조사를 허락하는 회사를 찾는 것은 매우 어려운 과제라는 게 분명했다. 실제로 마음에 드는 공장을 찾아가 설득을 하면 이런저런 이유를 대며 난색을 표명했다. 그렇지만 포기할 수는 없었다.

나의 끈기에 대한 보상이었을까? 산삼을 찾는 심마니의 심정으로 몇 달 동안 공장을 물색하던 어느 날 내가 마음에 두고 있던 연구 대상 공장에서 연구를 허락하겠다는 연락이 왔다. 내 처지를 이해하던 한국계 은행 지점장의 간곡한 부탁을 사장이 차마 거절하지 못한 것이다. 허락을 받자마자 연구자는 바로 짐을 싸서 공장 인근의 여관으로 이사를 하고 현지연구에 착수했다.

연구 대상 공장 선택과 연구 여건 만들기

내가 연구 대상 공장인 SIL(가명)을 마음에 두고 있었던 이유는 이 회사가 연구 목적에 맞아 떨어지는 조건을 갖추고 있다고 생각했기 때문이다. 사실 어떤 공장이 연구 목적에 적합한지를 판단하는 것부터가 쉽지 않은 작업이다. 예를 들어, 단독 투자 회사와 합작 투자 회사joint venture 가운데 연구 목적에 부합하는 공장을 선택하는 기준을 도출하기란 매우 어렵다. 이 밖에도 투자된 자본의 규모, 생산품의 종류, 투자 기간, 공장의 위치, 지역 정부와 맺고 있는 관계, 노조의 성격, 경영진의 철학 등 노사 관계에 영향을 미치는 요인은 많다. 이런 복잡한 변수를 고려하면 연구 목적에 부합하는 전형적typical인 회사를 찾아내는 것은 불가능에 가깝다. 그런데도 내가 SIL이 연구 목적에 부합한다고 생각하게 된 것은 아래와 같은 몇 가지 이유 때문이다.

이 회사는 섬유를 생산하는 노동 집약적 공장을 가지고 있었다. 당시 베트남 남부에 투자된 외국 자본의 절대 다수가 노동 집약적 산업이었다. 특히 섬유, 봉제, 신발, 인형을 만드는 업체가 주가 됐다. 이런 업체의 노동자 수는 몇십 명에서 몇만 명까지 다양했지만 대략 500~1000명 정도의 베트남 노동자를 한국인 매니저 몇 명이 관리하는 공장이 가장 많았다. SIL은 한국인 매니저 7명이 600~800여 명의 베트남 노동자를 고용하고 있는, 가장 흔하게 목격할 수 있는 다국적

위 | 회사의 전경.

아래 | 공장 내 작업 광경.

공장이었다. 나는 SIL의 업종과 노동력 규모가 일반성을 확보하고 있을 뿐 아니라 1년 동안 심층적으로 연구하기에 적절하다고 판단했다.

SIL이 섬유 업체로는 남부에서 가장 큰 베트남 국영 기업과 한국에서 잘 알려진 섬유 업체의 합자 기업이라는 점도 내 시선을 끌었다. 서로 다른 공장 체제factory regime를 오랫동안 유지해온 두 기업이 파트너가 됐다는 사실은 사회주의적 기업 조직과 문화가 자본주의적 기업의 조직과 문화와 어떻게 융합하고 갈등하는지를 볼 수 있게 하지 않을까 하는 기대를 갖게 만들었다. 특히 양 기업이 처음 합자 회사를 만들면서 현장과 사무실의 주요 간부는 한국의 모기업에서 오고 일반 노동자와 사무실 직원들은 베트남 국영 기업에서 전근을 왔다는 사실이 흥미로웠다. 서로 다른 민족 정체성과 노동 경험을 가진 이 두 집단이 노동 현장에서 생각의 차이를 드러내고 갈등하는 양상을 관찰할 수 있을 것이라는 예감이 들었다.

내가 SIL을 선택하게 된 가장 결정적인 이유는 흥미로운 역사 때문이었다. 이 회사는 1992년 설립됐다. 이후 몇 년 동안 한국 경영진과 베트남 노동자 사이에 많은 갈등이 있었다. 한국의 거친 자본주의 훈육 문화에 익숙한 한국인 경영진과 현장 매니저가 사회주의적 노동 문화에서 길들여진 노동자와 일상적으로 크고 작은 마찰을 끊임없이 일으켰다. 이런 과정에서 1993년 말에는 당시 베트남의 정치체제 아래에서는 상상하기 어렵던 파업까지 경험했다(채수홍 a 2003, 150).

그렇지만 연구자가 1998년 가을에 현지연구를 위해 방문했을 때 이 회사는 지역에서 가장 모범적인 노사 관계를 유지하고 있는 것으로 유명했다. 이 지역의 노조 지도자들이 한국인인 연구자가 일부러 안정된 노사 관계를 유지하고 있는 기업을 선택해 편향된 연구를 하려는 것이 아닌지 의심을 할 정도였다. 나는 다국적 기업인 SIL이 가지고 있는 이런 역사적 변화가 연구자가 던지고 있는 질문에 적합하다고 생각했다. 한국 기업이 초기에는 왜 어려움을 겪으며, 경험이 쌓인 이후 안정된 노사 관계를 만들어가는 비결은 무엇인가라는 이 연구의 주요 질문에 답을 줄 수 있을 것으로 믿었다.

그렇지만 연구 목적에 맞는 회사를 연구하게 됐다는 만족감을 느낀 것은 잠시뿐이었다. 막상 공장에서 연구하기는 생각처럼 쉽지 않았다. 쉴 새 없이 돌아가는 노동 과정 때문에 노동자와 접촉할 시간을 확보하는 것조차 힘들어 보였다. 그래서 연구 초기에는 베트남 노동자와 함께 어울리며 노동자들의 느낌을 간접적으로나마 경험해보겠다는 생각에 일을 배워보겠다고 호기를 부렸다. 그렇지만 실을 뽑아내고 짜깁기해 천으로 만드는 공장 안은 온통 기계가 뿜어내는 소음으로 가득 찬 한증막 같았다. 육체적으로 힘든 것은 말할 것도 없고 노동자와 긴 대화를 나누는 것이 불가능했다. 게다가 손기술은 없고 머릿속에 먹물만 가득한 서생인 내가 공장에서 할 일도 마땅치 않았다. 솜이나 부품을 나르는 짐꾼과 심부름꾼의 일 말고는 할 줄 아는 것이 없었고, 기술을 배우려 하면 일에 방해가 돼 현장의 매니저와 노동자에게 미안한 마음을 감출 수 없었다.

결국 일을 배우는 것을 일찌감치 포기하고 사장에게 부탁해 공장 안에 연구 공간을 확보했다. 천을 짜는 공장 안에 있는 자재창고에 책상을 놓고 이곳에서 현장 매니저와 노동자를 면담하기로 전략을 수정한 것이다. 이런 혜택이 가능했던 것은 나를 소개한 은행 지점장의 도움도 있었지만 내가 연구 초기부터 한국인 경영진 그리고 현장 매니저와 밀접한 인간관계를 맺기 위해 의도적으로 최선을 다했기 때문이다. 당시 총 7명의 한국인 매니저와 구내식당에서 점심 식사를 함께하고 저녁에 술자리가 있으면 꼭 참석했다. 주말이면 볼링을 치러 함께 다녔고 개별적으로 신상과 관련한 대화를 자주 나누면서 친밀감을 쌓아갔다. 이런 노력 덕택에 단기간에 공장 안의 창고를 한국인 직원이 들락거리는 사랑방으로 만들 수 있었다.

한국인 매니저와 라포를 형성하는 데 성공하고 독립적인 공간을 갖게 되자 영어를 능숙하게 구사하는 베트남 연구 보조원을 고용해 베트남 노동자를 본격적으로 면담하기 시작했다. 먼저 공장의 사정을 잘 아는 고참 노동자와 노동조합 간부부터 만났다. 그러나 이 사람들은 친밀하지도 않고 정체도 불분명한 나와 만나는 일을 그리 달가워하는 눈치가 아니었다. 초기에는 주로 일과 시간에 한국인 매니저의 사전 허가를 얻어 면담을 했는데 나는 면담 대상자들이 형식적인 대답으로 일관하는 것에 크게 당황했다. 예를 들어, 노동 과정에서 어떤 어려움이 있는지 물어보면 "얘기할 만한 고충은 없다."는 식으로 상식에 맞지 않는 대답을 들어야 했다. 한국인 매니저에 관한 평가를 듣고 싶어 하면 "좋은 사람"이라거나 "업무를 잘하지만 개인적으로는 잘 모른다."는 식으로 잘라 말하곤 했다. 이런 답변들 때문에 베트남 노동자가 자신의 경험을 어떻게 해석하는가, 다시 말해 공장 노동자의 문화를 파악하는 것이 가장 중요했던 내 고민은 점점 깊어졌다.

한 달 정도 시행착오를 거친 뒤에 다행히 통역을 해주던 연구 보조원의 도움으로 이런 난관이 발생한 원인을 찾아냈다. 연구 보조원은 노동자들이 내가 한국인 매니저와 동족이라는 사실 때문에 여러 의문을 제기한다는 사실을 알려줬다. 노동자들은 같은 베트남인인 연구 보조원에게 "왜 한국인인 저 사람이 자신의 일상생활에 대해 꼬치꼬치 캐묻는지" 의구심을 표현한 것이다. 연구 보조원이 순수한 연구일 뿐이라고 설명해도 노동자들은 "내가 말한 내용이 한국인 매니저에게 전달되지 않는다는 보장이 어디 있는가?"라며 의심의 눈초리를 보낸 것이다.

물론 나는 "면접자와 면접 대상자의 관계가 면접에 미치는 영향과 이것 때문에 발생하는 윤리적 문제"(크레인·앙드로시노 2003, 9~13)에 관해 이미 책을 통해서 잘 알고 있었다. 내가 한국인이라는 사실 때문에 베트남 노동자들이 대답하기 꺼려 하는 사안이 있을 것이라는 점도 예상하고 있었다. 그렇지만 내가 피상적으로만 이해하고 있던 면접자-면접 대상자의 관계 문제가 실제 현지연구 과정에서 연구의 성패를 좌우할 정도로 중요할 것이라는 점을 체득하지는 못했던 것이다.

이때부터 나는 다른 일을 제쳐두고 노동자와 라포를 형성하는 데 힘을 쏟았다. 공장에서 마주치는 노동자의 이름을 외우고 개인사를 챙기기 시작했다. 기회가 되면 점심도 베트남 노동자의 깐띤can tin(구내식당)에서 함께했다. 한국인이 깐띤에 나타나면 수군거리기도 했지만 점차 반갑게 인사하거나 농담을 건네는 노동자가 많아졌다. 이런 노

라포 형성을 위한 술자리.

력의 결과 여성 노동자들은 일과가 끝나고 가끔 카페나 노래방에 모일 때 나를 불러주기 시작했다. 남성 노동자들은 나와 함께 당구를 치거나 술을 마시는 것을 재미있어하며 기회가 닿을 때마다 초대하려고 했다.

사실 현지어에 능숙하지 못한 외국인 연구자가 현지인과 어울리는 일은 그리 즐겁지만은 않다. 의사소통이 잘 되지 않으면 놀림을 받는 것 같아 자존심이 상하기도 하고 익숙하지 않은 문화를 접하는 것이 피곤할 때도 많다. 하지만 외국인 연구자가 이런 과정에 적응하지 않으면 현지인은 마음을 열지 않는다. 이런 경우 연구자는 피상적이고 자기 편견에 사로잡힌 연구 결과를 감수할 각오를 해야 한다.

베트남 노동자들은 나와 친밀해지면서 조금씩 비밀을 공유하기 시작했다. 일부 노동자는 나와 이야기를 나누는 시간이 많아지면서 남자 친구를 어떻게 만났는지, 남편과 왜 싸웠는지, 부인 몰래 어떤 일을 벌이고 있는지 등 사생활을 털어놓으며 조언을 구하기도 했다. 또한 공장에서 일을 하면서 겪고 있는 어려움을 호소하거나 다른 노동자에 관한 평판이나 소문을 전달해주기도 했다. 이 사람들이 나와 공유하고 싶어 하는 이야기들은 공장에서 일어나고 있는 사건에 관한 여러 정보와 시각을 전달해줄 뿐 아니라 연구의 방향과 내용을 결정하는 데 큰 도움이 됐다. 예를 들어, 한국인 매니저가 공장에서 부품을 집어 던진 사건, 노동조합의 결정에 대하여 서로 다른 의견이 충돌하고 있다는 사실, 한국 경영진의 특정 지시에 관해 노동자들이 보이는 반응에 관한 정보를 미리 알고 있으면 노동자를 면담할 때 구체적으로 질문을 던지면서 노동자들의 해석을 듣는 것이 가능했다.

현지 노동자와 친밀한 관계를 형성하는 것 못지않게 어렵고도 중요한 것은 신뢰를 잃지 않고 관계를 유지하는 것이었다. 그러기 위해서는 내가 한국인 경영진, 매니저와 베트남 노동자의 관계에서 중립적인 위치에 있으며 양자의 관계를 돈독하게 하는 데 도움을 주고 있다는 점을 입증해야 했다. 양자에게 오해를 불러일으킬 수 있는 정보는 나 스스로 걸러내고 도움이 되는 일만 조심스럽게 중재할 필요가 있었다. 특히 회사 안의 위계상 약자의 위치에 있는 베트남 노동자가 한국인 매니저에게 부탁하거나 건의할 일이 있어 내 입을 빌리려 하는 경우에는 유의할 필요가 있었다. 청탁한 내용이 다른 노동자와 이해관계가 얽혀 있거나 형평성 문제를 제기할 수 있었기 때문이다. 좋은 의도로 도움을 줬는데도 결과가 좋지 않을 경우 오해가 생길 수도 있었기 때문이다.

이렇게 나는 한국인 경영진과 베트남 노동자 양자 모두에게 내가 중립을 유지하면서도 최종적으로는 자신의 편에 서 있다는 믿음을 줘야 했다. 양자 사이에서 줄타기를 하면서 조심스럽게 정치를 해야만 신뢰를 잃지 않고 진솔한 진술을 얻어낼 수 있었던 것이다. 다국적 공장에서 하는 연구는 이렇게 연구자의 상당한 정치적 역량을 요구하는 미묘한 작업이었다.

정보 제공자informant와의 라포 형성에 자신감을 얻자 본격적인 연구에 착수했다. 연구 초기 한두 달 동안 내가 경험한 시행착오는 시간의 낭비가 아니었다. 이 기간 동안 연구 내용의 큰 가닥을 잡을 수 있었을 뿐 아니라 다양한 연구 방법의 필요성을 깨달았기 때문이다. 연구자는 단계별 연구 전략을 세워야 하며 동시에 단계마다 적절한 연구 방법을 사용할 필요가 있다는 점을 알게 됐다(크레인, 앙드로시노 2003). 나는 여기에 따라 지역과 공장의 역사를 먼저 추적하고, 이후 공장에서 일어나는 노동 과정을 관찰한 다음, 마지막으로 공장 노동자의 사회적 관계와 문화를 탐색해보겠다는 단계적 계획을 수립했다. 이렇게 본격적인 현지연구가 시작된 셈이었다.

지역의 역사에 관한 기억 추적하기

내가 여러 연구 내용 가운데 가장 먼저 탐구하기로 결정한 것은 연구 대상 공장 SIL이 위치한 지역의 정치경제학적political economic 특성이었다. SIL은 호찌민의 외곽 구district로 행정 구역상으로는 2군이지만 오래전부터 투득Thu Duc이라고 통칭되는 지역에 위치해 있었다. SIL 노동자의 삶의 좌표를 결정지어온 환경을 이해하려면 투득의 지리적, 생태적, 인구학적인 구성도 살펴봐야 했지만 무엇보다 당시 투득의 정치경제학적 특성을 만들어온 역사적 과정에 관한 이해가 선행돼야 했다. 적어도 전쟁 시기부터 연구 당시까지 투득 주민이 생계 활동에 어떤 변화를 겪으면서 독특한 정치 의식과 세계관을 만들어왔는지를 이해할 필요가 있었다. 이런 역사적 과정의 결과 투득의 주민은 당시의 급속한 산업화에 어떤 반응을 보이고 어떻게 해석하고 있는지를 파악해야 했다.

　나는 투득의 정치경제학적 특성을 파악하기 위해 먼저 문헌을 뒤

지기 시작했다. 그렇지만 안타깝게도 투득의 역사를 따로 정리한 논문이나 책자는 없었다. 막연한 기대를 가지고 뒤진 보도 자료나 구청과 면사무소의 문헌 자료에도 투득의 최근의 역사를 알 수 있는 기록은 없었다. 이렇게 난관에 부딪힌 나는 고심 끝에 두 가지 우회 전략을 결합하여 투득의 역사를 재구성해보기로 결정했다. 먼저 남부의 정치경제학적 개혁의 역사적 배경과 과정을 분석한 서구 학계의 책자(예를 들어, Duiker 1995; Fford and de Vylder 1996; Marr and White 1988)를 구입해 대략적인 감을 잡기로 했다. 그런 다음 이런 책자들에서 기술하고 있는 내용을 참고삼아 투득에 살고 있는 원로 세대를 만나보기로 했다. 원로 세대에게 베트남 남부가 역사적 시기마다 겪은 정치경제학적 변화를 투득 주민들은 어떻게 경험했는지 물어보려 했다.

그러기 위해 투득의 각 마을에 살고 있는 원로를 수소문하기 시작했다. 다행히 연구 보조원의 집이 투득 인근인 안푸[an phu]였다. 연구 보조원의 도움으로 과거를 기억하고 있는 중요한 정보 제공자를 몇 명 만날 수 있었다. 자신이 기억하지 못할 경우에는 "누굴 만나보면 잘 알 거야."라는 식으로 다른 사람을 소개해줬다. 이런 과정이 반복되면서 점차 정보가 축적돼갔으며 이 지역의 생계 양식이 시기별로 어떻게 변화했는지에 대해 감을 잡을 수 있었다.

여기에 고무된 나는 좀더 많은 이야기를 생생하게 듣고 싶어 전쟁 시기부터 현재까지 투득의 변화를 가장 생생하게 기억하고 있는 정보 제공자의 집에 거주지를 정하기로 결심하기도 했다. 마침 이 정보 제공자의 집이 연구 대상 공장에서 도보나 자전거로 출퇴근이 가능한 마을에 위치해 있었다. 게다가 정보 제공자가 지역 농민 연맹의 고위 간부여서 지역의 주요 인물을 소개받기도 좋을 것 같았다. 그렇지만 예상치 못한 일을 겪으면서 이 계획은 곧 포기해야만 했다.

나는 지금도 거주에 관한 논의를 위해 이 정보 제공자의 집을 방문한 그날 저녁을 생생하게 기억한다. 내가 연구 보조원과 함께 저녁 식사에 초대받아 간 집에는 이미 마을의 남성들이 모여 있었다. 작은 거실의 식탁 위에는 소주 잔 하나와 뱀술이 놓여 있었고 곧 술잔이 돌았다. 당시만 해도 주량에 자신 있던 나는 술잔이 하나라는 점에 술자리에 관해서는 걱정을 하지 않았다. 그렇지만 술잔이 하나라 순배가 예상보다 훨씬 빠르게 돌아 하나둘씩 취해가는 모습이 보이기 시작했다. 그나마 다행(?)인 것은 송아지만 한 돼지 한 마리가 거실로 들어와 나에게 계속 안기는 바람에 술이 계속 깬 것이었다. 외국인이라 돼지가 좋아하는 모양이라는 좌중의 농담에 같이 웃기는 했지만 여간 곤혹스러운 것이 아니었다. 주인이 나에게 보여준 거주할 방이 너무 작고 더운 것도 마음에 걸렸는데 엄청 큰 돼지에게 사랑을 받기까지 하니 앞으로 이곳에서 견딜 수 있을지 걱정이 앞섰다. 그렇지만 인류학자가 오지에서 겪는 온갖 생활상의 어려움을 위안 삼아 마음을 다잡았다.

진짜 문제는 사람들이 모두 거나하게 취해버린 다음에 일어났다. 집주인이 나에게 결혼을 했느냐고 물어 그렇다고 대답을 했다. 그러자 집주인이 답답하다는 듯이 "베트남에서 결혼을 했느냐?"고 다시 물었다. 취중에도 당황한 연구자가 아니라고 고개를 젓자 집주인은 만족한 표정을 지으면서 고등학생쯤 돼 보이는 여성을 불러왔다. 어리둥절하던 연구자는 "어떻게 생각하느냐?"는 집주인의 질문에 비로소 상황파악이 됐다. 동시에 이 집에 같이 살면 연구자의 윤리에 위반되는 큰일이 일어날 것이라는 불길한 예감에 사로잡혔다. 회상해보면 취중에 갑작스럽게 일어난 해프닝인 것 같기도 하고, 외국인에게는 큰돈이 아닌 100~200달러면 현지의 4인 가족이 생활을 할 수 있었던 당시의 어렵던 지역민의 경제 사정을 반영하는 것일 수도 있다. 어쨌든 이 사건으로 나는 거주지를 다시 구할 핑계를 찾아야 했다. 다행히 연구자에 관한 정보를 책임지고 있던 지역의 공안公安(경찰)이 안전을 위해 지역 노조가 운영하는 자그만 호텔에 머물기를 권유하는 바람에 곤혹스런 상황에서 벗어날 수 있었다.

이런 우여곡절을 겪기도 했지만 지역의 역사에 관한 기억을 추적하는 일은 흥미로웠다. 낮에는 소개받은 정보 제공자를 만나 역사적 단계마다 지역에서 일어난 사건과 지역민의 삶의 경험을 들었으며, 밤에는 자전거를 타고 여러 마을을 돌며 낮에 들은 이야기를 토대로 상상의 나래를 펼 수 있었기 때문이다. 정보 제공자의 역사에 관한 기억을 수집하는 것은 연구자에게는 지역의 역사를 구성construct하는 기쁨을 주는 작업이기도 한 것이다(윤택림 2004; 윤택림·함한희 2006). 또한 "아는 만큼 보인다."는 인류학적 격언대로 지역을 새롭게 발견하고 이해하는 과정인 것이다.

예를 들어, 논밭을 지나면 전쟁 이전부터 저지대에 살던 지역 농민의 삶과 운명을 상상했다. 고지대의 공장을 둘러보면 중국계 베트남인인 화華의 삶을 떠올렸다. 이 사람들은 전쟁 기간에 투득의 공장을 소유하고 있다가 사회주의화를 모토로 한 강성 개혁(1975~1984) 당시 재산을 잃은 것은 물론, 1979년 캄보디아의 패권을 놓고 중국과 베트남 사이에 전쟁이 일어나면서 지역을 떠났다. 하지만 연성 개혁soft reform에 이어 도이머이Doi Moi로 통칭되는 개혁 개방 정책이 실시되면서 다시 베트남에 자본을 투자하는 귀한 몸이 됐다. 마찬가지로 지역의 재래시장을 방문하면 강성 개혁 동안에 암시장이 몰래 서던 곳이 이렇게 변했구나 하는 생각에 빠지게 됐다. 무엇보다 새로 단장한 부유층의 저택과 허름한 빈민층의 판잣집이 나란히 서 있는 것을 보면 개혁 개방 정책이 만들어낸 빈부 격차를 생각하며 상념에 빠졌다.

지역민의 역사적 기억을 추적하는 작업은 이렇게 내게 현지를 이해하는 데 중요한 사실들에 눈을 뜨게 만들어줬다. 덕택에 나는 SIL의 노동자가 강성 개혁기와 연성 개혁기에 삶터와 일터에서 어떤 경험을 했으며 그 결과 개혁 개방을 어떤 시각으로 받아들이고 있는지를 가늠해볼 수 있는 정치경제학적 지식을 갖추게 됐다. 예를 들어, 이 지역 공장 노동자들이 강성 개혁 시기의 빈곤한 경제적 삶의 경험 때문에 외국 자본에 의한 산업화와 시장 활성화 정책에 기대를 걸고 있다는 사실을 알게 됐다. 동시에 개혁 개방 이전에 다른 직업에 견줘 상대적으로 높은 정치경제적 대우를 받았기 때문에 시장경제의 도입 이후 박탈감을 느끼고 있다는 점을 알 수 있었다.

나는 이런 역사적 사실을 깨닫는 과정에서 연구 내용이 명쾌하게 다듬어지고 구체화되는 것을 경험했다. 예를 들어, 지역의 주민이 개

지역에 싹트기 시작한 장터.

혁 개방 정책 이후 빠른 사회경제적 분화를 경험했다는 사실은 차후의 연구에서 고려해야 할 사항이었다. 연구 대상 노동자의 행동을 경험과 연계해 다루려 할 때 원주민인지 이주민인지를 가늠하고 세대를 구분해야만 한다는 사실도 확인할 수 있었다. 남성과 여성의 경험 차이, 곧 젠더를 고려하는 것이 필수적이라는 사실도 알게 되었다.

공장의 역사 재구성하기

지역의 역사를 추적하는 작업에서 얻은 경험과 교훈을 토대로 연구자는 공장의 역사를 재구성하기 시작했다. SIL은 1992년 여름에 설립된 뒤 약 8개월의 공장 건설과 기계 설치를 끝내고 1993년 봄부터 가동을 시작했다. 내가 이 공장에서 현지연구를 시작한 것이 1998년 말이었으니 약 5~6년의 역사를 재구성하면 되는 것이었다. 나는 그러기 위해 회사 설립 초기부터 일을 해온 한국인 매니저와 베트남인 고참 노동자를 만나 설립 초기에 일어난 일에 관한 진술을 청취했다.

이 과정에서 내 흥미를 끈 것은 과거 공장에서 일어난 일을 듣고 싶다고 하면 양측 모두 설립 초기인 1993년 말에 일어난 파업과 이후 약 2년간의 수습 과정에 관해서만 설명한다는 점이었다. 다시 말해, 1996년 초부터 약 3년간에 관해서는 거의 언급을 하지 않았다. 왜 그럴까라는 의문에 사로잡혔다. 이 회사가 처음이자 마지막으로 경험한 파업이 당사자들에게 중요하고 충격적인 사건으로 기억되는 것은 충분히 이해할 수 있었다. 이 파업이 (비록 단 이틀 만에 끝났지만) 『청년Thanh Nien』이나 『부녀Phu Nhu』 등 현지 언론은 물론이고 BBC 태국 지국에서도 취재를 했을 만큼 당시로서는 상상하기 힘든 상징적인 사건이었기 때문이다(채수홍a 2003, 153).

　그렇지만 한국인 매니저와 베트남인 노동자 모두 파업 이후 2년간 일어난 일에 관해서만 과거로서 언급하는 이유는 무엇일까? 나는 면접을 진행하면서 그 이유가 파업을 기점으로 2년 동안 공장에 많은 사건과 변화가 일어났으며 이후에는 현지연구 당시와 비슷한 공장 체제와 노사 관계가 유지됐기 때문이라는 사실을 깨달았다. 이런 점을 고려할 때 파업이 일어난 원인은 무엇이고, 파업 이후 2년 동안 어떤 일이 전개됐으며, 그 결과 만들어진 공장의 정치체제와 노사 관계의 특징이 무엇인지를 순차적으로 파악해야 연구 목적을 달성할 수 있다는 점이 분명해졌다. 마지막 연구 내용은 장차 참여관찰과 면접을 실시하면서 내용을 완성해갈 수 있는 반면 앞의 두 가지 연구 내용은 공장의 역사를 재구성함으로써 파악할 수 있을 것으로 기대했다. 이런 판단에 따라 먼저 SIL에서 파업이 일어나게 된 원인과 과정을 파악하기 시작했다.

　한국인 매니저와 베트남 노동자의 진술에 따르면 파업은 구정 보너스인 "13월의 월급thang luong muoi ba"에 관한 해석 차이 때문에 발생했다(채수홍a 2003, 152). 파업 당시 사회주의 국영 기업의 공장에서 일하다 전근 온 베트남 노동자는 관례에 따라 이윤을 재분배할 것을 요구했다. 반면 한국인 경영진은 자본주의 공장에서는 이윤 재분배가 회사의 의무가 아니라는 사실을 공식화하기 위해 이 요구를 거절했다. 그 결과 구정이 가까워오면서 가족을 위해 목돈이 필요하던 베트남 노동자는 경영진이 자신의 "사회적 유대와 문화적으로 유의미한 것에 도전"(채수홍a 2003, 152)을 한다고 생각하게 됐다. 결국 이 파업은 그해에만 13월의 월급을 지불하기로 한다는 타협점을 찾았고, 양측이 자신의 의사를 서로 전달했다고 판단하며 종지부를 찍게 된다. 이렇게 파업의 직접적인 원인과 전개 과정에 관해서는 모두 일관된 진술과 해석을 보여줬다.

그렇지만 파업이 일어날 수밖에 없던 좀더 심층적인 이유에 관해서는 한국인 매니저와 베트남 노동자의 해석이 달랐다. 베트남 노동자가 또렷하게 기억하고 있는 것은 파업 이전에 자신들이 노동을 하면서 겪은 여러 형태의 어려움이었다. 노동자들이 파업을 통해 표현하려 한 것도 이런 어려움 때문에 축적된 불만이었다. 구정 보너스의 지급 여부는 그동안 쌓인 문제에 불을 붙여준 것뿐이었다는 것이다. 반면 한국인 매니저는 공장 가동 초기에 베트남 노동자의 숙련도가 낮고 일에 임하는 태도가 불성실해 훈육이 불가피했고, 그런 상황 때문에 갈등이 지속적으로 발생했다는 점은 인정하면서도 이것이 파업의 원인이었다고 생각하지는 않았다. 한국인 매니저는 자본주의 공장의 노동 과정에서 일어나는 통제와 훈육을 당연시한 반면 사회주의 공장에서 전근 온 노동자에게는 이런 경험이 고통스러운 적응 과정이었던 것이다.

SIL 역사의 초기에 베트남 노동자들이 경험한 어려움과 불만의 성격을 좀더 구체적으로 이해하려면 노동자들이 사회주의 공장에서 어떻게 생활했으며 SIL로 전근을 온 뒤 어떤 변화를 겪었는지를 재구성해낼 필요가 있었다. 그래서 나는 노동자의 진술을 토대로 SIL의 역사 뿐 아니라 사회주의 모기업 시절의 역사까지 이해하려고 시도했다. 이런 노력의 결과 사회주의 공장에서 전근 온 노동자가 겪은 어려움을 몇 가지로 축약해낼 수 있었다.

먼저 사회주의 공장에서 전근 온 노동자가 자본주의 공장의 높은 노동 강도 때문에 힘들어한 것을 알 수 있었다. 사회주의 공장에서는 원자재와 부품의 공급이 원활하지 않은 소위 "결핍 경제shortage economy"(Burawoy and Lukács 1992, 18) 때문에 때때로 휴식이 가능했다. 반면 SIL에서는 기계 보수와 부품 공급이 잘돼 생산이 중단되는 경우가 거의 없었을 뿐 아니라 현장 매니저의 생산 과정과 생산물에 관한 점검이 엄격했다. 따라서 노동자는 늘어난 노동 시간과 높아진 노동 강도에 관한 불만을 축적해갔다(채수홍 a 2003, 156).

설상가상으로 노동자들은 자본주의 공장의 노동 과정에서 자신이 행사할 수 있는 자율권이 줄어들어 일을 강제당하는 느낌을 강하게 받게 됐다. 사회주의 공장에서는 "몰아치기 생산storming production" (Jovitt 1992)이 많아 현장 매니저가 노동자와 일에 관해 상의를 하고 동의를 구하면서 신뢰를 쌓아두는 것이 필요했다. 그래야 한꺼번에 일이 몰릴 때 협조를 얻을 수 있었다. 그렇지만 SIL의 현장 매니저는 목표량을 지시하거나 불량품 등의 문제를 지적할 때만 노동자와 대화를 나눴으며 이것마저도 언어의 차이 때문에 오해를 자주 불러 일으켰다. 그래서 노동자는 생산의 "관료적 유형bureaucratic pattern"(Gouldner 1954; Burawoy 1985)이 동의가 아닌 강압에 가깝다고 느끼면서 좌절감을 느끼곤 했다(채수홍a 2003, 157).

　마지막으로 SIL에서는 이런 좌절을 중재하고 호소할 장치가 없었다. 사회주의 공장에서는 공산당, 노동조합, 경영진, 그리고 청년 동맹 또는 여성 동맹 등의 단체 등이 보뚜[bo tu]라고 불리는 사위일체의 원칙을 가지고 노동자를 보호할 수가 있었다. 노동자가 노동조합이나 단체에 고충을 호소하면 당과 경영진이 이것을 수용할 여지가 있었다. 게다가 노동자에게 불이익을 주거나 징벌을 내리려면 복잡한 과정을 거쳐야만 했기 때문에 노동자를 강압적으로 다루는 것이 상대적으로 어려웠다. 반면 SIL에서는 현장 매니저가 강압적인 행동을 해도 불만을 호소하거나 대응할 제도적 장치가 없었다.

　이렇게 연구자는 SIL 노동자의 사회주의 공장에서의 생활을 재구성하고 이것을 SIL에서 겪는 경험과 비교해봄으로써 파업으로 상징되는 초기의 갈등이 단순히 낮은 임금과 보너스 때문에 발생한 것이 아니라는 점을 인식하게 됐다. SIL이 초기에 경험한 공장 체제의 불안정이 노동자가 사회주의 공장에서 겪은 경험과 자본주의 공장에서 겪은 경험의 차이에 따라 발생했다는 사실을 파악하게 된 것이다.

　역사적 연구를 토대로 SIL 공장 체제가 과거에 불안정하던 원인을 파악하고 대조적인 두번째 질문으로 시선을 돌렸다. 다시 말해, "왜 지금은 공장 체제가 안정됐는가?"라는 질문에 답하려 시도했다. 그러기 위해서는 노동 과정, 사회적 관계, 문화 등을 공장 안팎에서 관찰하고 심층적으로 이해할 필요가 있었다. 이 요소들이 각각 공장 체제의 안정을 위해 어떻게 작동하고 있는지를 분석해내야만 했다.

내가 안정된 공장 체제의 비결을 찾아내려고 가장 심혈을 기울여 현지연구를 한 부분이 노동 과정이다. 학부 시절부터 노동자의 정치적 의식과 실천에 관심을 가져왔기 때문이었다. 나는 노동(자)-자본(가) 간의 정치를 다룬 대부분의 대중적, 학술적 이론이 언제나 최종적으로는 경제적 측면에서 원인을 찾는 경제환원론이나 규범과 관습의 차이를 과장하여 설명하는 문화결정론에 빠져 있는 점에 불만을 가져왔다(채수홍 2003b). 이 점을 극복하려면 노동자가 하루의 대부분을 소비하는 노동 현장에서 어떤 경험을 하는지 그리고 이 경험이 노동자의 의식에 어떤 영향을 미칠 것인지에 관한 심도 있는 논의가 절실하다고 생각해왔다. 나는 노동자가 자본의 통제에 동의하거나 반발하는 것이 무엇보다 노동 과정에서 겪는 경험과 밀접하게 관련돼 있을 것이라는 믿음을 가지고 있었다(Burawoy 1979; 1985).

SIL은 크게 세 개의 공장으로 나누어져 있었다. 실을 만드는 방적 spinning, 천을 짜는 직조weaving, 그리고 물을 쏘는 기계 장치로 실을 짜는 워터제트water-jet 공장이었다. 나는 이 세 공장의 공정을 세밀하게 기록하는 작업부터 시작했다. 각 공정의 특징을 일일이 관찰하고 기록하는 데 약 한 달의 시간이 소비됐다. 그렇지만 공정 과정에 관한 기록이 끝나자 "내가 왜 이 짓을 한 것일까?"라는 의문이 밀려왔다. 공정 과정을 기록하는 것은 노동자가 어떤 일을 하는지를 기술할 때 기본적인 자료로서 필요하겠지만 그 자체로 노동자의 동의와 저항을 설명하는 데 활용될 수는 없다는 사실을 깨달은 것이다. 공정을 기록하는 것이 곧 노동 과정을 설명하는 것은 아니라는 점을 몰랐던 것이다.

이런 시행착오를 극복하려고 잠시 현지연구를 멈추고 노동 과정을 연구하는 방법과 방법론에 관한 성찰을 해야만 했다. 이 시간 동안 나는 인류학자의 노동 과정에 관한 연구는 노동자가 일을 하면서 어떤 경험을 하는지를 설명하는 것이라는 결론에 도달했다. 실을 짜기 위해 어떤 손동작으로 어떤 작업을 하는지보다는 실을 반복적으로 짜면서 어떤 느낌과 생각을 갖게 되는지를 탐색하는 것이었다. 또한 노동자끼리, 그리고 노동자와 관리자가 함께 일하면서 자신과 상대에게 갖게 되는 느낌, 생각, 의식을 분석하는 것이었다. 이렇게 노동 과정의 연구는 공정을 기록하는 것이 아니고 공정을 진행하면서 나타나는 인간의 관계 맺기와 상호작용의 양상과 결과를 분석하는 것이라는 결론에 도달했다.

이때부터 노동 과정을 매개로 얽혀 있는 사람들이 보여주는 위계 hierarchy와 노동 과정에서 강제, 동의, 저항을 만들어내는 통제의 양상에 초점을 맞추기 시작했다. 위계와 통제 양상을 관찰하려면 노동 과정에서 발생하는 사건을 취재하고 사건에 관한 심층 면담을 실시해야 했다. 노동자가 일과 시간에 왜 다툼을 벌였는지, 조, 반장이 왜 질책을 했는지, 각 사건에 관해 관련자는 어떻게 평가하는지 등을 끊임없이 보고, 묻고, 분석해야 했다.

이렇게 현장에서 무슨 일이, 왜 일어났는지에 내가 촉수를 세우는 것에 관해 베트남 노동자와 한국인 매니저는 귀찮아하기도 하고 의구심을 보이기도 했다. 그렇지만 차츰 내 호기심에 관한 반응이 긍정적으로 변하더니 일부는 내가 모르는 사건을 일부러 찾아와서 알려주기도 하고 자신의 견해를 들어주지 않으면 섭섭해하기도 했다. 덕분에 시간이 지나자 내가 공장 안에서 일어나는 일에 관해 가장 폭넓은 정보를 가지고 있는 사람으로 변해 있었다. 한국인 매니저나 베트남 노동자가 와서 "그런 일이 있었어요?"라고 오히려 반문을 하는 일이 잦아졌다.

나는 노동 과정을 참여관찰하면서 눈에 띄는 특징을 정리해가기 시작했다. 가장 주목할 만한 현상은 한국인 매니저가 주로 일반 노동자가 아닌 조, 반장을 상대하는 것이었다. 한국인 매니저는 공장을 순시하다가 간단한 문제를 발견하면 일반 노동자에게 원인을 물어본 뒤 직접 지시를 내리지만 심각할 경우 조, 반장을 사무실로 불러 질책했다. 한국인 매니저는 평소 짧은 베트남어 실력을 최대한 발휘해 일반 노동자와 농담을 주고받는 등 친밀함을 과시하지만 일과 관련해서는, 특히 문제가 발견될 경우에는 일반 노동자를 직접 상대하려 하지 않았다.

처음 이런 현상을 접했을 때 나는 한국인 매니저가 일반 노동자와 의사소통을 원활히 할 만큼 베트남어를 잘하지 못해 경력이 많은 조, 반장과 이야기를 하는 것이 상대적으로 편할 것이라고 추측했다. 그렇지만 시간이 지나면서 이 추측이 정확하지 않다는 사실을 깨닫게 되었다. 의사소통에 문제가 없을 만큼 베트남어를 잘하는 한국인 매니저도 유사한 행동 유형을 보여줬기 때문이다. 그렇다고 한국인 매니저가 지위가 높은 조, 반장만 상대하고 일반 노동자를 무시해서 자신을 과시하려는 것도 아니었다. 평소에는 일반 노동자에게 정답고 너그러운 태도를 보여줬기 때문이다.

반복적인 참여관찰을 통해 한국인 매니저의 이런 행동이 노동 과정을 통제하는 데 매우 효율적이라는 사실을 알게 됐다. 다시 말해, 조, 반장을 통해 일반 노동자의 일을 간접적으로 통제하는 방식은 한국인 매니저의 오랜 경험에서 나온 전략적 선택이었던 것이다. 언어와 문화가 다른 베트남 노동자를 직접 상대할 경우 의사 전달이 제대로 되지 않아 오해가 자주 발생할 뿐 아니라 적대적 감정을 살 수 있다는 점을 고려한 것이다. 반면 일반 노동자 대신 조, 반장을 상대하면 통제도 생산적일 뿐 아니라 다수의 노동자에게 반감을 사지 않을 수 있었다.

이렇게 한국인 매니저가 현장을 효율적으로 통제하기 위해 조, 반장을 일종의 "중재자middlemen"(Bailey 1969, 167)로 활용하기 위해서는 몇 가지 전제 조건이 필요했다. 무엇보다 조, 반장과 평소에 사적으로 절친하게 지내 공적으로 화를 내도 지나친 갈등을 조장하지 않을 수 있어야 했다. 그러기 위해 한국인 매니저는 수하에 있는 남성 조, 반장만 따로 불러 술자리를 자주 가지면서 "앙 짜이anh trai(형)"나 "엠 짜이em trai(동생)"라고 부르며 형제애를 과시했다. 여성 조, 반장의 경우에는 가정사를 꼼꼼하게 챙겨주는 등 더 신경을 많이 썼다.

또한 한국인 매니저는 생산에 큰 지장이 없는 작은 일은 조, 반장이 자율적으로 처리하도록 권한을 위임했다. 조, 반장이 중요한 일을 보고하지 않은 경우 공장 안에 있는 사무실 문을 닫고 소리를 지르며 분통을 터뜨리는 일도 있었지만 사소한 사건은 베트남인끼리 해결하도록 눈을 감아줬다. 같은 맥락에서 일반 노동자가 조, 반장에게 부탁을 하거나 문제를 호소하면 조, 반장이 한국인 매니저에게 이야기를 해서 해결점을 찾는 경우를 쉽게 발견할 수 있었다.

조, 반장을 활용한 일반 노동자 간접 통제는 한국인 경영진, 매니저와 베트남인 노동자 사이의 민족적, 계급적 갈등을 베트남 노동자 내부로 돌리는 효과를 낳았다. 그 결과 베트남 조, 반장은 한국인 매니저와 일반 노동자 사이에서 줄타기를 해야 했다. 무엇보다 일반 노동자의 미움을 사지 않기 위해 여러 수단을 동원하여 정치력을 발휘해야 했다. 일반 노동자에게 자신이 근본적으로는 같은 베트남인이라는 점을 강조하는 것은 물론, 사정이 허락하는 범위 안에서 호의를 베풀기 위해 노력했다. 그렇지만 이런 노력에는 한계가 따를 수밖에 없었다. 한국인 매니저에게 능력 없는 조, 반장으로 "찍히지" 않기 위해서는 일반 노동자를 채근해 생산성을 높여야 했기 때문이다. 또한 한국인 매니저에게 심하게 질책을 당하지 않기 위해 문제를 일으킬 소지가 있는 일반 노동자를 강하게 통제해야 하는 것이 현실이었다.

이런 상황에서 일반 노동자에게 좋은 조, 반장과 나쁜 조, 반장이 있게 마련이었다. 역설적인 것은 일반 노동자에게 좋은 조, 반장이 한국인 매니저에게는 나쁜 조, 반장일 가능성이 높다는 점이었다. 한국인 매니저의 입장에서는 일반 노동자를 강하게 통제하면서 한국인 매니저에게 비난이 옮겨오지 않게 하는 사람이 능력 있는 조, 반장인 반면, 일반 노동자는 한국인 매니저에게 욕을 먹더라도 자신의 고충을 이해하는 조, 반장을 좋아할 수밖에 없었다. 이렇게 나는 한국인 매니

저, 조, 반장, 일반 노동자가 좋은 사람과 나쁜 사람을 구분하는 기준
이 서로 다를 수밖에 없는 이유를 노동 과정에서 찾아낼 수 있었다.

나는 노동 과정에서 관찰되는 위계와 통제 양상에 주목하면서 SIL
의 안정된 공장 체제의 비결이 베트남 노동자의 내적 갈등과 적대감
을 활용하는 외국인 경영진과 매니저의 전략에 숨어 있다는 점을 깨
닫게 됐다. 실제로 많은 일반 노동자는 사건이 발생할 때마다 한국인
매니저를 욕하기보다는 조, 반장을 비난하면서 "베트남 사람이 더 문
제다."라는 담론을 구사했다. 일부 일반 노동자는 "한국인 매니저가
현장에서 조, 반장이 어떤 짓을 하는지 잘 모르고 있다."고 불평하면
서 "한국인이 직접 나서서 통제를 해야 한다."고 주장하기도 했다. 그
렇지만 내 시각에서 보면 이런 일반 노동자의 희망은 SIL이 안정된 공
장 체제를 유지하는 비결을 완전히 "간파penetration"(Willis 1977)하지 못
하고 있다는 사실을 반증하고 있을 뿐이었다.

나는 한국인 매니저와 나눈 면담에서 일부는 효율성을 의식하면
서 일부는 그저 관행처럼 이런 통제 양상을 체득하고 있다는 점을 확
인했다. 이런 통제 양상을 사용하는 이유에 관한 설명도 다양했다. 그
렇지만 "베트남 (일반 노동자) 애들은 직접 뭐라 하면 안 된다."거나 "똑
똑한 조, 반장을 잘 조져야 한다."는 점에는 의견의 일치를 보였다. 한
국인 매니저의 이런 경륜은 초기에 많은 갈등과 시행착오를 겪으면서
얻은 교훈을 제도화한 결과로 보였다. 덕택에 SIL은 외부로부터 투득
지역에서 가장 안정된 노사 관계를 유지하고 있다는 평가를 받았다.
그렇지만 이 안정된 체제에는 희생이 따르고 있었다. 베트남인이 외국

인 매니저에게 가져야 할 민족적, 계급적 적대감이 왜곡돼 내부를 향한 것이다.

사회적 관계와 문화에서 안정된 공장 체제의 비결 캐기

전통적으로 문화인류학자가 연구지에서 지도를 그리는 것 이외에 가장 먼저 시도하는 일은 친족 계보도genealogical chart 작성이다(크레인·앙그로시노 2003, 46~77). 과거 문화인류학의 연구 대상이던 소규모 공동체에서는 사회적 관계의 토대가 친족이었기 때문이다. 유사한 맥락에서 나도 노동 과정을 연구하면서 파악한 위계, 통제 양상과 연계된 베트남 노동자의 사회적 관계를 탐색하기 위해 가장 먼저 신상명세서를 분석했다. 신상명세서에는 나이, 고향, 입사년도는 물론이고 친인척, 추천인, 그리고 지인의 이름까지 적혀 있기 때문에 세대, 지연, 혈연 등으로 얽힌 사회적 관계를 추적하는 것이 가능했다.

나는 신상명세서를 분석하고 일종의 계보를 작성하면서 의문점이 생기면 노동자를 따로 불러 면담을 시도했다. 이 과정에서 나를 놀라게 한 것은 대부분의 노동자가 공장 안에 최소한 친인척 1~2명은 두고 있다는 사실이었다. 형제, 자매, 오누이는 물론이고 삼촌이나 이모(또는 고모)와 조카 그리고 부모 자식 관계도 발견됐다. 구직할 당시의 추천인과 혈연관계가 없는 경우에도 일종의 "의사 친족 관계fictive kinship"를 맺고 있었다. 실제 형이나 삼촌이 아니지만 서로 형님-아우나 삼촌-조카로 부르며 친족 이상으로 가깝게 지내고 있었다.

신상명세서를 기초 자료로 노동자 650여 명의 사회적 관계를 추적하는 데 한 달 이상의 시간이 소요됐다. 성이 다른 먼 친척이나 인척의 경우 관계를 감추기도 했고 실제 추천인과 형식적 추천인이 다른 경우도 많아 일일이 면담을 통해 확인해야 했기 때문이다. 이런 현상은 당시만 해도 취직이 되면 한 달 월급에 해당하는 액수를 추천인에게 사례하는 것이 관행일 만큼 일자리가 귀했고, 그래서 추천을 둘러싼 경쟁과 잡음이 끊이지 않자 회사에서 1인당 추천인을 1명으로 제한했기 때문에 발생한 것이다.

친인척 관계와 추천인을 추적하는 것이 쉽지는 않았지만 그림을 완성해놓고 보니 흥미롭기 그지없었다. 고구마 줄기처럼 얽혀 있는 관계를 정돈하고 나니 회사에서 영향력이 있는 베트남 노동자일수록 연결돼 있는 동료가 많았다. 예를 들어, 노조 위원장이면서 방적 공장의 베트남 총책임자 구실을 하던 노동자는 무려 23명의 친인척, 의사 친족과 연결돼 있었다. 마찬가지로 노조 간부, 조, 반장, 통역관, 인사과 직원, 운전기사 등도 영향력에 비례해 상당수 노동자와 연계돼 있었다. 이 사람들은 공통적으로 한국인 매니저와 친하고 매니저들과 일반 노동자 사이의 중재 임무를 충실하게 잘하고 있는 인물이었다.

이런 사실이 의미하는 내용은 두 가지였다. 하나는 인사권을 쥐고 있는 한국인 매니저들과 친하고 중재자 구실을 잘할수록 베트남 노동자 사이에서 영향력을 키울 수 있다는 것을 보여준다. 한국인 매니저는 충성도와 중재 능력에 비례해서 청탁을 들어주고 베트남인 중재자는 그 대가로 일반 노동자에게 영향력을 행사할 수 있는 자원을 확보하는 셈이었다.

다른 하나는 일반 노동자와 중재자 구실을 하는 인물 사이에 일종의 호혜 관계(일종의 패트런 클라이언트patron-client 관계)가 형성된다는 점이다. 그 결과 일반 노동자는 회사의 결정이나 노동 과정에 불만이 있을 때 이것을 자신과 연계된 중재자에게 토로할 수 있는 반면, 불만을 터뜨리고 싶어도 중재자와 자신의 관계 때문에 망설이게 되는 이중적 위치에 서 있게 됐다. 베트남 노동자 사이에 형성된 호혜 관계가 일반 노동자의 동의를 얻어내고 저항을 줄이는 구실을 하고 있던 것이다. 이렇게 SIL이 안정된 공장 체제를 유지하고 있는 비결을 베트남 노동자 사이에 형성된 사회적 관계에서도 찾아낼 수 있었다.

신상명세서 분석을 끝낸 뒤 마침내 문화인류학자가 금이 묻힌 광맥처럼 생각하는 일상생활에 눈을 돌리기 시작했다. 노동자의 일상을 관찰하는 일은 (그래서 오해도 많이 사지만) 남의 사생활을 엿보는 즐거움이 있을 뿐 아니라 연구 대상자의 사회적 관계와 문화를 분석할 수 있는 중대한 작업이다. 나는 SIL 공장 체제가 안정돼 있는 비결을 보다 구체적으로 파헤쳐보기 위해 연구 대상자가 일상 속에서 타인과 사회적 관계를 어떻게 맺고 있으며 어떤 문화를 소비하는지 살펴보려고 했다.

나는 노동자가 일터와 삶터(일터 밖)에서 벌이는 활동을 볼 수 있는 곳이라면 체면 불고하고 쫓아다녔다. 경조사와 술자리는 기본이었다. 일과 후에 남성 노동자끼리 벌이는 노름판에서 구경꾼 노릇도 하고, 축구 경기를 놓고 벌어지는 내기에 동참하기도 했다. 곗돈을 탄 여성 노동자가 한턱낸다는 소식이 들리면 청일점으로 가라오케까지 따라가 놀림거리를 자청했다. 고백하건대 이렇게 노동자의 일상을 몸으로 경험하는 것이 언제나 즐겁지만은 않았다. 몸이 고단할 때도 늘 웃음을 잃지 않아야 했다. 베트남어의 톤을 제대로 구사하지 못해 웃음거리가 되는 일도 많았다.

적응하는 데 가장 애를 먹은 것은 노동자 가족이 귀한 손님이 왔다고 제공하는 특별한 음식이었다. 베트남인 공장장의 집에 초대받아 갔을 때는 색깔을 내기 위해 박쥐 피를 섞은 샐러드를 먹어야 했다. "역겨운" 내색을 할 수 없어 빨리 접시를 비우자 좌중의 칭찬과 함께 한 접시가 더 주어졌을 때의 난감함! 여성 노동자의 남편을 면담하러 빈민가를 찾았을 때도 못지않았다. 값싼 독주인 "조국의 눈물"도 비위에 맞지 않았을 뿐 아니라 부화 직전의 오리 알을 수저로 퍼먹어야 했다. 빈민가의 불빛을 받으며 알 속에서 연구자를 노려보던 새끼 오리의 까만 눈동자와 이제 막 밑그림을 그려내고 있던 핏줄이 지금도 생생하다. 이런 스트레스 덕택에 베트남 노동자와 급속하게 친해질 수 있었을 뿐 아니라 노동자 사이에 친소親疎 관계가 형성되는 과정과 이유를 차츰 이해할 수 있었다.

이쯤에서 문화인류학자가 일상을 연구하는 이유와 관련해서 한 가지 짚고 넘어갈 점이 있다. 베트남 노동자가 한국인 매니저나 동료 노동자를 좋아하거나 싫어하는 이유가 개인적 경험에서 만들어질 수 있다. 노동 과정에서 발생하는 위계나 통제 때문이 아니라 스포츠 경기 결과 맞추기 내기를 하면서 다툼을 벌인 적이 있어 상대를 싫어할 수도 있다. 이성으로서 매력을 느끼기 때문에 좋아할 수도 있다. 그렇지

빈민촌 노동자 거주지에서 육아 중인 노동자.

만 나는, 에밀 뒤르켐(Durkheim 1997)이 주장한 것처럼, 사회과학적 연구는 이런 개인적 심리로 환원해서 설명하는 것이 아니라 일반화할 수 있는 유형이나 법칙을 밝혀내는 것이라는 믿음을 가지고 있었다. 내가 베트남 노동자의 일상을 참여관찰하면서 보려 한 것도 개인의 특수한 경험이 아니라 사회적 관계 속에서 실천되는 공유된 문화였다.

연구 대상 공장인 SIL에서 사회적 관계 속에 실천되는 공유된 문화와 관련해 가장 주목할 만한 것은 우리의 계에 해당하는 "후이^{hui}"였다. 후이는 노동 조직과 함께 공장 안의 사회적 관계를 형성하는 두 축이었다. SIL에는 수십 개의 후이가 결성돼 있었으며 대부분의 (특히 여성) 노동자가 후이(이하 계)의 회원이었다. 많은 노동자가 여러 개의 계에 동시에 가입해 있었으며 동일한 노동 조직에 속한 노동자는 대부분 같은 계의 회원이었다. 계가 이렇게 활발했기 때문에 월급날이 되면 곗돈을 거두기 위해서 한국인 매니저의 눈을 피해 공장을 부지런히 돌아다니는 계주를 쉽게 발견할 수 있었다.

공장 안에서 운영되는 가장 일반적인 계는 한국의 낙찰계였다. 자신이 받으려 하는 금액을 써내 가장 낮은 액수를 제시한 계원이 당회의 곗돈을 가져가는 방식이었다. 예를 들어, 30명의 계원이 2주마다 5~10만 동(3.3~6.6달러)을 내는 것을 원칙으로 하지만 낙찰가가 거둘 수 있는 최대 액수인 150~300만 동보다 적게 마련이므로 실제 내는 액수는 이것보다 적다. 그렇지만 마지막에 곗돈을 가져가는 회원은 낙찰을 할 필요가 없으므로 최대 액수를 다 가져갈 수 있다. 목돈이 급한 회원은 빨리 낙찰을 받은 대신 자신이 받은 액수보다 더 많이 납입하는 반면 늦게 낙찰을 받을수록 이득이 많아지는 것이다.

낙찰계의 원리 때문에 가난한 노동자는 손해를 많이 볼 가능성이 높았다. 또한 자기 몫의 곗돈을 일찍 거둔 뒤에 다른 노동자가 타야 할 때 곗돈을 내지 못하는 사태를 일으키곤 했다. 그 결과 계가 깨지는 위험을 방지하기 위해서 개입하는 것이 고리대금업자이다. 공장 안에는 여러 계 조직을 거느리고 있는 큰 계주가 많았다. 이 계주들이 몇백 퍼센트의 고리를 받고 급전이 필요한 노동자에게 대부를 해줬다. 큰 계주는 고리대금업으로 계가 파산하는 것을 막고 상당한 액수의 돈도 벌 수 있었다.

당시 베트남에서는 계주가 도망가거나 계가 파산하면서 사회 문제를 자주 일으켰다. 그래서 정부가 나서서 계를 금지하려 노력했다. 그렇지만 계가 너무 성행해서 불법으로 처벌할 수도 없고 합법으로 인정해줄 수도 없는 상황이었다(Leshkowich 2000). SIL의 경영진도 베트남 정부와 같은 처지였다. 계 때문에 노동자들 사이에 친밀한 관계가 형성되는 것도 반가운 일이 아닐 수 있는데 갈등까지 빈번하게 발생하는 것을 못마땅하게 생각했다. 그렇지만 사적인 조직을 금지시킬 명분이 없었다. 회사로서 취할 수 있는 조처는 곗돈을 받지 못했다고 월급을 차압해 달라는 계주와 고리대금업자의 요구를 거절하는 것밖엔 없었다.

이렇게 공장에서 성행하던 계는 사회적 관계를 조직하는 과정에서 이중적인 기능을 하는 문화였다. 한편으로 계는 동일한 노동 조직에 있는 노동자를 경제적 상호 부조를 매개로 긴밀하게 엮어주고, 다른 노동 조직에 속한 동료와 친분을 만들어줬다. 다른 한편으로, 노동자 사이에 금전 문제 때문에 벌어지는 갈등을 조장했으며 고리대금이 관련돼 있을 경우에는 적대감을 발생시키기도 했다. 아래에 소개할 한 사건은 공장 안의 사회적 관계를 드러내면서 이런 적대감이 공장 안에서 어떻게 표현되는지 보여주는 한편의 "사회적 드라마social drama" (Turner 1974)이다.

어느 날 내 방에 한국인 매니저 한 명이 들어와 워터-제트 공장에서 잠시 전에 싸움이 일어났다는 소식을 전해줬다. 공장에서 오랫동안 통역으로 일해온 50대 여성 노동자가 워터제트 공장의 사무실에서 일하는 20대 여성의 "머리끄덩이를 잡아당기며" 욕설을 퍼부었다는 것이다. 한국인 매니저가 보는 앞에서 베트남 노동자가 싸움을 벌이는 것은 전례가 없는 일이어서 나는 곧장 워터제트 공장으로 향했다. 내가 도착했을 때는 상황이 종료된 상태였고 노동자들만 상기된 표정으로 수군거리고 있었다.

싸움이 일어난 이유와 과정을 알아둘 필요가 있었다. 개인적인 호기심도 없지는 않았지만 노동자의 내적 갈등과 적대감을 보여주는 적절한 사례를 얻을 수 있을 것이라는 기대가 있었기 때문이다. 그렇지만 예상과 달리 별 의미 없는 해프닝인 듯했다. 워터제트 사무실에 들러 만난 한국인 매니저에 따르면 둘 사이에 평소에 쌓인 감정 때문에 우발적으로 일어난 사건에 불과했다.

반전은 이튿날 아침에 일어났다. 나는 출근하자마자 옆방에 근무하는 베트남인 사무원에게 전혀 다른 버전의 이야기를 들을 수 있었다. 워터제트에서 일하는 두 명의 한국인 매니저 가운데 한 명이 여성 통역관의 딸과 결혼을 전제로 사귀었으며 주말이면 집에 들러 잠을 자고 가기도 했다는 것이다. 그런 와중에 한국인 매니저와 사무실 여직원이 "그렇고 그런" 사이라는 소문이 나돌았다. 여기에 화가 난 여성 통역관이 한국인 매니저에게 직접 대들지는 못하고 사무실 여직원을 드잡이했다는 것이다.

소문은 사실로 판명 났다. 그렇지만 연애 스캔들에 관한 책임 여부를 놓고 공장 내 한국인과 베트남인의 해석은 판이하게 달랐다. 한국인 매니저는 공사를 구분하지 못하고 회사 안에서 베트남 여직원과 사귄 동족 매니저를 강하게 비난했다. 베트남 노동자의 구설수에 올라 한국인 매니저의 권위를 손상시켰다는 것이다. 또한 같은 사무실에서 한국인 매니저에게 "꼬리를 친" 여직원도 책임을 면할 수 없다는 것이 중론이었다. 그렇지만 여성 통역은 "딸까지 바치고 배신당한 피해자"로 판단했다.

반면 베트남 노동자는 여성 통역관을 가장 강하게 비난했다. "딸을 팔아" 외국인 매니저에게 잘 보이려고 한 파렴치한 어머니이자 수치스런 베트남인으로 낙인찍었다. 대조적으로 사무실 여직원과 한국인 매니저에 관해서는 미혼 여성과 이혼남이 사귀는 것까지 비난할 수는 없다는 담론이 우세했다. 여성 통역관의 행동은 민족적 수치이지만 사무실 여직원의 행동은 개인적인 선택일 뿐이라는 이중적인 해석을 내린 것이다. 여성 통역관이 사무실 여직원의 집까지 찾아가 망신을 줬다는 등의 루머가 퍼지면서 시간이 지날수록 이런 해석은 정당성을 얻어갔다. 게다가 한국인 매니저가 주위의 시선을 이기지 못하고 귀국하고 사무실 여직원도 출근하지 않게 되자 여성 통역관을 향한 베트남 노동자의 마녀사냥은 한동안 지속됐다.

나는 이 사건이 전개되는 양상을 지켜보면서 이 여성 통역관이 회사 안에서 한국인과 가장 가깝게 지내면서도 베트남 노동자에게는 특별한 호의를 베풀지 않는 중재자의 한 명이라는 사실을 떠올렸다. 설상가상으로 이 여성 통역관은 공장 안의 가장 큰 계주이자 고리대금업자였다. 굴리는 자금 규모가 커서 많은 노동자와 얽혀 있었을 뿐 아니라 한국인과 자신의 친분을 과시하며 곗돈이나 이자를 잘 받아내기로 유명했다. 그래서 베트남 노동자들은 이 여성이 자신의 이해관계와 감정에 따라 통역 내용을 과장하거나 왜곡한다고 믿었다. 이런 갈등을 인식하고 있던 나는 일상 속에서 형성된 여성 통역관을 향한 노동자들의 적대감이 연애 스캔들을 계기로 표출됐다는 확신을 갖게 되었다.

나는 이렇게 베트남 노동자의 사회적 관계와 문화를 일상의 맥락에서 현지연구하면서 베트남 노동자 내부에서 친밀감과 적대감 또는 동의와 저항이 일어나는 이유를 설명하려 노력했다. 그 결과 베트남 노동자가 서로 친인척 또는 의사 친족 관계로 얽혀 적대감보다는 친밀감을, 저항보다는 동의를 활용해 자신의 뜻을 관철시키려 하는 경향을 보인다는 점을 발견했다. 이런 경향이 SIL이 안정된 공장 체제를 유지하는 데 긍정적 영향을 미치고 있다고 확신하게 됐다.

그렇지만 계 조직의 양면적 기능이 시사하고 있듯이 베트남 노동자의 사회적 관계와 문화가 친밀감과 동의만을 생산하고 있는 것은 아니었다. 계 활동의 과정에서 갈등이 빈번하게 발생할 뿐 아니라 고리대금을 향한 적대감도 엄연히 존재했다. 그렇지만 나는 이런 갈등과 적대감이 자본과 한국인 경영진, 매니저를 향하지 못하고 내부에 머물러 있다는 점에 주목하게 됐다. 계급 (또는 민족) 사이에서 발생할 가능성이 높은 적대적 정향이 계급 (또는 민족) 내부에서 해소되고 있는 점이 연구 대상 공장 체제를 안정시키는 또 다른 비결이었던 것이다.

현지연구 마무리하기

현지연구의 마지막 두 달을 그동안 했던 연구를 마무리하면서 보냈다. 공장에 나가 현지연구 노트와 연구 보조원이 찾아온 보도 자료를 들여다보면서 의문이 생겨나면 답을 찾기 위해 추가 조사를 했다. 또한 연구 목적에 맞게 조사가 진행됐는지, 현지연구에서 찾아낸 사실은 무엇이고 이런 사실이 내포하고 있는 이론적 함의는 무엇인지 성찰했다. "내가 무엇을 연구하기 위해 이제까지 달려왔는가?", "현지연구는 계획대로 진행됐는가?", "내가 던진 질문에 관한 대답은 찾았는가?", "이 대답에 숨어 있는 이론적 함의는 무엇인가?" 이런 의문을 하나하나 되짚어봤다.

시간을 되돌려 현지연구 직전으로 돌아가 보니, 이 연구의 목적은 개혁 개방 정책 이후의 도시화와 산업화 때문에 발생하고 있는 여러 모순에 베트남인이 어떤 반응을 보이는지를 밝히는 것이었다. 이런 연구 목적을 구체화하기 위해 외국 자본에 따라 자본주의 훈육을 받고 있는 베트남 산업 노동자를 연구 대상으로 삼았다. 이 노동자들이 자신의 삶과 변화하는 환경에 어떻게 적응하고, 대응하고, 저항하는지를 이해하고 싶었다.

연구 목적을 달성하기 위해 18개월 동안 현지연구를 실행했다. 처음 경험해보는 타국에서 수행한 장기 현지연구는 험준한 산을 등정하는 것 못지않게 힘든 과정이었다. 언어를 습득하고 기후와 풍습에 적응하는 것을 시작으로, 한 고비를 넘으면 또 다른 고비와 마주보고 있는 자신을 발견해야 하는 인고의 시간이었다. 현지연구를 진행할 공장을 고르고 허가를 받느라 6개월을 소비한 뒤 한숨을 돌렸나 싶으면, 마음을 열어주지 않는 한국인 매니저와 현지 노동자가 가슴을 답답하게 만들었다. 온갖 경험을 마다하지 않으며 이 사람들과 라포를 형성해 놓으니 세부적인 연구 내용을 정하고 조사 방법을 찾는 일이 만만치 않았다.

이 고비를 넘기 위해 숨을 고르는 시간을 가졌다. 눈을 감고 현지연구 과정을 복기하면서 문화인류학 이론과 방법론 수업 시간에 배운 것을 찬찬히 떠올려보았다. 어느 순간 방법론 교재에서 읽은 문구가 가슴에 와 닿았다. "인류학 이론은 달팽이처럼 나선형 구조를 가지고 있다." 인류학적 현지연구는 특정 이론이 현지에 들어맞는지 적용해보는 연역적인 접근으로 시작하지만 이후 현지에서 찾아낸 사실에 근거해서 이 이론을 수정하는 귀납적 방법을 취한다. 이렇게 수정된 이론은 현실에 연역적으로 적용되며 다시 귀납적으로 수정된다. 달팽이의 몸을 파고들며 아로새겨진 나선처럼 연역과 귀납이 끊임없이 반복될 때 비로소 현지연구는 의문에 관한 새로운 이론적 해답을 제시한다.

인류학적 현지연구의 이런 특성을 상기하면서 연구 내용을 정돈하고 조사할 세부 항목을 정하기 위해서 처음 염두에 둔 이론적 가정을 되돌아보는 것이 필요하다는 결론에 도달했다. 기억을 더듬어보니 나는 베트남 노동자가 외국 자본에 때로는 저항하고 때로는 순응하는 이유를 밝히려고 몇 가지 이론적 질문을 던진 적이 있었다. 베트남 노동자의 저항은 경제적 이익을 추구하는 개인의 합리적 판단에 따른 것일까? 이 경우 개인의 판단은 구조적인 문제를 인식한 결과인가? 경제적 합리성이 아니라 저항을 해야 할지 순응을 해야 할지를 결정하는 문화적 기준에 따라 행동하는 것은 아닌가? 경제적 합리성을 추구하는 개인의 성향이나 집단의 행동을 결정하는 문화적 기준에 따라 결정되기보다는 이런 것들이 결합돼 어떤 정치 과정을 만들어내는가에 따라 결과가 달라지는 것은 아닐까? 이런 이론적 가정을 되새겨보는 과정은 연구 내용을 명료하게 만들어줬다. 또한 연구 내용에 어떤 방법으로 접근할 수 있을 것인지에 관한 걱정을 누그러뜨려줬다.

이후 내가 집중적으로 탐색한 항목은 크게 네 가지였다. 첫째, 연구 대상 공장이 위치해 있는 투득 지역의 20여 년의 역사를 추적했다. 베트남 전쟁 시기부터 개혁 개방 정책이 실행되고 있는 현지연구 당시까지 이 지역의 노동자가 어떤 정치경제적 조건 아래서 어떤 경험을 하고 살아왔는지를 추적했다. 둘째, 연구 대상 공장이 초기에 불안정한 노사 관계를 유지한 이유를 살피기 위해 과거 공장에서 일어난 일을 탐문했다. 셋째, 연구 대상 공장이 현지연구 당시 안정된 노사 관계를 유지하고 있는 비결을 노동 과정에서 찾으려 했다. 마지막으로, 또 다른 비결을 찾기 위해 베트남 노동자의 사회적 관계와 문화를 살펴봤다. 이처럼 연구 내용을 하나하나 탐색하는 과정은 과거와 현재를 연결하는 시간 여행이기도 했고 경제적, 사회적, 문화적 요인을 분석하는 과학 여행이기도 했다. 또한 거시적인 것과 미시적인 것 그리고 구조와 개인의 관계를 성찰해보는 이론 여행이기도 했다.

인류학적 현지연구의 여정이 끝나갈 무렵 떠날 준비를 하다보면 그동안 모아놓은 기념품과 추억거리를 새삼 발견하게 된다. 무엇보다 이 여행에서 얻은 성찰이 무엇인지 되새김질해보게 된다. 현지연구를 마무리하면서 나는 그동안 찾아낸 대답에는 어떤 것들이 있고, 이런 대답이 이론적으로 의미하는 내용이 무엇인지 되짚어봐야 했다.

베트남 노동자의 개혁 개방에 관한 반응을 관찰하면서 나는 이 사람들이 처음에는 자본주의의 논리와 훈육에 적응하지 못하고 반항하지만 점차 순응해가고 있다는 결론을 내렸다. 주의할 점은 노동자들이 자본주의 시장경제 체제에 만족하거나, 저항하고 싶지만 개인의 안위를 위해 체념하기 때문에 순응하는 것이 아니라는 사실이었다. 베트남 노동자가 순응하는 이유를 설명하려면 노동자들이 어떤 사회적 관계와 문화 속에서 살고 있으며, 그 결과 어떤 정치 과정을 경험하게 되는지를 구체적으로 이해할 필요가 있었다. 연구 대상 공장 SIL은 내게 이런 이해를 가능케 한 공간이었다.

나는 SIL이 초기의 혼란과 갈등에서 벗어나 안정된 노사 관계를 유지하게 된 비결을 한국인 경영진과 매니저들이 일상에서 베트남 노동자의 사회적 관계와 문화를 활용해 영리한 정치를 벌이는 데서 찾을 수 있었다. SIL의 한국인은 베트남 노동자의 사회적 관계와 문화에 직접 간여하는 것이 불가능할 뿐아니라 효율적이지 않다는 사실을 경험적으로 잘 알고 있었다. 이런 인식 아래서 한국인은 회사 안에 중재자 집단을 형성해 베트남인 일반 노동자를 간접적으로 통제했다.

한국인 경영진과 매니저가 이런 전략을 구사할 수 있었던 것은 중재자 집단과 일반 노동자 사이에 맺어진 사회적 관계와 문화적 규범 덕택이었다. 중재자 집단은 일반 노동자에게 구직할 때 추천서를 써주거나 노동 과정에서 발생하는 문제를 해결해주는 등 도움을 줌으로써 노동자들과 호혜적인 관계를 맺었다. 이런 사회적 관계와 문화는 공장 안의 갈등을 해소하거나 최소화하는 기능을 수행했다.

이런 분석을 통해 나는 노동자의 저항을 경제적인 요인으로만 설명하려는 시도에는 한계가 있다는 점을 깨닫게 됐다. 물론 당시에도 임금에 관한 불만은 노동자가 자본에 저항을 시도하는 주요 원인이었다. 그렇지만 임금이 상대적으로 높은 공장에서 파업이 일어나고 낮은 공장에서는 오히려 노사 합의가 잘 되는 사례도 얼마든지 찾아볼 수 있었다. 저항이 일어날 가능성이 임금의 만족도에 비례하지는 않은 것이다. 마찬가지로 나는 다국적 공장에서 일어나는 갈등을 경영진과 노동자의 문화적 차이로 설명하려는 시도도 한계가 있다는 것을 알게 됐다. 다국적 공장에서 문화적 차이로 인한 갈등이 발생하는 것은 엄연한 사실이지만 민족이 다른 노사가 상대의 문화를 얼마나 이해하는가에 비례해 노사 관계의 양상이 바뀌지는 않았다.

나는 SIL의 공장 체제를 연구하면서 노동자의 저항을 이해하려면 노동자들의 경제적 또는 사회문화적 요구가 무엇인지를 알아내는 것 이상이 필요하다는 사실을 알게 되었다. 노동자의 "저항의 정치학"은 노동자의 제반 요구만이 아니라 이것을 협상하는 정치적 과정과 이것이 얼마나 제도화되고 체계화돼 있는가를 살펴보는 것이라고 믿게 되었다.

이렇게 현지연구의 성과를 정리하고 그 의미를 성찰하는 동안 미국으로 돌아가야 할 날이 코앞으로 다가왔다. 내 생애 첫 장기 해외 현지연구가 막을 내리는 순간이었다. 이때 사람의 마음이 얼마나 간사하고 모순된 것인지를 느꼈다. 현지연구가 고비를 맞을 때마다 몰려오던 좌절감은 홀연 망각 속으로 사라졌다. 무사히 등정을 마치고 돌아간다는 기쁨보다 아쉬움이 몰려왔다. 이제 막 현지연구의 맛과 의미를 알기 시작했는데 벌써 떠나야 하는 현실이 야속했다. 현지연구를 조금만 더 할 수 있다면 정말 좋은 작품을 만들 수 있을 것 같다는 생각이 들었다. 그렇지만 마무리마저 끝내야 할 시간은 어김없이 다가왔다.

현지연구 그 이후

나는 미국으로 돌아온 뒤 한동안 새로운 환경에 적응해야 했다. 언어, 음식, 습관이 다른 세상에 돌아와, 오토바이 대신에 지하철을 타고, 공장 대신 도서관으로 출근을 해, 공장 노동자 대신 책을 상대하는 일은 신선함 못지않게 긴장감을 만들어냈다. 그렇지만 현지연구에 관한 느낌과 기억이 생생할 때 박사 논문을 작성해야 한다는 강박관념 때문에 문화 충격에 호들갑을 떨고 있을 여유가 없었다.

진짜 어려움은 박사 논문 작성 과정에서 겪었다. 먼저 현지연구를 하고 있는 동안 발간된 책을 읽고 새로운 시각, 사례, 이론을 소개하는 수업을 들어야 했다. 또한 현지연구 동안 지식이 부족해 아쉬웠던 분야를 탐색하면서 상당 시간을 소비해야 했다. 예를 들어, 젠더에 관한 여성학적 연구와 후기 사회주의 국가의 노동 과정에 관한 사회학적 연구를 집중적으로 파고들어야 했다. 이런 과정을 겪으면서 논문 집필을 착수하기 전에 너무 많은 시간이 흘러가는 것은 아닌지 초조했다. 그렇지만 현지연구에서 접했던 현실을 새로운 민족지나 이론을 통하여 다시 조명해보는 일은 배움의 기쁨을 줬다.

논문 작성은 현지연구와 마찬가지로 완벽함을 추구하다 보면 끝이 보이지 않는 작업이다. 기대감을 낮추고 일정을 정해서 작업을 진행하지 않으면 평생 걸려도 완성되지 않는다. 이런 위험을 감지하면서 나는 "박사 논문은 운전 면허를 따는 것에 불과하다."는 선배의 충고를 격언 삼아 과감하게 집필에 들어갔다. 막상 집필을 시작하니 현지연구가 충실하게 됐다는 자부심을 느낄 수 있었다. 현지연구를 하는 동안 귀찮아 지나치고 싶은 충동을 이기고 세세한 사항을 빠짐없이 기록하고 분석해놓은 것이 글을 쓰는 데 큰 도움이 됐다. 게다가 현지연구 당시에 일어난 사건을 회상할 기회를 갖는 기쁨도 누릴 수 있었다.

그렇지만 현지연구 결과를 연구 논문으로 작성하는 작업에는 예상하지 못한 경험이 기다리고 있었다. 나는 현지연구에서 얻은 자료를 미리 분석한 뒤 이것을 엮어서 논리적 틀을 짜고 나면 박사 논문이 쉽게 끝날 것으로 기대했다. 글쓰기는 수사적 포장 작업에 불과하다고 생각했다. 글을 쓰는 과정에서 새로운 해석과 분석이 만들어지고 덧붙여진다는 사실을 몰랐던 것이다. 관찰하는 것과 머릿속으로 이해하는 것이 다르듯이, 머릿속에서 생각한 것과 글로 표현된 내용은 반드시 일치하지 않았다. 아마 독자가 내 박사 학위 논문을 텍스트로 읽는 과정에서도 또 다른 의미와 해석이 생성됐으리라 생각한다.

이렇게 현지연구의 내용을 민족지로 기술하는 과정은 연구자가 현실을 객관적으로 분석하여 엄밀하게 묘사하는 것이라기보다 작가가 수집한 자료를 토대로 상상력을 동원해 세상을 해석하는 것에 가까웠다(Clifford and Marcus 1986). 이런 경험을 통해 문화인류학이 "가장 인문학에 가까운 사회과학"이며 "가장 사회과학에 가까운 인문학"이라는 어느 학자의 주장에 새삼 공감하게 됐다. 이런 새로운 경험과 인식을 거쳐 마침내 장기 현지연구를 토대로 한 민족지가 탄생하게 됐다.

학위 논문을 마쳤지만 한동안 연구 대상 공장을 다시 방문할 기회를 갖지 못했다. 현지를 떠날 때는 한국인 매니저와 베트남 노동자에게 연락을 계속하자고 약속도 하고, 곧 다시 방문할 것처럼 작별 인사도 나눴지만 실천하지 못했다. 협조가 필요할 때는 입속의 혀처럼 굴다가 얻을 것을 다 얻고 나서 태도를 바꾼 것으로 오해할까 봐 마음이 편치 않았다. 인류학자로서 지켜야 할 윤리적인 원칙을 제대로 실천하지 못한 것 같아 죄책감마저 들었다.

그러던 차에 현지를 떠난 지 4년이 다 되어가는 2004년 여름, 마침내 연구 프로젝트를 가지고 호찌민을 방문할 기회가 생겼다. 설레는 마음으로 공장에 들어서자 반가운 얼굴들이 시야에 들어왔다. 한국인 매니저는 3명만 남고 모두 귀국한 상태였지만 대부분의 베트남 노동자는 여전히 이 공장에서 일을 하고 있었다. 내 미안한 마음을 아는지 모르는지 사람들은 나를 진심으로 환영해줬다. 게다가 회사의 재정 상태가 전보다 많이 나빠졌는데도 공장 체제도 안정돼 있고 노사 관계도 원만하게 유지되고 있었다. 내가 논문에서 펼친 주장이 옳았다는 것을 입증하고 있는 것 같아 뿌듯함마저 느낄 수 있었다.

이후 나는 매년 방학을 이용하여 베트남을 방문할 때마다 SIL을 방문했다. 추가적인 현지연구를 실시하려는 의도는 없었지만 친한 노동자들의 신상과 공장 안의 노사 관계에 변화가 일어나지는 않았는지 궁금했기 때문이다. 기회가 날 때마다 사람들과 어울리면서 이야기를 나누는 것은 내게 베트남 산업 노동자의 생활, 의식, 실천에 관해 이론적 영감을 제공하곤 했다.

이렇게 다시 공장을 찾기 시작한 지 5년이 돼가던 지난 2009년 여름, SIL이 이미 2개월 전에 베트남인에게 팔렸다는 소식이 들려왔다. 물론 한국인끼리 소유권을 놓고 법정 소송이 벌어진 끝에 주인이 바뀐 2007년부터 공장이 매각될지도 모른다는 소문이 돌기는 했다. 새 주인이 인수 합병을 전문으로 하는 회사이고 부동산 확보를 목적으로 할 뿐 제조 공장의 운영에는 관심이 없었기 때문이다. 그렇지만 공장 노동자들이 가진 불안감이 이처럼 갑자기 현실화되리라고는 예상하지 못했다.

　무려 10년 넘게 인연을 맺어온 다국적 공장이 매각된 것은 내게 큰 충격이었다. 오랫동안 연구해온 부족 마을이 전쟁이나 도시화 때문에 사라졌다는 소식을 듣는 느낌이었다. 그것도 내가 심혈을 기울여 설명해온 다국적 공장의 정치 과정에 따라서가 아니라 회사를 팔아서라도 이익을 남기려는 자본의 욕망과 편의에 따라 손쉽게 공장 체제가 해체됐다는 사실은 너무 허탈했다. 이렇게 내가 박사 학위 논문을 작성하기 위해 시작한 장기 현지연구가 명실상부하게 종지부를 찍게 된 셈이다.

　어느 책에서인가 정치학자는 비행기를 타고, 사회학자는 차를 타고, 인류학자는 걸어 다니며 세상을 본다고 비유한 것을 읽은 기억이 있다. 비록 연구 대상 공장은 더는 존재하지 않지만 내가 걸어 다니면서 관찰하고 기록한 노동자의 일상은 민족지로 남아 있다. 이런 일상을 분석하면서 노동자의 삶과 정치에 관해 펼친 이론적 주장은 또 다른 연구에 지침을 제공하고 있으리라 믿는다. 인류학적 현지연구의 생명은 이런 의미에서 연속성을 갖는다.

당신은 누구 편인가?

인도네시아 "노동계급의 노동운동"을 찾아서

5

전제성

들어가며

나는 국내에서 대학원 교육을 받고 민주화 시기 인도네시아 노동운동에 관한 논문을 제출해 2002년 여름에 정치학 박사가 됐다. 학위논문은 인도네시아의 민주화가 노동 정치의 새 판도를 형성한 내용을 노동 정책, 노동운동, 노동계급의 세 가지 수준에서 살펴보는 것이었다. 민주화 이후 노동 정책은 조직 결성의 획기적인 자유를 전면 허용하는 방향으로 전환했고, 그런 자유가 노동운동을 상상 초월의 수준으로 분열시켰지만, 그런 분열이 흥미롭게도 노동계급의 전진에 해가 된 것만은 아니었다. 노동운동 엘리트 수준의 분열 속에서 기층 노동계급의 상향식 진군이 병행됐으며, 분열된 노동운동이 기층 노동계급에게 다양한 자원으로 활용되고 있다는 점을 발견했고, 그런 사실에 인도네시아 민주주의와 노동운동의 미래가 달려 있다는 주장을 학위논문에 담았다(전제성 2002).

논문 집필을 위해 2000년 1월 초부터 2001년 5월 말까지 현지조사를 했다. 문헌 조사차 싱가포르에 체류한 시기와 논문 계획서 발표 차 잠시 귀국한 시기를 제하면 15개월간 인도네시아 자바 섬에서 현지조사를 수행했다. 돌이켜보면 빈곤하고 불충분한 조사였고, 개인적으로 "분열적 환경"에서 집필된 미진한 논문이었다. 그런데도 심사자들은 후한 평가를 내려줬다. 현지조사 덕분이었다. 한국의 정치학계는 연구가 희소한 해외 지역에서 현지조사를 수행해 논문을 집필한다는 것을 신진 학자가 지녀야 할 진취성의 발현으로 간주하고 격려하면서 지역연구에 개방적인 태도를 지니고 있었기 때문이다(전제성 2010a).

독자들이 쉽게 간파할 수 있게 내가 수행한 현지조사의 비교적 특성을 먼저 밝히자면 다음과 같다. 먼저 주제로 볼 때 "운동권"에 집중한 조사로 분류할 수 있다. 조직 노동^{organized labor}이 중심 대상이었기에 노동인권운동 단체 활동가들이나 노동조합 간부들과 많은 시간을 보낸 조사였다. 문헌 조사, 단체 방문, 인터뷰 방법과 함께, 조직 노동의 회합, 집회, 시위, 인권단체의 일상 활동에 관한 참여관찰을 시도했다. 조사 후반으로 갈수록 입회 수준의 관찰을 넘어서는 적극적인 참여를 단행했다. 운동권 조사였기에 참여가 더욱 강한 관찰이 수행됐다.

둘째, 공간적 측면에서 볼 때 일반적으로 한 공간에 집중하는 인류학자들과 달리, 자까르따^{Jakarta}와 수라바야^{Surabaya} 두 도시에 기반을 둔 조사였다. 노동 정책의 변화는 주로 초반기에 자까르따에서, 노동 계급의 변화는 후반기에 수라바야로 옮겨서 동부 자바의 세 개 단위 노동조합 사례를 중심으로, 노동운동의 변화는 전체 기간에 걸쳐 조사를 수행했다. 그런데 두 지역 사이의 균형추는 동부 자바 쪽으로 기울어졌다. 그러므로 일반적인 정치학 조사와 달리 수도권보다 지방의 지위가 높은 조사가 됐다. 그렇지만 지방 정치 연구가 아니었고, 산업지대를 깊게 관찰함으로써 전반적 흐름을 읽어내려 했던 것으로 조사의 효율성을 고려한 선택이었다.

셋째, 시간적으로 보자면 민주화라는 거대한 정치 변동 시기에 노동조합이 우후죽순처럼 설립되던 상황의 조사였다. 현지조사에 돌입했을 때는 수하르또의 퇴진, 자유총선거, 정부통령 간접 선거를 거쳐 새로운 정권이 들어선 직후였고, 이른바 "개혁시대Reformasi"라 불리던 정치 변동기의 복판이었다. 당시로서는 끝나지 않은 드라마처럼 결말을 알 수 없는 진행 중인 사건들을 조사했기에 결국엔 진행 중인 연구가 될 운명이었다.

마지막으로 첨언하자면, 필자의 현지조사는 빈곤한 조사였다. 나는 자금, 현지어 능력, 국제화의 부족이라는 삼중고의 악조건에서 현지조사를 시작해야 했다. 그러므로 필자의 이야기가 준비 덜 된 모든 "모자란 사람들"에게 위안을 줄 수 있는 선례가 될 수 있기를 바란다.

인도네시아를 연구하겠노라

나는 석사 과정에 입학하면서부터 인도네시아 연구를 지망했지만, 현지를 처음 밟기까지는 3년 반의 시간이 더 필요했다. 내가 특이하게 인도네시아를 연구하겠다고 나선 이유는 인도네시아에서 엄청난 정치 변동이 불어닥칠 것으로 기대하고, 그 동태적인 과정을 직접 관찰하고 연구하고 싶은 열망이 있었기 때문이었다. 독일 출신 록밴드 스콜피온스Scorpions의 노래 "변화의 바람Wind of Change" 가사처럼 "영광스러운 밤의 마술 같은 순간"에 함께 동참하고 싶다는 열망이었다. 흥미를 느끼지 못하던 전자공학과를 어렵게 졸업하고 전공을 정치학으로 바꿔 서강대학교 대학원 석사 과정에 진학한 1992년은 한국 정치가 이미 민주화의 격동기를 지나서 심드렁한 제도권의 정치에 접어들었을 때였다. 그람시^{Antonio Gramsci} 스타일로 말하자면, 한국은 프로메테우스의 영웅적 시대가 아니라 지루한 참호전의 시대로 접어든 것이다. 페레스트로이카가 동구 사회주의권을 붕괴시키는 과정은 1980년대 한국의 혁명적 이상이 얼마나 세계와 고립된 꿈이었는지를 절감시켰다. "아는 것이 다 같고 모르는 것은 다 같이 모르는" 편협한 지식과 준거의 울타리를 넘어서야만 하고, 그 한 가지 길이 세계 각지에 관해 공부하는 것이라고 생각하게 됐다. 그래서 나는 외국 연구를 원했다.

서강대학교 정치외교학과의 당시 교수진이 심층적으로 가르칠 수 있는 외국은 일본과 인도네시아뿐이었는데, 꽉 짜인 일본보다는 틀이 잡히지 않았을 것 같은 인도네시아에 더 관심이 쏠렸다. 입학하자마자 인도네시아 전문가인 신윤환 교수를 찾아가 다짜고짜 인도네시아에서 혁명이 가능한지를 물었다. 신 교수는 본인의 생각은 아니지만 저명한 인도네시아 학자 아리프 부디만^{Arief Budiman} 같은 사람은 혁명이 가능하다고 하더라고 답했다. 그 이야기를 듣고 나는 기뻐하며 인도네시아를 연구하겠노라는 뜻을 밝혔다. 지금 생각하면 황당한 동기가 아닐 수 없다. 몇 년 지나지 않아 인도네시아에서 경제 위기, 폭동, 민주주의 이행과 그 이후 개혁 시대로 이어지는 엄청난 변화의 바람이 몰아친 것은 맞았지만, 내가 기대했던 혁명은 발생하지 않았고, 그런 혁명은 불가능하고 바람직하지도 않다는 게 지금의 판단이다. 어쨌든 그렇게 나는 인도네시아 연구를 "선언"했다.

그러나 선언만 했을 뿐 실제로 논문을 쓸 준비가 돼 있지 않았다. 인도네시아에 관한 문헌을 읽지 않고 유럽의 신좌파나 사회민주주의에 관한 글들을 읽고 다녔다. 현지조사를 원했지만 실현되기 어려워 보였다. 대학원생에게 현지어 연수나 현지조사비를 지원하는 제도는 아직 출현하지 않았을 때였다. 현지에서 의류 공장을 하던 외사촌 형이 심각한 노사 분규에 직면해 사업에 실패하고, 회고록을 대필시키려던 고 신교환 전 재인도네시아 한인회장이 회고록을 직접 쓰기로 결정하자, 이래저래 얹혀살며 현지조사를 시도하려던 계획은 추진될 수 없었다. 결국 나는 당시 매료되었던 동남아 연구의 대가 제임스 스콧(Jamse C. Scott 1976; 1983; 1985; 1990)의 도덕 경제^{moral economy}와 일상적 저항에 관한 이론을 한국의 재벌 기업 연구 개발 노동자들에게 적용한 석사 논문(전제성 1993; 1994)을 작성하는 것으로 만족해야 했다. 인도네시아는 일곱 시간 비행 거리였으나 내게는 멀고도 멀었다.

드디어 현지로

1995년에 머나먼 현지를 처음 밟게 되었다. "추악한 한국인들^{ugly Korean}" 덕분이었다. 1980년대 말부터 인도네시아에 대거 진출하기 시작한 한인 제조업체들에서 노동 억압과 비인간적 노무 관리가 자행되고, 여기에 반발하는 파업이 빈발하면서 국내외 언론 매체에 추악한 한국인이라는 새로운 표현이 등장하고, 한국의 아류 제국주의화가 우려된다는 학계의 주장까지 나오던 상황이었다. 여기에 관한 반응으로 참여연대의 국제인권센터(국제연대위원회의 전신)는 1995년 여름에 한국 시민사회 사상 처음으로 첫 현장 조사단을 인도네시아에 파견하게 됐다. 초대 센터 소장이던 신윤환 교수가 직접 조사단을 이끌게 됐고, 내게도 왕복 항공권을 끊어줘서 드디어 말로만 듣고 상상하던 현지를 처음 둘러보게 됐다.

　나는 조사 일정보다 앞서 인도네시아 발리^{Bali}로 들어갔다. 그리고 버스 편으로 족자까르따^{Yogyakarta}, 솔로^{Solo}, 반둥^{Bandung}을 거쳐, 기차 편으로 자까르따에 입성하는 열흘간의 배낭여행을 거쳤다. 첫번째 단독 외유였다. 한 해 전에 생애 첫 해외여행을 말레이시아와 싱가포르로 다녀온 적이 있었지만, 동남아지역연구회(한국동남아연구소의 전신) 선생님들을 따라서 다녀온 단체 여행이었다. 서핑이 가능하고 토플리스 차림의 서양 여성들이 즐비하던 꾸따^{Kuta}와 레기안^{Legian} 해변, 폭탄 테러로 지금은 허망한 공터로 남은 "국제적 친교"의 클럽 사리^{Sari}, 작지만 아름답고 신비로운 물의 사원$^{Tampak\ Siring}$, 역동적인 댄스 게짝^{Gecak}, 외국인을 졸졸 따라다니던 족자의 동네 아이들, 보로부두르^{Borobudur} 사원의 경이로운 웅장함과 쁘람바난^{Prambanan} 사원의 빼어난 미모, 무언가 깊은 뜻을 담은 것 같은 그림자극 와양^{Wayang}, 솔로 관광을 도와준 친절한 여학생들, 인도양의 파도가 짠바람을 내뿜는 빠랑뜨리띠스^{Parangtritis} 해변, 아시아와 아프리카의 정상들이 모여 반식민주의 연대를 외치던 반둥회의장, 고지대의 시원하고 전망 좋은 다고^{Dago} 찻 집, 별^{Bintang}이라는 낭만적인 이름의 맥주, 차창 밖을 스치는 드넓고 풍요로운 대지……. 발리에서 자까르따로 이르는 여행 중에 많은 현지인들을 만났고, 더듬거리는 말로 겁없이 말을 걸어 대화를 시도했다. 적도 아래 인도네시아의 뜨거운 기운, 아름다운 산수, 세계적인 관광지와 잘 보존된 풍부한 문화 예술, 순박하고 외국인의 말에 귀를 기울이고 늘 미소를 머금은 사람들. 열흘간의 여행은 인도네시아를 향한 애정을 싹트게 하는 데 적당한 시간이었다. 열차가 자까르따 감비르Gambir 역에 진입하면서 독립기념탑 모나스Monas가 보였을 때, 혼자서 자바 횡단을 무사히 마쳤다는 안도감이 몰려왔고, 앞으로도 잘 할 수 있을 것 같은 자신감까지 모락모락 피어올랐다. 당시의 경험은 여행기를 써서 후배들에게 돌릴 정도로 벅찬 것이었다.

자까르따에서는 노동운동 단체와 한인 투자 기업을 방문하고 활동가, 해고자, 경영자 들을 만나볼 수 있었다(그 결과는 신윤환 1996). 인도네시아도시산업선교회 숙소를 빌려 잠을 자면서, "구조적 약자"에게 무료 법률 상담과 변호를 제공하는 인도네시아 법률구조재단YLBHI: Yayasan Lembaga Bantuan Hukum Indonesia을 방문해 비정부 단체가 한국과는 비교할 수 없을 정도로 풍족한 자원을 지니고 있다는 점에 놀라고, 독재 치하에서도 엔당 로카니Endang Rokhani 같은 현장 지향적 노동운동가가 활약하고 있다는 사실에 또한 놀랐다. 자까르따의 빈민촌과 땅거랑Tangerang의 공장 인근 마을을 방문하면서 노동자들과 면담 조사를 할 때 진술들의 교차 점검이 필요하다는 점에 관해서도 배우게 되었다. 서슬이 퍼렇다던 수하르또 시대에 서슴없이 분출되던 노동자들의 파업은 놀라운 일이었다. 효과적인 야당도, 실질적인 노동조합도 없는 상황에서 폭발적으로 전개되는 노동자들의 집단 행동은 민주화를 추동하는 영웅적 면모로 읽혔다. 아울러 서양 소비자 운동 단체의 압력을 받아 다국적 기업이 제정한 기업 윤리 강령이나 해외 단체들과 잘 연결된 현지 엔지오의 노동자 권익 옹호 활동도 신기했다. 모두 노동계급을 둘러싼 사안들이었기에 나는 인도네시아 노동운동에 관해 박사 논문을 쓰리라 작심하게 됐다.

첫번째 예비조사 ― 1998년 참여연대의 제3차 한인기업 노동인권 문제 조사

박사 학위 논문 작성용 현지조사를 본격적으로 시작하기 전까지 두 번 더 현지를 방문할 기회가 생겼는데, 내게는 당시 부여된 임무 수행 말고도 학위 논문을 위한 예비조사라는 개인적 의미를 갖게 됐다. 1998년 8월, 경제 위기와 민주화라는 격동이 진행 중이던 시기에 참여연대의 "제3차 한인기업 노동인권문제 조사단"을 이끌게 되면서 인도네시아를 다시 방문하게 됐다. 이미 잘 알고 지내던 최난경, 정은숙을 조사원으로 끌어들여 함께 2주간 자까르따와 주변 산업 지대에서 현지조사를 진행하게 됐다(결과는 전제성·최난경·정은숙 1999, 전제성 1999). 난경은 인도네시아의 국립 가자마다대학교Universitas Gadjah Mada 석사 과정에 재학 중이었고, 은숙은 서울대학교 국제대학원에 재학하면서 석사 논문용 현지조사에 착수하려던 참이었다. 지금은 둘 다 인도네시아 전문가가 돼 외국의 대학교에 자리를 잡았는데, 조사 당시 이미 상당한 수준의 현지어를 구사할 수 있는 능력자들이었다.

참여연대 국제연대위원회의 차미경 간사는 우리 조사단이 당대 최고의 노동운동가 파우지 압둘라Fauzi Abdullah의 스다네노동정보센터 LIPS: Lembaga Informasi Perburuhan Sedane와 협력하게 주선했다. 이 단체는 민주화 시기에 융성하던 수도권의 거의 모든 노동운동 단체들을 소개하고 안내했다. 덕분에 파우지 같은 존경스러운 활동가에게 노동

1998년 한인기업노동인권문제조사단. 왼쪽부터 난경, 필자, 운전자, 은숙.

운동의 경향을 브리핑받을 수 있었고, 수리아 짠드라^{Surya Tjandra} 같은 신세대 활동가들과 안면을 틀 수 있었다. 수하르토 시대 노동운동에 관해 박사 논문을 쓰고 그것을 단행본으로 출판해 유명해진 신진학자 베디 하디스(Vedi R. Hadiz 1997)를 만나게 된 것도 그때였다. 상경 투쟁을 벌이던 솔로^{Solo}의 띠포운떼스^{Tyfountex} 청바지 공장 노동자들의 맹렬한 파업 시위는 내가 직접 목도한 첫번째 노동자 집단 행동이었다. 내가 그 시위를 촬영하던 장면이 인도네시아 텔레비전 뉴스 화면으로 나갔다는데, 시위 관찰에 몰두하느라 누가 나를 찍고 있는지도 몰랐다. 배탈이 났지만 조사는 쉼 없이 진행됐다. 팔팔한 20대 난경과 은숙은 온종일 다니며 인터뷰하고 밤에는 녹취를 풀고, 그리고 나서도 맥주를 마시며 스트레스를 풀 여력을 갖추고 있었다. 이 "원더걸스"가 한인 경영자, 한인 기업 해고자, 노동조합 간부들, 노동운동가들과 헌신적으로 인터뷰하고 녹취했기에 조사는 매우 생산적이었다고 평가받았다.

당시 조사 과정에서 잊지 못할 일이 발생했다. 지금은 유명무실해진 노동운동 단체 시스비꿈^{Sisbikum}에서 한인 기업 해고자들을 인터뷰할 때였다. 난경과 은숙이 인터뷰로 바쁠 때, 나는 한구석에서 담배를 달라는 여성과 이야기를 나누게 됐다. 얀띠^{Yanti}라는 해고자였고 그 단체에 적을 두고 있었다. 내가 수도권 지역의 한인 기업 목록을 보여주자 얀띠는 여러 기업들을 손으로 가리키며 거기에서 근무하는 친구들을 알고 있다고 말했다. 해고자밖에 만날 수 없다는 사실에 답답해하던 나는 반가운 마음에 얀띠에게 친구들을 소개해 달라고 부탁했다. 그런데 인터뷰를 마치고 돌아오는 길에 안내 임무를 맡은 하킴Hakim이라는 영어 잘하는 대학생 출신 활동가가 훈수를 두기 시작했다. "노동자에게 사람 소개나 데이터를 요구하는 것은 적절하지 않고, 만날 사람이나 데이터는 우리 활동가들에게 요구해야 한다."는 내용이었다. 이미 하킴은 해고자들에게 인터뷰 값으로 차비를 주라고 대놓고 이야기해 우리를 당황시킨 적이 있었다. 밤이 늦었기에 차비를 줄 필요가 있고 여력도 있었지만, 우리에게 따로 알려주지 않고, 인터뷰 도중에 다 들을 수 있게 큰 소리로 "이렇게 늦게까지 인터뷰를 하면 돈을 줘야 한다."고 이야기하는 태도가 놀랍고 당혹스러웠던 것이었다. 이 일로 이미 화가 나 있던 은숙이 더 참지 못하고 하킴의 태도가 오히려 잘못된 것이며 부당한 간섭이라고 화를 냈다. 한참을 이렇게 은숙이 화를 내자 하킴이 헤어지면서 사과를 했다. 그렇지만 결국 얀띠에게 한인 기업 노동자들을 소개받는 일은 성사되지 않았다.

심야에 벌어진 언쟁을 계기로 나는 노동운동 단체 안에서도 엄연히 존재하는 활동가(엘리트)와 노동자(대중) 사이의 격차를 느낄 수 있었다. 노동계급은 노동운동 단체의 들러리일 뿐인가? 외국의 단체에서 조사를 오면 전시되는 존재들, 그렇게 노동운동 단체라는 것을 증명할 정도로만 필요한 존재들, 그렇다고 외국인 조사자를 직접 상대해서는 안 되는 존재들, 차비 명목으로 돈을 챙겨줘야 하는 불쌍한 존재들이 바로 노동운동 단체가 조직한 노동계급이란 말인가? 이 경험으로 인도네시아에 존재하는 두 개의 노동운동, 곧 "중간 계급의 노동운동"과 "노동계급의 노동운동"을 분리해서 살펴봐야 하고, 양자 간의 차이와 긴장을 파악할 필요가 있다는 인식을 갖게 됐고, 이런 직관은 박사 논문까지 투영됐다. 2년 뒤에 다시 자까르따로 갔을 때 수소문을 하니, 하킴은 국제노동기구ILO: International Labour Organization의 아동노동퇴치사업부에 고용되면서 노동운동의 현장을 떠났다. 담배 피우던 얀띠는 보스주의bossism와 재정적 불투명성에 반발해 시스비꿈을 탈퇴하고 뜻을 같이 한 동료들과 함께 독립 노조를 결성했다. 내가다시 만났을 때 얀띠는 그 노조의 위원장이 돼 있었다.

두번째 예비조사 — 1999년 인도네시아총선 국제선거감시단 참여

이듬해 1999년 4월, 인도네시아는 44년 만에 자유로운 총선거를 치르게 됐다. 세계에서 세번째로 큰 민주 국가가 탄생하려는 길목의 결정적 관문이었기에 국제적인 관심과 후원이 집중됐다. 이전 선거에서 수백의 사망자가 발생한 적이 있었고, 이번에는 48개의 정당이 각축하는 혼전이어서 과연 선거가 안전하고 공정하게 거행될 수 있을지 의문시되던 상황이었다. 국제기구와 세계 각지의 시민단체들이 자유 총선을 지지하고 민주화를 지원한다는 취지에서 선거감시단을 파견하려했다. 태국에 본부를 둔 아시아자유선거감시단ANFREL: Asian Network for Free Elections도 아시아 각국의 참가자들을 모집하려 했고, 참여연대 국제연대위원회에 한국 감시단의 파견을 요청했다. 여기에 응하면서 한국 최초로 해외 선거 민간 감시단이 꾸려지고, 나도 네 명으로 구성된 한국 대표단에 가담하게 된다. 국제연대위원회 양영미 신임 간사가 후방 실무를 담당해줬다. 그런데 1주일간의 선거 감시 현지 활동 비용은

THE NATIONAL ELECTION COMMISSION
INTERNATIONAL OBSERVER ACCREDITATION CARD

NAME   : MR! JE SEONG JEON

ORGANIZATION   : ANFREL

COUNTRY   : KOREA

Jakarta,   1999

선거감시단증.

ANFREL이 지원하지만, 국제선 항공권은 스스로 해결해야만 했다. 역시 돈이 문제였다. 그런데 정치 과정 연구자로서 인도네시아 총선의 역사적 중요성과 국제 선거 감시 활동의 취지에 공감한 서강대학교 정치외교학과의 이갑윤 교수가 사비를 털어 항공권을 지원해줬다. 덕분에 44년 만의 민주 총선이라는 역사적 드라마를 직접 참관하는 행운을 누렸을 뿐만 아니라, 나중에 주요 조사지가 되는 수라바야 시를 처음 방문해 박사 논문 예비조사를 수행하게 됐다.

나는 선거 감시 지역으로 수라바야를 택했다. 《자까르따 포스트The Jakarta Post》 설문조사 결과는 선거 과정에 폭력이 발생할 가능성이 가장 높은 지역으로 수라바야를 꼽았지만, 나는 아랑곳하지 않았다. 폭력을 줄이는 데 기여하는 것이 국제선거감시단의 중요한 기능 중 하나라고 믿었기에 폭력 발생 가능성이 높다는 것은 오히려 영광이었다. 더구나 학위 논문 예비조사를 수행하려는 욕구가 강했다. 수라바야에 도착해서 현지 선거 감시 단체 활동가들과 함께 선거관리위원회와 주요 정당을 방문해 브리핑을 받고 투쟁민주당PDIP: Partai Demokrasi Indonesia Perjuangan의 대규모 시가행진을 참관했다. 투표 당일에는 공단 지역의 투표소에 들어가 감시 활동을 전개했다. 언론의 우려와 달리 수라바야의 선거는 큰 사고 없이 안전하게 거행됐다. 이때부터 나는 인도네시아 선거민주주의의 장래를 낙관하게 됐다.

투표 다음날이자 수라바야 체류 마지막 날에 미리 약속을 잡아둔 노동운동가 그룹과 법률구조재단 수라바야 지부에서 만나 집단 면담을 가졌다. 수라바야 법률구조재단LBH Surabaya은 인도네시아법률구조재단YLBHI의 13개 지부 중에 하나로서, 말랑Malang에 분소를 거느리고, 남한의 절반 면적인 동부 자바 전역의 인권 문제를 모니터링하는 임무를 수행하고 있었다. 노동 분과에서는 법대 출신 두 명의 변호사 겸 활동가가 노동 관련 법률 상담, 변호, 교육, 조사 활동을 수행하고 있었다. 이때 노동 분과장이던 풍키 인다르띠Poengky Indarti를 처음 만났다. 현지 선거 감시 단체가 추천해 고용한 현지인 통역이 미용에만 신경을 쓸 뿐이지 언어 면에서나 노동 용어 면에서나 도움이 안 돼 심도 있는 대화를 나눌 수 없었다. 그렇지만 법률구조재단 수라바야 지부의 여유로운 공간과 활동가들의 면모를 파악할 수 있었고, "인도네시아에서 노동운동이 가장 센 곳이 어디냐?"는 질문에 "바로 여기"라고 답하는 사람들에게서 자신감과 당당함을 느낄 수 있었다. 나는 본격적인 조사를 위해 내년에 다시 오겠다는 말을 남기고 그 사람들과 헤어졌다. 그 사람들은 말도 안 통하는데 저 친구가 다시 올까, 온다 한들 과연 조사를 할 수 있을까 하고 걱정했다며 훗날에 첫 만남을 기억하고 종종 나를 놀렸다. 자까르따로 돌아와서는 선거 감시를 같이 왔지만 수마트라 메단Medan 지역에서 활동을 펼친 은숙과 다시 합류했다. 은숙이 의리를 발휘해 노동운동가 몇 명을 함께 만나 공짜 통역을 해줬다. "역시 은숙이야!" 하면서 열심히 받아 적었고, 은숙과 함께 수라바야에 배치될 수 없었던 점을 못내 아쉬워했다. 이렇게 어설픈 예비조사가 민주화 이후 노동 정책과 노동운동의 변화에 관해 연구하겠다는 논문 계획서를 작성하는 기초가 됐다.

장기 현지조사가 필요하다

예비조사의 경험을 성찰하며 나는 학위 논문을 쓰려면 1년 이상의 현지조사가 필요하다고 생각하게 됐다. 우선 현지어 학습이 현지조사와 병행될 필요가 있었기 때문이다. 현지에 가더라도 초반에는 현지어 학습을 위한 시간 투자가 많아야 할 것이다. 그래서 정치학도 일반의 현지조사보다 시간을 더 길게 잡아야 했다. 또한 단기간의 예비조사를 수행해 보았지만, 주마간산일 뿐이라고 느꼈기 때문이기도 하다. 분명한 것은 민주화 덕분에 결사의 자유가 부여됐고, 따라서 기존의 노동조합이 분열되고 새로운 노동조합들도 대거 출현하기 시작했다는 정도였다. 새로운 시대에 관한 기대와 그 기대에 따른 열기가 느껴졌지만, 어디로 가고 있는지 방향을 확신하기 어려웠고, 그것을 알려줄 다른 연구자들의 연구도 아직 발견할 수 없었다. 더 확실히 알려한다면 장기간의 현지조사가 불가피하다고 생각했다.

당시 내가 생각한 현지조사란 아주 단순한 것이었다. 가서 자료를 얻고, 당사자들의 생각을 듣고, 현장을 직접 보고 와야 한다는 정도였을 뿐이지, 현지연구의 세부적인 방법론을 배운 적이 없었다. 정치학자이지만 인류학자로 오인될 정도로 말레이시아 농촌 마을 현지조사를 통하여 불후의 명작을 만들어낸 제임스 스콧도 조사에 임하기 전에 인류학적 훈련을 받은 적이 없었다고 한다. 놀랍게도 스콧이 인류학자들로부터 조언을 받은 내용은 일어나서 잠들기 전까지 보고 들은 것을 기록하라는 극히 단순한 지침이었다고 한다(Munck and Snyder 2007; 뭉크·스나이더 2012). 나 역시 인류학적 훈련을 받은 적이 없다. 학부 때 "인류학개론"을 들었지만 당시 암울한 정치 상황 속에서 전혀 동떨어진 신선놀음처럼 느껴졌고, 이로쿼이Iroquois 아메리카 원주민 이름만 그저 기억에 남아 있을 뿐이었다. "동남아문화론"이라는 제목 이었던가, 김형준 교수의 강의를 수강했지만 인류학 방법론에 관한 강의는 아니었고 동남아 관련 문헌들을 읽고 토론하는 수업이었다. "민족지ethnography"라는 개념도 석사 과정 때 애독한 언론학의 비판커뮤니케이션 이론이 미디어 수용자 분석을 위해 변형한 "문화기술지"라는 번역어를 통해서 처음 접하게 됐다. 그런데도 현지로 가야 한다는 열망이 강했던 것은 몇 가지 추가적인 계기가 있었다.

지금 와서 생각해보면, 나는 학문 세계에 입문하기 전부터 현장을 숭배했던 것 같다. 학생운동 시절에 읽은 책들은 모두 현장으로 향하도록 권하고 있었기 때문이다. 이재유를 비롯한 일제 말기 반식민주의 운동가들의 글은 현장 속으로 들어갈 것을 요구했고, 레닌은 러시아의 구조적 상황적 특성을 분석함으로써 후진적인 러시아에서 최초의 사회주의 혁명을 이끌어낼 수 있었고, 마오쩌둥도 중국의 특수성을 분석하는 데 성공함으로써 농민의 대지에서 중공을 탄생시킬 수 있었고, 체 게바라의 낭만주의도 카스트로처럼 현지에 정통한 지도자와 함께했기에 바티스타 독재를 종식시킬 수 있었다고 생각했다. 그리고 안토니오 그람시가 이탈리아나 서유럽의 현실에 천착하는 치밀한 정세 분석을 수행했기에 혁명의 불가능성을 적절하게 도출할 수 있었다고 봤다. 별나게도 전혀 다른 지적 전통에서 현지연구의 필요성을 인식하고 있었던 것이다. 레닌 식으로 말하자면, "구체적인 상황에 관한 구체적인 분석"을 위해서 현지연구가 필요하다고 생각했던 것이다.

대학원에 진학한 뒤에는 현지조사를 떠나는 인류학자를 만나게 되면서 현지연구를 향한 동경이 강화됐다. 석사 과정 2학기에 접어들 무렵, 말레이시아로 현지조사를 떠나는 박사 과정생 홍석준 선배가 신윤환 교수에게 고별 인사를 하려 서강대학교를 방문했다. 합석하게 된 나는 학술적 현지조사의 필요성에 관한 주장들을 처음으로 접하게 된다. 동남아 연구, 인류학, 현지조사를 핵심어로 하는 이야기가 밤이 늦도록 열정적으로 이어졌는데, 술을 겸한 석별의 자리라 애틋한 감도 있었다. 생소한 이야기들이라 듣고만 있었지만, 어딘지 모를 타지로 떠나가는 인류학도가 마치 세계 혁명 전사처럼 멋있어 보였다. 그리고 생각했다. 나도 언젠가 저이처럼 현지로 떠나리라! 동남아지역연구회의 경우에도 현지조사를 거치지 않고 학위 논문을 작성한 회원들이 대다수였지만, 현지 체험을 증진하기 위해 일 년에 한 번씩 단체로 동남아 여행을 다녔고 현지조사의 필요성을 강조하는 분위기였기에 나는 점점 더 학술적 현지조사의 필요성을 당연시하게 됐다.

한국에서는 현지조사 없이 동남아에 관한 논문을 쓸 수가 없다는 사실도 알게 됐다. 한국의 도서관은 동남아 문헌의 양과 질 면에서, 다른 제3세계에 관해서도 마찬가지이겠지만, 형편없는 수준이었기 때문이다. 동남아 관련 단행본의 측면에서는 국회도서관이 가장 훌륭했고, 서울대학교와 서강대학교 도서관이 그다음 수준이었다. 서울대 지역종합연구소가 교육부에게 사업 대행을 하는 조건으로 한 해 2억씩 지원을 받아 지역연구 자료실을 만들고 도서와 학술지를 수집했다. 당시 지역종합연구소의 자료실 프로젝트를 주도한 라틴아메리카 전문가 이성형 박사는 한국의 지역연구자가 해외로 나가 저마다 자료를 찾아 복사하는 비용과 복사하느라 허비한 기회비용과 비교할 때, 또한 그 자료가 사적으로 소유되면서 공유되지 못하는 낭비를 고려할 때, 지역연구 자료실에 비용을 투자하는 것은 국가적으로 큰 이득이 된다는 주장을 일관되게 펼쳤다. 그러나 몇 년 되지 않아 교육부의 지원이 끊기고 말았다.

나는 이성형 박사의 조교로 지역종합연구소의 전성기를 함께할 수 있었고, 친절한 사서들의 도움도 계속 받을 수 있었기 때문에 국내 대학원생으로서는 비교적 자료를 쉽게 많이 접한 경우에 속할 것이다. 그런데도 박사 논문을 쓰기에는 자료가 턱없이 부족했다. 도서관에서 작심하고 열심히 잡지와 도서를 구매한다 하더라도 신간과 영어 문헌 중심일 수밖에 없다. 훌륭한 도서관은 갑자기 출현할 수 없는 법이다. 기본적인 문헌조차 접하기 힘든 상황인데 기존 연구마저 희소한 인도네시아 노동운동 관련 자료를 구하려면 당연히 한국 밖으로 나가야 했던 것이다.

지원금을 기다리며

현지가 "머나먼" 것은 단지 지리적 거리나 문화적인 이유 때문이 아니었다. 동남아는 한국에서 가장 가까운 제3세계 지역이다. 아침에 출발하면 해가 지기 전에 도달할 수 있다. 미국이나 유럽에서 동남아로 가는 거리와 비교해보라. 한국 학계가 지닌 선명한 비교 우위였다. 그런데도 내게 현지가 멀게 느껴진 이유는 돈 문제였다. 나는 등록금이 서강대학교의 절반 수준인 서울대학교로 학교를 옮겨 박사 과정에 진학했다. 장학금 덕분에 학기당 15만 원 정도만을 등록금으로 냈기 때문에 저비용으로 대학원 수료가 가능했지만, 현지조사 비용을 구하는 단계에서 불운을 맞이하게 됐다. 김영삼 정부 시절에 세계화 정책의 일환으로 해외 지역연구에 연구비 지원이 시작됐고, 박사 과정 학생들의 논문 작성을 위한 현지조사비 지원 프로그램도 만들어졌다. 연간 2억의 예산으로 1인당 1000만 원 내외의 조사비를 지원해 20명 내외의 박사 과정생을 해마다 세계 각지로 현지조사를 보낼 수 있었다. 동남아 지역연구로는 홍석준, 김민정, 박은홍 등이 이 프로그램의 수혜를 받아 박사 논문을 쓰고 지역연구자가 됐다. 교육부의 하청을 받아 서울대 지역종합연구소가 이 프로그램을 운영하고 있었기 때문에 나는 지원 프로그램의 성격을 잘 알고 있었고, 다른 선배들도 혜택을 본 터라 당연히 그 지원을 받아 현지조사를 수행할 계획이었다. 그러나 외환 위기가 발생한 뒤에 위기 진화에 나선 김대중 정부는 외화 사용을 급격히 줄이는 정책을 취하면서 해외 현지조사비를 지원하는 프로그램들도 폐기해버렸다.

이때 한국동남아학회를 비롯한 각종 지역연구 학회들이 사태를 좌시하지 않고 교육부에 청원하기 위한 움직임을 시작했다. 나 역시 펀드를 기다리는 대학원생의 사례를 대표하며 선생님들을 따라다녔다. 현지조사 지원금을 따내기 전에 지원금을 주는 제도부터 마련해야 했던 것이다. 그때 동남아 연구자들이, 외환 위기는 세계 지역에 관한 지식의 부족에 기인한 것이므로 위기 극복을 위해서는 오히려 해외 지역연구를 강화해야 한다는 논리를 펼친 것으로 기억한다. 당시 선생님 몇 명과 어느 유력한 장학 재단을 방문해 대학원생 현지조사 지원프로그램을 창설해줄 것을 함께 건의한 적이 있다. 이 재단의 실력자는 연간 수십 억 원을 들여 중국인 학자 열 명 정도를 불러 강의를 시키겠다는 막대한 예산의 계획을 자랑했다. 그래서 우리가 "2억만 있으면 매년 20명의 지역연구자를 육성할 수 있다, 1000만 원이면 한 명의 지역연구자가 탄생한다."면서 저비용 고효율 프로그램이라고 제안하자, "요구 액수가 너무 적어서" 재단의 프로그램으로 성립될 수 없다는 특이한 이유를 들어 거절했다. 한 20억쯤 필요하다고 말했어야 했나 보다.

다행히 교육부가 지역연구 학회들의 집단적 청원을 부분적으로 수용해, 박사 과정생들의 학위 논문 작성을 지원하는 유일한 프로그램으로서 한국학술진흥재단(현 한국연구재단)에 "신진연구인력지원프로그램"을 개설하고 해외 현지조사 방법을 사용하려는 박사 과정생을 우대 지원하겠다고 약속했다. 한국동남아학회가 사태를 더는 좌시할 수 없어서 서둘러 창안한 대학원생 현지조사 지원 프로그램도 때마침 시작됐다. 나는 두 개 프로그램에 모두 지원해 양 측에서 지원 대상자로 선정됐다. 그러나 한국학술진흥재단의 지원금만 받고 한국동남아학회의 지원금은 두 명의 석사 과정 후배들에게 양보했다. 지금은 세상에 없는 정영국 당시 한국동남아학회 총무 이사가 자기 고민을 덜어줬다며 아주 고마워했다. 이리하여 펀드를 1년이나 기다린 끝에 드디어 현지조사를 떠날 수 있게 됐다. 돈이 입금된 바로 다음 달에 연구비 지원 증서까지 보여주면서 첫 신용카드를 만들고 현지로 가는 여장을 싸게 됐다. 내 나이 서른다섯이었다.

당시의 피말리던 경험에 근거해 박사 이후에도 나는 대학원생 현지조사 지원 제도가 학문 후속 세대 육성을 위해 결정적으로 중요하다는 내용을 담은 논문을 발표했고(전제성·이재현 2008), 각종 재단 관계자들을 만날 때마다 필요성을 역설하고 제도화 방안을 자문해줬다. 그리고 이런 제안을 포스코청암재단이 받아들여 국내외의 한국인 대학원생들에게 아시아 지역 현지조사비를 지원하는 프로그램을 신설했다. 그러나 안타깝게도 신청자의 수가 재단의 기대 이하라는 이유로 3년 만에 폐기되고 말았다.

자까르따 안착

2000년 1월에 자까르따에 입성해 자리를 잡은 곳은 국제전략문제연구소CSIS: Center for Strategic and International Studies 였다. 신윤환 교수와 지도교수이던 안청시 교수의 추천으로 연구실을 배정받고 도서관을 자유롭게 이용할 수 있는 방문 연구원 자격을 부여받았다. 수하르또 체제에 이념을 제공하던 민간 싱크탱크였지만 독재 말기부터 권력과 멀어지면서 민주화를 지지하는 방향으로 전환하였다고 들었다. 국제관계, 정치 및 경제 동향을 다루는 학술지를 영어와 인도네시아어로 중단없이 발간하고, 도서관은 개가식으로 단행본들과 학술지들을 비교적 많이 보유하고 있었으며, 방대한 주제별 신문 스크랩도 꾸준하게 작업해 보관하고 있었다. 당시 인도네시아에서는 희소하게 체계가 잘 잡힌 연구소였다. 자료를 찾고 읽으면서 연구 설계를 구체적으로 조정해야 했던 나의 초기 조사 과정에 적합한 공간이었다.

현지 도착 이후 무엇보다 먼저 해야 하는 일은 수개월의 과정이 소요된다는 연구 비자Visa Penelitian를 신청하는 일이었다. 말도 짧고 지리도 익숙하지 않은 상황인지라, 현지에서 석사를 마치고 오스트레일리아 유학길에 오르려던 난경이 자까르따에서 서류 마감 작업과 제출을 도와줬다. 인도네시아과학원LIPI: Lembaga Ilmu Pengetahuan Indonesia의 담당 부서에 구체적인 조사 대상 지역을 포함하는 논문 계획서 외에 건강 진단서, 연구비 확인서, 추천서, 현지 후원자 확인서 등 여러 서류를 제출해야 했다. 2010년에 세상을 떠난 정치경제학자 하디 수사스트로Hadi Soesastro CSIS 소장이 기꺼이 후원자가 돼줬다. 이때 연구 비자용 논문 계획서의 제목은 "경제 위기와 민주화 이후 한인 투자 기업의 노사 화합 방안"이었다. 이렇게 쓴 이유는 정치적으로 민감한 주제의 연구자는 국익이라는 명분으로 심사 과정에서 걸러지고 비자를 거부당하는 경우가 많다고 들었기 때문이다. 수하르또 체제의 외국인 학자들을 향한 검열과 입국 불허 같은 각종 통제에 관해서는 이미 악명이 높았고(Anderson 1996), 그런 시대를 막 벗어났다 하더라도 안심할수는 없는 터였다. 온건한 주제 덕분인지, CSIS와 하디 소장의 명망 덕분인지, 아니면 민주화 직후 개혁 시대의 개방적 분위기 덕분인지, 3개월 뒤에 1년간의 체류를 허용하는 연구 비자를 받게 됐다. 그 뒤 내무부, 이민국, 경찰청, 지방 정부를 거치는 복잡한 절차가 뒤따랐으나, 관료 행정 체제에 관한 공부로 삼을 요량으로 "뒷돈" 없이 돌파했고 그런 내가 대견스럽게 느껴졌다.

자까르따에서 연구 비자를 사용할 일이 거의 없었고, 제시하더라도 현지인들의 생각처럼 필요한 자료를 다 받아낼 수 있는 "도깨비 방망이"였던 것도 아니었다. 더구나 분기별로 LIPI에 연구의 진척 상황이나 만난 사람들에 관한 정보를 담은 보고서를 제출해야 했다. 이사하면 변경된 주소지를 신고하고 승인을 받기 위해 LIPI, 이민국, 경찰청을 다시 한 번 돌아야 했다. 출국하려면 출국 신청서를 LIPI에 제출하여 승인받고 이민국에서 단수 재입국 허가서를 받아야 했고 현지인의 경우처럼 미화 100달러의 출국세를 내야 했다. 한마디로 번거롭고 짜증스러운 지위였다. 그러나 지방 정부의 공무원들과 현지 기업의 경영자들은 자료 요청이나 방문 조사를 희망하면 늘 연구 비자를 보여달라고 했기 때문에 나중에는 상당히 쓸모가 있었다. 집회와 시위를 관찰할 때도 경찰이나 정보 요원이 다가와 체류 목적을 물으면 연구 비자가 있다고 당당하게 답할 수 있어 좋았다. 그리고 체류 연장을 위해 2개월마다 출국과 재입국을 반복할 필요가 없었기에 현지조사비 절감에 도움이 됐다.

또 해야 할 일은 하숙집을 찾는 것이었다. 연구소까지 도보로 출근할 수 있는 거리의 숙소를 원했기 때문에, 인근 동네를 걸어 다니며 적당한 집을 찾는 데 3주가 걸렸다. 에어컨이 달리고 책상이 있는 작은 방에다 청소와 빨래를 해주고 월 70만 루삐아(당시 약 7만 원)를 지불하는 조건이었다. 외환 위기가 한창이어서 위기 이전에는 달러당 2500

정도였던 루삐아화가 1만 루삐아 선을 오르내렸다. 그런데 하숙비는 전보다 많이 오르지 않은 상태였다. 달러를 사용하는 외국인으로서 인도네시아 환율 폭락의 덕을 보게 된 것이다. 경제 위기로 민심이 흉흉하고 폭력이 비등했지만, 하숙을 잡은 마을은 자까르따 폭동의 피해를 입지 않은 평온한 마을이었고, 야간에 차량을 통제하는 자경 시스템까지 갖추고 있어서 조용한 밤을 보장하는 마을이었다. 이름마저도 건강가Jalan Kesehatan였다(여기에 관해서는 Kim 2002). 더구나 집주인은 나와 비슷한 또래의 인도네시아 화인華人 부부였는데, "오늘은 어디 가느냐?", "누구를 만나느냐?"며 최초의 외국 하숙인의 일거수일투족에 깊은 관심을 보였다. 다른 하숙인들도 퇴근 후의 한담을 즐기면서 회화 연습 상대가 돼주고 생활에 필요한 정보를 제공해줬다. 그들의 안내를 받아 휴대폰을 처음으로 구입했다. 결혼식과 외식은 물론이고 주말 쇼핑과 밤샘 나이트클럽에 이르기까지, 자신들의 일상에 초대하기를 잊지 않았다. 소심하고 점잖은 친구들이었지만 토요일이 되면 인도네시아 최대 나이트클럽이라는 안쫄Ancol의 하이라이Hai Lai로 몰려가서 한 치 앞 정도만 보이는 깜깜한 스테이지에서 반복적인 리듬의 트랜스 음악을 들으며 새벽 네 시까지 춤을 추는 사람들이었다. 한번은 이 친구들을 따라 저녁 회식을 하고 귀가하던 길에 경찰 검문을 당했다. 그날따라 여권을 지참하지 않은 나는 딴중쁘리옥Tanjung Priok 경찰서까지 연행되었는데, 보험사에 다니던 옆방 친구 산또Santo가 여권을 찾아 들고 온 덕분에 풀려날 수 있었다. 인도네시아 사람들은 외국인이 자기 영역 안에 들어오면 어떻게든 보호하고 보살피는 미덕을 지니고 있다고 들었는데, 정말 그렇다는 것을 하숙 생활을 하면서 처음으로 실감하게 됐고, 그 후 가는 곳마다 마찬가지 경험을 했다. 언제든지 와도 좋다던 외사촌 형의 아파트에 살지 않고 독립적으로 하숙집을 구한 것은 정말 잘한 일이었다. 내가 그렇게 자리를 잡자 현지조사를 나오는 석사 과정 후배들이 김성민, 성미영, 김지훈 순으로 와서 묵기 시작했고, 그 친구들과 와글거리며 동고동락하게 됐다.

현지어와 씨름하기

편안한 숙소를 구한 다음에 해야 할 일은 언어 선생을 구하는 일이었다. 조사와 학습을 병행하고 비용을 절약하기 위해 개인 교습 선생을 찾았고, 같이 하숙하던 성민이가 특유의 기독교 조직 네트워크를 통해 적당한 선생을 구해왔다. 영어교육과를 졸업한 에스티오노Estihono는 솔로 출신답게 아주 인내심이 강했고, 학생의 요구에 반응하는 융통성을 지닌 인물이었다. 조사가 급했던 나는 현지조사 계획을 에스티오노에게 미리 알려주고 회화가 아니라 노동 문제에 관한 독해를 하고 싶다고 주문했다. 에스티오노는 인터넷에서 찾은 노동 문제 기사를 학생 수준에 맞게 수정하여 읽기 교재를 몇 페이지씩 만들어왔다. 파업pemogokan kerja, 잔업lembur, 생리 휴가cuti haid 같은 기초적인 노동 관련 용어를 배우게 된 것도 그때였다. 처음 두 달 동안 주당 2회 만나 이렇게 현지어 독해를 배웠다. 그다음에는 내가 인터뷰해온 테이프를 녹취하는 일을 부탁했고, 그 결과를 독해 교재로 사용하자고 제안했다. 물론 녹취 수고비를 따로 지불했다. 녹취를 푸는 시간이 필요하므로 한 달에 세 번 정도로 교습 횟수가 줄어들었다. 이렇게 서너 달 더 지났을까, 현지 체류 기간이 길어지면서 현지인 친구들이 많아지고 혼자서도 잘할 수 있다는 자신감이 생겼고, 자금 압박도 심해져 녹취와 독해 연습을 중단하게 됐다. 나뿐만 아니라 성민, 미영, 지훈에게 현지어를 가르치며 실업 시기를 잘 극복한 에스티오노가 한국 재벌기업의 인도네시아 지사에 지원하겠다 해 추천서를 써줬는데 다행히 취업이 돼 한국과 맺은 인연을 이어가고 있다.

돌이켜보면 본격적인 현지조사 이전에 현지어 학습을 위해 잡다한 방식을 다 동원했지만, 변변한 성과를 거두지 못했다. 1995년에 참여연대의 한인기업노동인권문제 1차 조사를 앞두고 신윤환 교수가 1주일간 코넬대학교Cornell University의 실천적인 교재를 사용하여 공짜 교습을 해준 때가 현지어를 처음 맛볼 수 있던 기회였다. 그러고는 중단했다가 1996년 여름에는 인도네시아 외국인 노동자를 선생님으로 모시고 두 달 동안 일요일마다 회화 연습을 하기도 했다. 초창기의 서울대학교 국제지역원(현 국제대학원)은 이성형 박사와 말레이시아 연구자 오명석 교수의 기획 아래 훌륭한 후속 세대 육성 프로그램을 추진하고 그 일환으로 대학원생들에게 현지어 개인 교습을 받을 수 있는 비용을 대주고 있었다. 그러나 나는 일반 대학원 소속이라 지원을 받을 수 없었다. 인도네시아 역사를 전공하려던 국제지역원생 여운경이 안타깝게 여겨 약간의 비용을 더 지불하고 같이 배우자는 제안을 해 기회가 생기는가 싶더니, 한 푼이라도 더 챙기려는 현지인 언어 선생과 가격 협상에 실패해 실현되지 않았다. 서울대학교가 일반 대학원생 국제화 방안으로 현지 연수비를 지원하는 프로그램을 추진한 것은 2000년대에 접어든 다음이었기에 나는 혜택을 입지 못했다. 참으로 구질구질한 내력이다.

이러다가 안 되겠다 싶어 무리를 해서라도 현지에 가서 말을 배우기로 결심했다. 1998년 여름 참여연대의 한인기업노동인권문제 3차 조사가 기회였다. 조사 돌입 한 달 반 전에 현지로 먼저 들어갔다. 중부 자바 족자까르따로 갔는데, 이유는 그곳 사람들의 말이 느리고, 물가가 싸고, 주변에 관광 명소가 많아서 많은 외국인들이 언어를 배우러 오고, 이런 외국인들을 겨냥한 사설 학원이 많다고 들었기 때문이다. 족자에서 월 20만 루삐아(약 2만 원)의 방을 잡았고, 여선생들로 북적대는 컬럼비아 어학원이라는 이름의 사설 학원에 등록도 마쳤다. 이렇게 자리를 잡은 것은 난경이 소개한 친절한 경화 씨 덕분이었다. 선교사가 되고 싶어서 인도네시아어를 배우던 경화 씨는 당시 내가 도움을 청할 수 있는 유일한 한국인이었다. 흥미롭게도 기독교도가 아닌 내가 현지어 학습을 위해서 기독교도의 도움을 두 번이나 받은 것이다. 시간당 15달러의 만만치 않은 교습비를 내면서 월요일부터 금요일까지 매일 오전 네 시간씩 교습을 받았다. 회화, 독해, 문법 담당 현지인 선생들이 돌아가며 일대일 교습으로 수업을 진행했다. 월요일부터 금요일까지 매일 버스를 타고 학원에 갔다. 버스에서 소매치기 집단을 만났지만 겁 없이 저항해 털리지 않았고, 정류장에서도 확실히 멈추지 않고 달리는 버스에서 내리다가 엎어지기도 했지만 다치진 않았다. 주말을 이용하여 트래블travel(주소지까지 데려다주는 교통수단)을 타고 세 시간 거리의 스마랑Semarang으로 가서 안식년을 나와 있던 신윤환 교수를 찾아가 며칠을 함께 지내기도 했다.

그렇게 2주를 보냈을 때였나, 족자까르따를 방문한 인류학자 김형준 교수를 만났다. 인도네시아 연구의 선배였던 김 교수는 박사 이후 처음으로 자신의 조사지를 다시 방문하려고 많은 선물을 사고 오토바이를 빌렸다. 그 뒤에 나를 태우고 족자 외곽의 농촌 마을로 향했다. 김형준 교수가 살았던 집이며 김 교수를 보기 위해 몰려든 젊은이들을 같이 만났다. 다시 돌아온 외국인 친구를 기쁘게 맞이하고 그간의 소식을 나누는 현지인들을 보며 나도 저렇게 다시 돌아갈 수 있는 마을 같은 것이 생겼으면 좋겠다고 부러워했다. 그런데 김 교수의 마을 이장이 내게 "족자 생활은 어떠냐Gimana Yogya?"고 물었을 때 나는 질문을 이해할 수 없었다. 바가이마나bagaimana를 기마나gimana라고 줄여 말했기 때문에 알아듣지 못했던 것이다. 그러자 김 교수는 기마나를 아직 모른다면 현지어 학습에 문제가 있는 것이라고 말했다. 그러면서 더 그럴듯한 현지어 학습 방안을 제시했다. 비싼 학원비의 절반 정도를 떼어서 현지 학생들을 고용해 개인 교습을 받으라는 것이었다. 단, 그 학생들은 오토바이를 갖고 나를 태우고 다닐 수 있는 기동성을 갖춘 남학생들이어야 한다는 것이었다. 현지어를 그냥 앉아서 배우지 말고 돌아다니며 많은 것을 접하며 배워야 한다는 권유가 아주 솔깃하게 들렸다.

그래서 학원 수강 시간을 애초 계획의 3분의 1로 확 줄이고 김 교수가 수고스럽게 다리를 놓은 가자마다대학교 인류학과 학부생 두 명을 언어 선생으로 따로 모시게 됐다. 그런데 문제는 이 친구들이 나이 어린 아마추어들이라는 데 있었다. 아마추어는 가르치는 기술이 부족하다는 일반적 문제뿐만 아니라 학생이 틀려도 감히 지적하지 못하고 숙제도 부과하지 못하는 문제가 있었다. 꾸센Kusen이라는 친구는 괜찮았지만 다른 친구는 형편없었는데, 인정상 차마 자를 수가 없었다. 그래도 그 친구들과 함께 족자까르따의 구석구석을 신나게 누비고 그 친구들의 가족과 친구들을 만나 함께 어울릴 수 있었다. 그러다 보니 현지 삶에 관한 이해와 현지어의 유연한 응용력은 늘어갔다.

컬럼비아 어학원은 교육을 마친 학생들의 송별식을 열어주는 미덕이 있었는데, 나는 그 자리에서 한국 노래 "사랑해 당신을"을 불렀고, 그 정도 가사는 인도네시아어로 번역해 알려줄 실력은 갖추게 됐다. 학원 선생 다마이Damai는 박수를 치며 자기가 가르친 학생이라고 자랑스럽게 외쳤다. 말은 엉망이나 사람은 됐다는 뜻이었을 것이다. 그렇지만 장기간의 정규 언어 교육을 받지 못한 점은 "가지 않은 길"처럼 끝내 아쉬움으로 남게 됐다. 이렇게 산과 바다와 민가를 누비며 배운 "거리 언어" 실력을 갖고 본격적인 현지조사를 시작하게 됐으니, 내 현지조사는 오래갈 수밖에 없는 운명이었던 것이다. 누구나 그렇겠지만, 나도 현지인 친구들은 물론이고 길에서 접하는 모든 현지인을 언어 선생님으로 여기고 배우려는 자세로 살았다. 그래서 지금도 말을 어디에서 배웠느냐고 묻는 현지인들에게 나는 농반진반으로 "거리jalan"에서 배웠다고 하고, 나의 인도네시아어는 "거리 언어bahasa jalanan"일 뿐이라고 겸손하게 답한다.

문헌들을 찾아서

자까르따에서는 현지어 학습, 문헌 조사, 단체 방문과 공식 인터뷰로 대부분의 시간을 보냈다. 걷거나 바자이^{bajaj}(인도에서 유래한 삼륜차량)를 타고 거의 매일 CSIS에 출근했다. CSIS에서의 일과는 도서관을 뒤지고 문헌과 신문을 복사하고 연구실로 가져와 읽는 생활의 반복이었다. 사회 분과는 취약했고 정치 분과나 경제 분과의 현지연구원들은 노동 문제에 관심이 없었다. 관계가 있을 법한 몇 명과 이야기를 나눠 보았지만 신통치 않은 상식적인 이야기나 할 뿐이었다. 그 사람들은 고용과 실업 같은 노동시장 통계 정도를 수집할 뿐, 노동운동은 물론이고 전반적인 사회운동에 관심이 없었고 잘 알지도 못했다. 대체로 보고서를 쓰느라 바빠 시야가 짧고 학술적 관심보다는 정책적이고 실용적인 경향이 강했다. 그래서 인도네시아 학자들에 대해 부정적인 견해가 싹텄다. 시간이 흐를수록 사무적인 관계가 됐다. 그 사람들도 아무런 영양가도 없어 보이는 나를 심드렁하게 대했다. 주제의 연관성도 없고, 프로젝트를 주거나 유학생을 끌어갈 교수 신분도 아니고, 서양인들처럼 영어 회화 연습 상대도 아니고, 요즘처럼 한국 가수나 드라마가 화제가 되지도 않던 상황이니 별 볼 일이 없었을 것이다. 당연히 연구소에 가면 많은 시간을 혼자서 보내면서 문헌 찾기에 골몰하게 됐다. 그런데 정작 인도네시아에서 확보할 수 있는 문헌은 그다지 많지 않았다. CSIS 도서관을 수십 차례 뺑뺑 돌고, LIPI 도서관도 몇 번이나 뒤지고, 여러 서점을 수시로 찾아가고, 스넨^{Senen} 지역에 몰려 있는 헌책방들까지 돌아봤지만 성과가 미미했다. 역시 학술 자료를 확보하려면 선배들의 권유대로 싱가포르로 가야 한다는 사실을 알게 됐다.

　연구 비자를 기다리던 때여서 관광 비자 연장을 겸해 싱가포르에 다녀오기로 했다. 싱가포르국립대학교National University of Singapore에 국비 유학중이던 김지훈이 있었다. 지훈과 결혼할 예정이던 수미 씨가 탁월한 정보력과 협상력을 발휘해 편리한 위치의 넓직한 복층 아파트를 싼 값에 계약해놓았다. 내가 싱가포르로 건너가는 날짜에 맞춰 후배 김수련과 성미영이 도착했다. 수련은 베트남에서 현지조사를 마치고 나오는 길이었고 미영은 인도네시아로 현지조사를 나오는 차에 싱가포르에서 만나 자료 조사를 같이 하기로 한 것이다. 우리 셋은 돈을 모아 임대료를 지불하고 18일 동안 주말을 빼고 매일 싱가포르국립대학교로 향했다. 이렇게 몰려다니니 외롭지 않아 덜 고생스럽고 나름 재미도 있었다.

　싱가포르동남아연구소ISEAS: Institute of Southeast Asian Studies에서 인도네시아 정치, 사회, 경제, 노동에 관한 자료들을 잔뜩 찾아냈다. 논문 주제와 거리가 있는 기본적인 책자라 하더라도 현지나 한국에 필시 없을 책들이니 시간이 허용하는 만큼 최대한 복사하기로 했다. 동남아연구소는 복사비가 비싸니까 같은 자료가 싱가포르국립대 도서관에도 있으면 도서관 책을 복사했다. 책 전체를 제본해야 할 때는 지훈이 이름으로 한꺼번에 빌려서 교외 중국인 복사집에 맡겼다. 싱가포르국립대 교수로 부임한 인도네시아 노동운동 연구자 베디 하디스와 재회하게 된 것도 이때였다. 조사하던 빈민촌이 재개발돼 알고 지내던 빈민들이 뿔뿔이 흩어지게 된 빈민 연구 인류학자를 언급하면서, 두고두고 방문할 수 있기를 원하니 망하지 않을 현지 기업을 추천해 달라고 하자, 농담을 즐기는 베디가 껄껄 웃으며 그런 기업은 하나도 없다고 답했다. 경제 위기로 인도네시아 경제가 다 망했는데 살아남을 기업이 어디 있겠느냐며. 다시 만나 반가웠지만 별 도움을 받지 못했다.

쇼핑 천국이라는 싱가포르에서 배낭을 복사물로 가득 채워 걸머메고 인도네시아로 돌아왔다. 뿌듯했지만 문제는 현지에서 세 번 이사할 때 이 엄청난 양의 자료 더미를 짊어지고 다녀야 했다는 것이다. 도서관이 후진 나라의 연구자 생활은 고생스럽고 서글픈 노릇이다. 영어와 현지어 문헌 조사 결과, 내가 쓰려 하는 논문의 시기와 주제가 같은 기존 문헌이 하나도 없다는 심증이 확인됐다. 수하르또 시대의 노동운동에 관해서는 베디의 단행본을 비롯해 몇 편의 연구가 존재했지만, 수하르또 퇴진 이후의 노동운동에 관해서는 아직 연구가 출현하지 않고 있었던 것이다. 부빌 언덕이 없었다. 세계 최초일지도 모른다는 느낌에 나름 뿌듯하기도 했지만, 국제적인 학술 분업이 불가능해나 홀로 일차 자료를 수집하고 해석해야 한다는 부담감이 무겁게 다가왔다.

인력부 통계 자료에 좌절하다

인도네시아 정부에서 자료를 확보하는 일도 성과가 기대에 미치지 못했다. 몇 쪽의 자료를 얻기 위해 몇 차례나 방문해야 했다. 인력부(한국의 노동부) 관리들이 현장 방문이라는 핑계로 자리를 자주 비웠기 때문이다. 요행히 자료를 건네받는다 하더라도 오래된 것이거나 충분히 집계되지 않은 것이었다. 내게도 문제가 있었는데 팩스나 전화로 사전 약속을 잡지 않고 무조건 쳐들어가는 방법을 취했다. "호랑이가 없으면 노루라도 잡아 온다."는 말처럼, 담당 직원이 없으면 다른 사람이라도 만나서 놀았다. 그렇게 놀다 보니 대신 자료를 수집해 주겠다는 직원들도 생겼으나 그럴 돈도 없고 옳은 일이 아닌 것 같아 거절했다.

먼저 노동 관련 법령을 모아보려 했다. 그런데 노동법의 세계는 이행 중이었다. 노동조합법은 새로이 개정됐으나 근로기준법과 노사분쟁조정법은 개정 중인 상태였다. 수하르토 체제를 거치며 노동관계법은 법, 대통령령, 장관령, 장관 서신 등으로 복잡하게 얽혀 있었고 분량도 수천 쪽에 달했다. 인력부에서 한데 묶어서 비싸게 파는 법령집을 구매했으나 새로운 법이 제정되면 폐기될 운명에 처한 잠정적인 법령들일 뿐이었다. 내가 변호사도 아니고 법대생도 아닌데 그런 거미줄 같은 낡은 법령들과 씨름하느니 차라리 새로운 법이 제정돼 법의 세계가 단순해지기를 기다리기로 했다. 그런데 그 기다림이 3년이나 걸릴 줄은 미처 예상하지 못했다. 역시 진행 중인 과정, 그래서 결말을 보지 않은 과정에 관한 연구는 어려움이 있다는 것을 절감해야 했다. 변화를 사랑했으니 감수할 수밖에.

내가 인력부에서 얻으려 한 중요한 데이터는 노동조합과 노사 분규에 관한 것이었다. 노조 연맹이 계속 늘고 있다는 것은 분명한데 전국적으로 도대체 몇 개나 되는지 아무도 모르던 상황이었다. 노조 연맹들이 저마다 자기 규모는 불려 주장하고 다른 경쟁 노조의 규모는 줄이고 심지어 이름뿐인 노조라고 비난하고 있던 상황이라, 공식적으로 등록된 노조 연맹 명부와 더불어 지부와 회원의 수 같은 데이터를 얻고 싶었다. 연구 비자도 갖고 있으니 당당하게 요구할 수 있었다. 인력부에서 제시하는 목록에 따르면 노동조합 연맹이 80개를 넘어서고 있었다. 문제는 인력부 중앙에 등록한 노조만 기록한 것이었고, 자까르따에 본부를 두지 않아 인력부 분소에만 등록한 지역 노조 연맹들은 포괄하지 못하고 있었다. 더구나 지부나 회원의 수도 각 노조의 주장에 따른 것이었지 실사에 근거한 것이 아니었다.

　노사 분규 데이터에 이르렀을 때는 정말 좌절이었다. 노사 분규 데이터는 분규의 횟수가 내가 언론에서 접하는 빈도에 견줘 지나치게 적게 기록된 것처럼 보였다. 나중에 인력부의 동부 자바 분소에서 확인한 그 지역의 분규 횟수를 감안할 때, 전국의 노사 분규는 인력부 중앙의 집계보다 최소한 대여섯 배는 많은 수여야만 했다. 인도네시아 노동 시장 전문가 크리스 매닝(Chris Manning 1993)에 따르면 독재 시대에는 분규를 체제 도전 행위로 간주해 인력부에서 일부러 그 횟수를 적게 잡는 통계 조작의 관행이 있었다고 한다. 세계은행World Bank에 전달되는 빈곤층에 관한 통계처럼, 조작되는 운명의 통계였던 것이다. 민주화가 됐으니 다르지 않을까 기대했지만, 지방 분권이라는 새로운 변명이 추가되었다. 파업 통계를 수집, 정리하는 일로 국록을 받는 담당자들을 만나 그 이유를 직접 물어봤더니, 인력부의 각 분소에서 보고 의무를 다하지 않기 때문에 데이터가 부실할 수밖에 없고, 지방 분권 시대가 시작됐으니 보고를 독촉하기도 어려운 실정이라며 책임을 지방 공무원들에게 돌렸다. 파업 참가자 수, 작업 손실 일수, 요구 사항 분류 따위의 세부적인 분석을 늘어놓고 있었지만, 전체 데이터가 아니기 때문에 부분적일 수밖에 없고, 어느 지방의 데이터를 모은 것인지 명시되지 않아 대표성도 확인할 길이 없는 데이터였다. 기가 막히는 일은 이런 부실한 데이터를 이용해 인력부장관이 노사 관계 현황과 추이를 브리핑하고, 언론이 따라서 분석 보도를 내고, 국제노동기구^{ILO}도 이에 따라 국제 노동 통계집을 만들었다는 것이다.

내가 실제에 근사하는 노동조합 명부와 노사 분규 통계를 얻는 방법이 도대체 무엇인지를 묻자, 인력부 관리는 전국의 인력부 지소를 모두 방문해 자료를 얻어 합산하는 방법이라고 답했다. 국부 수카르노^{Soekarno}가 인도네시아의 정체성과 국민 통합을 표상하려고 즐겨 썼다는 슬로건처럼 "사방^{Sabang}에서 머라우께^{Merauke}까지" 누비고 다녀야 가능한 일이었다. 국가가 "국가의 일"로서 마땅히 수행해야 하는데도 수행하지 못하는 일을 일개 연구자가 어찌 수행할 수 있겠는가? 진상은 와양극처럼 그림자만 보고 추측할 수밖에 없는 것이려나? 수치로 보거나 전체를 다루는 인도네시아 연구의 불가능성을 절감할 수 있었다. 결국 우리는 "부분"만 볼 수 있고, 그 부분을 깊이 봄으로써 "전체"를 상상할 수 있을 뿐이다.

각박한 수도권

수도권의 노동 관련 단체들을 방문해 조사하는 일도 만만치 않았다. 한인기업문제 조사 경험 덕분에 수도권의 노동인권 관련 단체들의 주요 활동가들이나 큰 규모의 노동조합 연맹의 간부들과 이미 안면이 있었다. 한국인이지만 한인 공장에서 일하는 인도네시아 노동자들의 억울한 사연들을 수집한 이력을 사람들은 기억해줬다. 더구나 나는 참여연대의 명함을 지니고 다녔다. 참여연대 국제연대위원회 간사들은 "Indonesia Attache(인도네시아 담당관)"이라는 별난 직위의 명함을 프린트해주면서, 한인 기업의 노동인권 침해 사건을 접할 경우 보고하는 일을 요청했다. 그래서 나는 박사 과정생 명함과 참여연대 명함 두 개를 나눠주면서, 연구자뿐만 아니라 연대 활동가로 현지 단체에 다가갈 수 있었다. 실제로 가끔 한인 기업 분규 소식을 참여연대에 알리거나 현지 단체에 참여연대 활동을 소개하고 현지 단체가 원하는 내용을 이메일로 한국에 알리기도 했다. 한국민주노총의 국제 연대 담당자로서 정력적인 활동을 펼치던 "미스터 윤"(윤영모)이나 방콕의 국제 엔지오 아시아여성노동자회CAW: Committee for Asian Women에서 신임 활동가로 일하게 된 "에바 정"(정은숙)을 잘 알고 있다는 사실은 수도권의 노동운동가들에게 내가 보통 연구자와 다른 존재라는 것을 재확인시켜줬을 것이다. 이런 배경 덕분에 현지 활동가들은 나를 단순한 연구자가 아닌 연대의 중개자로 여겨준 것 같다.

그런데 수도권의 활동가들은 세련됐지만 각박하게 지냈다. 외국인 조사자와 사귀고 어울릴 만큼 한가하지 않았다. 회의가 빈번하고, 전화와 상담으로 늘 바빴고, 근무를 마칠 무렵이면 고질적인 교통 체증을 피해 서둘러 귀가하려 들었다. 단체에는 외부인이 앉아서 노닥거릴 공간적 여유도 없었다. 무료 법률 상담을 해주는 법률구조재단은 대표적으로 북적대는 장소였다. 면담 신청을 하고, 순번을 기다렸다가 활동가를 만나도 줄지어 기다리는 다른 사람들을 생각해 가급적 인터뷰를 짧게 해야 했다. 시간적으로나 공간적으로 여유가 있는 단체들은 자까르따 변두리나 외곽에 위치하고 있어서 내가 베이스로 삼은 연구소나 하숙집과 너무 멀리 떨어져 있었다. 연구소를 버리고 하숙집을 옮길 수도 있었겠지만 간신히 자리를 잡았기에 새로 이동한다는 것은 엄두가 나지 않는 일이었다.

노동조합 연맹들도 직접 방문해봤지만, 노조 간부들은 외국인 조사자를 공식적으로 대할 뿐이었다. 공식적으로 대한다는 것은 이런 것이다. 전화나 팩스로 사전에 약속을 잡아야 한다. 방문하면 위원장 이하 가능한 거의 모든 간부들이 자리한다. 돌아가며 일일이 소개를 하니 시간이 허비된다. 그렇지만 질문의 대답은 위원장이 주로 한다. 그 내용은 브로슈어에 나올 만한 기본적인 이야기들이 주를 이룬다. 구체적인 근거 자료를 요구하면 찾아보고 다음에 주겠다고 한다. 그러고는 한국에 관한 상식적인 정보를 묻는다. "남한에서 왔나, 북한에서 왔나?", "비행기로 몇 시간 걸리나?", "항공권은 얼마인가?", "계절이 몇 개인가?" 노동조합 간부들과 직접 접촉하기보다는 개방적이고 다소 중립적인 노동인권운동 단체의 활동가들을 통해 우회 접근할 필요가 있다고 판단하게 됐다. 조사의 전략적 거점 단체뿐만 아니라 방법론적 용어로 핵심 정보 제공자^{key informants}를 찾아야 했다.

1998년 첫 만남 이후 핵심 정보 제공자 후보로 고려된 법률구조재단 노동 분과장 수리아는 네번째쯤 만났을 때 "무슨 일 때문에 또 왔냐?"라고 묻더니, "아마도 전Jeon은 노사 관계를 공부해서 인도네시아에 사업체라도 차리려나 보다."는 농담을 동료들에게 던지며 웃었다. 수리아는 너무 바빴고, 내게 시간을 투자할 필요도 없었고, 외국인이 단기 방문 조사가 아니라 장기간의 현지조사를 통해 논문을 쓰는 경우가 있다는 걸 이해하지 못했다. 1995년에 안면을 튼 현장 지향적 활동가 엔당도 내게는 적합하지 않았다. 2000년 초에 다시 만났을 때는 도시산업선교회로 옮겨 새로운 일터에서 적응하며 일하느라 바쁜 나날을 보내고 있었다. 현장의 실정을 아주 잘 알고 있었지만, 정리가 잘 안 돼 있었고, 결정적으로 엔당의 말이 너무 빨랐다. 엔당이 정신없이 쏟아놓는 이야기의 절반 이상을 알아들을 수가 없었다. 이 둘은 노동법과 노동조합에 관해 많은 것을 알려줬고, 지금도 자까르따에 갈 때마다 만나서 새로운 사건과 경향에 대해 토론하는 좋은 친구들이 됐다. 그렇지만 당시에는 깊은 만남과 토론이 불가능했고, 따라서 나도 그들과 그들의 영향권 속에서 특별히 흥미로운 점을 발견할 수 없었다.

내게 수도권은 너무 넓었다. 사무실과 주택지 위주의 자까르따를 보고르Bogor, 땅거랑, 버까시Bekasi의 산업 벨트가 말발굽 모양으로 둘러싸고 있었다. 내가 노동 문제로 논문을 쓰겠다고 했을 때 제대식 선생은 인도네시아 연구의 선배로서 "땅거랑의 신발(공장으)로 가라."는 놀랍도록 명쾌한 조언을 해줬다. 그런데 나는 그 멀고 황량한 벌판으로 가고 싶지 않았다. 내가 위치한 자까르따 중부에서 땅거랑의 공장 지대까지 가려면 두 시간이 족히 걸렸다. 택시 운전사가 종종 길을 잃어 지역 안에서 한참을 더 돌아야 공장에 당도할 수 있었다. 게다가 농공단지의 벌판에 공장만 우뚝 솟아 있었고 인근 마을 역시 산만해 보였다. 수하르또 시대 노동운동에 관해 인류학 박사 논문을 쓴 바마 (Bama Athreya 1998)는 땅거랑과 자까르따 두 곳에 숙소를 두고 오가면서 조사하는 방식을 취했다지만, 나는 그럴 만한 자금 여유가 없었고, 바마의 조사 결과가 썩 그럴듯해 보이지도 않았다. 그래서 자까르따에서는 심층 연구용 단위 노조 사례를 정하지 않고 언론 보도, 엔지오 접수 사례, 가두 시위 참관에 바탕을 두고 경향을 읽는 수준에 머물기로 했다.

현지발 국제화

자까르따 시절이 유익했던 이유 중 하나는 세계의 인도네시아 연구자들과 교류하는 기회를 누릴 수 있었다는 점이다. 경제 위기와 민주화 도상의 자까르따로 세계의 많은 연구자들이 모여들고 있었다. CSIS의 연구실은 외국인 방문 연구원으로 가득 찼고, 외국 연구자들의 발표와 국제 학술 대회가 빈번하게 개최됐다. 인도네시아를 연구하는 외국인 학자들은 인도네시아어를 할 수 있었기에 인도네시아어가 다양한 국적의 연구자들에게 공용어이자 국제어가 됐다. 이렇게 외국인 인도네시아 연구자들과 이야기를 나누고 친분을 쌓는 일은 국내에서 학위 과정을 밟은 나로서는 신나고 멋진 일이었다. 내게 현지는 현지화만이 아니라 국제화의 통로였던 것이다.

　CSIS의 연구실 옆방에는 오스트레일리아국립대학교의 정치학 박사 과정생 미즈노 쿠미코Mizuno Kumiko가 방문 연구원으로 먼저 와서 현지조사를 하고 있었다. 쿠미코는 동티모르 문제에 관한 인도네시아 외교 정책으로 학위 논문을 쓰게 됐지만 애초에는 인권 문제로 논문을 쓰려고 했다. 쿠미코는 나를 만나자 유사한 주제의 연구자라며 반기고 자신이 수집해둔 노동인권 문제에 관한 자료를 전부 넘겨줬다. 우리는 연구소의 관점에서 별 볼 일 없는 연구자라는 동병상련의 정으로 뭉쳤고, 옥탑 구내식당의 점심 동료이자, 자신이 아는 사람들을 상대에게 연결해주는 네트워크 허브가 됐다. 쿠미코의 인권 단체 방문에 동행하면서 새로운 단체들의 소재와 면모도 알게 되었다. 쿠미코의 지도 교수이자 황인원 박사의 지도 교수이고 최난경까지 지도할 예정이던 인도네시아 군부 연구의 대가 해럴드 크라우치Harold Crouch 교수를 처음 만나게 된 곳도 쿠미코의 아파트였다.

현지발 국제화는 미국까지 이어졌다. 신윤환 교수가 인도네시아 정치경제 연구자 앤드류 매킨타이어Andrew MacIntyre 샌디에이고 캘리포니아주립대학교UCSD: University of California, San Diego 교수의 이메일을 전달해줬는데, 그 내용은 세계의 동남아 연구 박사 과정생들을 초대해 논문 계획을 발표하고 함께 토론하게 함으로써 동남아 연구 후속 세대 육성에 기여하는 프로젝트를 준비 중인데, 한국의 학생들도 응모하게끔 홍보해 달라는 것이었다. 경비를 다 대주는 발표회였고, 재미있겠다 싶었고, 250단어만 사이트에 입력하면 되는 간단한 절차였기에 밑져야 본전이라는 생각으로 용감하게 "콩글리시" 프로포절을 작성했다. 그런데 선정됐다고 오라는 것이었다. 10여 명의 선정자 중에는 나만 홀로 비서구권 대학 소속이었고 나머지는 미국, 영국, 오스트레일리아 대학교의 박사 과정 논문 학기 학생들이었다. "우째 이런 일이!" 앤드류는 보기 드문 한국 대학의 학생이라는 점과 인도네시아 노동운동을 질적으로 연구하겠다는 구상이 흥미로웠다고 선정 이유를 나중에 알려줬다. 초청장을 들고 인도네시아 미국 대사관에 가서 비자를 받고, 자까르따-타이페이-샌프란시스코-샌디에이고 왕복 항공권도 받았다.

문제는 실제로 영어 발표문을 작성하는 일이었다. 영어 교정을 누가 봐주지? 해럴드에게 고민을 이야기하자 마침 자기 부인이 할 일 없이 지낸다며 공짜 교정을 부탁하면 해줄 거라고 했다. 쿠미코의 안내로 해럴드의 아파트를 찾아가 해럴드의 부인에게 기꺼이 교정을 봐주겠다는 약속을 받았고, 그 뒤 수차례 방문해 발표문을 교정받게 됐다. 해럴드의 부인 카스노Khasnor Johan 박사는 내게 기대 이상의 호의를 베풀어줬다. 문장을 그냥 고치지 않고 내가 말하려 하는 내용을 충분히 듣고 나서 교정 문안을 제시했고 그것이 마음에 드는지 되물었다. 나중에 알게 됐지만, 카스노 박사는 말레이인 역사학자로 말레이시아의 대학교에서 교수로 지냈으나 남편과 아이들 뒷바라지 때문에 학교를 그만 둔 사람이었다(Khasnor 1984). 자까르따의 길거리에서 만난 아줌마가 일자리를 구한다고 하자 선뜻 가정부로 채용한 사람이었는데, 그 가정부를 통해 경제 위기의 고통 속에서도 "인도네시아 사람들은 좌절하지 않는다."는 사실을 배우고 있다는 카스노의 말은 평생 잊지 못할 것이다. 출국 전날까지 카스노가 여러 번 고쳐준 발표문을 들고 샌디에이고로 날아갔다. 파스텔 톤의 색채미가 넘치는 마을에 아름다운 라호이아La Jolla 해변 호텔에 묵으며, 매킨타이어나 리처드 도너 Richard Doner 같은 중년의 동남아 연구 선배들이 마련한 프로젝트의 서비스를 누리며, 신세대 연구자들과 마주할 수 있었다. 한편 나는 지구화에 따른 동남아 연구의 위기를 우려하는 미국 대학 교수들의 상황 인식에는 의문이 들었고 공감할 수 없었다. 한국의 동남아 연구는 이제 막 비상하려는 차였기 때문이다.

귀국한 뒤에 감사 인사를 전하러 카스노를 다시 찾았는데 서양인 손님들이 와서 해럴드와 인터뷰를 하고 있었다. 카스노는 손님들을 방해하지 않기 위해 나를 정원으로 안내했다. 이런저런 이야기를 하다가 손님들이 누구인지 물었다. 카스노는 인도네시아 정치 연구의 원로 빌 리들William Liddle 일행인데 리들을 만난 적이 없느냐고 묻더니 산책을 중단하고 빨리 올라가자고 하는 것이었다. 나는 괜찮다고, 방해하고 싶지 않다고 했으나 카스노는 지금쯤 인터뷰가 끝났을 테니 가기 전에 꼭 만나봐야 한다고 한사코 나를 끌고 올라가서 결국 리들 교수와 악수를 하게 만들고야 말았다. 카스노는 그런 식이었다. 박사 이후에 캔버라에서 다시 만났을 때는 자가용을 몰고나와 시내 관광을 시켜줘서 해럴드의 지도 학생들을 놀라게 하더니, 몇 년 전에 내가 해럴드와 동시에 자까르따에 있었을 때는 해럴드에게 "전이 자까르따에 있으니 꼭 만나보라."는 로밍 문자를 보내서 남편을 놀라게 했다. 해럴드는 그래서 나를 "카스노의 학생"이라고 부른다.

리들을 보내고 난 뒤에 카스노는 갑자기 생각이 난 듯 레아 젤리넥 Lea Jellinek이라는 자기 친구가 진지하고 열정적인 학자라고 꼭 한번 만나보라며 직접 전화까지 걸어 약속을 잡아줬다. 레아는 마침 오스트레일리아로 귀국하는 날이어서 나를 만날 시간이 공항 가는 시간뿐이었다. 카스노의 부탁인지라 레아는 멘뗑Menteng의 자기 하숙집에 와서 공항으로 가면서 이야기해도 되겠느냐고 했고, 나는 무조건 오케이였다. 레아는 자까르따 빈민 연구로 유명한 인류학자였고, 한 해 전에는 경제 위기 이후 빈곤층의 생존 전략에 관한 흥미로운 조사 결과를 발표했기에 나도 만날 기회를 놓치고 싶지 않았다(Jellinek 1987; Jellinek et al. 1999). 레아는 빈민 연구를 백날 해봐야 빈민은 여전히 빈민인 현실을 참을 수 없어서 친구들의 후원을 받아 소액 대출 사업을 벌이는 활동가가 됐다고 했다. 공항으로 치닫는 택시 안에서 내 연구 계획을 들은 레아는 산업 노동 같은 공식 부문은 지루하고 재미없다면서 비공식 부문 연구의 즐거움에 관해 거리 아동이나 노점상 연구 경험을 사례로 자세히 이야기해줬다. 오스트레일리아로 가는 비행기가 연착되면서 우리의 대화는 예상보다 더 길어졌다. 그때 레아는 필자에게 갑자기 "농크롱nongkrong 방법은 이미 쓰고 있지?" 하고 물었다. 농크롱이 뭐냐고 물으니 그것은 "쭈그리고 앉아 이야기한다."는 뜻의 자바어라고 알려주었다. 내가 단체를 방문해 공식적인 인터뷰를 하고 있다고 하자 레아는 그래서는 안 되고 무언가 정확히 알려면 농크롱을 해야 하며 하루 속히 그런 방법으로 전환해야 한다고 강조했다. 나는 강렬한 인상의 백발 할머니 레아의 명령과 같은 조언을 마음속 깊이 새겼고, 그 뒤 한순간도 농크롱이라는 단어를 잊은 적이 없다.

때로는 현지인 친구들이 외국인 연구자들을 서로 연결해주기도 한다. 박사 이후의 일이지만, 자까르따에서 노동경제학자 미즈노 코스케Mizuno Kosuke 교토대학교 동남아연구소장과 만나게 된 것은 수라바야의 친구들 덕분이었다. 코스케는 수라바야로 노동운동 조사 여행을 갔다가 그곳의 활동가들이 내 이야기를 하는 것을 들었다 했다. 너무나 궁금해진 코스케는 곧장 이메일을 썼고, 마침 자까르따에 있던 나와 만날 수 있었다. 코스케는 수라바야 친구들의 근황을 알려줬고 우리는 인도네시아 노동운동에 관해 긴 이야기를 나눴다. 이렇게 시작된 코스케 교수와 나의 만남으로 한일 간 정기 동남아 연구 학술 대회의 물꼬를 트게 됐다. 내 박사 논문 내용 중에서 유일하게 영어로 출판된 부분(Jeon 2009) 역시 현지인 친구들 덕분에 가능했다. 원래 이 논문은 국립 인도네시아대학교Universitas Indonesia에서 개최된 국제학술 대회에서 인도네시아어로 발표한 논문이었으나 자파르 수리오멩골로Jafar Suryomenggolo나 인드라사리 짠드라닝시Indrasari Tjandraningsih를 비롯한 현지인 노동운동 연구자들이 연구의 가치를 적극 추천하고 나서자 이것을 받아들인 오스트레일리아 학자들이 영문으로 번역해서 게재한 것이다. 자까르따를 통한 현지발 국제화는 이렇게 계속되고 있다.

자까르따의 장점은 또 있다. 각종 국제기구와 외국 단체가 지부를 개설해두고 있다는 것이다. ILO와 국제아동기금UNICEF 같은 국제연합UN의 각종 산하 기구의 지부들, 미국의 민주주의연구소NDI: National Democratic Institute와 노동조합 연맹 국제연대센터AFL-CIO[American Federation of Labor and Congress of Industrial Organizations] Solidarity Center, 독일의 프리드리히에버트재단FES: Friedrich Ebert Stiftung의 지부 등 노동인권이나 민주주의 관련 단체들을 방문해 직원들과 연구자들을 만나 두꺼운 보고서들을 얻고 의견을 나눌 기회를 누릴 수 있었다. 또한 나이키, 리복, 갭 같은 다국적 기업의 지사에 근무하는 인권 담당자들을 만나는 것도 자까르따에서는 가능했다. 다국적 기업의 인권 담당자들은 하청 기업의 노사 문제를 모니터링하고 있었기 때문에 노동 연구자를 친절히 맞이하고 공장 경영자들의 불공정한 행태를 함께 성토하기도 했다. 자까르따에 더 오래 있었다면 국제기구 사람들과 더 가까워질 수 있었을 것이고 그 자료를 많이 활용해 논문을 썼을 것이다.

수라바야로 가자!

자까르따가 내게 안겨줄 수 있는 모든 이점과 즐거움이 소진되고 있었다. 미뤄둔 지방 조사와 단위 사업장 노동조합 조사를 시작할 때가 된 것이다. 엘리트 노동운동뿐만 아니라 노동계급의 노동운동을 보겠노라 했기에 단위 노조 사례를 찾아 지방으로 가야 했다. 연구 계획서를 쓸 때는 수도권, 반둥, 메단, 그리고 수라바야 일대 등 인도네시아의 4대 산업 지대를 모두 돌아보겠다는 무리한 포부를 품었지만, 시간과 비용을 감안해 한 곳만 택해 이사를 하는 것으로 계획을 변경했다. 메단은 1994년에 노동자 폭동이 발생한 지역이어서 관심이 갔지만 수마트라Sumatra 섬보다는 인도네시아의 정치 문화적 중심인 자바 섬이 신참의 연구 출발지로 더 적절하다고 생각되어 일찌감치 제외해버렸다. 서부 자바 반둥 시의 경우, 그곳의 노동운동권이 자까르따와 함께 연대하고 있어서 수도권과 대동소이한 경향을 보이고 있었고, 과거에 명성이 높던 반둥의 사회조사연구소 아까띠가^Akatiga는 친절하고 세련된 인드라사리 여사가 지키고 있었지만 노동 문제가 아니라 사회 문제 일반으로 관심을 넓힌 상태였다. "꽃의 도시", "자바의 파리"라는 별칭에 어울리게 환경이 쾌적하고 덥지도 않았지만 생활 물가가 높았고, 우기에 방문했을 때 허리가 아플 정도로 습한 기후도 마음에 들지 않았다. 외사촌 형이 그곳에서 공장을 새로 창업해서 각종 편의를 제공받을 수 있었지만, 친척에 의존해 조사하는 것이 왠지 떳떳하지 않은 것 같았고, "자본가의 친척"이라는 사실이 그 지역 노동자들에 대한 접근성을 떨어뜨리고 불필요한 오해를 살 수 있다고 생각했다.

반면에 동부 자바의 수라바야 시는 논문 기획 당시부터 반드시 가야 할 곳으로 점찍어뒀다. 인도네시아 제2의 도시 수라바야는 자까르따가 부상하기 전에는 인도네시아 제1의 항구여서 산업화의 역사가 긴 지역이고, 민족혁명 당시 혁혁한 전과를 올려 "영웅의 도시"라는 타이틀도 붙었다. 그런데 나에게 수라바야가 특별하게 다가온 이유는 따로 두 가지가 더 있다. 하나는 법률구조재단 수라바야 지부의 전략적 가치였다. 1995년 참여연대 한인기업노동인권문제 1차 조사 때, 조사단은 수도권보다 동부 자바 지역에서 유용한 정보를 많이 확보했는데, 그 비결은 지금 세상에 없는 무니르^Munir라는 걸출한 활동가가 속해 있던 법률구조재단 수라바야 지부와 협력한 덕분이었다. 게다가 1999년 선거 감시 활동 때 직접 확인한 그곳 활동가들의 자긍심이 내 조사에 도움이 될 수 있을 것이라고 기대하고 있었다.

다른 하나는 수라바야 동남쪽을 접한 시도아르조Sidoarjo 산업 지대의 중요성이다. 1998년 수하르또 퇴진 후 며칠 지나지 않아 2만 5000여 파업 노동자들이 대대적인 시위 행진을 벌였다는 소식을 현지 유학 중이던 난경에게 전해 들었다. 그 전투적인 노동자들은 마스피온Maspion 기업 그룹의 노동자들이었고 그 기업의 중심이 시도아르조에 있었다. 마스피온 그룹은 인도네시아 화인 소유 기업으로 가전과 금속 제품을 비롯한 다양한 물품을 생산하는 재계 100대 순위에 드는 기업으로서 내가 찾던 "망하지 않을 것 같은 기업" 기준에도 들었다. 시도아르조는 마르시나Marsinah의 고장이기도 했다. 시계 공장 여공 마르시나는 1993년에 파업을 주도했다가 군부에 의해 처참하게 살해됐는데, 그 마르시나의 시계 공장이 있던 곳이 시도아르조였다.

그런데도 나는 수라바야행을 차일피일 미루고 있었다. 정책의 변화나 선진적인 흐름을 읽어내려면 왠지 수도에 있어야 할 것 같은, 어쩌면 이것도 일종의 정치학적 편향이었을까, 수도권에서 무언가 전국적 향배를 파악하려는 미련을 쉽게 버리지 못하고 있었다. 또한 수라바야는 정말로 중요한 곳이므로 언어와 지식 양면에서 더 준비된 다음에 진입해야 한다는 생각도 강했다. 그러나 현지 생활 반년을 넘기자 더는 미루면 안 될 것 같았다. 일단 2주간 조사 여행을 다녀오기로 했다. 기차로 10시간을 달려 수라바야로 갔고 제일 먼저 법률구조재단 수라바야 지부를 방문했다. 노동 분과장에서 운영국장으로 승진한 풍키 인다르띠를 다시 만났고, 신임 노동 분과장 수다르또Sudarto와 새로 입사한 노동 분과 인턴 하리스Haris가 배석했다. 그때까지 이 세 명

앞 줄 가운데가 필자다. 왼쪽에 하리스, 필자 오른쪽에 수다르또, 뒷줄 왼쪽에 풍키, 오른쪽에 올파가 있다.

의 활동가가 장차 내게 결정적인 도움을 줄 것이라고는 예상하지 못했다.

나는 전년도의 약속대로 다시 찾아왔다면서 내가 약속을 지키는 사람이라는 점을 일단 과시했고, 당신들의 말을 믿고 인도네시아에서 노동운동이 가장 강한 지역을 둘러보러 왔다고 말했다. 애써 왔으니 증명하라는 투였다. 1995년부터 한국 시민단체와 이어져온 협력의 역사를 강조했고, 이제는 인도네시아 말을 좀 할 수 있다는 사실도 더불어 보여줬다. 지역의 노동운동 추이에 관한 공식적인 인터뷰를 간단히 가진 뒤에, 나는 기업 단위 노동조합들을 방문하고 싶고, 그중에 마스피온 노조가 반드시 포함됐으면 한다는 희망을 밝혔다. 답은 오케이였다. 돌려 말하거나 미루지도 않았다. 풍키는 어디든 무엇이든 말만 하라는 투였다. 자긍심이 강한 활동가들이 조사에 도움이 될 것이라는 예상이 적중했다. "두드려라, 열릴 것이다! 왜 진작 오지 않았던가!"

풍키는 운영국장의 권한으로 단체의 차량을 내줬고 수다르또와 하리스가 시내 공단과 시도아르조 군의 공장 지대로 나를 안내했다. 그때 돌아본 노동조합 중에는 매출 순위 1위인 구당가람Gudang Garam 담배 회사의 노조도 있었다. 그러고는 숙소까지 바래다줬다. 각박한 자까르따에서는 기대할 수 없는 배려, 누릴 수 없는 기동력이었다. 수라바야에는 시내에도 공단이 있었고 그 공단은 밀집된 주택가와 맞닿아 있었기에 노동자들은 기숙사가 아니라 자기 집이나 북적거리는 하숙집에서 자유롭게 살았다. 시외의 시도아르조 공단은 시내에서 차로 한 시간만 달리면 도달할 수 있었고 공장 맞은편에 마을이 마주 늘어서 있어서 노동 공간과 여가 공간을 넘나드는 조사가 가능할 것 같았다. 땅거랑과는 판이하게 달랐다.

풍키는 마스피온 노조에 연락해 한국에서 온 손님이 방문할 것을 알렸고, 노동조합은 경영진에게 이 사실을 알렸다. 경영진은 내 신상 정보와 연구 비자를 요구했다. 풍키와 수다르또는 시도아르조의 마스피온 그룹 1단지로 나를 안내했고 거기서 2만 5000의 대오를 이끈 "파업 전사들"과 첫인사를 나눌 수 있었다. 경영자들이 회사를 안내해주고 인터뷰에 배석했다. 아쉽지만 첫 만남은 경영진 인터뷰가 중심이 됐다. 그룹 회장을 비롯한 경영자들은 회사 홍보에 도움이 되리라는 기대로 연구자의 방문을 환영하는 입장이었다고, 나중에 전해 들었다. 덕분에 상견례 이후 나에게는 노동조합 사무실을 방문하고 공장을 둘러볼 수 있는 일종의 손님 자격이 부여됐다. 그러나 나는 노조 간부들을 더 편한 환경에서 만날 수 있기를 바랐다. 그러자 활동가들은 나를 수기안또Sugianto 위원장을 비롯한 노조 간부들의 집까지 안내해줬다. 수라바야에서는 손님을 귀히 여긴다며 노동자들은 자신의 숙소를 찾아온 외국인을 위해 가난한 지갑을 털어 음료수와 튀김을 대접했다. 파업 투쟁 때 법률 자문을 받은 이래로 "법률구조재단과 마스피온 노조는 서로 사랑하는 사이"가 되었다고 수기안또는 말했다. 이렇게 노조 간부들이 사랑하는 활동가들을 통해 마스피온 노조 사례 연구가 시작될 수 있었다.

나는 곧 이사 오겠다는 약속을 남기고 자까르따로 돌아왔다. 그러

위 | 사측 깡패들을 물리친 호신용 칼을 들어 보이고 있는 마스피온 노조위원장.

아래 | 자까르따 국회 안에서 전개된 노동법 개정 관련 시위.

나 수라바야로 가기까지는 몇 개월이 더 소요됐다. 마침 자까르따에서는 수도권과 반둥 지역을 합쳐 근로기준법 개정 과정에 압력을 행사하기 위한 노동 연대가 시작됐고, 나는 그 과정을 참여관찰하기로 결정했다. 큰 시위를 준비한다는데 그런 참관 기회를 놓칠 수는 없는 일이었다. 나는 누군가 시위가 있다는 사실을 알려주면 빠지지 않고 구경을 다녔다. 사진 기자들이 흔히 입는 조끼가 있었는데 시위에 참관할 때 아주 유용했다. 이번에는 시위가 만들어지는 과정까지 볼 수 있다니 신이 났다. 여성법률구조재단LBH–Apik의 이익Iyik이나 마르센Marsen Sinaga 같은 새로운 젊은 활동가들과 사귀게 됐고, 1998년에 봤던 얀띠도 다시 만나게 되었다. 얀띠는 "돌아온 애인"이라며 나를 얼싸안고 난리였다. "정말 웃겨!" 그러나 막상 두 달간 준비한 결과는 허망한 것이었다. 18개 단체가 힘을 모아 국회 안까지 들어가 시위를 벌였는데 고작 100여 명이 참여했을 뿐이었다. 국회의원들과 악수하고 평가 없이 헤어지는 사람들을 보며 사분오열된 조직 노동과, 그 속에 자리한 중간 계급 활동가들이 이끄는 노동운동에 관한 회의가 깊어졌다. "정말 이 동네 신물 난다!" 그런 뒤에는 박사 학위 논문 계획서 2차 발표를 위해서 잠시 귀국해야 했다. 발표할 때 인도네시아 노동운동의 분열상과 비관적 전망에 관해 많은 이야기를 한 것 같다. 이러다 보니 수라바야로 완전히 이사하게 된 때는 자까르따에 입성한 지 근 1년이 다 돼가던 2000년 12월이었다.

돈이 바닥나다

수라바야로 이사할 즈음 자금이 바닥나기 시작했다. 사실 자까르따 생활 중반을 넘어설 때부터 파산으로 치닫고 있었다. 그래서 화인 사업가 수긍Sugeng 아저씨 집에서 더부살이를 하면서 공짜 숙식으로 4개월을 버텼고, 수라바야를 잠시 방문했을 때도 화인 여사장 니닉Niniek 아줌마 집에서 얹혀살았고, 수라바야로 이사 갈 때도 그 여사장 집으로 가게 됐다. 내 사정을 듣고 신윤환 교수가 화인 네트워크를 동원해 숙소를 주선해준 덕분이었다. 이 사람들은 엄청난 부자가 아니었지만 자택의 남은 방 한 칸을 기꺼이 내주고 식사도 같이 나눴다. 이 사람들을 통해 인도네시아 화인에 관해 다시 생각하게 됐다. 인색하고 피해 의식이 많고 현지인들을 멸시한다는 그런 화인들이 아니었다. 베풀고 당당하고 현지인들과도 잘 지내는 그런 사람들이었다. 이렇게 공짜 숙식을 한다 하더라도 개인 생활비와 조사 비용이 필요했다. 내가 파산 직전이라는 사실을 현지조사를 마치고 돌아간 미영이 신윤환 교수에게 전했다. 신윤환 교수는 당시 수행 중이던 인도네시아 인권 문제 연구의 조사 보조원으로 나를 채용하고 수당을 입금해줬다. 위급한 상황을 면하게 되었지만 그래도 모자랄 것 같아 직장에 다니는 학부 선배 김영과 동기 서유석에게 급전을 빌렸다. 이렇게 하여 5개월간 조사를 더 수행하고 귀국 항공권도 살 수 있었다.

구질구질한 자금 사정으로 인한 에피소드가 많지만 두 가지만 소개하려 한다. 앞서 현지발 국제화에 대해 이야기했는데, 그것과 관련된 이야기부터 해보자. CSIS의 쿠미코의 제안으로 외국인 연구원들끼리 주말마다 모여 식사를 하고 맥주를 마시는 "마시자 클럽"에 참여하게 됐다. 한 번 만나서 놀고 비용을 갈라 내니 하루 저녁 소비가 2주일 치 생활비보다 컸다. 그래서 그다음 주부터 모임에 나가지 않았다. 연구소 식당과 봉지밥을 주식으로 삼아 생활하고 후배들이 찾아와도 한턱 쏘지도 못 하는 상황에서, 한 달에 1000달러짜리 아파트에서 생활하는 일본인 대학원생이나 자가용에 운전사까지 딸린 도쿄 미쓰비시은행원 같은 연구자들과 소비 수준을 같이할 수는 없는 노릇이었다.

더 심각한 것은 노트북에 얽힌 사연이다. 빠듯한 조사비 때문에 노트북을 살 여유가 없었다. 현지조사를 떠나기 직전에 후배 고영경이 연세대학교 유석춘 교수에게 안 쓰는 흑백 화면 노트북이 있다고 귀띔을 해주었다. 그래서 유 교수에게 부탁해 노트북을 받아서 들고 나갔다. 그런데 한 달 만에 그 노트북이 멈추고 만 것이다. 이 사연을 전해들은 김성민이 현지조사를 나오면서 역시 비슷한 수준의 노트북을 전해줘 몇 개월 더 사용했다. 그러다가 그것마저 다운되자 이번에는 성미영이 나서서 친구가 무겁다고 안 쓰는 컬러 화면 노트북을 받아내줬다. 다행히 그 노트북이 끝까지 살아 남아서 현지조사를 마칠 때까지 동행해주었다. 노트북 없이 필드노트를 작성하고 논문을 쓰던 선생님들이 들으면 복에 겨운 이야기라 하겠지만, 현지에서 논문을 상당한 정도 써보려 했기에 노트북이 꼭 필요했다. 이메일이 일반화되기 시작한 때였는데, 집에서 인터넷을 할 수 있는 수준은 아니었고, 피시방에 가서 사용해야 했다. 그런데 한글의 입력은 불가능했고, 따로 프로그램을 설치해야 읽기가 가능했다. 한글로 소식을 주고받으려면 집에서 미리 편지를 써서 파일로 만들어서 첨부하고, 받은 내용은 다운받아 집에 와서 읽어야 했다. 당시의 피시방은 인터넷 속도가 느리고 이용료가 만만치 않았다. 현지인들에게 이메일을 보낼 때도 미리 편지를 작성해 가야 효율적이었고 이용료도 아낄 수 있었다. 그러니 나는 노트북이 중요해지기 시작하던 시대에 현지조사를 수행한 것이다.

엔지오에서 "죽치기"

수라바야 생활은 골프 코스를 낀 드넓은 "엘리트 주택 단지"에서 시작됐다. 니닉 아줌마와 가정부들이 배려를 아끼지 않는 안락한 생활이었다. 2층의 내 방은 밝고 시원했고 침대도 편안했다. 그러나 활동가들이 불편하게 생각하는 것 같았다. 나를 방문하려는 활동가들이 경비들의 검문을 두 차례나 받고 들어와서도 단지 안에서 길을 잃는 일들이 발생했다. 그래서 법률구조재단과 근접한 하숙집을 찾아 옮기기로 했다. 자금도 재충전됐으니 거칠 것이 없었다. 며칠을 돌며 찾아낸 하숙집은 자까르따 시절과 비슷한 가격이었지만 방은 훨씬 더 넓었다. 다시 하숙생이 되자 소박하고 활동적인 생활을 재개할 수 있었다.

　나는 자료를 찾고 말도 배우고 자원봉사도 하겠다는 뜻을 밝혔고, 매일 와도 좋다는 법률구조재단 소장 데디Dedie의 승인을 얻어냈다. 자까르따 지부와 달리 수라바야 지부는 공간적으로 여유가 있어 번잡스러운 외국인을 수용할 수 있는 넉넉함을 갖추고 있었다. 내가 죽치기에 더할 나위 없이 적합한 곳이었다. 매일 아침 하숙집 앞에서 베짝becak(자전거 택시, 시클로)을 타고 5분 거리인 법률구조재단에 출근했다. 무슬림들을 흉내 내어 큰 소리로 "아살람알라이꿈Assalamu alaikum" 하고 사무실로 들어간다. 이 말은 마스피온 노조 수기안또가 처음 만났을 때부터 내게 가르치고 다소 강요한 인사말인데, "신의 가호가 당신에게", 또는 일반적으로 "당신에게 평화를"이라는 뜻이라고 배웠다. 내가 이렇게 인사하고 들어가면 직원들은 반드시 "와알라이꿈살람Wa alaikum Salam" 하고 인사하게 돼 있다. 이렇게 화답하지 않으면 큰일 난다고 들었다. 나의 존재감과 출근 사실을 확인시킬 수 있는 멋진 인사법이었던 것 같다. 신문을 보고 있는 활동가들 옆에 앉아서 한담하며 같이 신문을 뒤적인다. 경비 겸 가정부 아저씨는 벙글벙글 웃으며 물을 한 잔 가져다준다. 신문을 다 보고 나면 입구 책상에 앉아 자료를 읽다가 방문객들이 오면 악수하고 인사를 나눈다. 직원들은 어리둥절해하는 사람들에게 한국의 대학에서 온 연구자라고 소개한다. 나는 도우미를 겸하고 있다고 우겨본다. 노동자들이 찾아오면 나도 노동 분과 자원 활동가로 배석한다. 알아듣기 어려운 것은 적어뒀다가 되물어본다. 노동자들의 시위가 있거나 노동 문제 관련 토론회가 있으면 노동 분과 활동가들이 출동하고, 나도 무조건 따라 나선다. 직접 보고 이해가 안 되는 점은 역시 되묻는다. 그러다 보니 자연스레 묻지 않아도 가르쳐주기 시작한다. 이렇게 법률구조재단에 얹혀 지내며 참여관찰이 시작됐다. 말이 여전히 짧고 지리도 익숙하지 않던 내게는 이런 죽치기 방법이 가장 적절한 방법이었다. 일찍이 레아 할머니가 권한 농크롱 방법을 매일 온종일 사용할 수 있어 얼마나 행복했는지 모른다.

법률구조재단은 매년 지역 인권 동향에 관한 보고서를 만들어왔고, 거기 담긴 노동인권 상황 보고는 탁월한 것이었다. 법률구조재단의 변호 일지에 기초한 노사 분규 과정 요약과 재단에서 실시한 임금 사정 조사 결과, 그리고 가장 신뢰할 만한 파업 집계가 담겨 있었다. 변호사들이 아침마다 여러 개의 지방 신문을 읽고 노동 관련 보도를 골라 스크랩하고, 그것에 기초해 분규 횟수를 집계했다. 파업은 각종 폭력 사건들을 즐겨 다루는 지방 신문의 단골 기삿거리였기에 전국지보다 훨씬 진상에 가까웠다. 더글러스 카멘(Douglas Anton Kammen 1997)이라는 비상한 연구자가 수하르또 시대 파업에 관한 양적 연구를 성사시킬 수 있었던 것도 바로 지방 신문을 근거로 삼은 덕분이었다. 그런데 법률구조재단 활동가들은 신문에 보도되지 않았지만 자신들이 상담한 분규 사건까지 합쳐 계산했기 때문에 더욱 탁월한 노사 분규 통계를 자랑할 수 있었다.

수라바야 법률구조재단은 노동 분과 외에도 농민 토지 분과, 환경 분과, 시민 권익 분과 등 여러 분과를 운영하고 있었고, 넉넉한 안소리 Ansori, 훈남 헤를람방 Herlambang, 지금은 고인이 된 일중독자 울파 Ulfah 같은 걸출한 법대 출신 변호사 겸 활동가들이 활약하고 있었기에, 그 사람들에게 다양한 인권 사건들의 진상을 듣고 인권운동이 추진되는 방식을 엿볼 수가 있었다. 또한 수라바야 법률구조재단이 각종 시민 사회 단체들의 기자 회견 장소로 활용되고 있어서 지역 사회운동의 정보와 동향을 편안히 앉아서 청취할 수 있는 부가적인 장점도 있었다. 내가 체류할 당시에 벌어진 와히드 대통령 탄핵 발의에 관한 지역 사회의 의견, 골까르당Golkar 동부 자바 지부 방화 사건, 이슬람 목회자Kiai의 미성년 가정부 강간 사건, 사업가 부인의 가정부 감금 폭행 치사 사건, 지방선거관리위원회 내실화 등은 모두 거기서 듣고 배운 것이었다.

노동계급의 노동운동

수라바야에 온 가장 중요한 목적은 기층 노동계급의 활동, 곧 노동계급의 노동운동을 살펴보기 위한 것이었다. 앞서 얀띠와 하킴의 이야기를 통해 밝혔듯이 노동운동 단체 안에서도 활동가와 노동자의 격차가 존재하며, 그간 중간 계급 중심으로 노동운동이 돼왔다는 심증이 있었다. 다른 한편 새로이 부상하고 있을 노동계급의 조직화 경향을 추적해보고 싶은 열망이 강했다. 그래서 수라바야에 온 것이고 그것을 기업 단위 노동조합의 활동을 통해 파악할 계획이었다. 다행스럽게도 기층 노동계급의 운동을 독재 시대처럼 노동자 주거지 조사나 해고자 인터뷰를 통해 우회하면서 파악할 필요가 없고, 노동조합이라는 명시적인 이익 대표 조직을 내버려두고 힘겹게 작업장에서 파악하는 노동 과정 조사를 수행할 필요도 없다고 봤기 때문이다.

　제1의 사례였던 마스피온 노동조합 민주화 사례 조사가 순조롭게 진행됐다. 10여 명의 핵심 간부들과 날이 갈수록 친분이 두터워졌다. 간부들의 결혼식이나 회사 잔치에 노동조합 측 손님으로 초대되기도 했다. 노조 재정에 관한 사안이 가장 민감한 자료라고 생각해 다소 머못거렸지만 막상 달라고 하니 간부들은 서슴없이 복사해줬다. "진작 달라고 할걸!" 노동자 인터뷰, 지방 신문 기사, 소송 자료, 법대생들의 학부 졸업 논문skripsi 등을 통해 민주화 이전인 1990년대 초반에 실패로 끝난 파업 사건의 전개 과정을 파악함으로써 노사 관계의 과거도 추정할 수 있게 됐다.

그런데 일사천리로 조사되던 마스피온 사례는 노동계급의 교섭력 증진이나 현장 노동자 리더십의 등장이라는 점에서 성공적인 사례였지만, 전투성에 기반을 둔 남성 중심의 특수한 경우라는 것을 깨닫게 됐다. 여성 노동자가 직원의 절반 정도였지만, 비서와 회계를 제외한 노조 간부 전원이 남성 노동자였다. 노조비의 사용 실태도 형편없었다. 걷는 액수가 너무 적고 대부분의 돈을 경조사비로 되돌려주고 있었다. 연속 파업의 전투성만이 노동조합의 지도력을 발휘하는 주요 수단이었다. 균형 감각을 갖기 위해 다른 경우는 없나 찾아볼 필요를 느끼고 있을 때, 새로이 발발한 전투적 파업을 목격하게 됐다. 화인 소유 플라스틱 쇼핑백 제조업체 인자플라스트Injaplast 사 노동자들의 파업이 바로 그것인데, 법률구조재단 활동가들을 따라 인력부, 주의회, 시의회 앞에서 벌어진 파업 노동자들의 시위와 사후 대책 회의를 참관하다가 당시 파업이 치밀한 준비 없이 자생적으로 발생했다는 사실을 알게 됐다. 법률구조재단 측이 3년간 지원을 아끼지 않았는데도, 독립 노조는 그 파업을 계기로 여지없이 무너져갔다. 이 사람들의 실패는 마스피온의 성공과 대조되는 사례로 채택됐다. 전투성만이 능사는 아니었던 것이다. 이것은 법률구조재단의 참여관찰이 안겨준 우연

마스피온 노조 사무실 앞에서 노조 간부들과 함께.

한 발견의 기회였다. 한편, 나는 마스피온 노조와 또 다른 각도의 대조를 위해 여성이 중심인 단위 노동조합의 성공 사례를 찾고 있었는데, 쉽게 발견하지 못하고 있었다.

당신은 누구 편인가?

단위 사업장 노동조합 사례를 찾아다닐 때, 나는 한인 기업을 애써 배제했다. 참여연대 조사 시기에 한인 기업 사례들을 조사해본 경험이 있었고, 한인 기업을 사례로 다루는 것은 한국인 조사자로서의 장점을 발휘할 수 있는 전략적 선택이라는 생각도 들었지만, 노사 간의 팽팽한 대결이 전개되는 시점에서 나의 국적이 조사의 객관성을 해치거나 사례에 거꾸로 중요한 작용을 가할 수도 있다는 우려를 떨쳐버릴 수 없었다. 노동자들은 나와 나눈 면담 내용이 같은 동족인 기업가 쪽으로 흘러들어갈 것을 우려하여 이야기를 가려서 할 것이고, 아니면 나를 적극적으로 활용하는 정치력을 발휘할 수도 있을 것이다. 반대로 경영자 측은 내게 정보를 주는 대신 노동자 측의 정보를 요구하거나 나의 발언을 통해 부지불식간에 노동자 측의 동향을 탐지해낼 수도 있을 것이다. 이런 예상 가능한 복잡다단한 상황을 대비하고 극복할 수 있는 방법론적 지혜가 내게는 없었다. 더구나 동부 자바 말랑시 방문 조사 때 벌어진 사건은 한인 기업을 참조 이상의 주요 사례로 다루기 어렵다는 생각을 강화시켰다.

　말랑의 노동운동 단체를 방문했을 때 한인 기업인이 사측에서 절반을 부담하게 돼 있는 근로자 사회 보장Jamsostek 보험료를 오랫동안 납입하지 않은 사건을 접했다. 사장이 횡령 혐의로 구속되는, 한인 기업 인도네시아 투자 사상 보기 드문 사건이었다. 사측이 기계와 자재를 들고 야반도주할 것을 우려해 노동자들이 공장을 점거하고 농성을 계속하는 중이라고 했다. 그런데 그 기업의 내력을 들어보니 이름만 바뀌었지 참여연대 한인기업노동인권문제 1차 조사 때도 문제가 많다고 기록된 기업이었다. 나도 경우가 지나쳐 선명히 기억하고 있던 사례였다. 1995년 조사단의 노동자 인터뷰 조사 기록에는 사장 부인이 파업 노동자의 뺨을 때린 적이 있고 생리 휴가를 신청하면 생리대를 증거로 제시하게 했으며 이슬람 기도 시간을 불허하고 채플을 강요했다고 적혀 있었다. 이런 과거가 전설처럼 여전히 떠돌고 있었다. 여러 해가 지났는데도 활동가들은 예전의 일을 반복적으로 이야기하면서, 이런 기업은 차라리 망해버려야 한다고 흥분했다. 내가 예전에 참여연대 조사에서 특별히 언급된 사례의 기업이라고 말하자, 활동가들은 참여연대에 최근 사건 진행 과정을 보고해줄 것을 요구했고, 나는 당연히 그렇게 하겠다고 약속했다. 수라바야로 돌아와 참여연대 국제연대위원회 간사들에게 사건 개요를 이메일로 알리고 조사단을 파견하거나 현지 활동가와 편지로 소통할 것을 권고했다.

그런데 그다음 날인가, 활동가들과 나의 대화 내용이 사진과 함께 지방 신문《말랑 포스트Malang Post》의 한 면을 가득 장식했다. 법률구조재단으로 출근했을 때 활동가들이 내가 신문에 난 사실을 알려주었다. 읽어보니 화가 났다. 기자가 인터뷰를 직접 한 것처럼 썼는데 나는 말랑에서 기자를 만난 적이 없었다. 게다가 참여연대 조사 기록에

남아 있다는 나의 말을 과장해 그 기업이 "국제기구의 블랙리스트에 올라 있다."고 보도했다. 내가 인터뷰한 활동가 아남^{Anam}에게 전화로 물어보니 자신이 대화 내용과 사진을 기자에게 건네 보도해 달라고 했다면서, 다 노동자들의 권익 신장을 위한 것이니 좋은 일 아니겠느냐며 이해를 청했다.

문제는 여기서 그치지 않았다. 그다음 날 사장 부인이 나를 환대해 준 동부 자바한인회의 지인을 통해 만나자는 연락을 해왔다. 처음 만난 자리에서 사장 부인은 "도대체 어느 나라 사람이냐?"며 섭섭함을 토로하였다. 한국 사람에게까지 욕을 먹는 기업이라며 여론이 아주 안 좋게 흐르게 됐고, 남편이 구치소에 수감된 민감한 상황이라는 점을 감안해 달라는 부탁도 했다. 그러면서 요즘 회사를 많이 도와주는 사람이라며 건장한 현지인 남자를 소개했다. 사장 부인은 자기 기업이 국제기구 블랙리스트에 올라 있는 게 아니라고 해명을 해달라고 부탁했다. 나는 국제기구가 아니라 한국 엔지오의 조사 결과에 올라 있다고 사실대로 이야기해주었다. 그러자 그 남자는 자신이 말랑의 엔지오 소장이라고 밝히고 험악하게 굳은 표정으로 자기가 회사 측과 함께 동석한 사실을 주변에 알린다면 무사하지 못할 것이라고 말했다. 협박에 기가 막혔다. 물론 나는 바로 다음 날 그 남자가 회사 측을 몰래 돕고 있다는 사실을 법률구조재단 활동가들에게 퍼뜨렸고 아남에게도 조심하라고 이야기했다. 어느새 나는 이렇게 사건의 일부가 돼버린 것이다. 이런 상황에서 어떻게 냉정을 잃지 않고 또한 관찰자로서 거리를 두는 객관적인 조사가 가능할지 방도를 찾기 어려웠고, 역시 한인 기업은 제외해야겠다는 생각을 굳히게 됐다.

늦은 저녁 식사를 이렇게 정신없이 마치고 사장 부인은 자신의 차에 나를 태우고 함께 가면서 돈을 많이 벌어서 교회를 짓는 게 자신의 소망이라고 말했다. 내리면서 친절하게도 운전사에게 나를 하숙집까지 바래다주라고 지시했다. 밤 11시를 넘겼고 더구나 내리는 곳이 도로변이어서 나는 위험하니 차로 집 앞까지 가라고 권했다. 그랬더니 말랑 공장에서 온 운전사라 자기 숙소가 어디인지 모르게 해야 한다며 어두운 골목 속으로 총총히 사라졌다. 그러고는 다시 만나지 못했다. 사장은 한 달간 구치소 생활을 하다가 대한민국 공사가 직접 방문하고 보증을 선 다음에 풀려났다고 하고, 말랑의 노동자들은 그해 국제 노동절 행사에서 노동운동에 크게 기여한 공로를 인정해 메이데이May Day 상을 그 사장에게 수여했다고 아남이 전해줬다. 자까르따로 옮겨 인권운동을 계속하는 아남은 아직도 그 사장의 이름을 기억하고 있다.

동부 자바에서 한인 경영자와 얽힌 작은 사연이 하나 더 있다. 마스피온 노동조합에서 간부들과 이야기하고 있을 때였다. 수기안또 위원장이 갑자기 "우리 회사에 네 형이 있다."는 황당한 말을 했다. 말도 안 된다고 넘기니까 진짜라면서, 나랑 성이 같은 한국인이 공장장으로 있다는 것이었다. 증명하기 위해 전화로 불러내보겠다는 것이었다. 그래서 나는 "형이라면 내가 가야 도리겠지." 했으나, "노조의 손님을 만나려면 경영자라도 노조로 와야 한다, 그것이 노조의 힘"이라며 전화를 걸었다. 동생이 있다고 하자 한국인 공장장이 금방 달려왔다. 나이가 지긋한 그 사람은 종씨라며 무척 반가워했다. 그러고는 바로 전화번호를 따고 집으로 저녁 초대를 했다. 경영진의 내밀한 정보를 얻을 수 있는 좋은 기회였다. 그러나 기대는 어긋났다. 경영 정보 대신에 그 사람과 부인의 솔직한 인생 이야기만 많이 듣게 됐다. 사실 내가 만난 대부분의 한국인 경영자들은 회사 이야기보다는 인생 이야기나 정치 이야기를 더 즐긴다.

그 사람은 마스피온의 현지인 사원과 결혼했고, 결혼하려고 이슬람으로 개종했다. 한국에 부인과 두 딸을 두고 있고 인도네시아 부인도 그런 사실을 잘 알고 있는 상태였다. 제사를 중시하던 공장장은 바라던 아들을 얻었다. 얼마나 원했던지 "마치 장군이 된 것 같은 기분"이라고 말했다. 분개한 둘째 딸이 멀리 한국에서 날아왔는데, 인도네시아 부인이 "우리 둘째"라며 극진히 보살펴 한 달 만에 포기하고 돌아갔고, 첫째 딸도 왔으나 둘째보다 더 일찍 포기하고 갔다고 한다. 이렇게 인도네시아 부인의 분투는 대단한 것이었다. 부인은 나를 정말 신랑의 동생이라도 된 듯이 반겼다. 무슬림인데도 밥상을 술과 돼지고기로 가득 채웠다. 첩이라고 무시하는 한국 아줌마들에게 인도네시아 말과 음식을 가르쳐주면서 한국말과 음식을 배웠다고 했다. 부인은 아들을 한국 아이로, 그리고 집안의 셋째로 키울 것이며, 제사 지내는 법을 가르치겠다고 했다. 그리고 강아지한테까지 한국말을 가르친다고 했다. 정말 그 집 강아지는 인도네시아말로 "두둑duduk" 하지 않고 "앉아" 해야 앉았다.

많은 것을 느끼게 해준 만남이었다. 그런데 나는 이 놀라운 부부의 애매한 위치가 염려됐기 때문에 이 부부한테서 경영 정보를 캐내려던 계획을 포기했다. 노조 간부들은 그 양반이 술을 곧잘 사니까 밤에 같이 불러내서 술을 얻어먹자고 제안했다. 그러나 현지인 부인을 둔 외국인 경영자라고 노조 간부들이 너무 막 대하는 것처럼 여겨져 그렇게 하지 않았다. 그 사람이 나와 자주 만나는 것을 인도네시아 경영자들이 알았을 때 혹시나 기업의 비밀을 누설하고 있는 게 아닐까 의심받을지도 모른다는 생각까지 들었다. 나는 하나의 원칙을 갖고 있었는데, 경영진을 만나 나눈 이야기의 요지를 노동조합 간부들에게도 들려주는 것이었다. 그렇게 해서 나는 노동자의 편이라는 사실을 보이려 했고, 경영자의 해석과 경영진이 제공하는 정보의 오류를 노동조합 간부들에게 점검받는 이득을 누렸다. 그런데 이 한인 공장장의 경우에는 그런 원칙을 지킬 수 없을 것 같았다. 그래서 인터뷰를 하지 않기로 했다. 국적과 계급의 모순이 중첩되는 상황에서 나는 적절한 위치와 도리를 택하는 지혜를 갖추지 못했고, 그래서 아쉽지만 그렇게 물러섰다.

우연히 찾아온 신뢰

법률구조재단에 출근한 지 한 달을 넘어서던 때, 풍키는 토지 분쟁에 관한 재판을 구경하러 가겠느냐고 내게 물었다. 세 명의 활동가가 변호인단을 구성했다니 중요한 재판임이 분명했다. 노동 문제는 아니었지만 나는 법률구조재단 활동가가 제안하는 곳이라면 어디든 간다는 행동 수칙을 세워놓고 있던 터라 "묻지도 따지지도 않고" 덥석 동의해버렸다. 깔리마스Kalimas라는 동네로 간다고 했는데 정확히 어딘지는 몰랐지만 법률구조재단 차량으로 가기로 했으니 별 걱정은 없었다. 활동가들은 아침 여덟 시에 하숙집으로 찾아왔고, 나는 카메라와 노트만 챙겨서 서둘러 탑승했다.

차는 시 경계를 벗어나 한참을 달렸다. 분쟁의 내력에 관한 이야기나 이런저런 우스갯소리도 바닥나자 이렇게 얼마나 더 가야 하는지 궁금해졌다. 질문에 돌아온 대답은 놀랍게도, 자바에서 발리로 건너갈 때 페리를 타는 곳, 바뉴왕이Banyuwangi까지 간다는 것이었다. 바뉴왕이 마을 중 하나가 깔리마스라는 것인데, 미처 못 알아들은 것이다. "그렇게 먼 곳이면 오늘 중으로 돌아올 수 없는 거네?" 내가 하숙집 주인할머니에게 외박한다고 말해주지 않아서 걱정할거라 했더니, 활동가들은 자기들이 나를 태우기 전에 이미 하숙집 할머니에게 알려줬다며 껄껄대고 웃었다.

가는 길에 점심을 먹고, 원숭이들이 뛰노는 산을 두 개나 넘어 깔리마스 마을에 당도하니 해가 막 지고 있었다. 마을의 가장 큰 집에 여장을 풀었다. 그곳은 마두라Madura 사람들이 모여 사는 마을이었다. 마두라 사람들은 칼을 차고 다니니 조심하라고 활동가들이 귀띔해줬다. 정말 초승달 모양의 칼 쯜루릿celurit을 허리에 찬 마두라 사람들이 모여들었다. 이 사람들은 공유지였던 마을 진입로를 군부의 힘을 업고 사유화한 화인 플랜테이션 농장주를 성토하면서 활동가들과 함께 재판에 임하는 전략을 짰다. 회의가 끝난 뒤에는 당시 가장 심각한 정치적 쟁점이던 와히드 대통령 탄핵 문제에 관한 이야기들이 쏟아졌다. 이 사람들은 열성적인 와히드 지지자들로, 거목들을 쓰러뜨려 수라바야에서 발리로 가는 유일한 길목을 막는 실력 행사를 한 사람들이라고 했다. 잠자기 전에 샤워^{mandi}를 하려 했으나 화장실 겸 세면실 옆에는 말들이 푸덕이고 받아놓은 세면용 물통에는 커다란 물고기들이 왔다 갔다 하고 있었다. 나름 존엄한 내가 물고기들이 노니는 비린 물로 샤워를 할 수 없다고 생각해 그냥 자겠다고 하자, 활동가들은 "전이 물고기를 무서워한다."고 놀려댔다. 여러 사람들이 꼬깃꼬깃 쓰러져 대충 잠을 청하는데 산촌이라 모기들이 사람을 잡아먹을 듯했다. 뒤척이는 밤을 보내고 날이 밝자 재판이 진행됐다. 트럭을 타고 간 주민들이 재판정 앞에서 플랜테이션 사장의 "목을 매달자."는 살벌한 구호를 외쳤다. 재판이 끝난 뒤 마을 청년들과 근처 산수를 구경하고 해 질 녘에 차에 올랐다. 지루함을 달래느라 돌아가며 노래를 불렀고 나도 한국의 민중 가요를 몇 곡 불러줬다. 새벽이 깊어서야 하숙집으로 돌아올 수 있었다.

당시에는 눈치채지 못했으나 이때 동행한 풍키는 이 여행을 계기로 나를 달리 보게 됐다고 훗날 고백하였다. 풍키는 나를 여느 연구자처럼 간주하고 냉담하게 대했는데, 그 이유는 연구자들이 갑자기 찾아와 당연한 것처럼 자료를 요구하고, 현장에는 가볼 생각도 안 하는 이기적이고 물정 모르고 잘난 체하는 존재라고 경험상 인식하고 있었기 때문이란다. 그런데 바뉴왕이 여행을 계기로 "이 친구는 다르네." 하고 생각하게 됐다는 것이다. 그러고는 그때부터 나를 직접 챙기기 시작했다. 지금까지 얻은 것은 무엇인지, 무슨 자료가 더 필요한지, 누구를 또 만나려 하는지 물으며 수다르또와 하리스에게 떠맡겨두던 내 조사에 관심을 보이기 시작했다. 게다가 이래저래 잔소리까지 해댔다. 관공서나 기업에 갈 때는 불쑥 찾아가지 말고 팩스부터 보내고 전화로 약속을 잡으라면서 나보고 "체계적이지 않다^{unorganized}"고 비판했다. 나는 이런 풍키를 "계모$^{ibu\ tiri}$"라고 종종 흉봤다.

풍키는 나보다 다섯 살이 어렸지만 동부 자바의 파업이 막 시작되던 시점이던 1993년부터 무니르를 도와 노동 분과에서 일을 한 베테랑이었다. 간염과 관절염을 앓고 있었지만 태도가 안정되고 일정하기로 정평이 나 있었다. 그런 품성은 풍키의 빠르고 경쾌하면서도 또박또박 말하는 발성에서도 읽어낼 수 있었다. 풍키는 나의 질문에 알아듣기 쉽게 말할 줄 알았고 필요하다면 그림을 그리거나 적어가며 설명하기도 했다. 어느 날 풍키는 휴일 하루 시간을 내서 법률구조재단의 구석진 창고를 열어 폐기될 운명의 자료더미를 보여 줬다. 창고 안에서 자료를 깔고 앉아 하나씩 들춰 먼지를 털며 이건 무엇이고 저건 무엇이고 설명하기 시작했다. 그렇게 들었다 던지며 골라낸 자료 중에 눈에 확 띄는 것이 있었으니, 그것은 메삐^{Meppy}라는 이가 공책에 직접 볼펜으로 적은 수기 원본이었다. 풍키는 메삐가 1993년에 파업을 주도했다가 지역 군부 사령부에 붙잡혀간 신발 공장 여공이라고 알려줬다. 노트에 적힌 슬픈 사연에 포획된 나는 추가 질문을 던져 이 사건과 관련된 자료를 모두 얻어냈다. 그리고 이 회사 노동자들의 최근 이야기를 알고 싶어졌다. 전에 한 번 만나봤지만 그냥 지나친 사람들이었다. 나는 메삐의 후배들을 다시 만나고 싶다고 청했다. 이것이 제3

의 사례인 빅토리 롱 에이지Victory Long Age 노조 이야기가 됐다. 빅토리 사는 대만인과 인도네시아 화인의 합작 기업으로 아동용 리복 스포츠화를 생산하는 공장이었다. 빅토리 사의 여성 노동자들은 수차례의 파업을 통해 결국 노동조합을 건설했고, 위원장과 수석 부위원장을 제외한 노조 간부 전원을 여성으로 채웠다. 바로 내가 찾으려던 사례였다. 마스피온과 쌍벽을 이룰 만한 사례였던 것이다.

풍키는 마스피온 노조 간부 인터뷰는 물론이고 빅토리 사 노조 간부 인터뷰도 동행하기 시작했다. 풍키의 동행은 단순 안내 이상이었다. 수다르또나 하리스와 동행할 때와는 아주 달랐다. 마스피온 노조와 빅토리 노조의 간부들은 풍키를 깊이 신뢰했기 때문에 자신들의 생각이나 상황을 솔직하게 토로했다. 풍키는 구경만 하지 않고 질문을 거들었기 때문에 인터뷰가 더욱 쌍방적이게 됐다. 남성 연구자를 직접 대하기를 거리끼는 여성 간부들에게도 더 쉽게 접근할 수 있게 해줬다. 풍키는 노동자들이 사용하는 작업장 용어나 자바어를 내가 이해할 수 있는 인도네시아어로 바꿔주기도 했다. 풍키는 복잡한 골목 안의 노동자 숙소들을 놀랍도록 세세히 기억하고 있었기 때문에 공장 밖의 만남도 주선하고 안내할 수 있었다. 하리스는 말랑에서 올라온 지 오래되지 않아 수라바야의 지리에 어두웠고, 수다르또는 지리도 익숙하고 오토바이로 나를 종종 안내했지만 가정적이어서 주말에 시간을 내기 어려웠고, 결정적으로 여공들의 숙소를 잘 알지 못했다. 풍키는 주말에 시간을 내서 딴데스Tandes 공단으로 나를 안내했고 인터뷰를 마치고 돌아오면 나는 풍키의 후의에 감사하기 위해 저녁을 사곤 했다. 그러다보니 손도 잡아본 적이 없는 우리가 애인 사이라는 헛소문이 나돌았다. 그러나 풍키는 아랑곳하지 않았다.

이렇게 알게 된 빅토리 여공들의 이야기는 대단했다. 메뻬의 비극이던 수하르또 시대 파업은 처참한 실패로 끝났고, 민중민주당PRD: Partai Rakyat Demokrasi 소속 외지 학생들이 1996년에 딴데스에 몰려와 모험적인 공단 시위를 벌였을 때도 덩달아 피해를 입었다. 그런데도 굴하지 않고 민주주의 이행기를 틈타 노동조합을 건설하는 데 성공했다. 군부의 협박이나 경영자의 매수도 이 노동자들을 막지 못했다. 이 여공들에게는 망설이지 않고 노조비 수입 지출 내역서를 요구할 수 있었다. 그 회계 보고서에 배어 있는 치밀함, 알뜰함, 섬세함은 빅토리 노조 여성 간부들이 마스피온의 남성 간부들과는 날카롭게 대조되는 현장 지도자들이라는 점을 확실히 보여주고 있었다.

그런데도 빅토리 노조는 마스피온 노조와 흥미로운 공통점을 지니고 있었다. 법률구조재단의 후원과 지도를 받고 시민사회 단체 주도의 각종 행사에 적극적으로 참가하면서도, 보수적이고 관료적인 노동조합 연맹을 탈퇴하지 않았다는 것이다. 엘리트 노동운동가 다누Danu Rudiono는 이런 절충을 "기회주의"라고 비난했다. 나 역시 진보 강성의 대안적 노조 연맹을 출현시킨 한국 노동운동의 내력과 관점에 근거해 마스피온 노동자들의 절충적 선택을 이해하기 어려웠고 비판적으로 바라보고 있었다. 그런데 도저히 빅토리 노조의 여성 간부들까지 기회주의적이라고 몰아붙일 수는 없었다. 오히려 법률구조재단만 믿고 따르던 인자플라스트 독립 노조는 궤멸되지 않았던가? 자민족 중심주의ethnocentrism에 관한 성찰이 필요했고, 대의에 헌신하기를 바라는 현지 노동운동 지식인들의 엘리트 중심주의elitism도 성찰하는 이중의 극복이 필요했다. 결국 나는 이질적이고 대립적이더라도 가용한 모든 외부 자원을 총동원해 조직을 방어하고 리더십을 강화하려는 노동계급의 전략으로 마스피온 노조와 빅토리 노조의 선택을 해석하게 됐다. 당시로서는 이것이 내가 현지에서 간파해낼 수 있는 최고의 "현지적 관점"이자 "계급적 관점"이라고 판단했다. 그리고 생각했다. 이제 논문 작성을 시작할 때가 됐다!

밤의 사무실

법률구조재단 생활은 여러모로 유익했지만, 직원들이 신실한 무슬림들이었기 때문에 술 마시는 사람이 없었다. 수라바야의 밤은 무덥고 길었다. 가끔 야식 겸 맥주 한잔을 할 곳이 필요했는데, 그때 생각난 곳이 노동운동가 다누가 "밤의 사무실"이라고 부른 사리라사Sari Rasa였다. 찾아가보기로 했다. 국립 아이르랑가대학교Unversitas Airlangga의 한 귀퉁이, 복사집들이 밀집된 지역 노변에 자리 잡은 싸구려 중국 식당이었다. 하숙집에서 베짝을 타면 5분 이내로 당도하는 거리였다. 푸융하이Fuyunghai와 참차이Capcay가 맛있고, 값이 아주 쌌다. 맥주를 시키면 컵에 큰 얼음을 담아 빨대를 꽂아주는데, 얼음과 빨대가 필요 없다는 손님은 나밖에 없었다. 손님이 버티면 새벽 2시까지도 영업을 하는 집이었다. 입구가 도로변으로 터져 있어 시끄러운 차량 소리에 말소리가 끊기고 이 소음에 맞서느라 큰 소리로 떠드는 사람들이 있어

왁자지껄한 흥겨움이 있는 그런 곳이었다.

그저 술과 야식이 그리워 간 곳에서 다누를 다시 만났고, 이때부터 다누와 나의 기나긴 토론이 시작됐다. 다누는 수라바야 노동운동의 "왕고참"이었다. 인도네시아의 강력했던 좌익 노동조합 운동이 1965년 사태를 계기로 절멸된 뒤에(1965년 사태에 대해서는 서지원 2013, 그 뒤의 학살에 대해서는 삐삣 2011 참조), 반공 독재 치하에서 노동운동이 완전히 새롭게 그리고 서서히 움트게 됐는데, 그것은 노동권을 인권 보호의 시각에서 바라보는 노동인권운동이었다. 수도권의 파우지가 이 새로운 노동운동의 선봉에 있었다면, 동부 자바에서는 후마니카Humanika를 창설한 다누가 선두에 있었다고 할 수 있다. 다누와 초면은 아니었지만 공식적 인터뷰 형식으로 대화를 나눴을 뿐이었다. 다누는 매일 밤 사리라사에 왔다. 알고 보니 다누는 술을 마시지 않으면 잠을 잘 수 없는 사람이었고, 단체에는 불가피한 일이 있을 때만 나가고, 대부분의 업무를 사리라사에서 처리하고 있었다. 당시는 다누의 전성기였다고 할 수 있다. 다누를 만나러 오는 사람들은 노동운동가들 말고도 학생운동가, 문화운동가, 화인 권익운동가, 동성애운동가, 정당 간부, 선박 회사 사장 등 폭이 아주 넓었다. 다누는 업무상의 이야기를 하다가 다른 사람들이 합석하면 정치나 역사나 사회나 국제관계에 관한 이야기로 유연하게 화제를 전환하곤 했다.

"사리라사 갱"이라고 스스로 칭하는 사람들은 다 같은 운동권이었지만 법률구조재단 활동가들하고는 적어도 한 가지 점에서 전혀 다른 종류의 사람들이었다. 이 사람들은 "술 먹는 사람들"이었다.

인도네시아 학생운동은 전통적으로 이슬람과 민족주의 양대 계보로 갈려 있었다. 수라바야 법률구조재단이 이슬람대학생운동HMI: Himpunan Mahasiswa Islam 계열이라면 사리라사 갱은 민족주의대학생운동GMNI: Gerakan Mahasiswa Nasional Indonesia 계열이었다. 사리라사에서 간파된 노선 차이는 이슬람 계열은 술을 먹지 않고 민족주의 계열은 술을 먹는다는 것이었다. 술 먹는 사람들은 밤에 많은 일을 벌이고 더 직설적이게 되는 법이다. 나는 다누의 친구가 됐기에 그곳의 누구하고도 말을 섞을 수 있었다. 그렇게 신세대 노동운동 단체 아렉Arek을 이끌던 아리프Arief나 카니스Khanis와 사귀게 됐다. 사람들은 내 질문에 답하며 과거를 집단적으로 재구성하는 재미를 느끼는 듯했다. 한국의 민주화나 사회운동에 관한 이야기도 듣고 싶어 했다. 한국의 노동운동을 흠모하는 "친한파"였던 다누는 특히 화제가 떨어지면 꼭 한국의 "술 먹는 노동운동" 이야기를 꺼냈다. 한국에 가보니 노동운동을 잘하려면 소주를 잘 마셔야 하더라, 그러면서 술 먹는 사람은 지도자가 될 수 없는 인도네시아 현실을 한탄했다. 나는 다누가 한국인으로 태어났더라면 더 행복했을까 하고 가끔 생각했다.

그런데 사리라사 같은 분위기에서 전개된 현지조사, 곧 "술 먹는 현지조사"는 단순한 인터뷰 조사와는 판이하게 다른 것이었다. 일방적으로 묻고 답하는 인터뷰 형식을 유지하기 어렵고, 의견을 주고받는 대화, 심지어 고성의 논쟁으로 종종 번졌다. 현지인의 의견만 청취할 수 없고 나도 의견을 내야 했다. 점점 더 도발적인 주장을 쏟아냈다. 인도네시아 노동운동의 분열상과 계급 기반의 취약성에 관해 분노하

위 | 전성기의 다누.

아래 | 2004년에 다시 찾은 사리라사. 필자와 대화중인 이는 PDIP의 총선 후보.

거나 "활동가들이 저마다의 단체를 불살라버리고 전국을 돌며 조직 통합 운동을 벌여야 한다."는 과격한 주장까지 내질렀다. 노동운동의 노선을 활자화하고 지상 논쟁을 벌이지 않는 운동 문화도 비판했다. 노동운동 연구를 나 같은 외국인들에게 맡겨둘 것이 아니라 현지 노동운동가들이 수행하고 입장을 선명하게 밝히는 책을 써야 한다고도 떠들었다. 그렇게 되기 어렵다는 걸 알면서도, 또한 자민족 중심주의라고 걱정하면서도 논쟁을 붙이려고 은근히 시비를 걸곤 했다. 단위 노동조합 사례들을 거론하며 노동인권운동 단체의 전성기가 끝나가고 노동계급의 현장 지도부가 중간 계급 활동가들을 대체하게 될 것이라고도 주장했다. 그러면 다누는 코웃음을 쳤다. 그 사람들이 무엇을 해낼 수 있겠느냐는 식이었다. 이렇게 논전을 즐기다 보니 현지 운동권의 솔직한 심정과 고민을 많이 접하게 됐고, 민주화라는 격동 속에서도 변하지 않는 활동 양식 같은 것이 있다고 느끼게 되었다. 사리라사의 음주토론은 낮의 사무실인 법률구조재단에서는 누릴 수 없는 것이었다.

얻는 것이 있으면 잃는 것도 있다. 기록이 부실해졌다. 술 먹는 현지조사가 시작된 시점은 현지조사를 한 기간이 길어지면서 친구의 수와 정보의 양이 급속도로 증가하던 시점이었다. 그런데 낮에는 관찰과 인터뷰를 하고 밤에는 술을 먹으며 논전하다가 집에 들어가서는 지쳐 쓰러져 잠들고 마는 날이 많아졌다. 현지 동향에 관한 감각은 더욱더 늘어갔지만, 필드노트를 쓸 체력과 시간은 거꾸로 줄어들게 됐다. 진공청소기처럼 모든 것을 빨아들이고 기자 수첩을 들고 다니면서 술

마실 때도 메모를 했지만, 시간이 지나고 나면 자신이 속기한 메모라 하더라도 상당 부분 뜻을 알아보기 어려운 법이다. 온종일 보고 들은 것을 기록하라는 간단한 지침의 수행은 쉽지 않은 일이었던 것이다. 이제 현지를 떠날 때가 된 것이다.

박사 이후에도 수라바야에 갈 때면 사리라사를 찾아가서 다누를 만났다. 미처 연락을 못 하고 사리라사에 먼저 들르면 사장 아저씨가 다누에게 전화를 걸어 나의 도착을 알렸다. 그러면 다누는 곧바로 오토바이를 몰고 달려왔고 함께 술 먹던 친구들도 그곳으로 불러 모았다. 그런데 몇 년 전에 사장 아저씨가 암으로 갑자기 세상을 떠나자 안타깝게도 유족들은 사리라사의 문을 닫아버렸다. 사장 아저씨는 화인이었지만 다누처럼 언제 갚을지 모르는 운동권들에게 외상 장부를 만들어주고 노동절 행사 때는 식당의 이름을 후원 단체로 올리는 후덕하고 용감한 사람이었다. 술 먹는 운동권들은 구태여 약속을 잡지 않고도 자연스레 모일 수 있었던 구심을 잃어버렸다. 다누의 전성기도 사리라사와 운명을 함께해야 했다.

메이데이를 향한 진군

국제 노동절May Day 준비는 당시 동부 자바 지역 노동운동의 핵심 사안이었다. 민주화 이후의 노동 측의 모든 요구 사항을 결집하고, 전년도보다 그리고 수도권보다 훨씬 크고 내실 있게 개최하기 위해 자원과 지혜를 총동원하려고 두 달 전부터 준비에 돌입했다. 노동운동 단체와 연계된 노동조합들뿐만 아니라 학생운동, 인권운동, 거리 아동

보호 단체, 화인 권익운동 단체와 가톨릭 노동 사목에 이르기까지 광범위한 네트워크가 가동됐다. 나는 매주 개최되는 준비 모임을 직접 참관할 수 있었고, 메이데이 행사를 끝으로 수라바야 조사를 마감하기로 마음먹었다.

준비 모임 참관을 통해 그동안 잘 사귀지 못하던 활동가들이나 노동조합 간부들과 더 가까워지게 됐다. 술리엠Zuliem 같은 걸출한 노동자 출신 활동가에게 민주주의 이행 과정에서 노동운동 세력이 처한 선택과 결단에 관한 이야기를 들을 수 있었던 것도 그런 기회를 통해서였다. 노동운동권 내부의 엘리트와 대중 사이의 문화적 차이나 단체들 사이의 견해 차이도 확인할 수 있었다. 행사 비용을 댈 수 있는 노동조합의 힘이나 회의를 주도하는 노동계급 출신 활동가들의 지도력도 느낄 수 있었다. 그해의 메이데이 행사는 축제 개념으로 가기로 했다. 메이데이 행사를 안전 가도에 올리겠다는 뜻이었다. 독재 정권이 "체제 도전 행위"로 간주하여 금지한 기념행사를 노동운동권이 부활시킨 지 두 해밖에 지나지 않아서 큰 탈 없이 대회를 성사시킬 수 있을지 의문시되고 있었다. 그래서 3일간의 유례 없이 긴 메이데이가 기획됐다. 첫날은 강연과 영화 상영, 둘째 날은 노래와 공연, 셋째 날은 가두 행진과 마감 집회를 갖기로 했다.

사람들은 내 의견을 물어봤지만, 조사자의 위치라서 의견을 낼 수 없다는 입장을 고수했다. 그런데 피할 수 없는 요청을 접하고 말았다. 술리엠은 자기 단체가 한국에서 건너온 비디오테이프를 하나 갖고 있는데, 그 내용을 알 수 없다고 했다. 받아서 틀어보니 해방 이후 한국 노동 약사와 민주노총의 전신인 전국노동조합협의회(전노협) 결성 과정에 관한 한 시간짜리 기록 영화였다. 그 내용을 알려주자 술리엠은 아주 기뻐하며, 메이데이 행사 첫날 개막 프로그램으로 상영하자고 제안했다. 20여 명의 준비 모임 참가자들도 만장일치로 동의했다. 문제는 그 동영상에 자막이 없어서 보충 설명 없이는 이해될 수 없다는 것이었다. 술리엠은 그 해설을 내게 요구했다. 고민해봤지만 발을 뺄 여지는 없었다. 연대회의 참가자들도 모두 좋아들 하고 있었다. 기대를 저버릴 수는 없었다. 연구 비자가 있으니 별 탈은 없을 것이고, 문제가 된다 한들 조사 막바지였기에 쫓겨나도 된다고 생각했다. 지금까지 도와준 사람들에게 보답하는 일이라고도 생각했다. 개막 강연을 수락하는 조건으로 강연문의 원고 교정을 해줄 현지인을 붙여줄 것을 요구했다. 다누가 기꺼이 나섰다.

그 뒤 열흘 남짓 투자해 한 시간짜리 강연문을 작성하게 됐다. 단순한 연대기가 아니라 인도네시아와 한국의 서로 다른 맥락을 대조하기 위한 글을 쓰려했다. 한국 경제에서 제조업의 중요성, 발전주의 시대에 노동자들에게 부여되던 "산업 전사"라는 호칭, 전태일 분신 사건, 전노협 결성을 위해 노동자들이 자발적으로 모은 기금의 규모 같은 것이 그런 의도로 들어간 내용들이었다. 막판에 현지어 교정을 받느라 다누를 거의 매일 사리라사에서 만났다. 문장 하나를 확정하는 데 많은 설명이 필요했다. 친한파였지만 잘못 알고 있는 게 많았다. 한국 노동운동에 관해 내가 지닌 모든 지식을 다 꺼내놓고 즉석 강의를 하고 나서야 문장들이 확정될 수 있었다(Jeon 2001).

수라바야 법률구조재단에서 열린 메이데이 준비 회의(일어선 사람이 술리엠).

개막식에는 200여 명의 활동가와 노동자가 참여했다. 한국 노동운동사에 관해 준비된 발표문을 읽어나갔고, 동영상이 돌아갈 때는 강연한 내용과 어떻게 관련되는지를 짚어가며 보충해줬다. 참가자들은 역동적인 시위 장면이 나올 때는 환호를 지르고 노동운동 가요가 나올 때는 박수로 장단을 맞췄다. 사람들이 즐거워하니 나도 기뻤다. 당시 배포된 강연문은 수도권까지 전해져 노동 교육 자료로 활용됐고, 동영상을 틀 때마다 보충 자료로 배포됐다고 들었다. 거기에 담긴 전태일 분신 사건에 관한 내 문장이 수리야가 주도한 근로기준법 헌법소원 청원서 표지에 인용되기도 했다. 술리엠과 다누는 2004년에 영화《Single Spark(아름다운 청년 전태일)》를 메이데이 개막 영화로 상영하기로 하고 또 해설문을 요구했다. 그래서 수라바야의 추억으로 시작하는 영화 해설문을 작성해 이메일로 보내줬고(Jeon 2004), 개막식에서 성공적으로 대독됐다는 이야기를 전해 들었다. 이렇게 두 번이나 동부 자바 메이데이의 개막식을 장식하게 되었으니 "가문의 영광"이라고 할 수 있겠으나, 참여관찰에서 참여가 어디까지인지 고민하게 되었다. 관찰하고 사라지는 것이 아니라 그 사람들의 역사에 한 귀퉁이로 남게 됐으니 말이다.

메이데이의 마지막 행사인 가두 행진과 마감 집회는 내가 관찰한 모든 주체들이 총집결했기에 마치 나를 위한 거대한 환송연처럼 착각될 정도였다. 법률구조재단 활동가들은 캠코더를 들고 기록에 나섰다. 수천의 대오는 다누와 술리엠의 지도를 받는 노동자 100여 명이 지역노조SBR: Serikat Buruh Regional의 깃발을 들고 선도하였고, 아리프와

카니스의 민중노조SBK: Serikat Buruh Kerakyatan 회원 수십여 명이 그 뒤를 따랐다. 회사 측의 비타협적 공격을 받아 괴멸하고 만 인자플라스트 노조원 수십 명도 노조 깃발을 들고 비장하게 마지막 행진에 나섰다. 노조연맹 중앙위원회가 참가 불허 공문을 보냈지만 마스피온 노조는 20여 명의 간부단을 참가시켰다. 빅토리 노조는 회사가 정상 근무 중이었는데도 사업장 단위로는 최대 규모인 150여 명의 노조원을 참여시켰는데, 각자의 요구 사항을 직접 적은 피켓을 들고 행진했다. 마침 박사 논문을 위한 현지조사차 족자까르따에 와 있던 난경도 밤을 달려 수라바야로 건너와 행진을 함께했다. 난경은 내 현지조사의 첫 순간과 마지막 순간을 함께한 것이다. 연구 비자 서류도 혼자 완성하지 못해 도움을 받던 내가 이제 현지조사의 완주를 자랑하게 됐으니 스스로가 기특하기 그지없었다.

행진은 질서정연했고 정리 집회도 열띠고 다채롭게 진행됐다. 노동조합의 극단적 분열 속에서도, 경제 위기와 수평적 폭력의 위협 속에서도 노동계급이 사회정치적 주체로 정립해가고 있다는 점을 선명하게 보여주는 축제였다. 자율적인 조직과 자금과 현장 지도부를 갖춘 노동자들은 어제의 불쌍한 노동자들이 아니다. 마르시나나 메삐가 겪은 일이 재발하도록 더는 좌시하지도 않을 것이다. 나는 수라바야 시의회 앞마당에서 당둣dangdut(인도네시아 대중가요) 리듬에 맞춰 빅토리 여공들과 함께 춤을 추면서, 이 사람들의 미래가 풍요롭지는 않더라도 그날처럼 당당한 것이기를 빌었으며, 그렇게 되리라 믿었다.

위ㅣ 메이데이 행진 출발 직전 인자플라스트 노조원과 함께.

아래ㅣ 메이데이 행진을 마치고 공장으로 돌아가는 빅토리 노조원들.

다시 자까르따에서 현지조사를 마감하며

수라바야에서 십여 박스의 자료 더미를 선편으로 부치고 배낭 하나 메고 홀가분하게 자까르따로 돌아와 20여 일간 정리와 보충 조사의 시간을 가졌다. 곧 떠난다고 생각하니 부족하고 아쉬운 것이 많았다. 특히 조직 노동에 관해 상당히 당파적 방식으로 조사하다 보니 "조직 자본organized capital" 진영이나 입법 기관 사람들을 너무 적게 만난 것이 문제라고 생각하게 됐다. 이때 재계와 정계에 닿아 있는 CSIS의 네트워크가 도움이 되기 시작했다. 내가 요청하자 CSIS는 기업인총연합회Apindo 회장단과 근로기준법을 심의하는 상임위원회 국회의원들을 바로 연결해줬다. 이렇게 편리한 네트워크를 사용하지 않고 지냈다니 기가 막혔다. 두드리면 열릴 텐데 두드리지 않았던 것이다. 기업인총연합회 회장 소피안 와난디Sofyan Wanandi가 CSIS의 후원자였고 그 형제 유숩 와난디Yusuf Wanandi가 CSIS 소장이었으니 당연히 재계 네트워크가 건실했다. 소피안은 기업인총연합회 부회장에게 나를 소개했다. 새로운 노동 정책에 마침 불만을 품은 조직 자본의 지도부는 적극적으로 인터뷰에 응해줬고 와히드 정부와 인력부 장관에 관한 불만을 쏟아놓았다. 국회의원들처럼 "높으신 분들"을 만나기 어렵지 않을까 하고 미뤄둔 것도 크게 잘못된 선입견이었다. CSIS의 젊은 연구원 니꼬Niko는 국회의원들의 휴대폰 번호를 수십 개 보여주면서 1999년 선거 때 연구소에서 자문해준 "친구들"이니 원하는 사람을 고르라 해서 깜짝 놀랐다. 전화를 걸어 "니꼬의 친구"라고 소개하니 의원들은 대뜸 "어 그러시냐? 무엇을 도와드릴까?" 했고, 인터뷰 약속에 응해줬다.

높으신 분들 가운데 특별히 기억나는 사람이 투쟁민주당PDIP의 아구스 쫀드로Agus Condro인데, 그 사람 때문이 아니라 그 부인 때문이다. 친절한 아구스는 내 전화를 받고 국회에서 만나기로 약속을 잡았다. 그런데 와히드 탄핵에 관한 논의로 회의가 길어지자 약속을 변경해 집에 가서 기다려 달라고 했다. 집에 가서 그 부인과 이야기를 나누다 보니, 부인이 당둣 무명 가수 출신인 게 아닌가? 어쩐지 카리스마가 넘치고 미모가 출중했다. 밤 10시가 다 돼서야 의원이 귀가했지만, 나는 부인의 "당둣역정"을 듣느라 시간 가는 줄 몰랐다. 근로기준법 입법 과정에 관한 인터뷰는 잊어버리고 부인과 사진을 찍고 부인의 공연 실황 녹음 테이프를 받아들고 신 나게 돌아왔다. 최근에 아구스가 부패 혐의로 구속됐다니(DetikNews 2011. 06. 16), 그 부인이 참 안됐다.

나름대로 노력했지만 재계와 정계의 인터뷰 수가 너무 적어서 학위 논문에 비중 있게 들어가기는 어려웠다. 논문의 한계였다고 할 수 있다. 그러나 변명을 하자면 조사 말기에 가서야 재계의 집단 행동이 막 시작됐고, 그나마 뚜렷한 성과를 보지 못하고 금방 사그라졌다는 점, 근로기준법 개정은 과정 중에 있었다는 점, 곧 더 두고 기다려봐야 하는 진행형 조사라는 점 때문에 어차피 학위 논문에서 충분히 언급될 수는 없는 분야였다는 것이다. 그래서 자본의 대응과 노동 입법에 관해서는 박사 이후에 보강 조사를 더 해서 별도의 논문으로 출판하게 됐다(전제성 2004; 2010b).

수도권의 노동운동가들은 다시 돌아온 나를 반겨줬고, 귀국하기 전에 동부 자바의 노동운동에 관한 조사 결과를 강연해주기를 바랐다. 환송연을 겸해 여성법률구조재단에서 30여 명의 활동가들이 경청하는 조촐한 개인 강연회가 개최됐다. 그때 이 내로라하는 운동가들이 동부 자바의 노동운동 단체나 노동조합 운동에 관하여 잘 모르고 있다는 데 놀랐다. 또한 엔지오 활동가들에게서 단위 노동조합에서 찾아볼 수 없는 피로 현상을 발견하고 서글펐다. 이를테면 수리아는 "인도네시아에 노동운동이란 게 있다고 보느냐?"는 회의적인 질문까지 제기했다. 현장 밖에서, 그리고 온정주의적으로 접근했던 엔지오의 낡은 운동 방식이 그 효력을 다해가고 있었던 것이다.

자까르따의 피로를 재확인한 나는 만약 조사를 거꾸로 진행했더라면 더 유익하지 않았을까 하는 생각이 들었다. 그러니까 수라바야로 먼저 가서 현장 조사를 마친 뒤에 자까르따로 진입하는 방식, 마치 마산 창원에서 시작된 한국의 민주노동조합운동이 수도권으로 엄습해온 것처럼, 지방에서 수도권으로 진입하는 방식을 취했더라면 변화의 저류를 더 빨리 파악할 수 있었을 테고, 자까르따 조사도 따라서 더 깊이가 있었을 것이다. 노동 정책과 노조연맹 조사를 자까르따에서 먼저 하고, 나중에 단위 사업장 조사를 위해 지방으로 간다는 하향식 설계는 실수가 아니었던가? 본능적으로 끌리는 곳, 또는 직관이 가리킨 바로 그곳에서 출발하라는 식의 연구 계획서 작성에 관한 조언(Przeworski and Salomon 1988)을 현지조사 과정에도 적용했어야 했다. 직관이 가리킨 곳에서 조사를 시작했더라면 고민과 혼란이 적었을 것이고, 조사도 훨씬 효과적으로 진행됐을 것이다.

그러나 두 도시의 조사 순서를 바꾸었더라면 하고 후회했을 뿐이지 자까르따에서 보낸 시간이 헛되다고 생각한 것은 결코 아니었다. 자까르따와 수라바야 두 도시의 이야기는 동전의 양면처럼 노동운동의 양면적 실제를 알려줬다. 자까르따는 내가 수라바야에 매몰되지 않도록 성가시게 윙윙거리는 등에 같았다. 진상이 기대에 못 미치고 짜증스럽고 실망스럽다 해서 현실에서 몰아내버릴 수 없고 진술에서 지워버려도 안 되는 것이다. 자까르따는 수라바야의 특수성을 보게 해줬다. 수라바야의 역동적 노동운동의 세계는 피로를 느끼기 시작한 자까르따의 시각에서는 특이한 것이었다. 자까르따에서는 노동인권운동 단체들이 효용과 운동성을 잃어가고, 노동운동가들이 새로운 핫이슈를 찾아 전직하고 있었지만, 수라바야에서는 단체나 활동가나 최고의 전성기를 구가하고 있었던 것이다. 그곳에서 노동자 현장 지도부가 그 등장을 천명하고 있었다면, 자까르따에서는 구체제의 노동 귀족들이 새로운 노조 연맹을 창설하면서 오래된 영향력을 발휘하고 있었던 것이다. 수라바야 조사가 행복했던 것은 내가 보고 싶었던 노동운동의 낭만주의가 바로 거기 있었기 때문이다. 그러나 보고 싶은 것만 보려 해서는 안 된다.

모자라고 부족한 사람들을 위해

현지조사에 임할 때 충분한 자금 확보와 현지어 훈련의 중요성은 절대 부인할 수 없다. 그래서 지역연구를 지망하는 후속 세대들이 조기에 이런 준비를 할 수 있게 지원하는 제도를 만드는 데 깊은 관심을 표하고 나름대로 기여해온 것이다. 그러나 부족하고 모자라다고 하염없이 기다리고 머뭇거려서는 안 된다. 현지에 뛰어들어야 한다고 생각하며 실제로 그렇게 했다. 그런데 이런 경우에는 조사 기간의 장기화를 기꺼이 감수해야 한다. 언어 실력이 향상되는 시간이 필요하기 때문이다. 그리고 근근이 생활하느라 조사 보조원을 고용할 수도 없기 때문이다. 그러나 늘어날 수밖에 없는 현지의 시간은 그저 낭비되는 것이 아니다. 현지의 저류를 읽어내려면, 얼마 동안이라고 못 박을 수는 없지만, 적잖은 시간이 필요하다. 우연적 발견의 행운이 따르기도 하는데, 그런 행운은 기본적으로 현지에서 보낸 시간의 보상이다. 효율성만 추구했다면 얻기 어려운 행운인 것이다.

　잘 준비되고 말 잘하는 사람이 빠지기 쉬운 함정도 있다. 나와 거의 같은 시기에 같은 주제를 연구한 외국 학자를 박사 이후에 직접 만날 기회가 있었다. 현지인과 결혼해 현지어에 능통했고 조사 보조원을 활용할 여력도 갖춘 연구자였기에, 몇 개월의 현지조사만으로 박사 논문을 완성할 수 있었다. 그런데 그 학자는 1998년 8월에 권위주의 붕괴 직후 100여 명의 활동가들이 반둥에 모여 전개한 전국연대노조 결성 논의가 결실을 보지 못하고 오히려 재론하지 말자고 합의한 결정적 사건의 존재 자체를 아예 모르고 있었다. 그래서 나는 그 학자에게 "적전 분열" 또는 "반둥 회군"이라고 할 수 있는 그 회의에 관해 자세히 알고 있는 활동가를 소개해줬다. 그 뒤 다시 만났을 때 그 학자는 내가 소개해준 활동가가 그 사건에 관해 아무런 이야기도 하지 않았다며 의아해했다. 반면에 그 활동가는 그 학자가 한 시간의 인터뷰에서 열다섯 개나 되는 질문을 꺼내놓아 피곤했다며 불평을 했다.

모자라고 부족한 사람들일수록 여유롭고 인간적인 거점 단체를 선택하고, 그곳에서 많은 시간을 보내라고 권하고 싶다. 호흡을 길게 갖고 느슨한 대화를 즐기면서 아이처럼 배워야 할 것이다. 시간이 흐를수록 관계가 깊어지고 이해도 깊어질 것이다. 그곳의 관계망을 통해 추천과 지지를 받고, 외국인으로 사는 데 필요한 각종 안전 보장도 받을 수 있다. 단, 그렇게 지내려면, 그곳의 사람들에게 즐거운 사람이 돼야 한다. "사교적이지 않으면 현지조사를 할 수 없다."는 말을 들은 적이 있다. 그런데 참여관찰은 더욱이 성격 모난 사람이 수행하기 어려운 일이다. 더부살이의 비용을 내는 것도 아닌데 이런저런 미숙함으로 짐이 될 수밖에 없다. 그러니 미소와 유머를 잃지 말고 늘 쾌활함을 유지해야 한다. 아등바등 이기적이지 말고 함께 나누는 여유가 있어야 한다. 나의 존재가 활력을 줄 수 있어야 한다고 늘 다짐하고 그렇게 만들기 위해 노력해야 할 것이다.

　준비가 덜 됐다 생각해서 인터뷰를 늦추기 쉬운데, 그러지 말고 빨리 가능한 범위와 지위의 사람들부터 접촉을 시작하라고 권하고 싶다. 조사 초반에 어떤 미국인 박사 과정생이 인도네시아에서 여러 장군을 만났다고 자랑하는 것을 들은 적이 있다. 그때 나는 장군을 만난 무용담이 흥미롭고 그런 그 학생이 부럽기도 했지만, 한편으로는 "장군을 만나서 뭘 얻지?" 하는 의문이 들었다. 나는 "낮은 데로 임하기"부터 시작했다. 인력부의 계원부터 시작했고 국장 이상을 만난 것은 조사 막바지 때였다. 엔지오를 방문해 스텝들과 놀았지만 소장을 만난 적은 거의 없다. 노동조합에서도 위원장보다는 사무실을 오래

지키는 하급 간부들을 만나기를 즐겼다. 쉽게 만날 수 있었을 뿐만 아니라 그 사람들에게 배우고 얻는 것이 더 실제적이라고 정당화도 해봤다. 더구나 나는 노동운동을 연구하는 자였기에, "방법이 주제에 맞게 선택돼야 한다."는 말대로, 인터뷰 대상자도 그렇게 선별했다.

조사가 급하다는 생각에 조사에만 집중하다가 현지발 국제화의 이점을 누리지 못한다면 아쉬운 일이다. 현지는 조사의 공간일 뿐만 아니라 조사자들이 초국가적으로 만나는 공간이다. 현지어는 진지한 조사자들 사이에 국제적 소통의 수단이 돼준다. 외지에서 온 조사자나 학자를 현지에서 만날 기회가 있다면, 국내 대학원에 재학하는 학생이라면 더더욱, 괜히 빼거나 바쁜 척하지 말고 관심을 갖고 다가가서 어울리고 배우고 나누길 바란다. 세계적으로 인도네시아 연구자의 수가 적지 않지만, 이렇게 사귀다 보면 우리 학계가 아주 좁고 긴밀한 세계에 살고 있다는 것을 느끼게 될 것이다. 그래서 우리는 현지나 한국이나 세계의 어느 곳에선가 그 사람들과 반갑게 다시 만나게 된다.

사회운동을 조사하려 한다면

내 경험에 기초해 사회운동에 관해 조사하려는 사람들에게 조언을 한다면, 특별히 세 가지를 언급할 만하겠다. 첫째는, 자신의 의견을 피력하는 것이 감추는 것보다 낫다고 생각한다. 처음에는 자신이 무엇을 하려 하는지를 분명히 밝혀야 할 것이고, 조사 과정 중에도 인상이나 느낌을 적극적으로 피력하는 것이 좋고, 막바지에는 자신이 조사한 결과를 발표하고 토론하는 식으로 공유해야 할 것이다. 수라바야에서 어떤 미국인 연구자가 스파이로 의심받는 경우를 접한 적이 있다. 장기간 운동권 주변을 맴돌고 있었지만 현지 운동권으로서는 그 연구자가 의견이나 조사 결과를 공유하지 않아서 연구자의 심중을 도무지 알 길이 없었기 때문이다. 나도 처음에는 말이 짧아서, 그리고 현지에 작용하면 안 된다는 생각으로 의견을 밝히지 않았다. 그래서 "사업체를 차리려나 보다."는 농담을 들어야 했는지도 모른다. 운동권 사람들은 특히 토론과 논쟁을 즐기는 사람들이다. 외국인 조사자의 견해를 통해 비교적 시각을 확보하려는 열망도 지니고 있다. 한국의 사회운동과 인권 관련 법제에 관해서도 많이들 궁금해하고 실제로 질문을 던진다. 여기에 답을 줘야 할 것이고, 미처 모르고 있었다면 공부해서라도 알려줘야 한다. 얻기만 할 것이 아니라 그 사람들의 기대도 충족시켜줘야 공평한 일이고 이로써 조사도 더 유익해질 수 있다. 그리하여 운동권에 관한 조사는 불가피하게 상호적인 과정이 된다.

둘째로 현지적 시각을 분해할 필요가 있다는 것을 말하고 싶다. 지역연구자들은 현지(인)적 관점을 파악하려 애쓴다. 그런데 사회운동에 관하여 조사하다 보면 어떤 현지(인)의 관점이냐는 의문이 뒤따른다. 추상 수준을 고도로 높이면 하나의 전체로서 현지적 관점을 해석할 수 있겠지만, 구체적인 수준의 해석에서는 이익, 이념, 계급, 성의 차이가 고려될 수밖에 없다. 기득권 세력과 개혁 추구 세력의 관점 차이가 대립하는 상황에서 조사자는 자신의 당파성을 시험받게 될 것이다. 그런데 수구냐 변화냐의 선택을 넘어서 변화를 열망하는 사회운동 진영 내부에서도 동원하는 자의 관점과 동원되는 자의 관점이

구별되고 다르게 보인다. 사회운동 안에서도 계급적 차이나 성차를 따지게 되는 것이다. 그러므로 우리는 현지적 관점이 누구의 관점인지를 계속 염두에 둬야 하고, 구체를 사상하지 않고 현지적 관점을 추상해내려면, 계급적이고 성차적인 분해와 재결합을 반복적으로 수행해야 할 것이다.

셋째로는 내 사례가 보여주고 있는 것처럼, 외국의 사회운동을 조사할 때 한국 시민사회 단체 참여 경험이 상당한 이득을 준다는 점이다. 한국의 시민사회 단체는 외국의 사회운동에 관한 긴요한 정보를 제공할 수 있다. 내가 조사를 설계할 당시는 지금처럼 인터넷으로 정보 검색이 활발하던 때가 아니었다. 따라서 한국의 시민사회 단체가 맺고 있는 국제적 네트워크와 그것을 통해 얻게 된 현지의 사회운동 정보는 부족하나마 기본적인 진상들을 담고 있었다. 또한 한국의 시민사회 단체는 현지에 처음 발을 딛고 현지조사를 연습하고 예비조사를 수행할 수 있는 기회를 제공해줬다. 그리고 현지조사 과정에서는 현지 사회운동 단체들과 활동가들에게 좀더 쉽게 접근할 수 있게 해줬다. 그래서 외국의 사회운동을 연구하려 한다면 한국에서도 시민사회 활동에 적극적으로 참여하거나 적어도 개인적 협력 관계라도 유지하라고 권하고 싶다. 아시아 지역의 사회운동을 연구하려 하는 사람에게는 더더욱 강권하고 싶다. 내가 현지조사를 다니기 시작할 때는 한국 시민사회가 한인 투자와 외국인 노동자 문제를 중심으로 아시아에 관심을 막 갖기 시작했다. 이제는 아예 한국의 국제 연대 활동의 중심 사안이 "아시아 연대 활동"으로 압축되고 있다(전제성 2011). 한국발 아시아 연대 운동이 가속되다 보니, 아시아 사회운동 측에서도 한국에 대해 관심이 많고 적잖은 아시아 활동가들이 연대 활동차 한국을 방문해본 경험이 있다. 이것은 한국인 조사자가 누릴 수 있는 비교 우위 중 하나라고 할 수 있다. 앞으로 이런 경향은 더욱 강해질 것이므로, 아시아 사회운동을 조사하려 하는 사람은 한국 사회운동의 아시아 연대 활동에도 깊은 관심을 갖고 있어야 할 것이다.

우리는 혼자가 아니다

지금까지 소개한 내 현지조사가 결코 모범 사례일 수는 없을 것이다. 그렇지만 부족한 자금, 빈약한 언어 능력, 저급한 국제화의 장애를 안고 시작해, 많은 사람들을 만나고 두루 배우며 훈련됐고, 시위, 폭동, 폭탄 테러, 종교와 종족 분쟁, 즉결 처형 등 각종 폭력으로 얼룩진 열대의 정치 변동기 속에서도 신체를 보전하고 돌아올 수 있었다. 현지조사 이후에 여기서 일일이 소개할 수 없는 많은 변화가 개인적으로 찾아왔다. 현지조사가 새로운 나를 낳은 것이다.

모자라고 부족했지만 현지조사를 완주할 수 있었던 것은 많은 사람들의 도움이 있었기 때문이다. 먼저 본인들의 과거와 현재 활동이 기록되기를 원했던 현지인 활동가들과 노동자들이 있었다. 좋은 친구가 돼주거나 기꺼이 숙식을 제공한 현지인들도 있었다. 여러 동남아 연구 선배들의 후원도 빼놓을 수 없다. 특히 신윤환 교수는 인도네시아의 첫 방문 때부터 시작해 현지조사의 고비마다 결정적인 도움을 줬다. 현지조사 초반에 지도 교수가 전해준 주요 인사 명부와 주소록을 자랑하는 외국인 연구자들을 보며 나는 어째 저런 선생님이 없을까 투덜대보기도 했지만, 이 글을 작성하면서 나는 그 사람들보다 더 절실하고 근본적인 후원을 받았다는 사실을 다시 확인하게 됐다.

아울러 기억해야 할 점은 현지에서 만나 실질적인 동행의 고락을 나눈 한국의 동남아 학도들이 있었다는 점이다. 모자라서 도움도 많이 청해야 했고, 그러면 기꺼이 도와주던 그 사람들은 당시 동남아지역연구회(현 한국동남아연구소)의 대학원생 회원들이었다. 우리는 동남아 연구의 선배들 덕분에 학교와 학문 분과를 초월해 연결돼 있었다. 1994년부터 5년간 나는 동남아 연구를 지망하는 대학원생 그룹을 이끌었다. 우리는 월례 발표회에 참여하고, 동남아에 관한 책을 나눠 읽고 토론하며, 필요하다면 언제든지 선배들을 찾아가 지도를 받을 수 있었다. 우리는 소외된 지역을 전공하는 외로움을 달래고 미지의 현지를 향한 열정과 도전 의식으로 충만한 동지들이었다. 이 친구들이 저마다 동남아 현지에 막 진입하기 시작하던 시기에 나도 현지조사를 수행했다. 외국의 연구자들처럼 감사의 글에 한 바닥을 채울 수 없고 손가락으로 꼽을 정도로 소수에 불과했지만, 우리는 적도 위에서 뜨겁게 만나고 서로 지지하고 많은 것을 나눴다. 그러므로 적어도 내 경우는 현지조사를 홀로 완주한 것이 아니라, "조직의 힘"과 그것이 산출한 "사회적 자본social capital"이 함께 가동된 것이다. 따라서 나는 도움을 준 개개인들뿐만 아니라 그 열정적인 개인들과 연결지어준 조직에도 감사해야만 하는 것이다.

울고, 웃고, 넘나드는 국경살이

태국-미얀마 국경 지역과 모바일 참여관찰

6

이상국

경계 넘기의 현지조사

나는 태국과 미얀마 국경 지역의 사회 체제의 특성을 다룬 논문을 작성해 2007년 10월에 싱가포르국립대학교National University of Singapore에서 박사 학위를 받았다(Lee 2007). 주요한 국경 도시인 매솟Mae Sot에서 2004년 7월부터 2005년 7월까지 머물며 현지조사를 수행했다. 물론 그 이전에도 그곳을 단기로 방문해 조사를 수행했으며, 학위 논문을 작성하던 중간에도 몇 차례 추가 조사를 실시하기도 했다. 나는 싱가포르에서 유학을 했기 때문에, 이처럼 1년 동안의 본격적인 현지조사 이외에 단기 현지조사를 수시로 수행할 수 있는 이점을 갖고 있었다.

나는 박사 논문에서 "국경 사회 체제"라는 개념으로 그 지역 사회를 이해하려는 시도를 했다. "불법" 이주민 등 여러 부류의 사람들이 살아가고 있는 그 국경 지역이 일견 무질서해 보이나 구성원들 간의 관계에 기반을 둔 사회 체제가 형성돼 있다는 것을 밝혔다. 국경 사회 체제의 주요한 특징을 살피면서, 미등록 이주민이나 난민 등 비공식적인 행위자들이 그 사회의 주요한 구성원이고, 구성원들이 서로 비공식적, 비합법적으로 상호작용하는 경향이 크다고 언급했다. 또한 역동적 이동성이 사회를 혼란시키는 요인이라기보다 오히려 그 지역을 생명력 있게 만드는 피와 같으며, 그런 이동성에 기반한 초국가적 사회 공간transnational social space이 지리적인 구체성을 띠며 형성돼 있다고 밝혔다. 무엇보다 내가 강조한 것은 국경 사회를 제대로 이해하려면 비공식적인 영역을 반드시 고려해야 하며 공식적인 영역과 비공식적인 영역을 통합해서 바라봐야 그 사회를 총체적으로 이해할 수 있다는 점이었다.

논문의 각론에서 나는 매솟의 행정과 거버넌스, 경제, 교육, 문화 등의 분야에서 비공식적인 면이 어떻게 나타나고 어떻게 그것이 공식적인 면과 통합이 돼 있는지를 살펴봤다. 또한 매솟을 넘어 방콕으로 이어지는 이주의 물결과 역으로 방콕에서 매솟으로 흘러들어오는 자본과 국가의 개발 프로젝트는 국경 사회 체제에 어떤 영향을 미치는가를 다뤘다(이상국 2008; Lee 2011).

국경 지역에서 수행한 현지조사이다 보니, 지리적인 경계를 넘어야 할 때가 많았다. 또한 다양한 문화와 언어 간의 경계를 넘어야 했다. 그리고 익숙하고 편한 생활을 넘어 낯선 생활 속으로 들어가야 하는 경계 넘기도 해야 했다. 그런 경계를 넘는 과정은 헤엄을 치는 과정이라 하고 싶다. 내가 어떻게 순간순간 턱밑까지 밀려드는 파도를 가르며 헤엄쳐 나갔는가를 독자들과 이 글을 통해 나누고 싶다.

난민촌을 찾아서

내가 어떤 이유로 매솟 지역을 현지조사 지역으로 삼았는가에 관해 궁금해할 수도 있을 것 같다. 사실 매솟과 그 주변 지역은 나에게 낯설지 않은 공간이었다. 이미 석사 학위 과정 시기에 이곳을 방문했기 때문이다(Lee 2001). 그 당시에 관심이 있던 주제는 미얀마 종족 갈등이었다. 그러나 그런 주제로 미얀마 안에서 현지조사를 하기에는 어려움이 따를 것 같아 고민을 했다. 그래서 현지조사가 가능한 주제를 생각해보니 태국 내 국경 지역의 난민촌에 거주하는 카렌족^{Karen} 난민에 관련된 주제가 적절해 보였다. 난민 문제 역시 내가 애초에 품고 있었던 종족 갈등이라는 주제와 벗어나지 않았다. 난민 발생은 종족 갈등의 결과로서 나타난 현상이기 때문이다. 내가 난민촌에서 현지조사를 하기로 결정한 것에는 물론 지도 교수의 조언이 큰 영향을 미쳤다. 나는 우스갯소리로 가끔씩 다음과 같은 일화를 소개한다. 한 신문사의 사진기자가 신년호의 첫 면에 에베레스트 산 정상 사진을 실을 목적으로 실제로 그 산을 등반하여 정상까지 올라 사진을 찍었다고 한다. 군이 목숨을 걸 정도로 그렇게까지 할 필요가 있었겠느냐는 주변 사람들의 질문에 그 사진기자는 신문사의 부장이 시켜서 그렇게 했다고 말했다고 한다. 이 일화에 빗대어 주변 사람들이 나에게 그 "위험하고 험악한" 난민촌에 도대체 왜 들어갔느냐고 물어보면 지도 교수가 가라고 해서 갔다는 말로 답을 한다.

나는 카렌족 난민촌에 1999년 12월에 처음 가봤다. 실제로 이 난민촌에 닿기까지는 여러 사람들의 도움이 필요했다. 석사 과정 4학기 때인 1999년 2학기에 싱가포르국립대학교에서 교환학생으로 머문 적이 있었는데, 당시 그 대학교에서는 이 주제와 관련해 몇몇 교수들과 학생들이 연구를 하고 있었다. 대표적으로 인류학자인 아난다 라자$^{Ananda\ Rajah}$ 교수와 지리학자인 칼 그룬디워$^{Carl\ Grundy-Warr}$ 교수가 한창 그 주제에 몰두해 있었다(나중에 아난다 라자 교수는 나의 박사 과정 지도 교수로, 칼 그룬디 워는 논문 심사 위원으로 나를 지도해줬다). 교환학생을 마치고 본격적으로 조사를 하기 위해 이 교수들이 소개해준 사람들을 만나려고 치앙마이Chiang Mai를 찾아 나섰다. 싱가포르에서 치앙마이까지 비행기로도 갈 수 있었으나, 육로 여행을 선택했다. 적도에서 북위 20도 사이의 풍경과 식생 그리고 종족 경관ethnoscape의 변화를 눈으로 확인하고 싶었다. 이리하여 싱가포르–조호르바루Johore Bharu–말라카Malaka–쿠알라룸푸르Kuala Lumpur–페낭Penang–핫야이Hat Yai–춤폰Chumpon–방콕–치앙마이로 이어지는 일정으로 여행을 했다. 여행 도중 비행기를 타지 않은 것을 수도 없이 후회했지만, 말레이 반도에 펼쳐지는 팜나무 플랜테이션, 위도가 올라갈수록 바뀌는 식생의 변화와 점점 희미해져가는 질밥Jilbab을 쓴 여성의 풍경을 피부로 느낄 수 있었고, 그 이미지들은 아직까지도 강렬하게 남아 있다(그 이후에도 두 번 더 이렇게 비슷한 경로로 육로 여행을 했다).

치앙마이에 당도해 소개받은 사람들을 만나고, 단체들을 방문해서 여러 정보들을 얻었다. 그러나 나를 확실히 챙겨서 난민촌으로 안내해줄 사람은 그리 마땅치 않았다. 여기에서 한국인 선교사의 도움을 받았다. 방콕에 있는 한인 교회의 목사에게 그 선교사를 소개받았다. 그 선교사는 치앙마이에 거주하면서 산악 지역에 사는 타이 카렌족을 대상으로 활동을 하고 있었다. 마침 미얀마 카렌족이 90년대 중반 이후에 주요 요새를 미얀마 정부군에 빼앗기고 대규모로 태국 땅에 몰려들어와 난민촌에 거주하게 되자 그 선교사는 카렌족 난민촌 구호 활동에 관여를 하게 됐으며, 그 선교사의 주 활동 난민촌도 바로 내가 방문하려고 한 맬라Mae La 난민촌이었다. 그 선교사를 따라 맬라 난민촌에 가기 위해 나섰다. 그러나 차를 타고 달린 시간은 그리 오래되지 않았다. 선교사는 차를 산 아래에 대놓고 평소 가기 힘든 깊은 산속의 타이 카렌족 마을들도 들러보며 맬라 난민촌으로 가자고 했다. 그렇게 나는 꼬박 이틀 동안 그야말로 험산준령을 넘는 고난의 행군을 했다. 카렌족이 야생 쥐를 잡아먹는다는 말을 들은 적이 있었는데, 실제 산을 넘어가며 사제 총을 뒤에 차고 쥐를 사냥하러 다니는 카렌족 무리를 여러 차례 만났다. 잠시 휴식을 취하던 차에 그중 한 무리와 만나서 직접 그 총을 만져보기도 했다. 그러다 아직도 섬뜩한 사건이 발생했는데, 내가 무심결에 방아쇠를 당겨 총알을 발사해버린 것이다. 내 바로 옆에는 그 선교사가 있었다. 다행히 총구는 선교사나 다른 사람에게 향하지 않았다. 아직도 그때 일을 생각하면 모골이 송연하다.

날이 어둑해질 무렵 우리는 오두막 같은 집(원래 카렌족은 나무 잎사귀와 목재로 간단하게 집을 짓는다) 몇 채가 옹기종기 모여 있는 타이 카렌족 마을에 도착해 여장을 풀었다. 그 밤에, 그 깊은 산속 카렌족 마을에서, 별이 쏟아지는 하늘을 봤다. 오랫동안 잊어버리고 있던 별들의 풍경이었다. 12월 초 산속의 밤은 무척 추웠다. 추워서 이리저리 뒤척이며 제대로 잠을 이루지 못했다. "춥고 배고파서" 고통스럽다는 표현이 있는데, 나는 "춥고 배불러서" 고통스러웠던 기억이 있다. 아침이 되자 우리는 머물던 집에서 아침 초대를 받았다. 음식이라야 카렌족들이 늘 먹는 밥과 젓갈 종류였다. 나는 맛있게 많이 먹는 것이 주인에 대한 예의라고 생각하여 그렇게 했다. 내 곁의 선교사가 다른 집에서 초대할 수도 있으니 조절해가며 먹으라고 일러뒀지만 그리 크게 신경을 쓰지 않았다. 그 집에서 식사가 끝나자 정말 옆집에서 우리를 초대했다. 거의 비슷한 음식을 또 먹게 된 것이다. 이때는 정말로 고통스러웠지만, 이렇게 여러 집에서 손님을 초대하는 것이 카렌족의 관습이자 미덕이라고 하고, 더군다나 명색이 인류학자이니 따를 수밖에 없었던 것이다. 그 선교사는 이렇게 일곱 번까지 먹어봤다고 하니, 내 두 번의 아침 식사는 그에 비하면 약과였다.

그렇게 든든히 아침을 먹고 다시 여정을 시작했다. 전날은 종일 올라왔는데, 그날은 종일 내려가는 일정이었다. 풍경도 전날과는 달랐다. 곳곳에 다랑이 논이 펼쳐져 있었고, 그곳에서 일하는 카렌족들하고도 마주쳤다. 오가며 마주치는 카렌족 중 일부는 난민촌에 거주한 적이 있기도 했다. 이 사실로 미루어보건대 산악 지역의 소수 종족은 내부적 완결성을 유지하며 외부와 절연된 삶을 사는 것이 아니라 이렇게 늘 이주의 물결을 경험한다는 것을 알 수 있다. 제임스 스콧(Scott 2009)은 산악 지역의 소수 종족이 태곳적부터 그곳에 있던 사람들이 아니라 평원 지역의 권력에서 도피한 사람들이라고 했는데, 스콧의 논의를 카렌족이 사는 이런 산속에서 확인할 수 있었다.

어둑해질 무렵 평지에 이르렀고 아스팔트 길에 들어섰다. 그 길은 매솟에서 매사리앙Mae Sariang으로 이어지는 도로였다. 그 길 너머에 내가 목표로 하고 지금껏 걸어왔던 맬라 난민촌이 있었다. 그 난민촌은 우리가 평상시에 갖고 있는 난민촌의 이미지와 달랐다. 황량한 대지 위에 찢긴 천막이 여기저기 나부끼는 마을이 아니었다. 내가 그 전

날 산에서 본 카렌족 마을이 거대하게 형성돼 있는 꼴이었다. 외형상
으로 보기에는 난민촌과 마을이 구분되지 않았다. 동남아시아 기후
와 지형에서 형성된 난민촌의 형태는 중동 등 다른 지역에서 설립된
난민촌의 형태와 다르다. 동남아에서 집을 짓기란, 그렇게 힘든 일이
아니고, 나아가 그런 집들이 모여 있는 마을을 형성하기란 그렇게 어
려운 일이 아니다. 사실 이렇게 원거주지에서 쫓겨나 다른 곳으로 옮
겨 새로운 터전을 일궈나가는 형태는 동남아에서 오래전부터 있어왔
다. 근대에 들어 국경선이 그어지자 그런 사람들을 "난민"이라고 일컬
은 것이다. 아무튼 나는 마침내 "위험하고 험악하다"는 난민촌에 당도
했다. 나와 동행한 선교사는 평소에 친분을 갖고 있는 한 학교의 교장
에게 내가 카렌족 난민이 난민촌에서 어떻게 적응하는지를 연구하려
는 대학원생이라고 소개하고 이곳에 머무를 수 있도록 편의를 봐달라
고 부탁을 했다. 그 학교는 고등학교를 졸업한 학생들이 주로 공부하
고 있는 곳으로 일반교양 과목과 신학을 가르쳤다. 외부인들의 출입
이 비교적 잦아서 그런지 손님들이 머무를 수 있는 공간도 갖추고 있
어서 그곳에 거처를 마련할 수 있었다. 다음 날 아침 그 선교사는 되
돌아갔고 나는 사전 조사를 할 요량으로 그곳에 며칠 더 머물렀다.

그 교장에 관해 언급을 안 하고 넘어갈 수 없겠다. 그 교장은 원래
미얀마 양곤의 한 대학에서 교수 요원으로 근무를 한 적도 있고, 젊
은 시절 필리핀에서 유학을 한 적도 있었다. 그러나 동족의 혁명 운동
을 외면할 수 없어서 미얀마 내 국경 지역의 카렌족 해방구로 찾아가
서 교육 사업에 종사했다고 한다. 그러나 그곳이 미얀마군의 수중에

넘어가자 1989년에 이 난민촌에 오게 됐다. 이곳에서도 외부인들의 지원을 적극적으로 이끌어내며 교육 사업을 확장하고 있었다. 난민들은 목숨을 바칠 정도로 희생하는 그를 깊이 존경했다. 그도 그럴 것이 1997년과 1998년에 미얀마 정부군과 기독교 카렌족의 독단적인 리더십에 불만을 품은 불교도 카렌족 일파가 불과 얼마 떨어져 있지 않은 미얀마 쪽 국경에서 이 난민촌에 포탄 공격을 퍼부은 적이 있는데, 학교 주변에 포탄이 빗발치는데도 그는 이 학교와 운명을 같이하겠노라고 의연하게 버티고 있었다고 한다. 이 사건은 나중에 카렌족뿐만 아니라 외국인들에게도 신화처럼 회자됐다. 그 뒤 외국 인권운동가들의 출입이 더욱더 잦아지고 이 학교 및 그 주변은 난민촌 안에서 거의 특별 자치 구역처럼 운영됐다. 난민촌을 감시하고 관리하는 태국 군인과 관료도 이곳에 대한 통제는 그렇게 심하게 하지 않았다. 바로 이곳에 머물렀기 때문에 연구자로서 비교적 장기간 체류가 가능했던 것이다. 원칙적으로 태국 정부는 외부인의 출입을 허락하지 않고, 엔지오에 종사하는 사람들도 난민촌에서 숙박을 할 수 없게 규정하고 있다. 나중에 몇 차례 난민촌 입구에서 태국 군인들에게 검문을 당한 적이 있었는데, 그때마다 그 교장을 언급하며 그곳에 간다는 얘기를 하면서 통과 허락을 받았다.

이렇게 거처를 마련하고 사전 현지조사를 한 뒤에 일단 한국으로 들어왔다. 그리고 2000년 2월 초에 다시 그곳에 들어가 4월 말까지 약 세 달 동안 그곳에 머물며 조사를 수행했다.

난민촌 살이

난민촌에서 본격적으로 조사를 하면서 흥분을 감출 수 없었다. 단지 학술적인 조사를 한다는 것을 떠나, "내가 어디 가서 이런 경험을 해 보나.", "내가 이렇게 다른 방식으로 삶을 살아가는 사람들과 어울려 지내는구나." 하며 낯설고도 흥미진진한 감정으로 충만해 있었다. 그리고 난민들이 이렇게 어렵게 살아가니 내 자신을 버리고, 여기 머무는 동안 모든 난민들과 친구가 되며 그야말로 "성자처럼" 살아가자며 다짐을 했다. 물론 나에게 이런 경험을 선사한 "위대한 인류학"에도 감사했다.

그러나 이런 충만한 감정은 오래가지 않았다. 나는 나름대로 생존하기 위해 배낭 가득 화장지, 라면, 슬리퍼, 카세트 등을 갖고 들어가 숙소 한쪽에 비치해 놓았다. 내 곁에는 그 학교의 여러 잡일을 담당하는 몇몇 학생들이 기거했다. 내 물품은 점점 공용 물품이 돼갔다. 더군다나 날씨는 점점 더워져갔다. 두루마리 화장지는 급속도로 풀려나가 얇아져갔다. 그래서 내가 되도록 회피하고 싶던 동남아식 뒤처리를 예상보다 훨씬 빨리 경험하게 됐다. 위대한 한국의 라면은 난민들의 혀를 매혹시켰고, 난민들은 계속 그것을 찾았다. 치사하게 몰래 먹으려고 한 것은 아니지만 내 소중한 간식이 그렇게 빨리 없어질 줄은 몰랐다. 슬리퍼는 도둑맞은 것처럼 사라졌다가 한참 있다 되돌아오곤 했다. 카세트는 어느새 난민의 손에 들려 있었고, 한류의 전조였을까, 그 사람은 알지도 못하는 한국 노래를 흥얼거리며 감상했다. 날씨는 더욱더 더워져갔다. 처음에 품은 굳건한 다짐은 오래가지 못했다. 특히 내 것을 제 것인 마냥 함부로 손을 대는 어느 한 난민하고는 마주치기도 싫었다. 연구에 지장을 받을까 봐 언성을 높이지도 못하고 벙어리 냉가슴 앓듯 내 속은 타들어갔다. 지금 생각해보면 내가 너무나 유치한 다짐을 했고, 난민들에 관해서도 제대로 이해하지 못했다는 부끄러운 생각이 든다. 당시 나는 난민들이 이미 모든 것을 잃은 자들로서 아무런 물질적인 욕구도 없고, 외부의 구호 식량에 감사하며 고분고분하게 삶을 살아가는 자들이라고 단정한 것 같다. 그러나 난민들도 일반 사람들의 성정을 지닌 한 인간이었다. 나름대로의 개성이 있고, 욕구가 있는 사람들이었다. 그리고 난민이라는 지위를 전략적으로 활용할 줄 아는 사람들이었다. 실제로 나에게 인터뷰나 정보 제공을 해주는 대가로 무언가를 노골적으로 또는 넌지시 요구하는 난민들이 많았다. 가령, 난민촌 안에서 중요한 사람을 만나고, 필요한 자료들을 얻는 데 한 중년 여성의 도움을 받았는데, 그 여성은 치앙마이에서 태국 학교를 다니고 있는 자기 자녀의 학비를 지원해 달라는 요구를 했다. 또 어떤 20대 난민은 자신이 아는 사람이 외국인의 후원을 받아 미국이나 유럽 등지에 살고 있다면서, 나에게 그런 후원을 기대하는 말을 하기도 했다. 또한 난민촌 안에서 난민들이 스스로 조직하는 소위 "자생" 엔지오들이 우후죽순처럼 생겨났는데, 어떤 한 난민도 자기가 조직한 엔지오를 후원해 달라는 요구를 했다. 난민들에게 외국인들은 크나큰 자원으로 자리 잡았다. 이것은 난민촌이 역설적으로 바깥세상에 열려져 있기 때문이다. 난민들은 난민이 되기 이전보다 오히려 외국인들을 일상생활 속에서 더 자주 마주친다. 외국인

인권운동가, 외국인 언론인, 외국인 자원 봉사자들, 외국인 선교사 등은 "불쌍한" 난민들에게 조건 없는 지원을 아끼지 않는다. 난민촌 안에서 외국인을 만나 "대박 맞은" 이야기들이 여기저기 횡행하다 보니, 그런 행운을 기대하는 난민들이 많은 것은 당연하다. 내 주변의 난민들도 내게서 그런 행운을 기대했는지도 모른다.

이런 관찰은 부정적인 측면만 부각하며 난민을 더욱더 어려운 상황에 빠뜨리게 할 수도 있다는 비판도 받을 수도 있겠다. 그러나 나는 과도한 인도주의적 입장으로는 난민을 제대로 이해할 수 없다고 말하고 싶다. "순수한" 인권 옹호 차원의 연구는 난민들을 단지 피해자적인 관점에서만 다루고 그들이 갖고 있는 적극적인 삶의 의지를 보지 못하는 측면이 컸다. 난민들을 집단적으로 취급하면서 난민 개개인들의 주관적이고 개별적인 삶을 들여다 보지 못한 것이다(Lee 2012).

내가 초기에 철없이 한 다짐들도 아마도 난민을 피해자로만 바라봤을 뿐, 자기의 삶을 전략적으로 꾸려나가는 역사적인 행위자로서 난민을 바라보지 못해서 비롯된 것이 아닌가 싶다.

난민들을 대등한 입장에서 조건 없이 대하는 게 어렵기는 했지만, 그래도 그곳에 적응해가면서 사람들과 라포를 형성하며 즐거운 시간도 보냈다. 무엇보다 개고기를 짊어지고 소풍을 간 사건은 빼놓을 수 없겠다. 한번은 나와 어울리던 일군의 난민들이 소풍을 갈 생각이라며 나에게 같이 가자고 했다. 소풍 장소는 난민촌 바로 뒤에 둘러 있는 절벽이었다. 평상시 가파르고 기괴한 그 산을 어떻게 하면 올라가 볼 수 있을까 하던 차에 따라 나서기로 했다. 난민들은 소풍 음식으로 한국식의 탕 요리가 아니라 볶음 요리로 개고기를 준비했다. 그 개고기를 바리바리 싸들고 어린아이마냥 신이 나서 그 산에 올라갔다. 산에서 먹은 개고기는 그야말로 일품이었다. 다음의 사진은 그때 동행한 사람들과 찍은 것이다.

그런데 며칠 뒤에 알고 보니, 우리가 떼를 지어 산을 올라갈 때, 그 난민촌을 관리하고 있던 태국 수비대에서 난리가 났다고 한다. 난민촌에 무슨 사건이 발생한 것으로 생각한 모양이다. 그도 그럴 것이 그 산을 넘어 조금만 더 가면 미얀마 국경에 닿을 수 있고, 예전에 미얀마 정부군이 난민촌을 공격하기 위해 발사한 포탄이 그 산을 넘어 날아 들어왔기 때문이다. 그래서 태국 수비대에서 비상이 걸렸고 우리를 오해해서 총을 겨누기도 했노라는 얘기도 들렸다.

사실 태국 수비대의 반응은 난민촌의 또 다른 일상을 보여주는 것이다. 나는 난민촌에서 낮에는 평온한 일상을 보냈지만, 밤에는 무서움에 떤 적이 많다. 당시 난민들은 미얀마군에 의해 난민촌이 공격받은 기억을 생생히 갖고 있었다. 그리고 그것에 대비해 비상 참호를 곳곳에 준설해놓았고, 비상 신호 체계도 갖춰놓았다. 밤에는 돌아가며 불침번을 서기도 했다. 특히 이 난민촌에는 카렌족의 핵심 정치 지도자들이 다수 거주하고 있었고, 일부 정치 지도자들이 암살당하는 경우도 발생했기 때문에 보안 문제에 특히 신경을 썼다. 이런 환경에서 전기 없이 칠흑 같은 밤을 보내기란 곤욕이었다. 특히 한밤중 화장실에 가는 일은 죽기보다도 싫고 두려운 일이었다.

사실 난민촌은 쉽게 군사력을 동원할 수 있는 장소이기도 했다. 밀

난민들과 함께한 소풍.

집된 공간이기 때문에 오히려 민족주의 운동에 필요한 자원을 쉽게 모집할 수 있었다. 한번은 나와 가깝게 지내던 젊은 난민들이 갑자기 소집 명령을 받고 인근 미얀마 쪽 국경 지역의 전선에 투입되기도 했다. 바로 조금 전까지 같이 해맑게 놀던 사람들인데, 지금은 전선에 간다고 하니 그들의 극명한 일상의 변화에 놀랐다. 갑자기 내 주변의 일상이 거짓말 같았다.

난민들이 난민촌에서 어떻게 적응해가는가의 문제를 다루면서 당시 연구의 한계이자 문제의식으로 다가왔던 것은, 그것에 대해 제대로 알기 위해서는 난민촌과 그 바깥세상의 연계를 알아야 한다는 점이었다. 앞서도 언급했듯이 난민촌은 열린 공간이었다. 방문조사를 할 때, 종종 난민촌 밖에서 살던 가족과 친척들이 와 있는 것을 보기도 했다. 심지어 양곤에서 온 사람도 있었다. 어떤 난민은 난민촌에 거주하다가 가족과 친척을 만나기 위해 미얀마 쪽에 다녀오기도 했다. 캐나다에 재정착해 살고 있던 한 카렌족 여성은 난민촌에 한 달 동안 방문차 머물기도 했다. 구호 물품 역시 난민촌 안에서만 통용되지는 않았다. 미얀마 카렌주에 사는 한 사람은 난민촌에 거주하고 있는 친척이 배급받은 소금을 가져가기도 했다. 일부는 배급받은 쌀을 태국 상인들에게 팔기도 했다. 무엇보다 난민촌이 열린 공간이라는 것을 시장이 보여주었다. 그곳에는 일반 시장처럼 각종 물품이 거래된다. 심지어 TV 등 전자 제품도 있다. 원산지도 미얀마, 태국, 중국 등 다양하다. 1990년대 말까지만 해도 난민촌 바로 옆에는 영화관도 있었다고 한다. 특히 인근 도시인 매솟과 난민촌의 연계가 활발했다. 많은 카렌족 지도자들이 매솟에 살고 있었고, 카렌족 단체들도 그곳을 중심으로 활동하고 있었으며, 난민의 가족과 친척들도 매솟에 다수 거주하고 있었다. 그리고 매솟의 카렌족 교회는 난민촌 기독교도들과 연합 활동을 해나갔다. 매솟의 무슬림 상인들은 난민촌 안에서 상점을 운영하는 무슬림 상인들과 긴밀히 관계를 맺고 있었다. 이런 현상은 나중에 나에게 연구의 새로운 모티브를 주기도 했다(Lee 2011).

그곳에서 한국인 후손이라는 난민과 만난 것도 빼놓을 수 없다. 내가 머물던 학교 옆의 한 집에 자기의 아버지가 한국 사람이라는 난민의 가족이 살고 있었다. 얘기를 들어보니, 그 한국인은 일제시기에 미얀마 전선에 징용돼 끌려갔는데, 일본이 패망하자 카렌주에 남아서 숨어 지내다가 카렌족 여자를 만나 결혼했다는 것이다. 그 한국인은 1976년에 카렌주에서 사망했고 가족들이 카렌주에서 지내다가 그곳이 미얀마 정부군의 공격을 받자 난민이 돼 이곳까지 왔다고 한다. 그 가족이 실제로 한국인의 후손 여부인지는 아직 확실하게 증명된 것이 없기는 하다. 그 난민 가족은 아버지가 한국인이라는 것을 아버지의 친구를 통해 한참 뒤에 알게 되었다. 그 친구는 1981년도에 한국에서 일제 때 실종된 가족을 찾는다는 한 한국인이 낸 신문 광고를 그가족에게 전달해주며 그 아버지가 바로 광고 속의 사람이라고 말했다는 것이다. 그전에는 자기 아버지가 중국인인 줄 알았다고 한다. 그런데 막상 그 광고를 낸 한국 사람에게 아버지의 사진을 보였더니 자기가 찾던 사람이 아니라는 말만 들었다고 한다. 나도 나중에 한국에돌아와서 수소문해 광고를 낸 그 한국 사람을 직접 만나 그 사진을 보여쭸는데, 찾던 사람이 아니라는 말만 들었다. 현재로는 한국인인지 아닌지의 여부는 아직 카렌주에 생존하고 있다는 그 친구를 통해서밖에 알 수 없는 실정이다.

당시 나는 카렌어를 거의 구사하지 못했기 때문에 영어로 조사를 수행할 수밖에 없었다. 사실 많은 카렌족 사람들은 영어를 수준 높게 구사할 수 있었다. 특히 난민촌에 거주한 이후로 영어 교육을 집중적으로 받았고 영어를 사용하는 기회도 자주 있어서 그런지 영어가 거의 공용어가 된 듯했다. 물론 영어를 전혀 구사할 수 없는 일반 카렌족도 많았다. 이 사람들과 인터뷰를 할 때에는 통역을 해줄 사람을 데리고 갔다. 현지인과 제대로 소통하지 못했다는 한계도 있으나, 카렌족 역시 자신들끼리 제대로 소통을 못 하는 언어 환경에 처해 있는데, 나야 더 말할 나위도 없었다. 카렌족은 크게 스고^{Sgaw}와 포^{Pwo} 카렌으로 구분할 수 있는데, 그밖에도 여러 분파들이 많다. 카렌족 내 분파들이 많다 보니 카렌족 사이에서도 제대로 의사소통이 되지 않는다. 미얀마어가 공통어가 되기도 하지만, 미얀마어를 모르는 카렌족들도 많다. 쉽게 말해 카렌족 사이에서도 자기들끼리 의사소통이 되는 듯 마는 듯 불확실하게 이루어지고 있다. 더군다나 열린 공간인 난민촌에서 현지인들은 현지어를 더는 쓰지 않으려고 한다. 우리는 어떻게 보면 현지인을 "박제화"하며 현지인을 현지어의 감옥에 넣고 있는지도 모른다.

연구 초기에 눈에 띄게 돌아다니면서 중요한 인물도 만나고 행사도 참여했는데, 난민촌 지도자들 사이에서 내 이런 행동을 경계하는 얘기가 나온 모양이었다. 특히 앞서도 언급했지만, 보안에 굉장히 민감해하던 시기라서 내가 "뻔질나게" 돌아다니던 것에 사람들이 약간의 위협을 느낀 것 같다. 그래서 한번은 교장이 따끔하게 주의를 주면서 학교 주변을 제외하고는 난민촌의 다른 장소에 가는 것을 삼가라고 했다. 한편으로는 적반하장이라는 생각도 들 수 있다. 태국 땅에 얹혀사는 난민들이 이런 태도를 보일 수가 있는가. 그렇지만 난민촌도 자체적으로 일종의 거버넌스가 확립된 공간이었다. 난민으로 살아가지만 무정부 상태에서 거주하고 있지 않았다. 남의 땅에 살지만, 유사 국가체제 아래에서 지배를 받았다. 나도 그 유사 국가에 머무는 한, 그 권위에 따라야 했다. 그 이후로 굉장히 조심스럽게 처신했다. 나는 사실 불법적으로 난민촌에 거주하고 있는 것으로 태국 당국이 이를 문제 삼으면 이 학교와 여러 난민들이 실제로 큰 어려움을 당할 수 있기 때문이다. 마음껏 돌아다니지 못해 답답했지만, 내 연구만을 위한 이기적인 목적으로 그렇게 할 수는 없었다. 그렇다고 해서 재밌게 방문했던 난민촌 시장과 무슬림 거주 구역 등을 포기할 수는 없었다. 학교 근처에만 머물러 있는 지루함은 참을 수 없었다. 나는 눈에 잘 띄지 않게 요령껏 난민촌 여기저기를 종종 돌아다녔다.

내가 그곳에 머무는 동안 주요 정보 제공자는 늘 함께 생활하던 학생들이었다. 이 학생들 중에는 나와 물건을 공유한 학생도, 같이 소풍을 간 학생들도 포함돼 있다. 이 학생들과 일상생활을 함께하며 들은 이야기가 논문에서 중요한 자료가 됐다. 학생들의 얘기를 들어보면 안쓰러울 때가 많았다. 대부분, 가족 중에 미얀마군에 희생을 당한 사람이 있었다. 이론으로만 알고 있던 종족 갈등의 실상을 바로 옆에 있는 사람에게서 확인할 수 있었다. 이 사람들의 삶을 통해 또한 난민촌 안팎의 연계도 확인했다. 이 친구들은 어떤 방법으로든지 미얀마 내부와 다른 난민촌에 흩어져 있는 가족과 유대감을 이어가고 있었다. 그리고 가족들 간에 돈도 전달되고 있었다. 나는 난민촌에 머물면서 "가족"과 "돈", 이 두 가지는 인간사에서 연계를 만드는 본질적인 것이라는 단상을 해보았다. 나는 이 친구들의 도움에 힘입어 다른 난민들의 집을 방문하고 인터뷰도 시행할 수 있었다.

짧다고도 할 수 있는 3개월 동안 그곳에서 압축적인 생활을 했다. 매일 함께 지낸 사람들을 뒤로하며 떠나는 것이 무척 섭섭했다. 앞으로 내 미래를 알 수 없으니 다시 이곳에 돌아올지의 여부도 알 수 없었다. 당시로서는 이것이 마지막이라고 생각했다. 매솟으로 돌아오는 길 내내 그간 난민촌 안에서 지낸 시간들이 주마등처럼 스쳐갔다. 이때 누군가가 말한 "땅과 결혼했다."라는 표현이 가슴 절절히 와 닿았다. 그 강렬하고도 짧았던 난민촌과 나의 결혼 생활을 청산하고 나만 광명의 길로 돌아가는 것 같아 남겨진 사람들에게 미안했다. 매솟에 도착할 때까지 그런 상념에서 빠져나올 수가 없었다. 매솟에 도착한 뒤 돌아가신 아버지가 카렌족 부통령이었던 가족과 같이 머무르면서 몸과 마음을 추슬렀다. 매솟에서는 이들의 도움을 받았다. 특히 엔지오와 관련된 연구를 할 때 그 가족의 도움으로 인터뷰를 하고 관련 자료도 쉽게 얻을 수 있었다. 대부분의 엔지오에서 일하는 현지 직원은 카렌족이었는데, 난민들의 문화와 언어를 잘 알고 영어까지 구사할 수 있는 직원을 찾다 보니 결국은 카렌족이 적임이었다. 엔지오에서 일하는 카렌족 중 일부는 타이 카렌족이지만, 난민촌에 거주하다가 태국 시민권을 획득한 미얀마 출신 카렌족이 다수였다. 내가 이때 매솟에서 카렌족과 맺은 관계는 나중에 박사 학위를 위한 현지조사를 할 때 크게 도움이 됐다. 현재도 그 사람들의 도움을 받고 있다. 그렇게 매솟에서 조사를 한 뒤 한국으로 돌아왔다.

다시 국경으로

나는 석사 학위를 마치고 직장 생활을 했다. 공부 이외의 것을 경험해보고 싶었고, 돈을 모아 미래를 준비하고도 싶었고, 박사 공부를 할 만한 자신감이 없기도 했다. 그러나 직장 생활을 하는 동안에 난민촌에서 경험했던 강렬한 추억들은 사라지지 않았다. 공부를 다시 시작해야겠다는 생각도 서서히 커져갔다. 그러던 차에 국비 유학을 준비하게 됐다. 동남아와 관련된 전공으로 교육부 산하의 국제교육진흥원(현 국립국제교육원)에서 지원해주는 장학금이었다. 그런데 이 장학금을 받으면 반드시 동남아시아 지역 내 대학교에서 유학을 해야 하는 조건이 있었다. 내 선택은 자연스럽게 싱가포르국립대학교로 굳어졌다. 익숙한 곳이고 관련 분야의 전문가들도 많이 있어서 큰 고민을 하지 않았다. 그러나 당시에 내 주변에는, 지금도 마찬가지지만, 왜 굳이 싱가포르를 선택했느냐고 묻는 사람들이 많았다. 다른 말로 왜 미국에 가지 않았느냐는 것이다. 당시에 국비 장학금을 받아야 했던 나로서는 어쩔 수 없는 선택이었으나, 동남아 연구의 수월성, 현지조사의 편리성, 풍부한 자료, 다수의 전문가 등을 고려할 때, 자발적인 선택이기도 했다. 당시에는 이런 것들이 별로 인정을 받지 못했으나, 싱가포르국립대학교가 내가 유학하던 시기에 의욕적으로 글로벌화를 추진하여 위상을 높이고, 특히 동남아 연구를 비롯하여 아시아 연구의 세계적인 중심으로 부상한 현재로서는 이런 것들이 대외적으로 인정을 받고 있는 것 같다. 나는 국비 유학 시험에 합격해서 3년간 매년 미화 1만 5000달러 상당의 장학금을 받게 됐다. 중간에 지원금이 올라서 연 1만 8000달러를 받는 것으로 조정됐다. 여기에다 싱가포르국립대학교에서 3년간 매달 싱가포르화로 1500달러(논문 자격 시험 통과 뒤 2000달러)의 장학금도 확보하는 혜택을 받았다. 당시에 이렇게 받게 되는 장학금을 한화로 환산해보니 매달 약 200만 원 정도였는데, 학생의 신분으로는 넉넉한 수준이었다. 그래서 당시 나는 우스갯소리로 주변 지인들에게 "유학 중에 아내가 접시를 닦지 않아도 될 것 같다."라고 말하곤 했다. 그러나 양쪽에서 받는 돈이 3년으로 못 박혀 있기 때문에(학교에서 주는 장학금은 최대 9개월까지 연장 가능), 재정적인 지원을 받는 기간에 공부를 많이 진척시켜야 한다는 압박도 받았다.

2003년 7월 중순에 드디어 다시 싱가포르로 들어갔다. 그리고 8월 초부터 본격적으로 박사 과정을 시작했다. 당시는 싱가포르국립대학교의 대학원 교육 시스템이 영국식에서 미국식으로 변화해가는 중이어서 기존에 없었던 코스워크가 1년 과정으로 도입됐다(이후 2년으로 늘어났다). 내 박사 과정 연구 주제는 비교적 명확했다. 난민과 관련된 연구를 확장시킬 계획이었다. 도시에서 살아가는 난민들을 주요하게 다루고, 난민촌 난민과 비교하는 것이었다. 코스워크 중간에도 방학을 이용해 매솟과 주변 난민촌을 방문해 기초 조사를 실시했고, 의론적인 논의들도 일찍부터 읽기 시작했다. 언어 준비를 위해 학교에서 정규 과목으로 개설돼 있는 태국어 강좌를 수강했다. 그리고 매주 카렌족 교회에 참석해 교류하며 카렌어를 연습하려고 했다. 싱가포르에 거주하는 카렌족은 주로 가정부들과 건설업에 종사하는 사람들이었다. 이 사람들과 교류하면서 이들이 난민촌 카렌족과 맺은 연계, 더 나아가 카렌족의 초국가적 연계도 알아나갔다. 코스워크가 끝나자마자 논문 심사 위원회에 연구 계획서를 제출하고 평가를 받는 방식인 논문 자격 시험을 통과하고 본격적으로 현지조사를 준비했다.

현지조사를 위한 펀딩은 같은 대학교 아시아연구소 Asia Research Institute에서 확보했다. 당시 그 연구소는 경쟁을 통해 현지조사 지원 대상 대학원생을 선발했는데, 내가 그 대상자로 선정돼 전액 규모인 싱가포르화 7500달러를 받았다. 현지조사 기간 중에는 한국동남아학회의 "한-아세안 학술교류사업" 지원 대상자로 선정돼 미화 6000달러를 받기도 했다. 게다가 학교 장학금이 현지조사 기간 중에도 매달 지급이 됐다.

그리고 현지에 들어가기에 앞서서 현지 교육 기관에 방문 연구원 자격을 신청하고 연구 비자를 발급받기 위한 절차도 진행했다. 지도 교수와 논문 심사 위원의 추천으로 출라롱콘대학교 아시아연구소 Institute of Asian Studies, Chulalongkorn University의 방문 연구원 자격을 취득했고, 그것을 기반으로 해서 태국의 국립연구위원회 National Research

Council of Thailand에 논문 계획서를 제출하고 연구 비자를 신청했다. 국립연구위원회는 논문 계획서에서 정치적으로 민감할 수 있는 표현인 "난민refugee"을 삭제해 달라고 요구했다. 아마도 태국 국내법상으로 "난민"이 없기 때문인 것 같았다. 그래서 그 표현을 "외국인 노동자 foreign migrants"로 바꿔 제출했다.

연구 비자를 아직 받지 않은 상황이었지만 2004년 7월 중순에 현지조사를 시작하기로 했다. 사실 관광 비자로 3개월 동안 거주할 수 있었고, 인근 국가에 잠깐 갔다 오는 방식으로 3개월씩 계속 연장하며 크게 불편을 겪지 않고 장기간 거주할 수 있기 때문이었다. 더군다나 이미 출라롱콘대학교의 아시아연구소의 방문 연구원의 자격을 얻었기 때문에 신분 보장은 확보됐다고 생각했다.

아내를 어찌할 것인가

현지조사를 떠나기에 앞서서 정작 고민했던 문제는 아내를 데리고 갈 것이냐 말 것이냐의 여부였다. 처음에 아내는 싱가포르에 남기를 원했다. 아무래도 "험악한" 현지에 쉽게 적응할 수 없을 것 같아서였다. 안전한 싱가포르에 남아 영어 연수나 전공(특수교육)과 관련된 일을 하는 것이 훨씬 나은 선택인 것 같아 보였다. 그러나 우리의 최종 결정은 같이 현지로 가는 쪽이었다. 두 집 살림을 하는 것은 경제적으로나, 정서적으로나 바람직해 보이지 않았다. 아내로서도 두렵지만 낯선 곳에서 살아보는 것이 재미있을 것 같다고 생각했다.

그렇게 싱가포르 생활을 잠시 접고 2004년 7월 12일 방콕으로 들어갔다. 방콕에서는 출라롱콘대학교 아시아연구소를 방문하여 연구원들과 인사를 나누고 내 연구를 소개하는 시간을 가졌다. 방콕에는 오래 머물지 않았다. 7월 15일 오전에 매솟행 버스에 올랐다.

방콕에서 매솟까지는 7시간 넘게 걸린다. 그 여정 중 방콕에서 딱^{Tak}까지 이르는 길은 탄탄대로이지만 딱에서 매솟으로 가려면 1시간 30분 정도 산을 넘어야 한다. 평원에서 조미아^{Zomia} 속으로 들어가는 것이다. 조미아는 중국 남서부, 동남아 대륙부, 남아시아 산악 지역을 일컫는 용어로 판 스헨델(Willem van Schendel 2005, 275~307)이 처음 제안했는데, 스콧(2009)이 이 용어를 동남아 논의에 적용함으로써 유행시켰다. 조미아로 들어가는 과정은 순탄치 않았다. 지금까지 잘 참아왔는데 버스가 기우뚱거리며 고개를 넘어가는 동안에 멀미로 아내는 몸 상태가 좋지 않다며 고통을 호소했다. 조금만 더 가면 된다는 말로 연신 위로했지만 별로 도움이 안 됐다. "괜히 데리고 왔다."는 생각이 머리를 내밀었다. 드디어 오후 5시경에 매솟에 도착했다. 호텔을 잡기 위해 뚝뚝^{Tuktuk}(오토바이를 개조한 삼륜차 택시)을 타고 시내로 들어갔다. 나에게 이 도시는 익숙한 곳이었지만, 아내에게는 그야말로 낯선 회색빛 도시였다. 시내의 한 호텔에 숙소를 잡았다. 호텔방은 어둡고 칙칙했다. 색 바랜 파란색 커튼은 호텔방을 더욱더 침침하게 했다. 이름만 호텔이지 게스트하우스였다. 회색빛 나는 도시 풍경과 칙칙한 호텔은 아내의 심신을 더욱더 지치게 했다. 짐을 정리한 뒤, 근처 식당으로 저녁을 먹기 위해 옮겼다. 메뉴를 고르던 아내는 갑자기 한숨을 내쉬더니 울음을 터뜨렸다. 먹을 것이 없다는 체념으로 시작됐는데,

앞으로 어찌 이런 곳에서 살아갈까 하는 막막함으로 발전한 것이다. 그렇게 한참을 울었다. 나는 갖은 말로 위로하며 달래고 아내의 두렵고도 막막한 심리 상태를 이해하려고 했지만, 괜히 데리고 왔다는 후회가 내내 떠나지 않았다. 현지조사라는 막중한 임무 앞에 큰 짐이 하나 더 늘었다는 생각이었다. 우리는 서로 다른 이유로 그렇게 매솟에서 첫날을 우울하게 보냈다.

날이 새자 본격적으로 살 거처를 찾아 돌아다녔다. 여기에서도 또다른 한국인 선교사의 도움을 받았다. 그 선교사는 이미 2년 전부터 이곳에서 거주하기 시작했다. 그 선교사의 집주인이 집을 여러 채 소유하고 있는데, 나도 한 채를 빌릴 수 있을 것이라고 했다. 그 집주인을 찾아갔다. 집주인은 인도계 태국인으로 시크교도였다. 이렇게 부동산업뿐만 아니라 옷감을 미얀마로 수출하는 무역사업, 케이블 TV 중계 사업 등도 하고 있었다. 또한 지역의 유지로서 사회 활동도 굉장히 활발하게 하고 있었으며 공무원, 경찰, 이민국 관료들과도 깊은 유대 관계를 형성하고 있었다. 나중에 언급하겠지만 이 집주인을 통해서 지역 단체와 행정 기관, 이민국, 세관 등을 방문할 수 있었고, 매솟의 역사 등을 비롯해 여러 자료들을 수집할 수 있었다. 그는 마침 새집이 있다고 하면서 가구도 들여주는 조건으로 월 7500바트(당시에 1바트는 약 30원 정도 했다)에 내놓겠다고 했다. 그 집에 가봤다. 이제 막 완공된 단층집으로 방 세 개에 마당이 있는 집이었다. 주변 환경이 참 아늑했다. 나무들도 많았고 비교적 잘 정돈된 주거 지역이었다. 이 집에서 나와서 다른 사람이 소개해준 집도 여러 채 보았으나, 이 집이 마음에 들어 결국 여기에서 1년 동안 정착하기로 했다.

살 집이 생기자 우리의 마음도 안정이 됐다. 아내도 점점 매솟에 적응해나갔다. 무엇보다 카렌족 여성들과 관계를 쌓아나가는 것에 재미를 느꼈고 아기자기하면서 미얀마 문화와 태국 문화가 섞여 있는 국경 도시인 매솟에 재미를 느껴갔다. 자전거를 하나 마련해줬더니 그것을 타고 카렌족 여성들을 만나러 갔고, 매솟 시내 곳곳을 돌아다니며 풍경을 감상했다. 집에 돌아올 때는 자전거 앞 바구니에 어김없이 과일이 풍성하게 담겨 있었다.

나의 애마 오토바이

주거가 안정이 되자 본격적으로 연구에 나섰다. 돌아다니는 데 오토바이는 필수였다. 카렌족 친구의 명의를 빌려 8000바트를 주고 중고 오토바이를 샀다. 그 오토바이는 정말 유용했다. 그것을 타고 5~6킬로미터 떨어져 있는 머이Moei 강 유역의 국경 지역을 거의 날마다 왔다 갔다 하면서 국경을 넘는 사람들과 상품들의 이동을 관찰했다. 또한 매솟 곳곳에 산재해 있는 이주민 거주 지역, 이주민 학교 등을 기동성 있게 방문했다. 가끔 먼 곳까지 진출하기도 했는데, 매솟에서 남쪽으로 수십 킬로미터 떨어져 있는 포프라Pho Phra와 북쪽으로 그만큼 떨어져 있는 매라맛Mae Ramat 근처 지역까지 돌아다녔다. 산 구릉에 아득히 펼쳐져 있는 옥수수 밭 사이를 오토바이로 가르며 지나치던 것은 현지조사 기간 동안에 누린 호사였다.

한편 오토바이에 얽힌 해프닝도 많았다. 접촉 사고가 종종 일어났

집 주변에서 오토바이와 함께.

고 위험에 처할 뻔한 적도 있었다. 한번은 카렌족 남성을 태우고 조금 빠른 속도로 달리던 중 움푹 파인 곳에서 급히 브레이크를 밟았다가 오토바이와 함께 옆으로 나자빠진 적이 있다. 다행히 두 사람 모두 크게 다친 곳은 없었다. 헬멧을 쓰지 않아 경찰 단속에도 종종 걸렸다. 한번은 카렌족 전통 옷을 입은 아내를 뒤에 태웠는데, 경찰이 아내를 미얀마 불법 이주민이라 생각하고 검문한 적도 있다. 경찰은 심심치 않게 이런 식으로 검문을 해 이주민을 단속했는데, "불법" 이주민에게서 종종 받아내는 "찻값tea money" 100~200바트가 경찰에게는 쏠쏠한 용돈이 되는 듯했다. 경찰에게 걸릴 때면 빠져나오는 노하우가 있었다. 경찰의 말을 전혀 못 알아듣는 척하고 한참 있다 "Do you speak English?" 하면 경찰이 난처해하며 그냥 보내줬다. 한편, 오토바이 때문에 경찰과 친해진 적도 있었다. 내 오토바이가 국경 유역에서 고장 났는데, 마침 경찰이 지나가다가 그것을 보고 트럭에 실어 인근의 수리점으로 이동할 수 있게 편의를 봐줬다. 그 이후 그 경찰과 매솟에서 마주칠 때면 반갑게 인사를 나누는 사이가 됐다. 더군다나 그 경찰이 집주인이 참여하는 사회 단체에서 활동을 하고 있었는데, 나도 그 모임에 자주 나가면서 그 경찰과 더욱더 친해졌다.

오토바이로 태국인과 심각한 정도로 마찰을 빚은 적도 있었다. 한 식당에서 식사를 마치고 오토바이를 바로 세우다가 한 태국인이 전날 막 새로 뽑은 자동차의 범퍼에 흠을 내버렸다. 사실 눈에 잘 띄지 않는 작은 흠이었다. 차에 타고 있던 태국인 남성과 그 아내가 화가 치밀어 차에서 내려 유심히 범퍼를 살피고 나와 카렌족 옷을 입고 있었던 아내를 쏘아보더니 "콘 아라이나(어느 나라/종족 사람이냐)?"라고 대뜸 물었다. 그리고 3000바트의 비용이 들어가니 그것을 내놓으라고 하면서 그렇게 하지 않으면 나를 경찰서로 넘기겠다고 하는 것이다. 카렌족 옷을 입고 있는 아내를 보고 우리가 산악 카렌족 또는 불법 이주민이라고 단정을 짓고 위협을 한 것 같았다. 미안해하던 나는 그 사람이 그런 식으로 쏘아붙이고 위협하는 말을 듣자 갑자기 오기와 반항심이 솟구쳤다. 평상시 태국인들이 카렌족이나 미얀마 사람들에게 갖는 태도가 그대로 드러나는 것 같았다. 내 짧은 태국말로는 그 사람과 얘기가 안 될 것 같기도 하고, "권위"의 언어에 기대면 효과가 있을 것 같아서 영어로 쏘아붙였다. 그러자 그 사람은 영어를 할 줄 안다는 친구에게 전화를 걸어 나를 바꿔줬다. 나는 수리 비용을 지금 줄 수 없으며, 며칠 동안 어디에 갈 예정이니 수리하고 영수증을 가져오면 지불하겠다고 고자세로 얘기했다. 실랑이는 계속 이어졌다. 나는 태국인 친구에게 연락해 도움을 청했다. 친구는 차 주인에게 우리에 대해 자세히 설명했고, 다음 날 도색 공장에서 견적을 내고 우리가 비용을 지불하는 것으로 중재해줬다. 그다음 날 우리 부부는 친구와 함께 흠이 난 차를 몰고 나타난 태국인 부부를 도색 공장에서 만났다. 이번에는 그 태국인 부부가 세상에 둘도 없이 친절한 사람이 돼 있었다. 견적은 2000바트가 나왔다. 우리는 기름 값에 쓰라며 500바트를 더 주려고 했으나, 한사코 2000바트만 받았다. 순조롭게 사건을 해결하고 각자의 집으로 돌아가는데, 그 태국인이 집으로 돌아가는 길이 내가 가는 길과 계속 일치했다. 그 사람들의 집은 바로 우리 집 근처에 있었다.

어떤 현지어인가

내게 커다란 도전이 된 것은 역시 언어 문제였다. 연구하고 생활하는 데 필요한 언어가 네 가지나 됐기 때문이다. 태국어, 카렌어, 미얀마어, 영어(거기에다 집에서 쓰는, 그렇지만 늘 잘 통하지만은 않는 한국어까지 포함하면 다섯 가지이다). 그중에서 영어를 제외하고 태국어가 제일 자신 있었지만 태국어 역시 의사소통하는 데 많은 어려움이 있었다. 현지 사람들의 억양과 발음이 수업 시간에 배운 것과 매우 달랐기 때문이다. 카렌어와 미얀마어 역시 제대로 구사할 만한 수준이 못 됐다. 물론 미리 언어를 완벽히 준비해서 현지조사를 수행하면 훌륭한 조사가 될 테지만(아직도 그렇게 생각하고 있지만), 그것은 기약이 없는 일이었다. 그래서 부딪히면서 공부하자는 생각으로 현지에 갔는데, 역시 언어는 어려운 문제였다. 그래서 초기에 언어 공부에 시간을 많이 투자했다. 이십대 미얀마 카렌족 청년을 연구 보조원으로 고용하면서 특별한 연구 일정이 없을 때에 종일 카렌어와 미얀마어를 배웠다. 그리고 태국어도 틈틈이 혼자서 공부했다. 그러나 이렇게 공부했지만 언어에 큰 진보가 없었다. 오히려 카렌어 단어와 미얀마어 단어가 헷갈리고, 태국어까지 위 두 언어와 헷갈렸다. 연구를 진행하려면 이렇게 복잡한 언어 환경을 기술적으로 정리할 필요가 있었다. 그래서 나는 태국어를 "시장 언어"로 삼으며 집중적으로 사용하기로 했다. 아무래도 매솟이 태국의 행정 구역이라서 카렌족이든, 미얀마족이든, 몬 족Mon이든 기본적으로 태국어를 구사할 수 있기 때문이다. 다만 카렌족들과 만날 때엔 카렌어를 구사하려고 했는데, 카렌족과 일상적으로 만나면서 카렌어 구사 수준이 점차 향상되기는 했다.

현지어를 한다고 해서 늘 현지인에게 환영을 받는 것은 아니었다. 내가 현지어를 제대로 구사하지 못해서일 수도 있으나 영어의 힘이 날로 세지는 상황에서 어떤 현지인들은 자신들의 언어를 되도록 쓰지 않으려 했다. 특히 일부 태국인 사업가들과 제3국으로 가려는 기회를 찾아서 미얀마에서 넘어온 사람들은 나와 영어로 의사소통을 하기를 원했다. 그 사람들에게 나는 영어를 연습하는 대상이었다. 이 사람들하고는 "감히" 현지어로 의사소통을 할 수 없었고, 끌려가는 느낌이 들면서도 계속 영어를 사용할 수밖에 없었다. 매솟에 머무는 동안 현지어를 지키고 전통 문화를 계승하는 현지인을 연구하던 시기는 루카치의 표현을 빌리자면 "별이 빛나는 창공을 보며 가는 길을 갈 수가 있었던 시대"의 일이 아니었나 생각했다. 특히 국제 도시가 돼가고, 다양한 문화가 섞이고 스며든 매솟에서 고유한 언어와 문화와 그것의 담지자를 찾는 것은 동화 속의 일이나 마찬가지였다.

관계 만들기

나는 비교적 수월하게 현지 사람들과 관계를 맺어나갈 수 있었다. 카렌족 공동체와는 이미 몇 년 전부터 관계를 이어오고 있었다. 난민촌에서 알던 난민이 매솟으로 나와 사는 경우도 있었다. 그 사이에 매솟에 있던 많은 카렌족 사람들이 해외로 빠져나가기도 했다. 한편, 미얀마에서 온 새로운 얼굴들이 많이 보였다. 수도 양곤에서 온 카렌족들도 있었다. 이 사람들은 주로 제3국으로 재정착할 기회를 찾아서 매솟에 온 경우가 많았다. 카렌족 공동체는 우리 부부가 별일이 없어도 찾아가서 교제를 나눌 수 있는 편안한 공동체였다. 연구에서도 정보를 얻을 수 있는 핵심 공동체였다. 이 사람들을 통해 도시 난민들이 살아가는 삶의 유형, 국경을 넘는 이주의 형태, 난민촌과 해외 카렌족 공동체와 맺는 연계 등을 파악할 수 있었다.

　앞서도 언급했듯이 나는 카렌족 출신 연구 보조원을 고용했는데, 현지조사를 수행하는 데 큰 도움이 됐다. 그 사람에게 언어도 배우고 사람도 소개받을 수 있었다. 무엇보다도 그 사람이 살아가는 삶을 옆에서 지켜보던 것이 자연스레 중요한 정보가 되기도 했다. 20대 초반의 그 연구 보조원은 카렌주에서 태어나 고등학교를 졸업 때까지 그곳에서 살았다. 그곳에서 살면서 미얀마 정부군과 카렌족 군인이 전투를 벌이는 것을 경험하기도 했으며, 마을 사람들과 함께 이곳저곳으로 피해 다니던 때도 있었다. 고등학교를 마치고 양곤에 가서 몇 년간 머물던 중 매솟에 있는 친척에게 매솟에 오면 외국에 나갈 수 있다는 소식을 듣고 이곳에 왔다. 이곳에서 유엔난민고등판무관United Nations High Commissioner for Refugees에 "난민"지위를 인정받기 위한 신청서를 제출하고 면접 절차를 기다리고 있었다. 그러던 중 나를 알게 되어 연구 보조원 일을 하게 된 것이다. 그가 일상적으로 들려주는 그 사람과 그 주변의 카렌족, 다른 여러 이주민들의 이야기는 곧 연구의 자료가 되기도 했다. 나는 미얀마 카렌족이 타이 카렌족의 도움을 입어 태국 시민권을 획득한다는 얘기를 듣고 있었는데, 그가 바로 이것을 보여주었다. 한번은 그가 움팡Umphang의 한 카렌족 마을에 태국 시민권을 만들기 위해 가봐야 한다고 했다. 시민권 만드는 절차를 알아보니 타이 카렌족 가족에 입양이 되는 방식이었다. 그는 그전에는 경찰의 단속을 굉장히 두려워했는데 시민권을 획득한 뒤에는 어느 정도 안정감을 갖고 매솟에서 살아나갔다. 그러나 그는 여기에서 그치지 않고 외국으로 기어코 나가려고 했다. 이런 노력이 성공을 거둬 결국 유엔난민고등판무관이 주도적으로 추진하는 난민들의 제3국 재정착 프로그램으로 오스트레일리아에 가게 됐다. 카렌주-양곤-매솟-오스트레일리아로 이어지는 그의 여정은 매솟을 중심으로 이루어지는 국경 넘기와 초국가적 이주를 알게 해주었다. 그에게 직접적인 도움을 받고, 그의 삶 자체가 나에게 중요한 연구 자료가 됐지만, 그를 고용하는 데 어려운 점이 없었던 것은 아니다. 당시 나처럼 외국인들이나 외국 기관들이 개별적으로 카렌족 사람들을 가정부로, 또는 직원으로 고용하는 경우가 많았다. 그리고 일부의 외국인들은 비정상적으로 높은 임금을 주기도 했다. 일반 공장 노동자들 사이에서는 일정하게 형성된 시장 임금이 있었으나 개별적으로 고용된 사람들의 임금은 들쭉날쭉했다. 나는 평균 임금보다 조금 많게 지급했는데도 카렌족 사이에서 이런 현상이 벌어지다 보니 내 연구 보조원이 불만을 가질 만도 했다. 또한 외국으로 어떤 방법을 써서라도 나가려고 했지만 뜻대로 되지 않아 그는 때때로 좌절을 겪기도 했다. 그래서 나의 연구 보조원 일을 수행하는 데에 크게 집중하지 못할 때가 많았다.

태국인, 특히 사회 지도층과 관계를 발전시키는 데는 앞서 언급했듯이 집주인의 도움이 컸다. 집주인을 통해서 암퍼(군청), 테사반(매솟

중심 지역을 관할하는 자치 단체로 선거를 통해 단체장 선출), 이민국, 세관 등을 방문하고 그 기관들의 최고위직 인사들과 면접을 시행할 수 있었다. 또한 집주인을 통해서 매솟의 역사를 잘 알고 있는 사람을 소개받았으며 관련 자료도 수집할 수 있었다. 무엇보다 집주인이 속한 사업가들의 조직인 "딱 상공회의소Tak Chamber of Commerce"와 관계를 발전시키고 그 조직의 일상적인 활동에 참여한 것은 국경 경제와 무역을 이해하는 데 크게 도움이 됐다. 매솟이 딱 지방에서 경제적으로 차지하는 비중이 크고, 사업가들도 대부분 매솟에 있어서 그 조직은 도청 소재지인 딱이 아니라 매솟에 자리 잡고 있었다. 나는 특히 그 조직의 30~40대 회원들과 친밀한 관계를 맺었다. 그들의 집, 공장, 상점을 자주 방문하고 어울렸다. 이들과 맺은 인간적인 관계는 지금까지도 이어져오고 있다. 또한 이들을 통해 계속 국경 경제와 무역에 관한 이해의 수준을 높이고 있으며 관련된 자료를 구하고 있다.

조사 방법으로서 스포츠 활동

내 주변의 일반 태국인과는 축구를 통해 관계를 발전시켜나갔다. 내가 사는 곳 근처의 한 학교에서는 매일 오후 5시경에 20~40명의 사람들이 축구를 했는데, 나도 거주 초기부터 그 모임에 거의 매일 참여했다. 사실 매솟의 거리 풍경은 오후 5시만 되면 달라진다. 오토바이 앞바구니에 축구화와 축구공을 싣고 운동장으로 향하는 사람들을 곳곳에서 볼 수 있다. 나도 그 대열에 끼었다. 나와 축구를 같이 한 사람들의 연령대는 10대 후반에서 50대 초반에 이르기까지 다양했다. 알고 보니 이웃집 사람도 이 모임에 참여하고 있어서 이 일을 계기로 더욱 친해졌다. 낯선 외국인이 모임에 그렇게 꾸준히 나오니 사람들도 무척 기특하게 생각했고 친절하게 대해줬다. 그 사람들은 주말이면 한집에 모여 영국 프리미어 리그를 시청했는데, 나도 자주 그곳에 가서 어울렸다. 또한 매솟에서는 연중 각종 축구 대회가 자주 개최됐는데, 나도 선수의 일원으로 참여했다. 이 사람들과 어울리며 현지 사정에 관해 한두 마디씩 들은 정보가 매솟을 이해하는 데 큰 도움이 됐다. 나는 축구를 하면서 그 자체로 지역민들과도 즐겁게 어울리며 스트레스도 날려버리고 건강도 유지했지만, 축구가 한편으로 지역민들과 어울리는 매개체였기 때문에, 곧 조사 수단이었기 때문에 그에 따른 부담감도 가졌다. 혹시나 실수를 해서 비난을 당하지 않을까, 실력이 떨어진다고 무시당하지 않을까, 그래서 현지인들과 관계를 제대로 맺지 못하고 연구에 지장을 받을까 염려했던 것이다. 내 타고난 실력은 어찌할 수 없는 노릇이고, 대신 열심히 하는 모습을 보여주자는 자세로 임했다. 그래서 한국이나 싱가포르에서 축구를 할 때보다도 훨씬 더 열심히 뛰었다. 때로는 경기장 밖 먼 곳까지 나간 공도 친절하게 상대방에게 안기는 서비스도 제공했다. 현지인들은 내 이런 노력과 성실함을 가상히 여겨 내 실력이 자기들보다 모자라는데도 각종 경기에서 뛸 수 있는 기회를 자상하게 베풀어줬다.

다른 운동도 현지인들과 어울리는 데 도움이 됐다. 나는 가끔씩 집주인이 주도적으로 이끄는 조깅 클럽에 참여하여 특히 상류층 현지인들과 어울리는 기회를 가졌다. 그 클럽에 사업가, 의사, 변호사, 이민국

직원, 경찰 등이 참여한 것이다. 집주인은 그 클럽 회원들의 저녁 식사 자리에 우리 부부를 자주 초대해줬는데, 그 자리에서 내 연구를 소개하는 기회도 가졌고, 현지인 사이의 관계, 특히 자본과 권력의 관계 등도 관찰할 수 있었다. 큰 사업가들은 "불법" 이주민들을 직원으로 쓰게 마련인데, 이렇게 사업가들과 행정 기관이 사교 활동을 통해서 밀접한 관계를 형성하다 보니 경찰이나 이민국에서 불법 고용 행태에 제대로 법 집행을 하기가 어려웠다. 실제로 집주인이 고용하는 직원들이 여러 번 경찰에 잡힌 적이 있는데, 그때마다 아무 문제 없이 풀려났다. 자본이 오히려 공권력을 압도하고 있다는 것을 그런 모임에서 확인할 수 있었는데, 집주인이 심할 정도로 이민국 인사와 경찰 인사에 관해 농담조로 비꼬는 언사를 해도 이 사람들은 그저 미소만 지을 뿐이었다. 그 클럽의 운영비와 여타의 사교 활동비를 대부분 부담하는 집주인의 영향력이 그만큼 컸던 것이다.

축구처럼 달리기도 현지인에게 잘 보이려고 악착같이 한 적이 있다. 현지조사 기간 중 집주인은 매숏 전체 차원에서 외부 지역 사람도 참여하는 마라톤을 주관하여 개최했다. 집주인의 요청으로 나는 카렌족이나 엔지오 등에 마라톤 안내 팸플릿을 배포하며 많은 사람이 참여할 수 있도록 홍보 활동을 했다. 그리고 나도 12킬로미터 코스에 참가하기로 했다. 대회 당일 이른 아침인 6시에 어둠 속에서 수많은 무리와 함께 출발했다. 산 중턱이 출발점이자 골인 지점이었다. 상쾌한 아침 기운을 맛보며 달렸다. 처음부터 무리는 하지 않았다. 시간이 지날수록 외롭고 힘들었지만 버텼다. 그렇게 한 발 한 발 옮기고 반환점

마라톤 대회 수상대에 선 나, 앞줄 가운데가 집주인.

을 돌아 후반부에 이르렀다. 문제는 마지막 오르막길. 포기하고 싶었으나 그때마다 "이곳에서 인정받으려면 버텨야 한다."는 만트라를 되뇌이며 참고 달렸다. 나와 알던 사람들을 제칠 때 묘한 흥분이 느껴졌다. 드디어 골인했다. 최선을 다했지만 수상에 대한 기대는 별로 하지 않았다. 이미 내 앞에 많은 사람들이 먼저 골인했다는 것을 알았기 때문이다. 그러나 연령대별 수상 방식 때문에, 그리고 다섯 명이나 상을 주는 방식 때문에 나도 단상에 오르게 됐다. 내 앞에 들어온 주자들이 주로 20대였고, 30대에서는 내가 턱걸이로 5위를 한 것이다. 단상에 올라 집주인이 수여하는 트로피를 많은 사람들 앞에서 받았다. 집주인과 현지인들에게 인정을 받은 것 같아서 뿌듯했다. 다음 날 학교에 축구하러 갔더니 마라톤에 같이 참석한 현지인이 축하의 인사를 건넸고 같이 축구한 현지인들도 수상 사실을 알게 되었다. 현지인들에게 인정을 받게 돼서 다시금 기뻤다.

밀수꾼을 어떻게 사귀나

꼭 관계를 맺을 필요가 있었으나 조심스러웠던 사람들은 국경 지역의 소위 "밀수꾼"들이었다. 물론 그 사람들에게 한두 마디씩 던지고 필요한 정보들을 구할 수도 있었으나 좀더 깊이 있게 그 사람들의 경제 활동에 관해 알고 싶었다. 나는 머이 강 유역의 국경 지역을 즐겨 방문했는데, "태국-미얀마 우정교"라는 다리가 있는데도 그것을 이용하지 않고 배를 통해 비공식적인 무역이 태연하게 이루어지고, "밀수꾼"들이 태국 군인들 옆에서 평화롭게 물건을 파는 광경이 무척 재미있었기 때문이다. 특히 분단의 조건에서 성장해 국경을 연상하면 곧 닫힘과 철조망이 떠오르고 비공식적인 국경 넘기는 곧 죽음으로 연결된다고 알고 있는 내가 그런 일탈적인 장면이 일상적으로 펼쳐지는 그 국경 지역에 매료되는 것은 당연했다. 문제는 인류학 현지조사를 한다는 연구자로서 그 사람들과 라포를 어떻게 형성하는가였다. 그런 일탈이 일상화되었지만, 분명 그곳은 민감한 지역이었다. 이민국이 있고, 세관이 있고, 군인이 있는 곳이었다.

뜻하지 않게 제3의 인물에게서 도움을 얻었다. 바로 미와코라는 이름의 일본인 여성이었다. 미와코는 나와 비슷한 연배로 일본에서 일정 기간 동안 일을 해 경비를 마련한 뒤에 해외 여행을 곧잘 하던 인물이었다. 그간 주로 인도를 다녔는데, 우연찮은 기회에 매솟에 이르게 됐다. 나는 카렌족 여성과 결혼하고 난민을 위한 교육 프로그램을 운영하고 있는 일본인 자원 봉사자를 알고 지냈는데, 미와코가 바로 그 자원 봉사자의 집에 머물면서 알게 됐다. 미와코는 굉장히 친화력이 있었고 언어 습득 능력도 탁월했다. 어느 날 국경에 나가보니 미와코가 밀수꾼들 사이에서 같이 수다를 떨고 안마도 해주고 있지 않겠는가. 미와코는 나를 보자마자 그 사람들에게 친구라며 소개했다. 그전에도 그 상인들이 나의 안면을 익히고 있던 차에 미와코의 친구라고 하니 더더욱 반가웠던 모양이다. 나도 금세 그 사람들과 친해졌다. 그 자리에서 미얀마식 밀크티 러펫예Lahpet-yei를 여러 잔 대접받았다. 이후에도 미와코는 거의 매일 국경에 나가 그 상인들과 시간을 보냈고, 나도 미와코 덕에 그들에게 더욱더 가깝게 다가갈 수 있었다. 미와코는

위 | 2006년 머이 강 국경에서 나, 미와코, 국경 상인.
아래 | 2011년 머이 강 국경에서 나, 미와코, 국경 상인.

내가 비공식과 공식을 오가는 데 가교 역할을 톡톡히 한 셈이다. 2011년 2월에 미와코를 같은 자리에서 다시 만났다. 약속도 안 했는데, 거의 6년 만에 다시 본 것이다. 여전히 미와코는 밀수꾼들 틈에서 수다를 떨고 안마를 해주고 있었다.

아내를 잘 데리고 왔다

내 연구에 엔지오도 중요한 연구 대상이었기 때문에 이와도 관계를 구축할 필요가 있었다. 앞서도 얘기했듯이 내가 알고 지내던 카렌족 사람들이 서양 엔지오의 현지 직원으로 고용돼 근무하고 있었기 때문에 이 사람들의 도움으로 엔지오를 방문하고 자료를 구할 수 있었다. 그러나 엔지오에 쉽게 출입할 수 있었던 것은 전적으로 아내 덕택이었다. 나는 아내도 매솟에 살면서 뭔가 활동을 하면 좋겠다는 생각에서 난민 관련 엔지오에서 자원 봉사를 할 수 있는 기회를 알아봤다. 카렌족의 주선으로 아내는 난민촌 교육 프로그램을 담당하는 네덜란드계 엔지오인 ZOA의 책임자와 면접을 보았다. 면접을 하면서 그 책임자는 아내의 전공이 특수교육이라는 사실에 굉장히 반가워하며, 최근에 미국계 교육 엔지오인 "World Education/Consortium"이 난민촌에 특수교육 프로그램을 도입하려고 하는데 도와줄 사람을 찾고 있었다 했다. 며칠 뒤에 그 엔지오의 책임자가 아내를 만나보고 싶다며 연락을 해왔다. 아내는 그 사람을 만나고 와서 기쁨을 표시했다. 그동안 특수교육 전문가가 없어서 어려움을 겪어왔다는 것이다. 특히 교사를 양성하는 일을 해줄 사람이 없었다는 것이다. 그리하여 아내는 "코디네이터"라는 직책으로 World Education/Consortium에서 자원 봉사를 시작했다.

아내가 이렇게 엔지오에서 일하게 되자, 내 엔지오 네트워크가 갑자기 확대됐다. 매솟에 있는 엔지오들은 파티 같은 각종 모임을 자주 가졌다. 나는 아내 옆에 끼어서 그런 모임들에 참석하며 서양인들을 비롯해 현지 채용된 카렌족, 태국인 들과 교류했다. 또한 World Education/Consortium을 "삔질나게" 들락날락하며 그곳에서 일하는 사람들을 방해했으며, 자료실도 자유롭게 이용했다. 그리고 난민촌에 갈 일이 있으면 그 엔지오의 차를 얻어 타고 갔다. 나중에는 내 난민촌 출입을 공식적으로 하기 위하여 그 엔지오에서 "캠프 패스"를 발급받기도 했다. 캠프 패스는 내가 엔지오에 소속된 자라는 것을 증명하는 것으로 이 패스를 갖고 있으면 난민촌에 자유롭게 출입할 수 있었다. 그리고 엔지오 인사라는 좀더 공식적이고 법적인 신분을 갖고 난민촌 안 태국인 행정 담당 고위 인사(부군수)와도 면접을 시행할 수 있었다. 이렇게 아내에게 큰 도움을 받았다. 큰 짐이라 생각했는데, 잘 데리고 온 것이다. 그뿐 아니라 아내는 연구 보조원의 구실도 수행했는데, 자기가 활동하면서 내 연구에 해당되는 부분이 있으면 내게 알려줬고, 난민촌에 며칠씩 머물 때는 조사 일지를 작성해 전달해주기도 했다. 무엇보다 내가 쉽게 접근할 수 없는 여성의 삶의 영역에 관한 이야기를 들려주었다. 아내로서도 자기의 전공을 살려 자기 일을 할 수 있다는 것에 만족스러워했다. 실제로 아내는 난민촌 안에서 특수교사를 양성하는 데 큰 구실을 했다. "떠라무 코리안(한국인 여선생님)"의 명성이 엔지오계와 난민촌 전역에 퍼져나갔다.

연구 윤리

나는 논문 계획서를 작성할 때나 연구 초기에 "도시 난민"을 상정하고 조사를 진행했으나 그 범주가 상당히 작위적이라는 것을 알게 됐다. 난민촌 내에서는 난민과 이주민을 비교적 쉽게 구분할 수 있겠지만, 일단 도시에서는 그 둘이 확실히 구분되지 않고 생계를 추구하는 방식도 다르지 않았다(Brees 2008, 383). 그래서 연구가 진행될수록 그 둘을 나누기보다 이주민을 포괄하여 조사를 진행했다. 이주민에 관한 연구를 진행하면서 놀라웠던 것은 도시 곳곳에 "마이그런트 컴파운드migrant compound"라고 일컬을 수 있는 이주민 거주 공간이 형성돼 있다는 점이었다. 컴파운드 안에는 대부분 이주민 학교가 설립돼 있었다. 물론 위생 환경, 식수 공급 등 거주 환경은 열악하기 그지없었다. 집 구조도 일반 태국인이 사는 집의 구조와 달리 난민촌이나 산악 지역에서 보던 잎사귀로 지붕을 이은 나무 집이었다. 도시 곳곳에 난민촌이 여기저기 자리 잡고 있는 형국이었다. 이런 마이그런트 컴파운드를 조사하는 데 있어서 미얀마 민주화 운동가들의 도움을 크게 받았다. 이들 중에는 1988년 민주화 항쟁을 주도한 "88세대"도 있었다. 당시 학생이던 사람들이 어느새 중견 활동가가 돼 있었다. 이 운동가들은 양곤에서 민주화 운동을 주도한 뒤에 정부의 탄압을 피해 카렌족이 머무는 국경에서 카렌족과 반정부 활동을 벌이다가 정부군이 국경지역을 장악하자 1990년에 매솟으로 들어오게 된 것이다.

매솟에 거주하면서 이들의 활동 방식이 변화를 겪었다. 정치적인 활동과 더불어 교육, 노동, 보건 등까지 활동 영역을 확장했다. 사실 이 운동가들은 매솟의 이주민 사회를 이끌어가는 핵심 그룹이었다. 이주민 학교의 교장으로서 이주민 자녀들의 교육을 책임졌다. 또한 외국 활동가들과 연계해 이 학교를 재정적으로 뒷받침하기도 하고, 미얀마 노동자들의 인권도 증진시키고 있었다. 한국의 활동가들도 이 운동가들과 연대했다. 나는 이 사람들의 도움으로 마이그런트 컴파운드에 살고 있는 이주민들에 관한 설문조사를 실시하고 가가호호 방문해 면접을 실시했다. 그러나 그 활동가가 이것을 상당히 불편해한다는 것을 느낄 수 있었다. 방문한 이주민들도 나를 상당히 경계했다. 이주민들이 대부분 불법적으로 거주하고 있는데, 혹시나 나에게 알려주는 정보가 태국 당국에 들어갈까 봐 염려한 것이다. 당시 탁신 정부는 미얀마 정부와 협력 관계를 긴밀하게 구축하기 위해 미얀마 정부의 가시인 이 사람들의 활동을 심하게 제약하고 있었다. 이런 상황에서 이 사람들이 나의 활동에 위협을 느낀 것은 당연했다. 나는 내 조사 방식, 특히 설문조사가 연구 윤리에 위반되는 면이 있다고 판단했다. 그래서 더는 설문지 조사 방식을 추진하지 않았다. 또한 모르는 집을 갑자기 방문해 인터뷰하는 방식도 자제했다.

대신 좀더 관계를 쉽게 형성할 수 있고 내 활동에 위협을 크게 느끼지 않는 이주민 학교와 마이그런트 컴파운드를 찾았는데, 역시 카렌족에 의존할 수밖에 없었다. 내 연구 보조원의 가까운 친척이 한 이주민 컴파운드에 있는 학교의 교장으로 있다는 것이었다. 가보니 꽤 큰 규모의 학교였다. 학생 수가 250명가량이었고, 그중 120명가량이 기숙사에서 숙식을 하고 있었다. 그리고 교장 선생님도 매솟 전체의 이주민 학교에서 큰 영향력을 가진 인사였다. 그 교장은 여성이었는데 매솟 이주민 학교의 대표체라고 할 수 있는 "미얀마이주민노동자교육위원회Burmese Migrant Workers Education Committee"의 회장직을 수행하고 있었다. 당시 매솟에는 30여 개의 이주민 학교에 3000명가량의 학생이 등록돼 있었는데, 대부분 이 조직이 관할하고 있었다. 그 규모는 확대돼 2010년 말 기준으로 매솟에 60여 개의 이주민 학교에 6000여 명의 학생이 등록돼 있는 것으로 파악됐다(Migrant Educational Co-Ordination Centre 2010).

그 교장은 태국 당국, 외국인 지원 그룹과 협력하며 이 거대한 조직을 이끌어나가고 있었다. 따라서 교장은 이주민 학교, 더 나아가 이주민들의 전반적인 삶을 파악하는 데 중요한 인물이었다. 교장은 나를 호의적으로 대해줬다. 내가 카렌족과 긴밀한 관계를 맺어오고 있어서 더더욱 그랬다. 교장은 자기가 속한 마이그런트 컴파운드에 사는 사람들 집을 방문할 수 있도록 주선해줬고, 다른 이주민 학교도 방문해 자료를 얻을 수 있게 편의를 봐줬다. 내 논문 중 이주민 학교에 관련된 많은 부분이 그 교장의 도움에 크게 힘입었다. 그렇지만 불편한 점도 있었다. 교장이 큰 조직의 책임을 맡고 있다 보니 재정적으로 이 조직과 산하의 이주민 학교를 안정적으로 운영해야 한다는 책임 의식이 컸다. 재정적으로 외국인들의 지원에 전적으로 의존할 수밖에 없다 보니 나에게서 그런 재정적인 기여를 기대하는 것 같았다. 만날 때마다 눈치챌 수 있었지만, 그 기대를 채워주지 못하는 내 마음은 편치 않았다. 이것은 사실 예전에 난민촌에서도 경험했던 것으로, 나는 어려운 사람들을 "이용만" 해먹지, 전혀 도움을 주지 못한다는 자괴감도 들었다. 그 교장을 만날 때면 편하면서도 불편한 마음이 현지조사 기간 내내 공존했다. 내 이런 불편한 마음은 나중에 한국의 한 엔지오가 그 교장과 더불어 매솟의 이주민 학교를 지원하는 활동을 전개할 수 있도록 필요한 정보와 자문을 제공하면서 해소됐다.

자전거로 국경을 넘은 솜삭

앞서 언급한 대로 도시 난민과 난민촌 난민을 비교할 목적으로 현지조사를 실시하려고 했으나, 매솟에 머물면서 매솟이라는 국경 도시 자체에 큰 흥미를 느끼고 자료를 더 수집하게 됐다. 결국 난민촌과 관련된 주제와는 조금 거리를 두게 되었고, 국경 도시의 구성 원리를 파악하는 방향으로 자료를 모으게 됐다. 소위 현장 속에서 형성되는 이론화grounded theory 작업을 진행한 것이다. 이주민 컴파운드가 도시 곳곳에 형성돼 있는 도시의 거버넌스 체계, 비공식 무역과 밀수꾼들의 상행위가 일상적으로 일어나고 있는 국경의 경제, 도시 곳곳에서 운영되고 있는 이주민 학교 등을 뭔가 이론적인 차원에서 설명해보고 싶었다. 당시 현지조사 기간 중에는 확실한 이론적 틀이 완성되지는 않았지만, 이 국경 도시에는 뭔가의 체제가 형성돼 있다고 생각했고, 이런 틀에서 국경 도시의 구성 원리를 설명해보고 싶었다. 이 국경 도시에 집중하다 보니 조사의 하반기에 난민촌을 중심으로 연구를 전개하도록 계획했던 것을 수정해 계속 매솟에 머물면서 관련된 자료를 수집해 나가게 됐다. 나중에 현지조사를 마치고 "국경 사회 체제"라는 개념으로 이런 현상을 설명했다.

국경이라는 주제에 마음이 "꽂히다 보니" 자연스럽게 국경을 넘나드는 이동적mobile 참여관찰을 수행할 필요가 있었다. 매솟은 국경을 넘는 사람들의 이동이 역동적으로 발생하고 있는 지역인 만큼 이를 보기 위해서는 내 연구도 이동적 참여관찰의 성격을 띨 수밖에 없었다. 그중에 자전거로 국경을 넘어갔던 사건을 언급할 필요가 있겠다. 내가 자주 방문하던 딱 상공회의소는 매년 "자전거 프로젝트"라는 것을 추진했다. 자전거를 타고 국경을 넘어 미야와디Myawaddy로 들어간 뒤 그 도시의 여러 문화 유적지를 돌아다니는 행사였다. 이 행사는 민간 행사로 미야와디 상공회의소와 협력했으며, 양국의 이민국도 협조를 했다. 나와 친한 딱 상공회의소 회원이 이 모임을 주도적으로 조직했는데, 나에게 이 행사를 소개하며 참여를 요청했다. 나도 대환영이었다. 그런데 문제는 이 행사는 순전히 태국인을 위한 행사로 참가자들에 관한 정보는 이민국에 미리 통보가 된다는 것이었다. 외국인이 끼면 국경을 통과하는 절차가 복잡해지고 행사에 차질을 빚을 것이라는 게 뻔했다. 이런저런 고민을 하던 주최 측은 결국 나를 태국인으로 등록하자고 했다. 주최 측이 나에게 준 태국 이름은 "솜삭"이었다. 처음에 그 이름을 듣자 솜사탕이 삭는 듯한 달콤함이 배어 있는 것처럼 느껴졌다. 그러나 나중에 알고보니 그 이름은 달콤하기는커녕 그야말로 구닥다리 이름이었다. 아무튼 나는 솜삭이라는 이름으

솜삭이라는 이름으로 국경 넘기 자전거 프로젝트에 참가.

로 그 행사에 참여했다. 일요일 날 아침 동이 틀 무렵에 1000명이 넘는 사람들이 자전거와 함께 매솟 운동장에 운집해 있었다. 무리가 열을 지어 국경으로 향하는 장면은 장관이었다. 드디어 태국쪽 출입국 지점에 있는 국경 다리에 도착했다. 나는 무리에 섞여 눈에 띄지 않았으나 그래도 혹시 이민국 직원이 호루라기를 불며 나를 호출하지 않을까 내심 걱정했다. 다행히 아무런 일도 일어나지 않았다. 이후에도 솜삭은 다리를 건너 미야와디 이민국도 무사히 통과했고 나머지 행사 일정에도 큰 사고 없이 참여했다. 나중에 딱 상공회의소의 내 친구들은 그때를 떠올리며 종종 나를 솜삭이라고 놀려댔다.

죽을 맛을 본 국경 넘기

자전거를 타고 국경을 넘은 것이 유쾌한 경험이었다면, 카렌족과 함께한 국경 지역 여행에서는 거의 죽을 맛을 보기도 했다. 내가 자주 어울렸던 카렌족 공동체가 크리스마스 즈음에 움팡 지역의 뺑끌릉Pueng Klueng이라는 마을에 방문한다고 했다. 움팡은 1000미터 고지에 위치한 군 단위 행정 구역인데, 그 마을은 움팡 내에서도 오지에 자리하고 있다. 오후 2시 30분에 차를 타고 출발했다. 차종은 태국에서 많이 보이는 사륜구동 차량으로 운전사를 포함해 4명 정도가 탑승할 수 있는 구조이고, 짐칸이라고 할 수 있는 뒤에는 사람이 마주보며 앉을 수 있는 긴 의자와 차양막이 설치돼 있다. 사람들은 보통 이런 차 안에 타고 싶어 한다. 편안하기 때문이다. 손님과 동행한다면 손님에게 그 자리를 양보한다. 나는 그 사람들과 어울리면서 최대한 손님처럼 보이지 않도록 노력했는데, 이번 여행에서도 그 자리에 타지 않고 여러 사람들과 함께 짐칸에 올라탔다.

　문제는 차를 탄 지 40분이 지나면서부터 시작됐다. 내가 멀미를 시작한 것이다. 매솟－움팡 간 도로는 포장이 돼 있지만 그야말로 굽이굽이길이다. 알려진 바에 따르면 1219개의 굽이가 있다고 한다. 굽이를 돌 때마다 속은 끓었고, 토하고 싶은 마음이 간절했다. 다른 사람들은 모두 들떠서 이야기꽃을 피우고 있었다. 오랜만에 매솟에서 멀리 벗어나니 얼마나 설레었겠는가. 나만 혼자 투쟁을 하고 있었다. 그렇다고 해서 쉽게 내색할 수도 없었다. 일그러진 표정을 짓고 토하기라도 하면 사람들의 즐거운 기분을 망칠 수 있고, 약한 사람으로 보일 것이기 때문이다. 속은 뒤집어지고 있었으나 사람들의 웃는 표정에 억지로 보조를 맞춰줬다. 차는 두 시간 정도 달려 산 중턱에 있는 움삐얌Umpiem 난민촌 근처의 휴게소에 정차해서 휴식을 취했다. 일행들은 근처 상점에서 과자와 음료수를 사먹고 사진도 찍으며 즐거운 시간을 보냈는데, 나는 음식을 전혀 먹지 못했다. 멀미가 빨리 가라앉기만을 간절히 바랐다. 차는 곧 출발했다. 내 멀미는 강도를 더해갔다. 굽이를 돌 때마다 몸이 쏠렸고, 토가 바로 입까지 올라왔다. 사람들은 내가 내적으로 얼마나 투쟁을 하고 있는지 몰랐다. 여전히 재잘거리며 즐거워했다. 따라나선 것을 계속 후회했다. 앞에 타지 않은 것도 후회했다. 해가 지고 날은 어두워져도 내 고통은 지지 않았다. 그 1219개의 굽이를 돌고 돌아 차는 어둑해진 저녁 7시 30분에 움팡읍에 도착했다. 내 멀미는 그때도 가시지 않았다. 그런데 여기가 끝이 아니었다. 뼁끌룽 마을은 여기에서도 한참을 더 가야 했다. 어둠 속에서 나는 차양 지지대에 기대 홀로 신음했다. 드디어 저녁 9시 30분에 목적지인 뺑끌룽에 도착했다. 그야말로 7시간에 걸쳐 사투를 벌인 것이다.

이 고통에 견줘 보상은 짭짤했다. 이곳에서 또 다른 국경의 일상을 볼 수 있었다. 뺑끌룽 마을은 바로 미얀마 국경과 인접해 있었다. 양국을 가르는 것은 그 폭이 몇십 센티미터에 불과한 도랑이었다. 그곳에 며칠 머무는 동안 나는 카렌족 일행과 국경을 수시로 넘나들었다. 국경 관문이 있었지만 누구도 관리하지 않았다. 내가 국경에 관한 얘기를 할 때 즐겨 소개하는 사진의 배경이 바로 이곳이다.

나는 그 마을에 머물며 국경에 관한 여러 단상들을 얻었다. 당시 태국 총선 캠페인이 진행 중이었는데, 후보들의 사진은 태국 쪽 국경 안에만 부착돼 있었다. 이것은 단순한 발견 같지만, 나는 한 국가의 주권이 미치는 영역이란 바로 선거에 나선 후보의 사진을 붙일 수 있는 영역이라는 단상을 떠올려봤다. 이처럼 시각적인 영역 표시가 어디에 있겠는가. 국가의 경계 영역은 이렇게 시각적으로 표시되는 반면, 사람들의 생활 속 경계는 국가와 다르게 형성돼 있었다. 도랑으로 그어진 국경이 사람들의 생활 속에서는 방해물이 되지 않았다. 그렇다고 해서 그곳이 무질서한 곳은 아니었다. 그곳에선 기독교 카렌족 지도자들의 리더십에 불만을 품고 분리되어 나온 "불교도 카렌족 군대 Democratic Karen Buddhist Army"가 영향력을 행사하며 준정부의 역할을 수행하고 있었다. 국경 지역에서, 특히 국가의 권력이 미치지 못하는 지역에서는 이렇게 지역 군벌이 거버넌스를 담당하고 있었다. 미얀마 정

위 | 빵끌룽 근처의 태국 미얀마 국경.

아래 | 빵끌룽 국경 관문.

부는 이런 식으로 소수 종족을 관리하고 있었던 것이다. 때로 미얀마 정부는 직접적으로 국경 지역을 세력권에 넣으려는 시도를 한다. 국경 지역은 이렇게 여러 세력의 영향력이 중첩적으로 형성돼 있다. 이것을 원들이 겹쳐 있는 벤다이어그램으로 묘사할 수 있다. 그 겹쳐 있는 영역이 국경 지역이다(Lee 2012). 이런 논의는 그야말로 사투를 하며 뺑끌룽 마을까지 가서 직접적으로 경험한 내용이 숙성돼 나온 것이라고 생각한다.

내 카렌족 연구 보조원은 불교도 카렌족 군대의 일원으로, 이 지역을 관리하는 자기 친구를 만나기도 했다. 얘기를 들어보니 자기 친구도 곧 매솟으로 올 예정이라고 했다. 매솟에서 유엔난민고등판무관에 난민 지위 신청을 하고 외국으로 가고 싶다는 것이다. 매솟에 오면 외국에 갈 수 있다는 소문이 이런 외딴 국경 지역까지 널리 퍼져 있었다. 매솟은 마치 미얀마 쪽의 사람들에게 가나안 같은 곳으로 여겨지고 있었다. 또한 매솟이 초국가적 이주의 경로에서 하나의 노드로서 기능하고 있다는 것도 확인할 수 있었다.

뺑끌룽 마을에서 돌아오는 길에 일행들과 함께 다른 마을을 방문했다. 산속 깊은 곳에 있는 카렌족 마을이었다. 나는 이 마을에서 다시 한 번 국가에서 벗어난 사람들이 조미아의 한 마을을 형성하고 있다는 것을 확인했다. 이 마을 주민들 중 상당수가 난민촌에서 나왔거나 미얀마에서 피난처를 찾아 넘어온 사람들이었다. 물론 기존에 거주하고 있던 타이 카렌족들과 더불어 살아가는 데 아무 문제가 없는 것은 아니었다. 원래 거주하고 있던 타이 카렌족들도 예전에 이런 식으로 여기에 터전을 잡았을 텐데, 이제는 정착민으로 새로운 이주민에 대한 경계 긋기를 시도하고 있었다.

　매솟으로 돌아오는 일정은 편안했다. 같이 떠난 일행 중 상당수가 다른 일정이 있어서 남게 되고 일부만 매솟으로 돌아왔기 때문이다. 덕분에 나도 이제는 앞좌석에 앉을 수 있게 됐다. 지난 번 1219개 구비를 지나며 올 때하고는 비교가 되지 않을 정도로 심신이 편안했다. 이제는 "태국의 알프스"를 제대로 감상할 수 있었다. 내 이동적 참여관찰은 그런 식으로 마무리됐다. 가치 있는 일에는 고통이 따른다는 평범한 진리를 확인한 참여관찰이었다.

연구 일지 쓰기

연구 일지 쓰기는 현지조사자라면 당연히 해야 할 일이다. 그러나 막상 하루 일을 마무리하는 시간에 밀려오는 잠과 모기의 세찬 공세를 피하며 꼬박꼬박 일지를 적어나가는 것은 쉬운 일이 아니다. 별로 중요한 일이 일어나지 않았을 때는 넘어가고 싶을 때도 많다. 하루쯤 빼먹어도 대세에 지장이 없을 것이라는 생각에서다. 그러나 나는 학부 시절부터 일지의 중요성을 수없이 들어 왔던 터라, 그리고 석사 논문을 작성할 때에 일지를 가공된 데이터로서 중요하게 써먹은 경험이 있어서 의례를 지키는 심정으로 일지를 작성해나갔다.

　초기에는 일지를 영어로 썼다. 코스워크 시기에 영어 스트레스를 하도 많이 받아 부족한 영어 실력을 이것으로 키워볼까 하는 의도였다. 어차피 박사 논문을 영어로 써야 하니 일지를 동일한 언어로 쓰면

바로 자료로 이용할 수 있지 않을까라는 생각에서 그러기도 했다. 그러나 일지를 적어나갈수록 내 마음을 제대로 표현할 수가 없었다. 나중에 다시 읽어봐도 조사 당시의 느낌이 확실히 와 닿지 않았다. 두 달정도 그렇게 하다가 덜컥 겁이 났다. 이런 식으로 단지 영어를 연마하기 위해 "영혼이 없는" 일지를 쓰다가 나중에 정말 써먹지 못할 자료가 되지 않을까 하는 우려 때문이었다. 내가 영어에 완전히 통달하고세세한 느낌까지 영어로 전달할 수 있는 정도라면 모를까, 한국말로내 혼이 들어가는 일지를 쓰는 것이 차라리 가치가 있는 일지일 것 같았다. 그래서 그 이후로는 한글로 일지를 적어나갔다. 일지를 적으면서 "논문 단상"이라는 코너를 만들고 오늘 하루에 일어난 일들을 조금은 이론적으로 연결하려는 시도를 했다. 물론 이것이 나중에 논문에 그대로 인용되지는 않았지만, 이것은 내가 현지조사 중에 취한 생각 훈련 방식이었던 것 같다. 넓게 보자면 이런 단상이 모이고 융화돼논문을 쓰는 데 도움이 된 것 같다.

현지를 떠나며

나는 현지에서 조사를 성실히 수행하고 있다고 생각했다. 그런데 막상 떠나는 날을 한 달 정도 남겨두니 그동안 아무것도 한 것이 없는것 같았다. 만날 사람들은 왜 이렇게 많은지, 그리고 수집 못 한 자료들은 왜 이리 많은지. 초조했다. 그때까지 모은 것을 가지고는 논문을쓸 수 없을 것 같았다. 그래서 다시금 자료를 살펴봤다. 무엇보다 이런자료들이 내 논문에 어떤 식으로 녹아들 수 있을까 고민을 했다. 그리고 부족한 부분을 채우는 방식으로 남은 기간을 보내야 했다. 남은 한 달 동안은 그전보다 훨씬 더 시간을 촘촘하게 사용했다. 그 기간 동안에는 눈에 잡히고 실증적인 자료를 수집하는 데 초점을 맞췄다. 민족지적 참여관찰을 계속하는 것도 좋지만, 일단 이것은 시간이 많이 들어가는 일이었다. 그래서 남은 한 달 동안 공식 인터뷰 일정과 공식 자료를 수집하기 위해 관련 기관을 방문하는 일정을 많이 잡았다. 그 기간 동안 쉴 새 없이 사람들을 인터뷰하러 다녔고, 문서화된 자료를 얻기 위해 행정 기관, 엔지오 등을 자주 방문했다. 자료의 양으로 따지자면 이 한 달 사이에 모은 자료가 그 이전에 모은 자료의 양과 맞먹을 정도였다.

떠나기 며칠 전 그동안 어울리던 사람들과 식사 모임을 가지면서 이별의 정을 나눴다. 특히 카렌족 사람들은 대대적으로 환송식을 열어 우리 부부를 챙겨줬다. 그런데 대표적으로 몇몇 사람이 앞에 나와 이별사를 할 때, 나에 관한 언급은 거의 하지 않고 아내가 카렌족 아이들을 어떻게 가르쳤고, 카렌족 난민들을 어떻게 도왔는지에 관해서만 얘기하는 것이었다. 그 사람들에게 환송의 주 대상은 내가 아니라 아내였다. 아내는 환송식에서 눈물을 뚝뚝 흘렸다. 올 때도 흘리더니 갈 때도 흘렸다. 전혀 다른 감정으로. 모든 이별이 카렌족 사람들과 나눈 것처럼 드라마틱한 감동을 선사하지는 않았다. 그 며칠 전 이웃집 사람을 통해 같이 축구했던 사람들을 한 음식점에 초대하고 싶다고 하면서 전달해 달라고 했다. 그리고 몇 번 마주칠 때마다 그 약속을 확인했다. 그런데 초대 당일 한 시간 정도 앞두고 그 사람에게 오늘 사람들이 얼마나 오냐고 물었더니, 갑자기 난색을 표하는 것이었다. 아직 연락을 안 했다는 것이다. 갑자기 내 머릿속에는 "덜 조직된 사회loosely structured society"라는 개념이 떠올랐다. 이것은 약속에 별로 신경을 안 쓰고 쉽게 살아가는 태국 사람들을 표현하는 학문적인 개념인데, 그 순간 그 사람에게서 이것을 발견한 것이다. 그 사람은 부랴부랴 수소문을 했으나 약속 시간에 와서 식사를 같이 한 사람은 달랑 세 명이었다. 열렬한 환송식을 며칠 전부터 기대했으나, 너무나 단출한 환송이었다. 그다음 날, 매솟을 떠나던 날, 미안했던지 전에 참석하지 못한 현지인 몇몇이 우리 집에 와서 잘 가라는 인사를 하며 부처상을 선물로 주고 갔다.

매솟은 우리를 쉽게 떠나보내지 않았다. 우리는 밤 9시 45분 차를 타고 방콕행 버스를 탈 예정이었다. 그날이 일요일이었는데, 방콕에서 필요한 비용을 미리 뽑아놓기 위해 시내의 현금 자동 지급기ATM로 갔다. 나는 태국 은행에 따로 계좌를 만들지 않고 싱가포르 은행에서 발급받은 현금 카드로 태국 은행의 ATM에서 정기적으로 돈을 인출해왔다. 이번 것은 마지막 인출이었던 셈이다. 늘 하던 대로 ATM에 현금 카드를 넣고 필요한 돈을 입력했다. 기계에서 돈 세는 소리가 들렸다. 그런데 기계에서 갑자기 덜커덩하는 소리가 나더니 이내 아무 소리도 들리지 않았다. 기계의 전원이 나가버린 것이다. 필자의 현금 카드는 아직 그 속에 있었다. 평일이었으면 2층에 있는 은행 창구에 가서 도움을 청할 텐데, 이날은 공교롭게도 일요일이었다. 콜센터로 연락을 했더니 역시 그날은 안 된다고 했다. 너무나 당황스러웠다. 그날이 완전히 떠나는 날인데, 카드를 이 상태로 두고 갈 수는 없었다. 마침 평상시 안면이 있는 엔지오에서 일하는 현지인이 지나갔다. 반갑게도 이 은행에서 일하는 사람의 집을 안다고 했다. 그 사람과 함께 그 집에 갔다. 그런데 그 은행 직원은 이미 며칠 전에 한국으로 여행을 갔다고 했다. 낭패였다. 그날 밤에 내려가는 것을 포기하고 다음 날 카드를 찾아 내려가는 쪽으로 마음이 굳어졌다. 그리고 늘 도움을 줬던 집주인에게 전화를 걸어 사정 얘기를 했다. 집주인은 열흘 뒤에 싱가포르에 갈 계획이 있다고 하면서 싱가포르에서 그 카드를 전달해줄 수 있다고 했다. 그리고 이 은행의 책임자를 잘 안다고 하면서 그 집에도 같이 가쳤다. 책임자는 그날 카드를 빼내는 것은 어려우나 내가 여권 사본에 위임장을 쓰면 집주인을 통해 카드를 돌려주겠다고 했다. 그런 식으로 일처리를 하는 것이 최선일 것 같았다. 위임장을 썼고 예정대로 그날 밤 차를 타고 방콕으로 갔다. 그리고 싱가포르에서 집주인에게 카드를 돌려받았다.

현지에서 돌아와서

현지에서 돌아와서 자료 정리를 하고 논문을 쓰기 위한 준비를 했다. 무엇보다 중요한 것은 조사 일지를 자료로 활용할 수 있도록 정리하고 분류하는 일이었다. 그래서 조사 일지를 한 장 한 장 읽으며 키워드를 입력하고 나중에 키워드별로 조사 일지를 다시 배치하는 작업을 상당한 시간 동안 했다. 또한 문서 자료들도 숫자를 표기해 알아보기 쉽게 분류하는 작업도 했다. 이렇게 자료들을 분류하고 논문을 쓰기 위한 준비를 했는데도 막상 논문 쓰기를 시작하기까지는 비교적 오랜 시간이 걸렸다. 무엇보다 현지조사 기간 동안에 난민 문제보다 국경 문제에 중점을 두는 쪽으로 초점을 옮기고 자료를 모았기 때문에, 논문의 이론도 여기에 맞춰야 했고 따라서 관련된 기존의 이론적인 논의도 더 많이 섭렵해야 했다. 물론 코스워크 중에도 관련된 공부를 하기는 했지만 많이 부족한 실정이었다. 매솟의 역사에 관한 읽기도 보충이 필요했다. 현지에서 자료를 모으기는 했지만, 좀더 넓은 맥락에서 다룰 필요가 있었다. 그래서 동남아, 태국, 미얀마 역사 개괄서에서 매솟과 관련된 내용을 찾는 작업을 했다. 이러던 중 추가적으로 현지조사를 할 필요가 있어서 매솟을 떠난 지 5개월 뒤인 2005년 12월에 다시 방문했다.

이렇게 논문을 쓰기 위한 준비를 하면서도 학교에서 개설된 태국어 수업을 계속 들었다. 현지에서 현지어 연마에 관한 필요성을 더욱더 절실하게 느꼈고 언어 연마는 평생 작업이라 생각했다. 또한 싱가포르 카렌족 공동체 모임에도 매주 나가며 카렌어를 연마하고 관계를 더욱더 발전시켜나갔다. 현지에서 돌아온 뒤 모임에 다시 나갈 때, 나는 마치 금의환향하듯 환영을 받았다. 그들은 이전보다 더욱더 따뜻하게 나를 맞이해주었다. 내가 그들의 동족들이 살고 있는 곳에서 동고동락했다는 것이 그들에게는 더없이 고마운 일이었던 것 같다.

논문을 쓰기 위한 준비는 늘어지고 논문의 첫 문장은 "태초의 말씀"처럼 아득하고 요원했다. 논문을 쓰게 만드는 것은 지식의 축적보다도 용기의 축적이었다. 마침내 논문을 시작했으며 고통 속에서 하루하루 논문을 써나갔다. 논문을 쓰는 과정은 현지조사보다 더욱 힘들었다. 이 끝 모를 싸움에서 언제 헤어나올지 암담했다. 내 생각을 영어로 제대로 표현해내지 못해서 답답했다. 나는 회사 다니듯이 논문을 쓰는 패턴으로 생활을 하기로 했다. "필 받아서" 죽 써내려갈 수 있는 그런 작업이 아니었다. 아침 9시에서 일과를 시작해서 저녁 6시에 끝내고 주말에는 쉬는 생활 일정으로 작업을 했다. 그러나 규칙적으로 생활을 한다고 해서 논문이 규칙적으로 써지는 것이 아니었다. 한숨과 괴성으로 아침 작업을 시작할 때가 많았다. 이 과정에서 내게 위로가 된 여러 말들이 있었다. 잘 아는 사람에게 들은, 놈 촘스키가 제임스 스콧에게 "나는 왜 글을 제대로 쓸 수 없지?" 하고 하소연했다는 말은 특히 위로가 됐다. 그런 석학도 글쓰기에 어려움을 느끼는데, 나야 말할 필요가 있겠는가. 또한 어떤 사람은 "박사 학위는 마스터피스master piece를 써서 받는 것이 아니라 퍼스트피스first piece를 써서 받는 것이다."라고 했는데, 이 말 역시 큰 위로가 됐다. 어딘가에서 소설가 김훈이 "나는 지금까지 마음에 든 글을 써본 적이 없다."고 말한 것을 읽은 적이 있는데, 이것으로도 내 부족한 글솜씨를 핑계 삼을 수 있었다.

논문을 써나가는 중에 우여곡절도 있었다. 축구를 하던 중 오른쪽 손목 부근의 뼈가 골절돼 접합 수술을 받고 한동안 깁스를 한 채 왼손으로만 글을 써야만 했다. 논문을 마무리하던 중에는 지도 교수가 세상을 떠나기도 했다. 이때는 무척 암담했다. 그분을 믿고 여기까지 왔는데……. 다행히 학교에서 후속 처리를 원활히 해줘서 논문을 마무리할 수 있었지만, 싱가포르에서 내 마지막 시기는 아픔과 슬픔과 어수선함이 교차하는 시간이었다. 내 논문은 세 명의 심사위원(한 명은 학교 내부에서, 나머지 두 명은 외부에서)에게 심사를 받아 통과한 뒤, 구술시험oral defence과 일부 수정 과정을 거친 뒤에 최종적으로 제출됐다.

걸어온 길을 돌아보며

이렇게 해서 내가 걸어온 길이 일단락됐다. 지금까지 수행한 연구와 조사방법의 특징을 다음의 몇 가지로 정리할 수 있겠다. 첫번째, 석사 과정 연구와 박사 과정 연구가 연계돼 있었다. 나는 1990년대 말에 한국에서 해외 지역연구가 대학원에 제도적으로 도입되던 시기에 동남아 연구를 시작했다. 따라서 석사 시기부터 본격적으로 현지 문화를 경험하면서 연구를 수행했다. 물론 그 이전에도 기존의 학과에서 해외 지역을 연구 대상으로 삼기도 했지만, 주로 박사 과정생들에 해당되었고 석사 과정생들은 주로 국내를 연구 대상으로 삼았다. 회고해보면 당시 서울대 국제지역원(현 국제대학원)의 동남아 프로그램은 그야말로 학제적인 성격을 띠었다. 이 프로그램의 수혜를 입어 개별 국가를 넘어 전반적으로 동남아에 대한 인식의 폭을 넓힐 수 있었다. 나뿐만 아니라 많은 동료 학생들도 석사 시기에 동남아에 관한 이해를 높이고 현지 경험을 한 뒤, 박사 과정에 진학해 동남아에 관한 연구를 심화시켰다. 이렇게 석사 시기에 이미 현지 경험을 했기 때문에 박사 과정에서 시간을 많이 아꼈다고 생각한다. 그렇지 않고 박사 과정에서 처음 현지조사를 했다면, 현지 사정에 익숙해지는 데에 훨씬 더 오랜 시간이 걸렸을 것이다. 박사 시기의 연구 주제 역시 석사 시기의 연구 주제에서 발전시켰다. 난민촌 내 난민 문제에서 발전해 국경 지역의 이주민 문제로 넓힌 것이다. 석사와 박사 시기의 연계적 연구를 통해 그 지역을 오랫동안 관찰할 수 있었고, 그 지역을 좀더 총체적으로 이해할 수 있다는 것이 장점이라고 생각한다.

두번째, 유학하던 곳과 현지의 근접성이다. 나는 싱가포르에서 유학을 했기 때문에 비교적 자주 현지를 방문할 수 있었다. 코스워크 중에도 현지를 방문했고, 장기간의 현지조사를 마치고도 그곳을 몇 번 더 방문했다. 시간과 비용 부담이 그리 크지 않았기 때문에 필요할 때면 쉽게 현지에 갈 수 있었다. 싱가포르에 거주했기 때문에 얻을 수 있었던 또 다른 장점 중의 하나는 거기에서도 현지 사람들과 관계를 맺어나갈 수 있는 기회를 가질 수 있다는 것이다. 싱가포르에서는 주변 동남아 사람들의 커뮤니티가 존재하기 때문에 평상시에 관계를 맺어나가면서 언어와 문화 등을 배워나갈 수 있다. 또한 이 인적 네트워크를 통해 조사 지역의 현지인들과 관계를 구축할 수 있다. 자연스럽게 요즘에 각광받고 있는 초국가적 네트워크를 관찰할 수도 있다. 이런 것들은 유학국과 현지 조사지의 근접성 때문에 가능한 일이 아니었나 생각한다.

세번째, 내가 현지조사를 수행할 때 가족(아내)을 동반했다는 점이다. 이에 대해 장단점을 몇 가지 들 수 있다. 장점으로 우선 현지조사 기간 중에도 가족 간의 유대감을 이어나갈 수 있다는 점을 꼽을 수 있다. 보통 많은 연구자들이 가족과 떠나 홀로 현지조사를 수행하는 경우가 많다. 이렇게 되면 연구자나 떨어져 있는 가족들이나 정서적으로 어려움을 겪을 수 있다. 나는 현지조사 기간 중에도 가족의 정을 이어나갈 수 있었다. 또한 가족과 동행했기 때문에 현지 사람들에게 내 존재가 훨씬 쉽게 받아들여졌다고 생각한다. 혈혈단신으로 거주를 하면 저 연구자는 과연 무엇을 하려고 여기에 왔는가 하고 연구자의 정체성에 의심을 품을 수 있다. 그렇지만 가족을 데려왔기 때문에 현지 사람들은 나를 "평범한" 사람으로 받아들이며 크게 경계하지 않았던 것 같다. 가족을 동반하면 연구자가 접근하기 어려운 대상에 대한 정보를 얻을 수 있는 이점도 역시 가질 수 있다. 나는 남성 연구자로서 여성에 접근하는 데에 어려움을 겪을 수 있었다. 그러나 아내가 여성들과 어울리면서 여성의 얘기를 들려줘 내가 남성 연구자로서 가질 수 있는 한계를 어느 정도 극복하는 데 도움을 줬다. 단점으로 우선 꼽을 수 있는 것이 연구자의 도전 정신이 약화될 수 있다는 점이다. 동반 가족이 없었다면 나는 이주민들이 밀집한 공간이나 국경 유역 등 "핫스폿"에 거주 공간을 마련하면서 연구를 수행할 수 있었을 것이다. 그러나 가족이 있기 때문에 좀더 안전하고 깨끗한 지역에 거주해야 했다. 그만큼 현지 밀착적인 조사를 수행하는 데 한계가 있었다. 또한 가족과 거주했기 때문에 현지어를 사용하는 빈도가 홀로 거주했을 때보다 줄어들었다는 점을 들 수 있다. 내 주변이 현지 사람들로만 채워져 있고, 더군다나 현지인의 집에 숙소를 마련했다면 현지어 구사 능력이 훨씬 향상되었을 것이다. 그러나 가족과 한국어로 대화를 하다 보니 현지어의 바다에 빠질 기회가 적었다. 가족과 함께 있다고 해서 반드시 정서적인 안정감이 확보되는 것은 아니다. 동반 가족이 그곳에서 할 수 있는 일이 있어야 하고 무엇보다 현지 생활에 재미를 느껴야 한다. 그렇지 않을 경우 동반 가족은 연구자한테만 의지하게 되고 연구자의 연구를 방해하는, 그야말로 짐이 될 수 있다. 다행히 내 동반 가족은 그곳에서 자신의 전공을 살리는 일을 찾았고 현지 문화에 적응을 잘했기 때문에 이런 문제는 발생하지 않았다.

네번째, 공식과 비공식을 오간 연구 방법이다. 내 연구 지역에 비공식적인 영역이 크게 나타나고 연구 주제 또한 그 부분과 관련이 있다 보니 내 연구 방법도 비공식적인 성격을 띠게 마련이었다. 나는 그 지역 사회를 총체적으로 이해하려면 공식적인 면과 비공식적인 면을 통합해야 한다고 논문에서 주장했는데, 나는 연구 방법에서 그런 통합을 시도했다. 군청, 이민국, 세관 등을 방문하며 수행한 연구 활동은 공식적인 영역에서 수행한 연구이다. 한편, 미등록 이주민, 국경의 밀수꾼들 등을 대상으로 한 연구 활동이나 태국인 이름으로 국경을 건너고 미야와디를 자전거로 돌아다닌 것, 뺑끌룽 마을에서 국경을 넘나든 것 등은 비공식적인 영역에서 수행한 연구이다. 비공식적인 현지조사는 현지의 문화적인 맥락에서는 아무 문제가 없을지라도 국가의 법과 규정에 따르면 다분히 "불법적일" 수도 있어 위험이 따르게 마련이다. 현지 사회에 이런 비공식적인 면이 만연하여 내 비공식적인 연구 활동이 그리 큰 문제가 되지 않았지만, 혹시라도 발생할 수 있는 일신상의 안전 문제를 생각한다면 현지에 든든한 후원자나 조직이 존재해야 큰 문제가 없을 것이라 생각된다. 내 경우에는 행정 권력을 압도할 수 있는 집주인이 내 뒤를 받쳐줄 수 있는 인물이었고, 매솟 사회를 주도하고 있는 딱 상공회의소 역시 혹시 모를 사태에서 내가 의지할 수 있는 조직이었다.

마지막으로 다점적multi-sited이고 이동적mobile인 조사이다. 이 역시 내 연구 주제의 성격 때문에 그런 방식을 취한 것이다. 국경 사회는 정적인 사회가 아니라 사람들의 이동이 물결치는 곳이었다. 그 물결을 연구하다 보니 여러 장소를 방문해야 했고, 이동의 경로를 따르는 모바일 참여관찰을 수행해야 했다. 이것은 전통적으로 인류학자들이 한 곳에 장기간 머물며 관찰했던 것하고는 다른 방법이다. 따라서 매솟에 거점을 두면서도 다른 국경 지역에 가봐야 했고, 도시와 난민촌 간의 연계를 파악하기 위해 주변 난민촌도 자주 방문했다. 미얀마 이주민들의 국경을 넘는 이주 경로를 완벽하게 파악하기 위해서는 미얀마에서부터 사람들과 동행했어야 하는데, 이런 연구를 현실적으로 수행하지 못해 아쉬움이 많이 남는다. 카렌족의 해외 재정착에 관한 연구도 난민촌에서 같이 출발해 제3국까지도 동행하면 그야말로 다점적이고 이동적인 참여관찰을 완벽하게 수행하는 것이라고 생각한다. 국경 사회 연구나 초국가적 이주에 관한 연구에서 발전시켜야 할 방법이 이것이 아닐까 생각된다. 이것은 인류학 방법론의 발전에도 획기적인 일이 될 것이다.

내 현지조사 과정은 한마디로 경계를 넘는 과정이 아니었나 생각한다. 태국과 미얀마의 경계를 넘고, 공식과 비공식의 경계를 넘고, 언어와 언어 간의 경계를 넘고, 이주민과 정주민 간의 경계를 넘고, 편한 것과 불편한 것의 경계를 넘는 그 과정. 그 경계를 넘다 때로는 넘어지고, 때로는 일어서고, 때로는 슬프고, 때로는 기쁘고, 때로는 약해지고, 때로는 강해지기를 반복했던 것 같다. "빠지거나 헤엄치거나sink or swim"라는 현지조사 과정에서 그야말로 빠지고 나오기를 반복하며 조금씩 헤엄쳐 앞으로 나아간 것 같다. 완벽하지는 않지만 앞으로 나아가는 과정 속에서 퍼스트피스를 작성했다. 이렇듯 그간의 과정을 돌이켜보면 아쉬움과 뿌듯함이 교차한다. 그 아쉬움이 남은 부분을 채우기 위해 여전히 그 지역에 대한 연구를 계속하고 있다. 그래서 방학 때면 배낭을 짊어지고 국경으로 향한다. 언젠가 원숙하게 헤엄칠 날을 기대해본다.

참고 문헌

- 그람씨, 안토니오. 1991. 이상훈 옮김.『그람씨의 옥중수고1-정치편』. 거름.

- 기어츠, 클리퍼드. 2012. 김형준 옮김.『농업의 내향적 정교화』. 일조각.

- 김중순. 2001.『문화를 알면 경영전략이 선다』. 일조각.

- 김형준. 1998.「자바 이슬람과 클리퍼드 기어츠, 그리고 그 후 40년」.『동남아시아연구』6.

- ―――. 2000.「회교도, 기독교도 그리고 무신론 인류학자」. 나산한상복교수 정년기념 논총간행위원회 엮음.『한국 문화인류학의 이론과 실천』. 소화.

- ―――. 2000.「인도네시아 자바인의 수평적 사회관계: 루꾼 개념을 중심으로」.『동남아 시아연구』18(2).

- ―――. 2012.『적도를 달리는 남자』. 이매진.

- 카플란, 데이비스·로버트 매너스. 1998. 최엽 옮김.『인류학의 문화이론』. 나남출판.

- 마커스, 조지·마이클 피셔. 2005. 유철인 옮김.『인류학과 문화비평』. 아카넷.

- 문영미. 2011. 박세연 옮김.『디퍼런트: 넘버원을 넘어 온리원으로』. 살림Biz.

- 뭉크, 헤라르도·리처드 스나이더. 2012. 정치학 강독 모임 옮김.「제임스 스콧: 농민과 권 력, 그리고 저항의 기술」.『그들은 어떻게 최고의 정치학자가 되었나 2』. 9장. 후마니타스.

- 뻬벳 로치얏. 2011. 서지원 옮김.「나는 공산당인가 안 공산당인가?」.『아시아저널』4.

- 서지원. 2012.「시체 구덩이와 조명: 인도네시아 65년 사태와 빤짜실라 기념비」.『아시아 저널』6.

- 신윤환. 1995.「인도네시아 진출 한인 기업의 노사 관계 ― '한국적 경영방식' 이미지 형성 과 '노동자 담론'의 확산」.『사회과학연구』4.

- 윤택림. 2004.『문화와 역사 연구를 위한 질적연구 방법론』. 아르케.

- 윤택림·함한희. 2006.『새로운 역사 쓰기를 위한 구술사 연구 방법론』. 아르케.

- 이상국. 2008.「이주민, 비합법성, 그리고 국경사회체제 ― 태국-미얀마 국경 지역 사회 체제의 특성에 관한 연구」.『동남아시아연구』18(1).

- 전제성. 1993.「한국 재벌 전자 기업에서 연구개발 노동자의 일상적 저항」. 서강대학교 대

학원 정치외교학과 석사 학위 논문.

• ———. 1994. 「노동과 자본의 숨겨진 대결: 재벌기업 전자공학계열 연구소의 경우」. 『사회비평』 12.

• ———. 1999. 「경제위기, 정치개혁, 그리고 인도네시아 한인기업 노동문제」. 『동남아시아연구』 8.

• ———. 2002. 「민주화 이행기 인도네시아의 노동정치 국가조합주의의 붕괴와 노동자 리더십의 등장」. 서울대학교 대학원 정치학과 박사 학위 논문.

• ———. 2004. 「인도네시아의 경제위기와 노동법 개정 — 통제와 보호로부터의 '이중적 자유화'」. 『동아연구』 47(1).

• ———. 2006. 「한국의 동남아 연구 동향과 과제: '제3세대' 연구자 선언을 기대하며」. 『동아연구』 50.

• ———. 2010a. 「한국의 동남아 지역연구와 정치학계의 기여」. 『국제정치논총』 50(2).

• ———. 2010b. 「인도네시아 국가와 외국인자본 관계의 변화: 민주화 이후 국제기업인회의소(IBC)의 형성을 중심으로」. 『동남아시아연구』 20(1).

• ———. 2011. 「한국 시민사회 '아시아연대운동'의 문제와 과제」. 『동아연구』 30(1).

• 전제성 · 이재현. 2008. 「한국의 동남아학 교육과정과 지역연구자 육성모델 연구」. 『동남아시아연구』 18(2).

• 전제성 · 최난경 · 정은숙. 1999. 「1998년 3차 현지조사 면접기록」. 신윤환, 전제성 편. 『인도네시아 투자 한인기업 노동문제 조사 면접기록 1995-1998』. 참여연대 국제인권센터.

• 스프래들리, 제임스. 1988. 이희봉 옮김. 『문화연구를 위한 참여관찰방법』. 대한교과서주식회사.

• 조윤미. 2006. 「자바 사람들의 치안관행과 도둑잡기 — 자바 사회의 영토성에 관한 소고」. 『비교문화연구』 12(2). 93~122쪽.

• 채수홍. 2003a. 「호찌민시 다국적 공장의 정치과정에 관한 연구」. 『한국문화인류학』 36(2).

• ———. 2007. 「귀환 베트남 이주노동자의 삶을 통해 본 동아시아 인적교류의 정치적 함의」. 『비교문화연구』 12(1).

- ———. 2008. 「베트남 주변국 인식과 동아시아 지역협력」. 『동남아시아연구』 18(1)
- ———. 2013a. 「베트남 살쾡이 파업의 양상과 원인: 남부 빈즈엉을 중심으로」. 『동남아시아연구』 23(3)
- ———. 2013b. 「베트남 공장노동자의 저항에 관한 현지연구 성찰해보기」. 『동남아시아연구』 23(2)
- ———. 2003b. 「여성, 노동자, 여성노동자 ― 여성주의 민족지의 젠더와 계급」. 『여성연구』 65(2).
- 최협 엮음. 1997. 『인류학과 지역연구』. 나남출판.
- 크라우치, 해럴드. 2009. 신윤환·전제성 옮김. 『동남아 권위주의의 역사적 기원』. 이매진.
- 크레인, 줄리아·마이클 앙그로시노. 1995. 한경구·김성례 옮김. 『문화인류학 현지조사방법 ― 인간과 문화에 대한 현장조사는 어떻게 하나?』. 일조각.
- 클리퍼드, 제임스·조지 마커스. 2003. 이기우 옮김. 『문화를 쓴다』. 한국문화사.
- 한국문화인류학회 엮음. 2000. 『낯선 곳에서 나를 만나다 ― 문화인류학 맛보기』. 일조각.
- ———엮음. 2002. 『처음 만나는 문화인류학』. 일조각.
- 한상복·이문웅·김광억. 1998. 『문화인류학』. 서울대출판부.
- 홍석준. 1997. 「말레이시아 농촌의 이슬람화와 사회변동 ― 끌란딴의 말레이 마을에 대한 사례연구」. 서울대학교 대학원 인류학과 박사 학위 논문.
- Andaya, B. W. and L. Y. Andaya. 2001. *A History of Malaysia*. Houndmills: Palgrave.
- Anderson, Benedict. 1992. "The New World Disorder." *New Left Review* 193. pp. 3~13.
- ———. 1996. "Scholarship on Indonesia and Raison d'Etat: Personal Experience." *Indonesia* 62(October).
- Athreya, Bama. 1998. "Economic Development and Political Change in a Workers' Community in Jakarta, Indonesia." Ph.D. Dissertation, Department of Anthropology, University of Michigan.

- Bailey, Frederick George. 1969. *Strategems and Spoils: A Social Anthropology of Politics*. New York: Schocken Books.
- Barraclough, Simon. 1985. "The Dynamics of Coercion in the Malaysian Political Process." *Modern Asian Studies* 19(4).
- Brees, Inge. 2008. "Refugee Business: Strategies of Work on the Thai–Burma Border." *Journal of Refugee Studies* 21(3).
- Brians, Craig Leonard, Lars Willnat, Jarol B. Manheim, and Richard C. Rich, eds. 2011. *Empirical Political Analysis: Quantitative and Qualitative Research Methods*. Boston: Longman.
- Burawoy, Michael. 1979. *Manufacturing Consent*. Chicago: University of Chicago Press.
- ―――. 1985. *The Politics of Production: Factory Regimes Under Capitalism and Socialism*. London: Verso.
- ――― and Janos Lukacs. 1992. *The Radiant Past: Ideology and Reality in Hungary's Road to Capitalism*. Chicago: University of Chicago Press.
- Chae, Suhong. 2003. "Spinning Work and Weaving Life: The Politics of Production in a Capitalistic Multinational Textile Factory in Vietnam." Ph.D. Dissertation. City University of New York.
- ―――. 2004. "Contemporary Ho Chi Minh City in Numerous Contradictions: Reform Policy, Foreign Capital and the Working Class." Jane Schneider and Ida Susser, eds. *Wounded Cities*. New York: Berg.
- ―――. 2009. "The political economy of multinational factory regimes and recent strikes in Vietnam". *The Southeast Asian Review* 19(1)
- ―――. 2013. "Kinh te-Chinh tri ve dinh cong: Nghien cuu truong hop bon doanh nghiep may mac Han Quoc on tinh Binh Duong"(파업의 정치경제학: 빈 증의 4개 한국기업의 비교연구). *Review of Social Science* 2(174)
- Clifford, James and George E. Marcus. 1986. *Writing Culture*. Berkeley:

University of California Press.

- *DetikNews*. 2011. "Agus Condro Divonis 1 Tahun 3 Bulan Penjara." 16 June.

- Duiker, W. J. 1995. *Vietnam: Revolution in Transition*. Boulder: West–view Press.

- Durkeim, Émile. 1997(1897). *Suicide*. Glencoe, Illinois: Free Press.

- Emerson, Robert M. ed. 1995. *Writing Ethnographic Fieldwork*. Chicago: University of Chicago Press.

- Fforde, A and S. Vylder. 1996. *From Plan to Market: The Economic Transition in Vietnam*. Boulder CO: Westview Press.

- Geertz, Clifford. 1963. *Agricultural Involution: The Process of Ecological Change in Indonesia*. Berkeley et al.: University of California Press.

- ———. 1973. *The Interpretation of Cultures*. New York: Basic Books.

- Goulder, Alvin W. 1954. *Patterns of Industrial Bureaucracy*. New York: Free Press of Glencoe.

- Hadiz, Vedi R. 1997. *Workers and the State in New Order Indonesia*. London and New York: Routledge.

- Hann, C and E. Dunn. eds. 1996. *Surviving Post Socialism: Local Strategies and Regional Responses in Eastern Europe and the Former Soviet Union*. London: Routledge.

- Humphrey, Caroline. 1998. *Marx Went Away–But Karl Stayed Behind*. Ann Arbor: University of Michigan Press.

- Hwang, In–Won. 2001. "Changing Conflict Configurations and Regime Maintenance in Malaysian Politics: From Consociational Bargaining to Mahathir's Dominance." Ph.D. Dissertation. Australian National University.

- ———. 2003. *Personalized Politics: The Malaysian State under Mahathir*. Singapore: ISEAS.

- Jellinek, Lea. 1987. "Three Petty Entrepreneurs: The Wheel of Fortune."

Michael Pinches and Salim Lakha. eds. *Wage Labour and Social Change: The Proletariat in Asia and the Pacific.* Clayton: Centre of Southeast Asian Studies, Monash University.

• ———, Bambang Rustanto, and M. Hum, 1999. *Survival Strategies of the Javanese during the Economic Crisis.* Jakarta: SMERU.

• Jeon, Je Seong. 2001. "Sejarah Gerakan Buruh Korea Selatan: Menuju Serikat Buruh Independen Tingkat Nasional." 28 April, Surabaya, Indonesia.

• ———. 2004. "Sekilas tentang Film *A Single Spark.*" 30 April, Surabaya, Indonesia.

• ———. 2009. "Strategies for Union Consolidation in Indonesia." *Labour and Management in Development* 9.

• Jomo Kwame Sundaram. 1988. *A Question of Class: Capital, the State, and Uneven Development in Malaya.* New York: Monthly Review Press.

• Jovitt, Ken. 1992. *New World Disorder: The Leninist Extinction.* Berkeley: University of California Press.

• Kahn, Joel. 1980. *Minangkabau Social Formations: Indonesian Peasants and the World–Economy.* Cambridge et al.: Cambridge University Press.

• Kammen, Douglas Anton. 1997. "A Time to Strike: Industrial Strikes and Changing Class Relations in New Order Indonesia." Ph.D. Dissertation, Cornell University.

• Khasnor Johan. 1984. *The Emergence of the Modern Malay Administrative Elite.* Singapore: Oxford University Press.

• Kim, Hyung–Jun. 2007. *Reformist Muslims in a Yogyakarta Village: The Islamic Transformation of Contemporary Socio–Religious Life.* Canberra: ANU E Press.

• Kim, Jee Hun. 2002a. "A New Urban Type in Jakarta: Urban Insecurity and the Making of Inner–city Fortified Neighbourhoods." M.A. Thesis. National University of Singapore.

- _____. 2002b. "Research Notes on the Making of a 'Gated Community': A Study of an Inner City Neighbourhood, Jakarta, Indonesia." *Asian Journal of Social Science* 30(1).

- Lee, Sang Kook. 2001. "The Adaptation and Identities of the Karen Refugees: A Case Study of Mae La Refugee Camp in Northern Thailand." Master Thesis. Seoul National University.

- _____. 2007. "Integrating Others: A Study of a Border Social System in the Thailand–Burma Borderland." Ph.D. Dissertation. National University of Singapore.

- _____. 2011. "Borderland Dynamics in Mae Sot, Thailand and the Pursuit of the Bangkok Dream and Resettlement." *Asian and Pacific Migration Journal* 20(1).

- _____. 2012. "Scattered but Connected: Karen Refugees' Networking in and beyond the Thailand-Burma Borderland" *Asian and Pacific Migration Journal* 21(2).

- Leech, Beth L. 2002. "Asking Questions: Techniques for Semistructured Interviews." *Political Science & Politics* 35 (December).

- Leshkowich, Anne Marie. 2000. "Tight Woven Thread: Gender, Kinship and 'Secret Agency' among Cloth and Clothing Traders in Ho Chi Minh City's Ben Thanh Market." Ph.D. Dissertation. Harvard University.

- Manning, Chris. 1993. "Structural Change and Industrial Relations during the Soeharto Period: An Approaching Crisis?" *Bulletin of Indonesian Economic Studies* 29(2).

- Marr, D. G. and C. P. E. White. eds. *Dilemmas in Socialist Vietnam*. Ithaca: Cornell University Southeast Asia Program.

- Migrant Educational Co–Ordination Centre. 2010. *Education for All: Migrant Education in Practice 2008–2010*. Mae Sot: Tak Education Service Area Office

2, Ministry of Education.

- Muhammad Ikmal Said. 1988. "Household Organization and Reproduction of Large Capitalist Farms in the Muda Area, Kedah." Ph.D. Dissertation. University of Malaya.

- Munck, Gerardo L., and Richard Snyder. 2007. "James C. Scott: Peasants, Power, and the Art of Resistance." *Passion, Craft, and Method in Comparative Politics.* Baltimore: Johns Hopkins University Press.

- Nadel, S. F. 1939. "The Interview Technique in Social Anthropology." F. C. Bartlett, M. Ginsberg, E. J. Lindgren, and R. H. Thouless, eds. *The Study of Society.* London: Kegan Paul, Trench, Trubner & Co.

- Nash, Manning. 1974. *Peasant Citizens: Politics, Religions, and Modernization in Kelantan, Malaysia.* Athens: Ohio University Press.

- Paige, Jeffery. 1975. *Agrarian Revolution: Social Movements and Export Agriculture in the Underdevelopment World.* New York: Free Press.

- Popkin, Samuel. 1979. *The Rational Peasant.* Berkeley: University of California Press.

- Przeworski, Adam, and Frank Salomon. 1988. "On the Art of Writing Proposals." Social Science Research Council.

- Rais Yatim. 1995. *Freedom under Executive Power in Malaysia: A Study of Executive Supremacy.* Kuala Lumpur: Endowment Sdn. Bhd.

- Rubles, B. 1995. *Money Sings: The Changing Politics of Urban Space in Post–Soviet Yaroslavi.* Washington: Woodrow Wilson Press.

- Scott, James C. 1976. *The Moral Economy of the Peasant: Subsistence and Rebellion in Southeast Asia.* New Haven: Yale University Press.

- ———. 1983. "Everyday Forms of Class Struggle between Ex–patrons and Ex–clients." *International Political Science Review* 4(4).

- ———. 1985. *Weapons of the Weak: Everyday Forms of Peasant Resistance.*

New Haven and London: Yale University Press.

- ————. 1990. *Domination and the Arts of Resistance: Hidden Transcripts.* New Haven and London: Yale University Press.

- ————. 2009. *The Art of Not Being Governed: An Anarchist History of Upland Southeast Asia.* New Haven: Yale University Press.

- Spradley, James. 1980. *Participant Observation.* New York: Holt, Rinehart and Winston.

- ————. 1997. *The Ethnographic Interview.* Holt, Lindhart and Winston: Wadsworth Publishing Company.

- Turner, Victor. 1974. *Dramas, Fields, Metaphors: Symbolic Action in Human Society.* Ithaca: Cornell University Press.

- Ian Schendel, Willem. 2005. "Geographies of Knowing, Geographies of Ignorance: Jumping Scale in Southeast Asia." Paul H. Kratoska, Remco Raben and Henk Schulte Nordholt, eds. *Locating Southeast Asia: Geographies of Knowledge and Politics of Space.* Singapore: Singapore University Press.

- Verdery, Katherine. 1991. *National Ideology under Socialism: Identity and Cultural Politics in Ceausescu's Romania.* Berkeley and Los Angeles: University of California Press.

- Willis, Paul. 1977. *Learning to Labor.* Aldessho: Grover.

- Wolf, Eric. 1969. *Peasants.* Englewood: Prentice-Hall, Inc..

찾아보기

494

이 책을 쓴 사람들

전제성 서강대학교에서 학사와 석사를 이수하고, 서울대학교 정치학과에서 민주화
시기 인도네시아 노동정치에 관한 논문을 제출해 2002년에 정치학 박사 학위
를 받았다. 현재 전북대학교 정치외교학과 부교수로 재직하고 있으며, 최근의
연구는 「Strategies for Union Consolidation in Indonesia」(2009), 「인도네
시아 국가와 외국인자본 관계의 변화」(2010), 「한국의 동남아 지역연구와 정치
학계의 기여」(2010), 「한국 시민사회 '아시아연대운동'의 문제와 과제」(2011),
『State Violence and Human Rights in Asia』(2011, 함께 지음), 「인도네시아의
대학교육 — 발전을 위한 개혁과 도전」(2012), 「무니르의 생애로 본 인도네시아
의 사회운동과 민주화」(2013), 『인도네시아 속의 한국, 한국 속의 인도네시아』
(2013) 등이 있다.

김형준 서울대학교에서 학사를 이수하고, 오스트레일리아국립대학교 인류학과에서
자바 중부 농촌 마을의 종교적 변화에 관한 논문을 제출해 1996년에 인류학
박사 학위를 받았다. 현재 강원대학교 문화인류학과 교수로 재직하고 있으며,
최근의 연구는 『Reformist Muslims in a Yogyakarta Village』(2007), 「인
도네시아 자바인의 수평적 사회관계」(2008), 「인도네시아의 이슬람 급진주의」
(2009), 「Praxis and Religious Authority in Islam」(2010), 『적도를 달리는 남
자: 어느 문화인류학자의 인도네시아 깊이 읽기』(2012), 『농업의 내향적 정교
화: 인도네시아의 생태적 변화과정』(2012, 역서), 「인도네시아 이슬람 조직의 구
조와 특성: 엔우와 무함마디야를 중심으로」(2012), 「이슬람 부흥의 전개와 영
향: 인도네시아의 사례」(2013) 등이 있다.

홍석준 서울대학교에서 학사와 석사를 이수하고, 서울대학교 인류학과에서 말레이
시아 농촌 마을의 이슬람화와 문화 변동에 관한 논문을 제출해 1997년에 인
류학 박사 학위를 받았다. 현재 목포대학교 문화인류학과 교수로 재직하고 있
으며, 최근의 연구는 『동아시아의 문화와 문화적 정체성』(2009, 함께 지음), 『동
남아의 한국에 대한 인식』(2010, 함께 지음), 「The Promise of ICTs in Asia:
Key Trends and Issues」(2008, 함께 지음), 「東亞的海洋世界與港口城市的歷
史和文化」(2008), 「동남아시아 조기유학 청소년의 유학 결정 과정과 유학경험
— 말레이시아에서 유학 중인 청소년을 대상으로」(2009, 함께 지음), 「말레이시
아의 전통예술과 이슬람 부흥의 문화적 의미 — 디끼르바랏, 방사완, 와양꿀릿
의 말레이 노래를 중심으로」(2010), 「중국과 말레이시아 사이의 역사적, 문화
적 교류의 문화적 의미 — 정화(Cheng He) 남해 대원정의 현대적 의미」(2010),
「말레이인들의 일생의례의 문화적 의미」(2010), 「말레이시아로 조기유학 온 한
국 어머니들의 자녀교육과 '어머니노릇'에 대한 인식의 특징과 의미」(2011, 함
께 지음) 등이 있다.

황인원 서강대학교에서 정치학 학사와 석사를 이수하고, 오스트레일리아국립대학교
에서 말레이시아 정치 변동에 관한 논문으로 2001년에 정치학 박사 학위를 받
았다. 현재 경상대학교 정치외교학과 부교수로 재직하고 있으며, 주요 연구로
는 「Personalized Politics: Malaysian Politics under Mahathir」(2003), 「마
하티르의 정치적 유산과 압둘라 바다위의 정치리더십」(2007), 「2008년 말레
이시아 총선분석과 정치적 함의」(2008), 「말레이시아 다종족정당정치의 정치
발전적 함의」(2009), 「말레이시아 선거정치와 정치변동 —2008년 총선 이후
보궐선거정국을 중심으로」(2011), 「말레이시아의 정치변동과 의회정치의 발
전」(2012), 「말레이시아와 싱가포르 고등 교육정책 변화의 정치경제」(2012, 함
께 지음) 등이 있다.

채수홍 서울대학교에서 문화인류학 학사와 석사를 이수하고 미국의 뉴욕 시립대학교에서 베트남 다국적 공장 노동자의 일상의 정치와 관련한 논문으로 박사 학위를 받았다. 이후 베트남의 노동자와 한인의 정체성과 정치에 관한 논문을 꾸준히 발표해왔다. 현재 서울대학교 인류학과 부교수로 재직하고 있다. 대표 저서로는 「Wounded Cities」(2003, 함께 지음)과 「Labor in Vietnam」(2011, 함께 지음)이 있다. 대표 논문으로는 「호찌민 개혁과정에 대한 정치경제학적 연구」(2004)와 「The Political Economy of Multinational Factory Regimes and Recent Strikes in Vietnam」(2009), 「The Candlelight Protest and the Politics of the Baby Stroller Brigades」(2010), 「베트남 살쾡이 파업의 양상과 원인: 남부 빈즈엄(Binh Duong)을 중심으로」(2013) 등이 있다.

이상국 서울대학교 인류학과를 졸업하고 동대학교 국제지역원(현 국제대학원)에서 동남아 지역연구로 석사 학위를 취득했으며 싱가포르국립대학교에서 태국-미얀마 국경 지역에 거주하는 이주민에 관한 연구로 2007년에 박사 학위를 취득했다. 현재 연세대학교 문화인류학과 교수로 재직하고 있으며, 대표 저서로 『Managing Transnational Flows in East Asia』(2012, 함께 지음)이, 번역서로 『조미아, 지배받지 않는 사람들』(2015)이, 주요 논문으로 「백인 구원자와 카렌족 ─ 현실이 된 카렌족 신화」(2010), 「발전 속의 저발전 ─ 싱가포르 동남아연구 발전사」(2010), 「지구시민사회의 성과와 한계 ─ 태국-미얀마 국경지역 난민 구호활동 사례를 중심으로」(2011), 「Borderland Dynamics in Mae Sot, Thailand and the Pursuit of the Bangkok Dream and Resettlement」(2011), 「Scattered but Connected: Karen Refugees' Networking in and beyond the Thailand-Burma Borderland」(2012), 「Migrant Schools in the Thailand-Burma Borderland: From the Informal to the Formal」(2013) 등이 있다.

맨발의 학자들

동남아 전문가 6인의 도전과 열정의 현지조사

1판 1쇄 펴냄 2014년 2월 26일
1판 3쇄 펴냄 2018년 4월 27일

지은이 전제성 · 김형준 · 홍석준 · 황인원 · 채수홍 · 이상국
펴낸이 정성원 · 심민규
펴낸곳 도서출판 눌민

출판등록 2013. 2. 28 제25100-2017-000028호
주소 서울시 마포구 월드컵로10길 37, 서진빌딩 401호 (04003)
전화 (02) 332-2486   팩스 (02) 332-2487
이메일 nulminbooks@gmail.com

© 전제성, 김형준, 홍석준, 황인원, 채수홍, 이상국 2014
Printed in Seoul, Korea
ISBN 979-11-951638-0-9 03300

• 이 책은 2008년 정부(교육과학기술부)의 재원으로 한국연구재단의 지원을 받아 서강대
  학교 동아연구소 인문한국지원사업의 일환으로 수행된 연구의 결과입니다(NRF-362-
  2008-1-B00018).

• 이 책의 국립중앙도서관 출판시도서목록(CIP)은 서지정보유통지원시스템 홈페이지
  (http://seoji.nl.go.kr)와 국가자료공동목록시스템(http://www.nl.go.kr/kolisnet)에서
  이용하실 수 있습니다.(CIP제어번호: CIP2014004768)